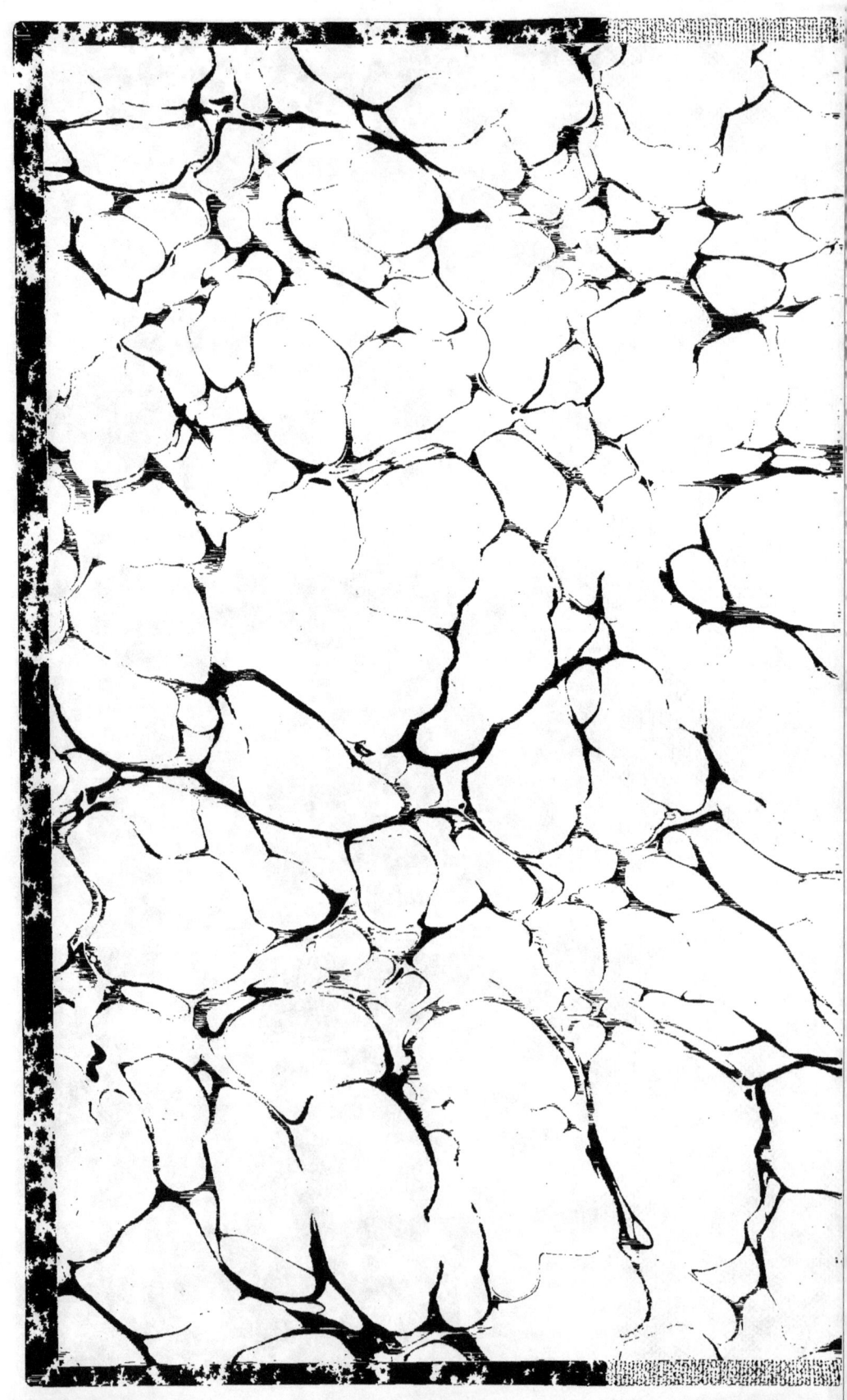

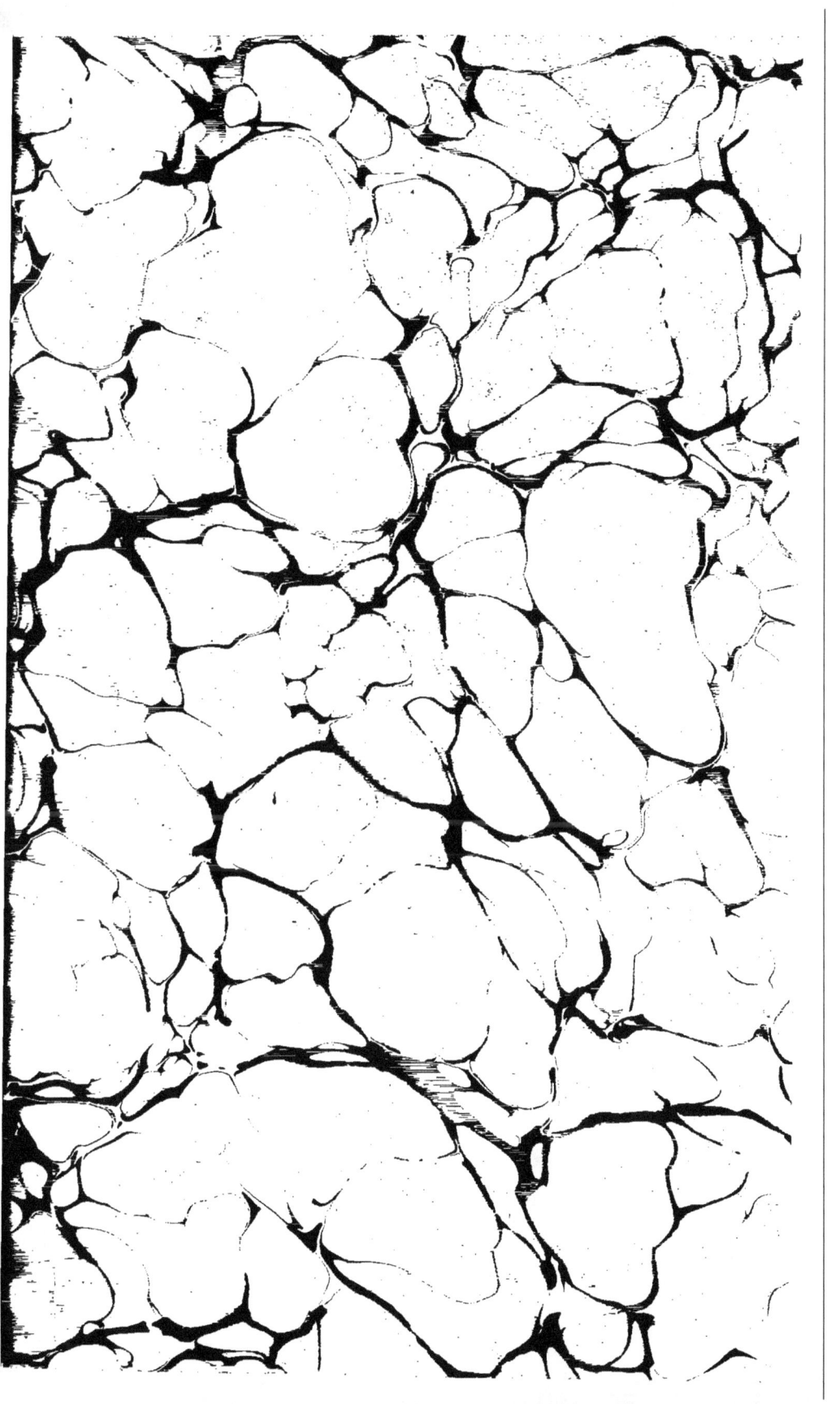

ŒUVRES

DE

CHATEAUBRIAND

Mélanges Politiques.

PARIS
DUFOUR, MULAT et BOULANGER, LIBRAIRES-ÉDITEURS
QUAI MALAQUAIS, 21

1853

ŒUVRES

DE

CHATEAUBRIAND

XII

LAGNY. — TYPOGRAPHIE DE VIALAT ET Cⁱᵉ

ELLE REND AU CIEL UN SOUFFLE DIVIN.

ŒUVRES

DE

CHATEAUBRIAND

Mélanges Politiques.

PARIS
DUFOUR, MULAT ET BOULANGER, LIBRAIRES-ÉDITEURS
24, QUAI MALAQUAIS

1853

MÉLANGES POLITIQUES.

RAPPORT

FAIT AU ROI DANS SON CONSEIL,

SUR LE DÉCRET DE NAPOLÉON BUONAPARTE

DU 9 MAI 1815

Sire,

La France entière demande son roi, les sujets de Votre Majesté ne dissimulent plus leurs sentiments : les uns viennent se ranger autour d'elle; les autres font éclater dans l'intérieur du royaume leur amour pour leur souverain légitime, et l'espoir de retrouver bientôt la paix sous son autorité tutélaire. Mais, plus l'opinion publique se manifeste, plus Buonaparte, épouvanté, appesantit son joug sur les Français. Il appelle l'anarchie au secours du despotisme; il veut, mais vainement, ébranler la fidélité des faubourgs de Paris, armer la dernière classe du peuple. Pour soutenir sa tyrannie, il cherche, sous les lambeaux de la misère, des bras ensanglantés dans les massacres de septembre : il fouille dans les archives révolutionnaires pour y découvrir quelques lois propres à seconder ses fureurs. C'est cet esprit de violence qui a dicté le dernier rapport du ministre de la police de Buonaparte. Ce rapport, en date du 7 mai, a été suivi d'un décret rendu le 9 par le prétendu chef du gouvernement de la France ; et le soi-disant ministre de la justice a couronné ce rapport et ce décret par sa circulaire du 11, adressée aux procureurs généraux.

Déjà l'application de ces principes d'iniquité a été faite dans plusieurs départements : des agents secondaires se sont hâtés de répondre au signal donné, en portant la rigueur et l'injustice à un excès inouï, même dans les fastes de la révolution. Nous reviendrons plus bas sur l'arrêté du lieutenant général de police Moreau : nous ne faisons ici que l'indiquer à Votre Majesté.

Ce décret du 9 mai, dont la première lecture a si vivement affligé le cœur du roi, ordonne, par le premier article, à tous les Français (autres que ceux compris dans l'article 11 de l'amnistie du 12 mars dernier) qui se trouvent hors de

France au service de Votre Majesté, ou des princes de votre maison, de rentrer en France dans le délai d'un mois, à peine d'être poursuivis aux termes d'un décret du 6 avril 1809.

Ce décret du 6 avril 1809 condamne à mort, par l'article 1er du titre 1er, tous les Français portant les armes contre la France, conformément à l'article 3 de la section 1re de la deuxième partie du Code pénal du 8 octobre 1791. Par différents articles des titres II, III et IV du même décret, tous les Français qui exercent à l'étranger des fonctions politiques, administratives ou judiciaires, sont déclarés morts civilement, et leurs biens meubles et immeubles confisqués.

Le troisième article du décret du 9 mai enjoint aux procureurs généraux, et soi-disant impériaux, de poursuivre les auteurs de toutes relations et correspondances qui auraient lieu de l'intérieur de la France avec Votre Majesté et les princes de votre maison, ou leurs agents, lorsque cesdites relations ou correspondances auraient pour objet les complots ou manœuvres spécifiés dans l'article 77 du Code pénal.

Cet article 77 du Code pénal porte peine de mort et confiscation de biens contre quiconque aura pratiqué des manœuvres ou entretenu des intelligences avec les ennemis de l'État.

Les quatrième, cinquième et sixième articles du décret du 9 mai sont dirigés contre ceux des sujets de Votre Majesté qui enlèveraient le drapeau tricolore, contre les communes qui ne s'opposeraient point à cet enlèvement, et contre les individus qui porteraient des signes de ralliement autres que la cocarde tricolore.

A tous ces prétendus délits sont appliqués l'article 257 du Code pénal, la loi du 10 vendémiaire an IV, relative à la responsabilité des communes, et l'article 9 de la loi du 27 germinal an IV, sans préjudice de l'article 91 du Code pénal.

L'article 257 du Code pénal prononce un emprisonnement d'un mois à deux ans, ou une amende de cent francs à cinq cents francs, contre quiconque aura abattu des monuments destinés à l'utilité publique, etc.

La loi de la Convention nationale, relative à la solidarité des communes, par le titre 1er et le premier article, rend garants tous les habitants de la même commune des attentats commis, soit envers les personnes, soit contre les propriétés ; et par le titre second, article 1er, cette responsabilité tombe sur la tête même des enfants lorsqu'ils ont atteint l'âge de douze ans.

Nous passons, sire, à l'arrêté dont nous avons parlé plus haut. Le lieutenant de police du troisième arrondissement a pris, à Nantes, le 15 mai, cet arrêté, dont le considérant et les dispositions sont également remarquables. Attribuant l'agitation des départements de l'Ouest aux *ex-nobles*, il désire, dit-il, ôter tout prétexte *à la calomnie*, et fournir à ces *ex-nobles*, les moyens de se *justifier*. En conséquence, l'arrêté porte que tous les gentilshommes des douze départements formant le troisième arrondissement de la police seront tenus de se rendre, dans le délai de dix jours, auprès du préfet de leur département. Si le préfet juge que leur conduite passée n'offre pas de garantie suffisante, il les enverra en surveillance dans une commune de l'intérieur ; et dans le cas où ils ne se présenteraient pas devant le préfet, on leur appliquera le premier article du décret du 9 mai.

Le ministre de la police de France avait dit, dans son rapport, qu'il ne proposerait pas à Buonaparte d'*excéder les bornes de son pouvoir constitutionnel;* et voilà qu'un simple lieutenant de police porte un arrêt d'exil, de confiscation et de mort contre un ordre entier de citoyens qui ne sont pas même compris dans le décret du 9 mai ! C'est là ce qu'on appelle se renfermer dans les bornes du pouvoir constitutionnel. Malgré ce que nous avons vu depuis vingt-cinq ans, on est toujours confondu d'un abus de mots si scandaleux, d'entendre toujours attester la liberté pour établir l'esclavage, la constitution pour sanctionner l'arbitraire, et les lois pour proscrire.

Afin de punir la fidélité, la loyauté et l'honneur, il était impossible d'invoquer et d'inventer des lois plus monstrueuses. En lisant la circulaire du ministre de la justice, on croit relire cette loi des suspects, qui semble l'expression de toutes les terreurs que la tyrannie éprouve, et de toutes les vengeances qu'elle médite. Un ministre de la justice invite des juges à se défendre d'une *imprudente pitié*, pour des délits qui, de son aveu même, appellent plutôt l'indulgence que la rigueur; il ose dire qu'il ne faut *pas absoudre ou condamner un homme sur le fait dont on l'accuse, parce que ce fait peut n'offrir en lui-même rien de répréhensible;* mais il veut que l'on *prononce sur l'ensemble des circonstances*, c'est-à-dire, en d'autres termes, qu'on peut traîner un homme à l'échafaud, selon l'opinion qu'il plaira aux juges de supposer à cet homme. Sire, où en seraient aujourd'hui vos ennemis, si vous aviez fait usage contre eux des principes qu'ils mettent en avant pour persécuter vos sujets? Nous ne proposerons point à Votre Majesté d'adopter de pareils principes : ils sont contraires à ses vertus et à l'esprit d'un gouvernement légal et paternel, mais la bonté même du roi lui fait un devoir de défendre la fidélité contre la rébellion, et nous le supplions de menacer de la vengeance des lois ceux qui oseraient se rendre complices d'une autorité illégitime.

Après avoir entendu ce rapport, Sa Majesté a rendu l'ordonnance suivante :

Ordonnance du roi.

Louis, par la grâce de Dieu, ROI DE FRANCE ET DE NAVARRE,

A tous ceux qui ces présentes verront, salut :

Au moment où les mesures les plus odieuses se renouvellent en France, notre devoir le plus cher, comme notre besoin le plus pressant, est de défendre les droits de nos peuples contre l'oppression et la tyrannie.

Nous avons vu avec une profonde douleur la vie, la liberté et les propriétés de tous les Français restés fidèles à leur devoir, compromises par le décret que le chef du prétendu gouvernement de la France a rendu le 9 de ce mois, et par les arrêtés de quelques-uns de ses agents.

Ce décret et ces arrêtés, qui rappellent les lois révolutionnaires les plus atroces, sont encore en contradiction formelle avec notre Charte, notamment avec l'article 66, par lequel la confiscation des biens demeure à jamais abolie.

A ces causes, notre conseil entendu, nous avons ordonné et ordonnons ce qui suit :

Article 1er. Tous les procureurs généraux et soi-disant impériaux, tous les membres d'un tribunal quelconque, soit civil, soit militaire; tous les agents de la police, qui, en vertu du décret de Buonaparte, en date du 9 mai 1815, ou en vertu des mesures prises, soit en application, soit en extension de ce même décret, par des autorités quelconques, feraient des poursuites relatives aux prétendus délits y spécifiés, et appliqueraient les peines prononcées par le décret, seront responsables dans leur personne et dans leurs biens, et seront traduits par-devant nos cours et tribunaux, pour y être jugés conformément aux lois de notre royaume.

2. Les préfets, sous-préfets, maires, adjoints, et tous autres agents de l'administration qui auraient concouru aux poursuites ordonnées par le décret du 9 mai, soit en faisant arrêter les personnes, soit en faisant mettre des séquestres ou apposer des scellés, soit enfin en procédant à des ventes mobilières ou immobilières, sont également responsables, et devront aussi être traduits devant nos tribunaux, tant à la poursuite de nos procureurs généraux et royaux, que sur la plainte de ceux qui, en vertu de la précédente ordonnance, auraient droit à des indemnités.

3. Tout juge de paix, greffier, commissaire-priseur, huissier, et autres, qui concourront à la vente des propriétés mobilières ou des fruits des propriétés immobilières; tous ceux qui se seront rendus sciemment acquéreurs des objets vendus, seront solidairement responsables de la valeur desdits objets.

4. Nos ministres sont chargés, chacun en ce qui le concerne, de la présente ordonnance.

Donné à Gand, le vingtième jour du mois de mai de l'an de grâce mil huit cent quinze, et de notre règne le vingtième.

Signé Louis.

Et plus bas : Par le roi,

Le chancelier de France,

Signé d'Ambray.

PRÉFACE

DE LA PREMIÈRE ÉDITION

DE LA MONARCHIE SELON LA CHARTE.

Si, n'étant que simple citoyen, je me suis cru obligé dans quelques circonstances graves d'élever la voix et de parler à ma patrie, que dois-je donc faire aujourd'hui ? Pair et ministre d'État, n'ai-je pas des devoirs bien plus rigoureux à remplir, et mes efforts pour mon roi ne doivent-ils pas être en raison des honneurs dont il m'a comblé ?

Comme pair de France, je dois dire la vérité à la France, et je la dirai.

Comme ministre d'État, je dois dire la vérité au roi, et je la dirai.

Si le conseil dont j'ai l'honneur d'être membre était quelquefois assemblé, on pourrait me dire : « Parlez dans le conseil. » Mais ce conseil ne s'assemble pas : il faut donc que je trouve le moyen de faire entendre mes humbles remontrances, et de remplir mes fonctions de ministre.

Si j'avais besoin de prouver par des exemples que les hommes en place ont le droit d'écrire sur les matières d'État, ces exemples ne me manqueraient pas : j'en trouverais plusieurs en France, et l'Angleterre m'en fournirait une longue suite. Depuis Bolingbroke jusqu'à Burke, je pourrais citer un grand nombre de lords, de membres de la Chambre des communes, de membres du conseil privé, qui ont écrit sur la politique, en opposition directe avec le système ministériel adopté dans leur pays.

Hé quoi! si la France me semble menacée de nouveaux malheurs; si la légitimité me paraît en péril, il faudra que je me taise, parce que je suis pair et ministre d'État! Mon devoir, au contraire, est de signaler l'écueil, de tirer le canon de détresse, et d'appeler tout le monde au secours. C'est par cette raison que, pour la première fois de ma vie, je signe mes titres, afin d'annoncer mes devoirs, et d'ajouter, si je puis, à cet ouvrage, le poids de mon rang politique.

Ces devoirs sont d'autant plus impérieux, que la liberté individuelle et la liberté de la presse sont suspendues. Qui oserait parler? Puisque la qualité de pair de France me donne, en vertu de la Charte, une sorte d'inviolabilité, je dois en profiter pour rendre à l'opinion publique une partie de sa puissance. Cette opinion me dit : « Vous avez fait des lois qui m'entravent; prenez donc « la parole pour moi, puisque vous me l'avez ôtée. »

Enfin le public m'a prêté quelquefois une oreille bienveillante : j'ai quelque chance d'être écouté. Si donc en écrivant je peux faire un peu de bien, ma conscience m'ordonne encore d'écrire.

Cette préface se bornerait ici, si je n'avais quelques explications à donner.

Le mot de *royaliste*, dans cet ouvrage, est pris dans un sens très-étendu : il embrasse tous les royalistes, quelle que soit la nuance de leurs opinions, pourvu que ces opinions ne soient pas dictées par les intérêts *moraux* révolutionnaires [1].

Par *gouvernement représentatif*, j'entends la monarchie telle qu'elle existe aujourd'hui en France, en Angleterre et dans les Pays-Bas, soit qu'on veuille ou qu'on ne veuille pas convenir de la justesse rigoureuse de l'expression.

Quand je parle des fautes, des systèmes, des ordonnances, des projets de loi d'un ministère, je ne fais la part ni du bien ni du mal à chacun des ministres qui composaient ou qui composent ce ministère. Ainsi je n'ai point ménagé des ministères dans lesquels même j'avais des amis. Je fais, par exemple, profession d'un respect particulier pour M. le chancelier de France : j'ai souvent eu l'occasion de reconnaître en lui cette candeur, cette droiture d'esprit

---

[1] On verra dans le cours de cet ouvrage ce que j'entends par les intérêts *moraux* révolutionnaires.

et de cœur, cette rare probité de notre ancienne magistrature. Mes sentiments pour M. le comte de Blacas sont bien connus : je les ai consignés dans mes écrits, dans mes discours à la Chambre des pairs. Le roi n'a pas de serviteur plus noble et plus dévoué que M. de Blacas. Il prouve en ce moment même son habileté par la manière dont il conduit les négociations difficiles dont il est chargé. Plût à Dieu qu'il eût exercé une plus grande influence sur le ministère dont il faisait partie! Mais enfin ce ministère est tombé dans des fautes énormes, et je l'ai jugé rigoureusement, sans parler ni de M. le chancelier ni de M. de Blacas, qui, loin de partager les systèmes de l'administration, n'avaient pas cessé un moment de les combattre. Toutefois, dans un écrit où je traite des principes de la *Monarchie représentative*, j'ai dû admettre le principe qu'une mesure ministérielle est l'ouvrage du ministère.

PRÉFACE

DE L'ÉDITION DE 1827.

La monarchie selon la Charte est divisée en deux parties, ainsi que je l'ai déjà dit dans ma préface générale : la partie théorique est maintenant indépendante de celle qui n'avait rapport qu'aux circonstances du moment.

La publication de *la Monarchie selon la Charte* a été une des grandes époques de ma vie : elle m'a fait prendre rang parmi les publicistes, et elle a servi à fixer l'opinion sur la nature de notre gouvernement. Je ne cesserai de le répéter : hors la Charte point de salut. C'est le seul abri qui nous reste contre la république et contre le despotisme militaire : qui ne voit pas cela est aveugle-né.

Comme ce qui m'arrive ne ressemble jamais à rien, *la Monarchie selon la Charte* me fit ôter une place obtenue à Gand, et réputée jusqu'alors inamovible. Ce que je regrettai, ce ne fut pas cette place : ce fut la vente de mes livres, forcée par ma nouvelle situation, et surtout de la petite retraite que j'avais plantée de mes mains, et acquise du fruit des succès du *Génie du Christianisme*. L'homme de vertu qui a depuis habité cette retraite m'en a rendu la perte moins pénible. Mais il n'est pas bon de se mêler, même accidentellement, à ma fortune : cet homme de vertu n'est plus.

J'ai eu l'honneur d'être dépouillé trois fois pour la légitimité : la première, pour avoir suivi les fils de saint Louis dans leur exil; la seconde, pour avoir écrit en faveur des principes de la monarchie que le roi nous avait octroyée; la troisième, pour m'être tu sur une loi funeste, et pour avoir contribué à maintenir l'Europe en paix pendant cette campagne si glorieuse pour un fils de France, et qui a rendu une armée au drapeau blanc.

Les bourreaux qui avaient tué mon frère ne m'ont pas laissé mon patrimoine : c'est dans l'ordre; mais je ne puis m'empêcher d'engager les ministres futurs à se défendre de ces mesures précipitées, sujettes à de graves inconvénients. En me frappant, on n'a frappé qu'un dévoué serviteur du roi, et l'ingratitude est à l'aise avec la fidélité; toutefois il peut y avoir tels hommes moins soumis et telles circonstances dont il ne serait pas bon d'abuser : l'Histoire le prouve. Je ne suis ni le prince Eugène, ni Voltaire, ni Mirabeau ; et quand je possèderais leur puissance, j'aurais horreur de les imiter dans leur ressentiment. Mais comme j'ai eu lieu de connaître mieux qu'un autre le mal que font à mon pays les divisions et les injustices, j'exhorte les hommes en pouvoir à les éviter. Il y a quelques mois que je me serais bien gardé de faire ces réflexions, dans la crainte qu'on ne les prît, ou pour la menace de la forfanterie, ou pour le regret de l'ambition, ou pour la plainte de la faiblesse : on ne les saurait considérer aujourd'hui que comme un conseil aussi important que désintéressé.

DE LA MONARCHIE SELON LA CHARTE.

PREMIÈRE PARTIE.

CHAPITRE PREMIER.

EXPOSÉ.

La France veut son roi légitime.
Il y a trois manières de vouloir le roi légitime :
1° Avec l'ancien régime ;
2° Avec le despotisme ;
3° Avec la Charte.
Avec l'ancien régime, il y a impossibilité : nous l'avons prouvé ailleurs [1].

Avec le despotisme, il faut avoir, comme Buonaparte, six cent mille soldats dévoués, un bras de fer, un esprit tourné vers la tyrannie : je ne vois rien de tout cela. Je sais bien comment on établit le despotisme ; je ne sais pas comment on ferait un despote dans la famille des Bourbons.

Reste donc la monarchie avec la Charte.

C'est la seule bonne aujourd'hui : c'est d'ailleurs, la seule possible ; cela tranche la question.

CHAPITRE II.

SUITE DE L'EXPOSÉ.

Partons donc de ce point que nous avons une Charte, que nous ne pouvons avoir autre chose que cette Charte.

---

[1] Cet ouvrage étant comme la suite des *Réflexions politiques*, partout où je me trouverai sur le chemin des mêmes vérités, pour m'épargner les répétitions, je citerai en notes les *Réflexions*. Par la même raison, je citerai aussi le *Rapport fait au roi à Gand*, rapport qui découle également des principes posés dans les *Réflexions politiques*.

Mais depuis que nous vivons sous l'empire de la Charte, nous en avons tellement méconnu l'esprit et le caractère, que c'est merveille.

A quoi cela tient-il? A ce qu'emportés par nos passions, nos intérêts, notre humeur, nous n'avons presque jamais voulu nous soumettre à la conséquence, tout en disant que nous adoptions le principe; à ce que nous prétendions maintenir des choses contradictoires et impossibles; à ce que nous résistons à la nature du gouvernement établi, au lieu d'en suivre le cours; à ce que, contrariés par des institutions encore nouvelles, nous n'avons pas le courage de braver de légers inconvénients, pour acquérir de grands avantages; en ce qu'ayant pris la liberté pour base de ces institutions, nous nous effrayons, et nous sommes tentés de reculer jusqu'à l'arbitraire, ne comprenant pas comment un gouvernement peut être vigoureux sans cesser d'être constitutionnel.

Je vais essayer de poser quelques vérités d'un usage commun, dans la pratique de la monarchie représentative. Je traiterai des *principes :* je tâcherai de démontrer ce qui manque à nos institutions, ce qu'il faut créer, ce qu'il faut détruire, ce qui est raisonnable, ce qui est absurde. Je parlerai ensuite des *systèmes :* je dirai quels sont ceux que l'on a suivis jusqu'ici dans l'administration. J'indiquerai le mal; je finirai par offrir ce que je crois être le remède. Au reste, je ne m'écarterai pas des premières notions du sens commun. Mais il paraît que le sens commun est une chose plus rare que son nom ne semble l'indiquer : la révolution nous a fait oublier tant de choses! En politique comme en religion, nous en sommes au catéchisme.

CHAPITRE III.

ÉLÉMENTS DE LA MONARCHIE REPRÉSENTATIVE.

Qu'est-ce que le gouvernement représentatif? quelle est son origine? comment s'est-il formé en Europe? comment fut-il établi autrefois en France et en Angleterre? comment se détruisit-il chez nos aïeux, et pourquoi subsista-t-il chez nos voisins? par quelles voies y sommes-nous revenus? Pour toutes ces questions, voyez les *Réflexions politiques.*

Or, le gouvernement établi par la Charte se compose de quatre éléments : de la royauté ou de la prérogative royale, de la Chambre des pairs, de la Chambre des députés, du ministère. Cette machine, moins compliquée que l'organisation de l'ancienne monarchie avant Louis XIV, est cependant plus délicate, et doit être touchée avec plus d'adresse : la violence la briserait, l'inhabileté en arrêterait le mouvement.

Voyons ce qui manque, et quels embarras se sont rencontrés jusqu'ici dans la nouvelle monarchie.

CHAPITRE IV.

DE LA PRÉROGATIVE ROYALE. — PRINCIPE FONDAMENTAL.

La doctrine sur la prérogative royale constitutionnelle est : Que rien ne procède directement du roi dans les actes du gouvernement; que tout est l'œuvre du ministère, même la chose qui se fait au nom du roi et avec sa signature, projets de loi, ordonnances, choix des hommes.

Le roi, dans la monarchie représentative, est une divinité que rien ne peut atteindre : inviolable et sacrée, elle est encore infaillible ; car, s'il y a erreur, cette erreur est du ministre et non du roi. Ainsi, on peut tout examiner sans blesser la majesté royale, car tout découle d'un ministère responsable.

CHAPITRE V.

APPLICATION DU PRINCIPE.

Quand donc les ministres alarment des sujets fidèles, quand ils emploient le nom du roi pour faire passer de fausses mesures, c'est qu'ils abusent de notre ignorance, ou qu'ils ignorent eux-mêmes la nature du gouvernement représentatif. Le plus franc royaliste, dans les Chambres, peut, sans témérité, écarter le bouclier sacré qu'on lui oppose, et aller droit au ministère ; il ne s'agit que de ce dernier, jamais du roi.

Et tout cela est fondé en raison.

Car le roi étant environné de ministres responsables, tandis qu'il s'élève au-dessus de toute responsabilité, il est évident qu'il doit les laisser agir d'après eux-mêmes, puisqu'on s'en prendra à eux seuls de l'événement. S'ils n'étaient que les exécuteurs de la volonté royale, il y aurait injustice à les poursuivre pour des desseins qui ne seraient pas les leurs.

Que fait donc le roi dans son conseil? Il juge, mais il ne force point le ministre. Si le ministre obtempère à l'avis du roi, il est sûr de faire une chose excellente, et qui aura l'assentiment général ; s'il s'en écarte, et que, pour maintenir sa propre opinion, il argumente de sa responsabilité, le roi n'insiste plus : le ministre agit, fait une faute, tombe ; et le roi change son ministre.

Et quand bien même le roi, dans le conseil, eût adopté l'avis du ministère, si cet avis entraîne une fausse mesure, le roi n'est encore pour rien dans tout cela : ce sont les ministres qui ont surpris sa sagesse, en lui présentant les choses sous un faux jour, en le trompant par corruption, passion, incapacité. Encore un coup, rien n'est l'ouvrage du roi que la loi sanctionnée, le bonheur du peuple et la prospérité de la patrie.

J'ai appuyé sur cette doctrine, parce qu'elle a été méconnue : on a profité de la passion que la Chambre des députés a pour le roi, afin de donner des scrupules à cette Chambre admirable. Les députés ont été quelque temps à démêler les véritables intérêts du trône, quand on se servait du nom même du roi pour l'opposer à ses intérêts. Passons du principe général à quelques détails.

CHAPITRE VI.

SUITE DE LA PRÉROGATIVE ROYALE. — INITIATIVE. — ORDONNANCE DU ROI.

La prérogative royale doit être plus forte en France qu'en Angleterre [1] ; mais il faudra, tôt ou tard, la débarrasser d'un inconvénient dont le principe est dans

---

[1] *Réflexions politiques.*

la Charte : on a cru fortifier cette prérogative en lui attribuant exclusivement l'initiative; on l'a au contraire affaiblie.

La forme ici n'a pas moins d'inconvénients que le fond : les ministres apportent aux Chambres leur projet de loi dans une ordonnance royale. Cette ordonnance commence par la formule : *Louis, par la grâce de Dieu*, etc. Ainsi les ministres sont forcés de faire parler le roi à la première personne : ils lui font dire qu'il a médité dans sa sagesse leur projet de loi, qu'il l'envoie aux Chambres dans sa puissance: puis surviennent des amendements qui sont admis par la couronne; et la sagesse et la puissance du roi reçoivent un démenti formel. Il faut une seconde ordonnance pour déclarer, encore par la grâce de Dieu, la sagesse et la puissance du roi, que le roi (c'est-à-dire le ministère) s'est trompé.

Et voilà comment un nom sacré se trouve compromis. Il est donc nécessaire que l'ordonnance soit réservée pour la loi complète, ouvrage de la couronne assistée des deux autres branches de la puissance législative, et non pour le projet de loi, qui n'est que le travail des ministres.

En tout, il faut désormais user des ordonnances avec sobriété: le style de l'ordonnance est absolu, parce qu'autrefois le roi était seul souverain législateur; mais aujourd'hui qu'il a consenti, dans sa magnanimité, à partager les fonctions législatives avec les deux Chambres, il est mieux, en matière de loi, que la couronne ne parle impérieusement que pour la loi achevée. Autrement vous placez le pair et le député entre deux puissances législatives, la loi et l'ordonnance; entre l'ancienne et la nouvelle constitution, entre ce qu'on doit à la loi comme citoyen, et ce que l'on doit à l'ordonnance comme sujet. Comment alors travailler librement à la loi, sans blesser la prérogative, ou se taire devant la prérogative, sans cesser d'obéir à sa conscience en votant sur les articles de la loi ? Le nom du roi, mis en avant par les ministres, produirait à la longue l'un ou l'autre de ces graves inconvénients: ou il imprimerait un tel respect, que, toute liberté disparaissant dans les deux chambres, on tomberait sous le despotisme ministériel; ou il n'enchaînerait pas les volontés, ce qui conduirait au mépris de cette autorité royale, sans laquelle pourtant il n'est point de salut pour nous.

Toutes les convenances seraient choquées en Angleterre si un membre du parlement s'avisait de citer l'auguste nom du monarque pour combattre ou pour faire un bill.

CHAPITRE VII.

OBJECTIONS.

Mais si les Chambres ont seules l'initiative, ou si elles la partagent avec la couronne, ne va-t-on pas voir recommencer cette manie de faire des lois, qui perdit la France sous l'assemblée constituante?

On oublie dans ces comparaisons, si souvent répétées, que l'esprit de la France n'était pas tel alors qu'il est aujourd'hui; que la révolution commençait et qu'elle finit ; que l'on tend au repos, comme on tendait au mouvement ; que loin de vouloir détruire, la plus forte envie est de réparer.

On oublie que la constitution n'était pas la même; qu'il n'y avait qu'une assemblée ou deux conseils de même nature, et que la Charte a établi deux Chambres formées d'éléments divers ; que ces deux Chambres se balancent, que l'une peut arrêter ce que l'autre aurait proposé imprudemment.

On oublie que toute motion d'ordre faite et poursuivie spontanément n'est plus possible; que toute proposition doit être déposée par écrit sur le bureau ; que si les Chambres décident qu'il y a lieu de s'occuper de cette proposition, elle ne peut être développée qu'après un intervalle de trois jours; qu'elle est ensuite envoyée et distribuée dans les bureaux : ce n'est qu'après avoir passé à travers toutes ces formes dilatoires qu'elle revient aux Chambres, modifiée et comme refroidie, pour y rencontrer tous les obstacles, y subir tous les amendements des projets de loi; encore la discussion peut-elle en être retardée, s'il se trouve à l'ordre du jour d'autres affaires qui aient la priorité.

On oublie enfin que le roi a puissance absolue pour rejeter la loi, pour dissoudre les Chambres, si le besoin de l'État le requérait.

D'ailleurs, de quoi s'agit-il? d'ôter l'initiative des lois à la couronne? Pas du tout : laissez l'initiative à la couronne, qui s'en servira dans les grandes occasions, pour quelque loi bien éclatante, bien populaire ; mais donnez-la aussi aux Chambres, qui l'exercent déjà par le fait, puisqu'elles ont le droit de la proposition de loi.

Le développement de la proposition est secret, répond-on, et avec l'initiative la discussion est publique : les assemblées délibérantes ont fait tant de mal à la France, qu'on ne saurait trop se prémunir contre elles.

Mais alors pourquoi une Charte? pourquoi une constitution libre? pourquoi n'avoir pas pris les choses telles qu'elles étaient, un sénat passif, un corps législatif muet? Et voilà comment, par une inconséquence funeste, on veut et on ne veut pas ce que l'on a.

Sait-on ce qui arrivera si nous ne sommes pas plus décidés dans nos vœux, pas plus d'accord avec nous-mêmes? Ou nous détruirons la constitution (et Dieu sait ce qui en résultera), ou nous serons emportés par elle : prenons-y garde, car, dans l'état actuel des choses, elle est probablement plus forte que nous.

CHAPITRE VIII.

CONTRE LA PROPOSITION SECRÈTE DE LA LOI.

Proposition secrète de la loi : idée fausse et contradictoire, élément hétérogène dont il faudra se débarrasser. La proposition secrète de la loi ne peut même jamais être si secrète qu'elle ne parvienne au public défigurée : l'initiative franche est de la nature du gouvernement représentatif. Dans ce gouvernement tout doit être connu, porté au tribunal de l'opinion. Si la discussion aux Chambres devient orageuse, cinq membres, en se réunissant, peuvent, aux termes de l'article 44 de la Charte, faire évacuer les tribunes On conserverait donc, par l'initiative, les avantages du secret sans perdre ceux de la publicité; il n'y a donc rien à gagner à préférer la proposition à l'initiative. C'est vouloir se procurer par un moyen ce qu'on obtient déjà par un autre; c'est compliquer les ressorts, pour se donner ce qu'on peut avoir par un procédé simple et naturel.

L'initiative accordée aux Chambres fera disparaître en outre ces définitions de principes généraux, qui, cette année, ont entravé la discussion de chacune de nos lois. On n'entendrait plus parler aussi de l'éternelle doctrine des amendements. Le bon sens veut que les Chambres admises à la confection des lois, aient le droit de proposer dans ces lois tous les changements qui leur semblent utiles (excepté pour le budget, comme je vais le dire). Vouloir fixer des bornes au droit d'amendement; trouver le point mathématique où l'amendement finit, où la proposition de loi commence; savoir exactement quand cet amendement empiète, quand il n'empiète pas sur la prérogative, c'est se perdre dans une métaphysique politique, sans rivage et sans fond.

Permettez l'initiative aux Chambres : que la loi, si vous le voulez, puisse être également proposée par le gouvernement, mais sans ordonnance formelle, et toutes ces questions oiseuses tomberont. Au lieu de crier à tout propos à la violation de la Charte, à la violation de la prérogative royale; au lieu de rejeter un amendement, non parce qu'il est mauvais en lui-même, mais parce qu'il contrarie une théorie, on sera obligé de combattre son adversaire par des raisons prises dans la nature même de la loi proposée. On ne s'accusera plus mutuellement, les uns de rappeler des principes démocratiques, les autres de prêcher l'obéissance passive : les esprits deviendront plus justes, les cœurs plus unis; il y aura moins de temps perdu.

CHAPITRE IX.
CE QUI RÉSULTE DE L'INITIATIVE LAISSÉE AUX CHAMBRES.

D'ailleurs l'initiative laissée aux Chambres est manifestement dans les intérêts du roi : la couronne ne se charge alors que de la proposition des lois populaires, et laisse aux pairs et aux députés tout ce qu'il peut y avoir de rigoureux dans la législation. Ensuite, si la loi ne passe pas, le nom du roi ne s'est pas trouvé mêlé à des discussions où souvent le mouvement de la tribune fait sortir de la convenance. D'une autre part, les ministres ne viendront plus violenter votre conscience, en s'écriant : « C'est la proposition du roi, c'est sa vo- « lonté; jamais il ne consentira à cet amendement. »

Enfin, si les ministres sont habiles, l'initiative des Chambres ne sera jamais que l'initiative ministérielle, car ils auront l'art de faire proposer ce qu'ils voudront. C'est l'avantage de l'anonyme pour un auteur : si l'ouvrage est bon, l'auteur le réclame après le succès; s'il ne réussit pas, il le laisse à qui la critique veut le donner. Encore le ministre est-il mieux placé que l'auteur; car, bonne ou mauvaise, la loi que ce ministre a chargé ses amis de proposer doit toujours passer aux Chambres, à moins qu'il n'ait adopté le *système de la minorité*, si ingénieusement inventé dans la dernière session. Renoncer à la majorité, c'est vouloir marcher sans pieds, voler sans ailes; c'est briser le grand ressort du gouvernement représentatif : je le montrerai plus loin.

CHAPITRE X.

OU CE QUI PRÉCÈDE EST FORTIFIÉ.

Voilà les inconvénients de la proposition secrète de la loi par les Chambres, et de l'initiative par la couronne ; en voici les absurdités :

Si la proposition passe aux Chambres, elle va à la couronne ; si la couronne l'adopte, elle revient aux Chambres en forme de projet de loi.

Si les Chambres jugent alors à propos de l'amender, elle retourne à la couronne, qui peut à son tour introduire de nouveaux changements, lesquels doivent encore être adoptés par les deux Chambres, pour être présentés ensuite à la sanction du roi, qui peut encore ajouter ou retrancher.

Il y a dans le Kiang-Nan, province la plus polie de la Chine, un usage : deux mandarins ont une affaire à traiter ensemble ; le mandarin qui a reçu le premier la visite de l'autre mandarin ne manque pas par politesse de l'accompagner jusque chez lui ; celui-ci à son tour, par politesse, se croit obligé de retourner à la maison de son hôte, lequel sait trop bien vivre pour laisser aller seul son honorable voisin, lequel connaît trop bien ses devoirs pour ne pas reconduire encore un personnage si important, lequel.... Quelquefois les deux mandarins meurent dans ce combat de bienséance, et l'affaire avec eux [1].

CHAPITRE XI.

CONTINUATION DU MÊME SUJET.

L'initiative et la sanction de la loi sont visiblement incompatibles ; car, dans ce cas, c'est la couronne qui approuve ou désapprouve son propre ouvrage. Outre l'absurdité du fait, la couronne est ainsi placée dans une position au-dessous de sa dignité : elle ne peut confirmer un projet de loi que les ministres ont déclaré être le fruit des méditations, avant que les pairs et les députés n'aient examiné, et pour ainsi dire approuvé ce projet de loi. N'est-il pas plus noble et plus dans l'ordre que les Chambres proposent la loi, et que le roi la juge ? Il se présente alors comme le grand et le premier législateur, pour dire : « Cela est « bon, cela est mauvais ; je veux ou ne veux pas. » Chacun conserve son rang : ce n'est plus un sujet obscur qui s'avise de contrôler une loi proposée au nom du souverain maître et seigneur.

L'initiative, loin d'être favorable au trône, est donc anti-monarchique, puisqu'elle déplace les pouvoirs : les Anglais l'ont très-raisonnablement attribuée aux Chambres.

CHAPITRE XII.

QUESTION.

Dans le gouvernement représentatif, s'écrie-t-on, le roi n'est donc qu'une vaine idole ? On l'adore sur l'autel, mais il est sans action et sans pouvoir.

[1] *Lettres édif.*

Voilà l'erreur. Le roi, dans cette monarchie, est plus absolu que ses ancêtres ne l'ont jamais été, plus puissant que le sultan à Constantinople, plus maître que Louis XIV à Versailles.

Il ne doit compte de sa volonté et de ses actions qu'à Dieu.

Il est le chef ou l'évêque extérieur de l'Église gallicane.

Il est le père de toutes les familles particulières, en les rattachant à lui par l'instruction publique.

Seul il rejette ou sanctionne la loi; toute loi émane donc de lui; il est donc souverain législateur.

Il s'élève même au-dessus de la loi, car lui seul peut faire grâce et parler plus haut que la loi.

Seul il nomme et déplace les ministres à volonté, sans opposition, sans contrôle : toute l'administration découle donc de lui; il en est donc le chef suprême.

L'armée ne marche que par ses ordres.

Seul il fait la paix et la guerre.

Ainsi, le premier dans l'ordre religieux, moral et politique, il tient dans sa main les mœurs, les lois, l'administration, l'armée, la paix et la guerre.

S'il retire cette main royale, tout s'arrête.

S'il l'étend, tout marche.

Il est si bien tout par lui-même, qu'ôter le roi, il n'y a plus rien.

Que regrettez-vous donc pour la couronne? Serait-ce les millions d'entraves dont la royauté était jadis embarrassée, et le pouvoir qu'un ministre avait de vous mettre à la Bastille? Vous vous trompez encore quand vous supposez que la couronne pouvait agir autrefois avec plus d'indépendance ou plus de force qu'aujourd'hui. Quel roi de France, dans l'ancienne monarchie, aurait pu lever l'impôt énorme que le budget a établi? Quel roi aurait pu faire usage d'un pouvoir aussi violent que celui dont les lois sur la liberté de la presse, la liberté individuelle et les cris séditieux, ont investi la couronne!

De l'examen de la prérogative royale, passons à l'examen de la Chambre des pairs.

CHAPITRE XIII.

DE LA CHAMBRE DES PAIRS. — PRIVILÉGES NÉCESSAIRES.

Si, avant d'avoir reçu de la munificence toute gratuite du roi la haute dignité de la pairie, je n'avais pas réclamé, pour la Chambre des pairs, ce que je vais encore demander aujourd'hui, une certaine pudeur m'empêcherait peut-être de parler; mais mon opinion imprimée[1] ayant devancé des honneurs qui surpassent de beaucoup les très-faibles services que j'ai pu rendre à la cause royale, je puis donc m'expliquer sans détours.

Il manque encore à la Chambre des pairs de France, non dans ses intérêts particuliers, mais dans ceux du roi et du peuple, des priviléges, des honneurs et de la fortune.

[1] *Réflexions politiques. Rapport fait au roi, à Gand.*

Néanmoins, dans le rapport que j'eus l'honneur de faire au roi à Gand dans son conseil, en indiquant la nécessité d'instituer l'hérédité de la pairie (tant pour consacrer les principes de la Charte que pour prouver que l'on voulait sincèrement ce que l'on avait promis), je ne prétendais pas conseiller de faire à la fois tous les pairs héréditaires. Un certain nombre de pairs, pris parmi les anciens et les nouveaux pairs, m'aurait d'abord paru suffire. Le ministère, dont l'ordonnance du 19 août 1815 est l'ouvrage, n'a peut-être pas assez vu tout ce que cette ordonnance enlevait à la couronne. Le roi, providence de la France, et qui, comme cette providence, répand les bienfaits à pleines mains, a consenti à une générosité toujours au-dessous de sa munificence : il ne s'est rien réservé de ce qu'il pouvait donner. Et pourtant quelle source de récompenses est tarie par l'acte ministériel! Quel noble sujet enlevé à une noble ambition! Que n'eût point fait un pair à vie, pour devenir pair héréditaire, pour constituer dans sa famille une si haute et si importante dignité!

La même ordonnance semble ôter au roi la faculté de faire à l'avenir des pairs à vie ; mais il y a sans doute sur ce point quelque vice de rédaction. La Charte, article 27, dit positivement : « Le roi peut nommer les pairs *à vie*, ou « les rendre héréditaires, selon sa volonté. »

CHAPITRE XIV.

SUBSTITUTIONS : QU'ELLES SONT DE L'ESSENCE DE LA PAIRIE.

Je ne répèterai point, sur les honneurs et les priviléges à accorder à la pairie, ce que j'ai dit dans les *Réflexions politiques*. J'ajouterai seulement qu'il faudra tôt ou tard rétablir pour les pairs l'usage des substitutions, par ordre de primogéniture. Passées des lois romaines dans nos anciennes lois, mais pour y maintenir d'autres principes, les substitutions entrent dans la constitution monarchique. Le retrait lignager en serait un appendice heureux : inventé à l'époque où les fiefs devinrent héréditaires, il rattacherait la dignité à la glèbe ; et la terre noble ferait le noble plus sûrement que la volonté politique.

Stat fortuna domus, et avi numerantur avorum.

Tel est le moyen de rétablir en France des familles aristocratiques, barrière et sauvegarde du trône. Sans priviléges et sans propriétés, la pairie est un mot vide de sens, une institution qui ne remplit pas son but. Si la Chambre des pairs a moins d'honneurs et de propriétés territoriales que la Chambre des députés, la balance est rompue : le principe de l'aristocratie est déplacé, et va se réunir au principe démocratique dans la Chambre des députés.

Cette dernière Chambre acquerra alors une prépondérance inévitable et dangereuse, en joignant à sa popularité naturelle l'égalité des titres et la supériorité de la fortune.

Quand et comment faut-il exécuter ce que je propose pour la Chambre des pairs ? On l'apprendra du temps ; mais, quoi qu'on fasse, il faudra en venir là, ou la monarchie représentative ne se constituera pas en France.

Au reste, les séances de la Chambre des pairs doivent être publiques, sinon par la loi, du moins par l'usage, comme en Angleterre. Sans cette publicité, la Chambre des pairs n'a pas assez d'action sur l'opinion, et laisse encore un trop grand avantage à la Chambre des députés.

L'intérêt du ministère réclame également cette publicité : l'attaque légale contre les ministres commence à la Chambre des députés, et la défense a lieu dans la Chambre des pairs. L'attaque est donc publique, tandis que la défense est secrète? Les principes de deux jurisprudences opposées sont donc employés dans le même procès? Il y a contradiction dans la loi, et lésion pour la partie.

Quittons la Chambre des pairs : venons à la Chambre des députés.

CHAPITRE XV.

DE LA CHAMBRE DES DÉPUTÉS. — SES RAPPORTS AVEC LES MINISTRES.

Notre Chambre des députés serait parfaitement constituée si les lois sur les élections et sur la responsabilité des ministres étaient faites; mais il manque encore à cette Chambre la connaissance de quelques-uns de ses pouvoirs, de quelques-unes de ces vérités filles de l'expérience.

Il faut d'abord qu'elle sache se faire respecter. Elle ne doit pas souffrir que les ministres établissent en principe qu'ils sont indépendants des Chambres; qu'ils peuvent refuser de venir lorsqu'elles désireraient leur présence. En Angleterre, non-seulement les ministres sont interrogés sur des bills, mais encore sur des actes administratifs, sur des nominations, et même sur des nouvelles de gazette.

Si on laisse passer cette grande phrase, que les ministres du roi ne doivent compte qu'au roi de leur *administration*, on entendra bientôt par *administration* tout ce qu'on voudra : des ministres incapables pourront perdre la France à leur aise ; et les Chambres, devenues leurs esclaves, tomberont dans l'avilissement.

Quel moyen les Chambres ont-elles de se faire écouter? Si les ministres refusent de répondre, elles en seront pour leur interpellation, compromettront leur dignité, et paraîtront ridicules, comme on l'est en France quand on fait une fausse démarche.

La Chambre des députés a plusieurs moyens de maintenir ses droits.

Posons donc les principes :

Les Chambres ont le droit de demander tout ce qu'elles veulent aux ministres.

Les ministres doivent toujours répondre, toujours venir, quand les Chambres paraissent le souhaiter.

Les ministres ne sont pas toujours obligés de donner les explications qu'on leur demande ; ils peuvent les refuser, mais en motivant ce refus sur des raisons d'État dont les Chambres seront instruites quand il en sera temps. Les Chambres traitées avec cet égard n'iront pas plus loin. Lorsqu'un ministre a désiré d'obtenir un crédit de six millions sur le grand-livre, il a donné sa parole d'honneur, et les députés n'ont pas demandé d'autres éclaircissements. *Foi de gentilhomme* est un vieux gage sur lequel les Français trouveront toujours à emprunter.

D'ailleurs les Chambres ne se mêleront jamais d'administration, ne feront jamais de demandes inquiétantes; elles n'exposeront jamais les ministres à se compromettre, si les ministres sont ce qu'ils doivent être, c'est-à-dire maîtres des Chambres par le *fond*, et leurs serviteurs par la *forme*.

Quel moyen conduit à cet heureux résultat? le moyen le plus simple du monde : le ministère doit disposer de la majorité, et marcher avec elle; sans cela, point de gouvernement.

Je sais bien que cette espèce d'autorité que les Chambres exercent sur le ministère pendant les sessions rappelle à l'esprit les envahissements de l'assemblée constituante : mais, encore une fois, toute comparaison de ce qui est aujourd'hui à ce qui fut alors est boiteuse. L'expérience de nos temps de malheur n'autorise point à dire que la monarchie représentative ne peut pas s'établir en France : le gouvernement qui existait à cette époque n'était point la monarchie représentative fondée sur des principes naturels, par la véritable division des pouvoirs. Une assemblée unique, un roi dont le *veto* n'était pas absolu ! Qu'y a-t-il de commun entre l'ordre établi par l'assemblée constituante et l'ordre politique fondé par la Charte ? Usons de cette Charte : si rien ne marche avec elle, alors nous pourrons affirmer que le génie français est incompatible avec le gouvernement représentatif; jusque-là nous n'avons pas le droit de condamner ce que nous n'avons jamais eu.

CHAPITRE XVI.

QUE LA CHAMBRE DES DÉPUTÉS DOIT SE FAIRE RESPECTER AU DEHORS PAR LES JOURNAUX.

La Chambre des députés ne doit pas permettre qu'on l'insulte *collectivement* dans les journaux, ou qu'on altère les discours de ses membres.

Tant que la presse sera captive, les députés ont le droit de demander compte au ministère des délits de la presse; car, dans ce cas, ce sont les censeurs qui sont coupables, et les censeurs sont les agents des ministres.

Lorsque la presse deviendra libre, les députés doivent mander à la barre le libelliste, ou le faire poursuivre dans toute la rigueur des lois par-devant les tribunaux.

En attendant l'époque qui délivrera la presse de ses entraves, il serait bon que la Chambre eût à elle un journal où ses séances, correctement imprimées, deviendraient la condamnation ou la justification des gazettes officielles.

Mais ce qu'il faut surtout, c'est la liberté de la presse. Que la Chambre se hâte de la réclamer : je vais en donner les raisons.

CHAPITRE XVII.

DE LA LIBERTÉ DE LA PRESSE.

Point de gouvernement représentatif sans la liberté de la presse. Voici pourquoi :

Le gouvernement représentatif s'éclaire par l'opinion publique, et est fondé sur elle. Les Chambres ne peuvent connaître cette opinion si cette opinion n'a point d'organes.

Dans un gouvernement représentatif, il y a deux tribunaux : celui des Chambres, où les intérêts particuliers de la nation sont jugés ; celui de la nation elle-même, qui juge en dehors les deux Chambres.

Dans les discussions qui s'élèvent nécessairement entre le ministère et les Chambres, comment le public connaîtra-t-il la vérité si les journaux sont sous la censure du ministère, c'est-à-dire sous l'influence d'une des parties intéressées ? Comment le ministère et les Chambres connaîtront-ils l'opinion publique qui fait la volonté générale, si cette opinion ne peut librement s'expliquer ?

CHAPITRE XVIII.

QUE LA PRESSE ENTRE LES MAINS DE LA POLICE ROMPT LA BALANCE CONSTITUTIONNELLE.

Il faut, dans une monarchie constitutionnelle, que le pouvoir des Chambres et celui du ministère soient en harmonie. Or, si vous livrez la presse au ministère, vous lui donnez le moyen de faire pencher de son côté tout le poids de l'opinion publique, et de se servir de cette opinion contre les Chambres : la constitution est en péril.

CHAPITRE XIX.

CONTINUATION DU MÊME SUJET.

Qu'arrive-t-il lorsque les journaux sont, par le moyen de la censure, entre les mains du ministère ? Les ministres font admirer, dans les gazettes qui leur appartiennent, tout ce qu'ils ont dit, tout ce qu'a fait, tout ce qu'a dit leur parti *intra muros* et *extra*. Si, dans les journaux dont ils ne disposent pas entièrement, ils ne peuvent obtenir les mêmes résultats, du moins ils peuvent forcer les rédacteurs à se taire.

J'ai vu des journaux non ministériels suspendus pour avoir loué telle ou telle opinion.

J'ai vu des discours de la Chambre des députés mutilés par la censure sur l'épreuve de ces journaux

J'ai vu apporter les défenses spéciales de parler de tel événement, de tel écrit qui pouvait influer sur l'opinion publique d'une manière désagréable aux ministres [1].

---

[1] Cet ouvrage offrira sans doute un nouvel exemple de ces sortes d'abus. On défendra aux journaux de l'annoncer, ou on le fera déchirer par les journaux. Si quelques-uns d'entre eux osaient en parler avec indépendance, ils seraient arrêtés à la poste, selon l'usage. Je vais voir revenir pour moi le bon temps des Fouché : n'a-t-on pas publié contre moi, sous la police royale, des libelles que le duc de Rovigo avait supprimés comme trop infâmes ? Je n'ai point réclamé, parce que je suis partisan sincère de la liberté de la presse, et que, dans mes principes, je ne puis le faire tant qu'il n'y a pas de loi. Au reste, je suis accoutumé aux injures, et fort au-dessus de toutes celles qu'on pourra m'adresser. Il ne s'agit pas de moi ici, mais *du fond* de mon ouvrage : et c'est par cette raison que je préviens les provinces, afin qu'elles ne se laissent pas abuser. J'attaque un parti puissant, et les journaux sont exclusivement entre les mains de ce parti : la politique et la littérature continuent de se faire à la police. Je puis donc m'attendre à tout ; mais je puis donc demander aussi qu'on me lise, et qu'on ne me juge pas en dernier ressort sur le rapport de journaux qui ne sont pas libres.

J'ai vu destituer un censeur qui avait souffert onze années de détention comme royaliste, pour avoir laissé passer un article en faveur des royalistes.

Enfin, comme on a senti que des ordres de la police, envoyés par écrit aux bureaux des feuilles publiques, pouvaient avoir des inconvénients, on a tout dernièrement supprimé cet ordre, en déclarant aux journalistes qu'ils ne recevraient plus que des *injonctions verbales*. Par ce moyen les preuves disparaîtront, et l'on pourra mettre sur le compte des *rédacteurs* des gazettes tout ce qui sera l'ouvrage des *injonctions ministérielles*.

C'est ainsi que l'on fait naître une fausse opinion en France, qu'on abuse celle de l'Europe; c'est ainsi qu'il n'y a point de calomnies dont on n'ait essayé de flétrir la Chambre des députés. Si l'on n'eût pas été si contradictoire et si absurde dans ces calomnies; si, après avoir appelé les députés des aristocrates, des ultra-royalistes, des ennemis de la Charte, des *Jacobins blancs*, on ne les avait pas ensuite traités de démocrates, d'ennemis de la prérogative royale, de factieux, de *Jacobins noirs*, que ne serait-on pas parvenu à faire croire ?

Il est de toute impossibilité, il est contre tous les principes d'une monarchie représentative, de livrer exclusivement la presse au ministère, de lui laisser le droit d'en disposer selon ses intérêts, ses caprices et ses passions, de lui donner moyen de couvrir ses fautes, et de corrompre la vérité. Si la presse eût été libre, ceux qui ont tant attaqué les Chambres auraient été traduits à leur tour au tribunal, et l'on aurait vu de quel côté se trouvaient l'habileté, la raison et la justice.

Soyons conséquents : ou renonçons au gouvernement représentatif, ou ayons la liberté de la presse : il n'y a point de constitution libre qui puisse exister avec les abus que je viens de signaler.

CHAPITRE XX.

DANGERS DE LA LIBERTÉ DE LA PRESSE. — JOURNAUX. — LOIS FISCALES

Mais la liberté de la presse a des dangers. Qui l'ignore? Aussi cette liberté ne peut exister qu'en ayant derrière elle une loi forte, *immanis lex*, qui prévienne la prévarication par la ruine, la calomnie par l'infamie, les écrits séditieux par la prison, l'exil, et quelquefois par la mort : le Code a sur ce point la loi unique. C'est aux risques et périls de l'écrivain que je demande pour lui la liberté de la presse; mais il la faut, cette liberté, ou, encore une fois, la constitution n'est qu'un jeu.

Quant aux journaux, qui sont l'arme la plus dangereuse, il est d'abord aisé d'en diminuer l'abus, en obligeant les propriétaires des feuilles périodiques, comme les notaires et autres agents publics, à fournir un cautionnement. Ce cautionnement répondrait des amendes, peine la plus juste et la plus facile à appliquer. Je le fixerais au capital que suppose la contribution directe de mille francs, que tout citoyen doit payer pour être élu membre de la Chambre des députés. Voici ma raison :

Une gazette est une tribune : de même qu'on exige du député appelé à discuter les affaires que son intérêt, comme propriétaire, l'attache à la propriété commune, de même le journaliste qui veut s'arroger le droit de parler à la France doit être aussi un homme qui ait quelque chose à gagner à l'ordre public, et à perdre au bouleversement de la société.

Vous seriez par ce moyen débarrassé de la foule des papiers publics. Les journalistes, en petit nombre, qui pourraient fournir ce cautionnement, menacés par une loi formidable, exposés à perdre la somme consignée, apprendraient à mesurer leurs paroles. Le danger réel disparaîtrait : l'opinion des Chambres, celle du ministère et celle du public seraient connues dans toute leur vérité.

L'opinion publique doit être d'autant plus indépendante aujourd'hui, que l'article 4 de la Charte est suspendu. En Angleterre, lorsque l'*habeas corpus* dort, la liberté de la presse veille : sœur de la liberté individuelle, elle défend celle-ci tandis que ses forces sont enchaînées, et l'empêche de passer du sommeil à la mort [1].

CHAPITRE XXI.

LIBERTÉ DE LA PRESSE PAR RAPPORT AUX MINISTRES.

Les ministres seront harcelés, vexés, inquiétés par la liberté de la presse; chacun leur donnera son avis. Entre les louanges, les conseils et les outrages, il n'y aura pas moyen de gouverner.

Des ministres véritablement constitutionnels ne demanderont jamais que, pour leur épargner quelques désagréments, on expose la constitution. Ils ne sacrifieront pas aux misérables intérêts de leur amour-propre la dignité de la nature humaine; ils ne transporteront point sous la monarchie les irascibilités de l'aristocratie. « Dans l'aristocratie, dit Montesquieu, les magistrats sont de « petits souverains qui ne sont pas assez grands pour mépriser les injures. Si « dans la monarchie quelque trait va contre le monarque, il est si haut, que « le trait n'arrive point jusqu'à lui. Un seigneur aristocratique en est percé de « part en part. »

Que les ministres se persuadent bien qu'ils ne sont point des seigneurs aristocratiques. Ils sont les agents d'un roi constitutionnel dans une monarchie représentative. Les ministres habiles ne craignent point la liberté de la presse; on les attaque, et ils survivent.

Sans doute les ministres auront contre eux des journaux; mais ils auront aussi des journaux pour eux : ils seront attaqués et défendus, comme cela arrive à Londres. Le ministère anglais se met-il en peine des plaisanteries de l'opposition et des injures du *Morning-Chronicle ?* Que n'a-t-on point dit, que n'a-t-on point écrit contre M. Pitt ? Sa puissance en souffrit-elle ? Sa gloire en fut-elle éclipsée ?

Que les ministres soient des hommes de talent ; qu'ils sachent mettre de leur part : le public et la majorité des Chambres, et les bons écrivains entreront dans

[1] On se retranche dans la difficulté de faire une bonne loi sur la liberté de la presse. Cette loi est certainement difficile ; mais je crois la savoir possible. J'ai là-dessus des idées arrêtées, dont le développement serait trop long pour cet ouvrage.

leurs rangs, et les journaux les mieux faits et les plus répandus les soutiendront. Ils seront cent fois plus forts, car ils marcheront alors avec l'opinion générale. Quand ils ne voudront plus se tenir dans l'exception, et contrarier l'esprit des choses, ils n'auront rien à craindre de ce que l'humeur pourra leur dire. Enfin, tout n'est pas fait dans un gouvernement pour des ministres : il faut vouloir ce qui est de la nature des institutions sous lesquelles on vit ; et, encore une fois, il n'y a pas de liberté constitutionnelle sans liberté de la presse.

Une dernière considération importante pour les ministres, c'est que la liberté de la presse les dégagera d'une responsabilité fâcheuse envers les gouvernements étrangers. Ils ne seront plus importunés de toutes ces notes diplomatiques que leur attirent l'ignorance des censeurs et la légèreté des journaux ; et, n'étant plus forcés d'y céder, ils ne compromettront plus la dignité de la France.

CHAPITRE XXII.

LA CHAMBRE DES DÉPUTÉS NE DOIT PAS FAIRE LE BUDGET.

La Chambre des députés connaîtra donc ses droits et sa dignité ; elle demandera donc, le plus tôt possible, la liberté de la presse : voilà ce qu'elle doit faire. Voici ce qu'elle ne doit pas faire : elle ne doit pas faire un budget. La formation d'un budget appartient essentiellement à la prérogative royale.

Si le budget que les ministres présentent à la Chambre des députés n'est pas bon, elle le rejette.

S'il est bon seulement par parties, elle l'accepte par parties ; mais il faut qu'elle se garde de jamais remplacer elle-même les impôts non consentis par des impôts de sa façon, ni de substituer au système de finances ministériel son propre système de finances ; voici pourquoi :

Elle se compromet. Le ministre restant est l'exécuteur de ce nouveau budget ; il a à venger son amour-propre, à justifier son œuvre. Dès lors, ennemi secret de la Chambre, ce ne serait que par une vertu extraordinaire qu'il pourrait mettre du zèle à seconder un plan qui a cessé d'être le sien : il est plus naturel de supposer qu'il l'entravera, et le fera manquer dans les points les plus essentiels. Puis, à la prochaine session, il viendra, d'un air modestement triomphant, annoncer à la Chambre qu'elle avait fait un excellent budget, mais que malheureusement il n'a pas réussi.

Qu'est-ce que les députés répondront ? Notre budget, diront-ils n'était peut-être pas excellent, mais il était meilleur que le vôtre. Soit, répliquera le ministre ; mais il y a un déficit : vous ne pouvez vous en prendre qu'à vous-mêmes, et n'avez rien à me reprocher.

Règle générale : le budget doit être fait par le ministère, et non par la Chambre des députés, qui est le juge de ce budget. Or, si elle fait le budget, elle ne peut demander compte de son propre ouvrage, et le ministère cesse d'être responsable dans la partie la plus importante de l'administration : ainsi les éléments de la constitution sont déplacés.

Mais ces déviations de la ligne constitutionnelle, ces agitations, ces efforts, proviennent, comme tout le reste, dans la dernière session, de la lutte du ministère contre la majorité. Que le ministère consente à retourner aux principes, et le budget, convenu d'avance entre lui et la majorité, passera sans altercation : les choses reprendront leur cours naturel, et l'on sera étonné du silence avec lequel les affaires marcheront en France.

Soit dit ainsi de la prérogative royale, de la Chambre des pairs, de la Chambre des députés : parlons du ministère.

CHAPITRE XXIII.

DU MINISTÈRE SOUS LA MONARCHIE REPRÉSENTATIVE. — CE QU'IL PRODUIT D'AVANTAGEUX. — SES CHANGEMENTS FORCÉS.

Un avantage incalculable de la monarchie représentative, c'est d'amener les hommes les plus habiles à la tête des affaires, de créer une hérédité forcée de lumières et de talents [1].

La raison en est sensible. Avec des Chambres, un ministère faible ne peut se soutenir ; ses fautes, rappelées à la tribune, répétées dans les journaux, livrées à l'opinion publique, amènent en peu de temps sa chute.

Je ne cherche donc point, dans un gouvernement représentatif, de causes trop privées aux changements des ministres. Quand ces changements sont fréquents, c'est tout simplement que ces ministres ont embrassé de faux systèmes, méconnu l'esprit public, ou qu'ils ont été incapables de supporter le poids des affaires.

Sous une monarchie absolue, on peut s'effrayer de la succession rapide des ministres, parce que ces révolutions peuvent annoncer un défaut de discernement dans le prince, ou une suite d'intrigues de cour.

Sous une monarchie constitutionnelle, les ministres peuvent et doivent changer jusqu'à ce qu'on ait trouvé les hommes de la chose, jusqu'à ce que les Chambres et l'opinion aient fait sortir l'habileté des rangs où elle se tenait cachée. Ce sont des eaux qui cherchent à prendre leur niveau ; c'est un équilibre qui veut s'établir.

Il y aura donc changement tant que l'harmonie ne sera pas exactement établie entre les Chambres et le ministère.

CHAPITRE XXIV.

LE MINISTÈRE DOIT SORTIR DE L'OPINION PUBLIQUE ET DE LA MAJORITÉ DES CHAMBRES.

Il suit de là que sous la monarchie constitutionnelle, c'est l'opinion publique qui est la source et le principe du ministère, *principium et fons;* et, par une conséquence qui dérive de celle-ci, le ministère doit sortir de la majorité de la Chambre des députés, puisque les députés sont les principaux organes de l'opinion populaire.

C'est assez dire aussi que les ministres doivent être membres des Chambres, parce que, représentant alors une partie de l'opinion publique, ils entrent mieux

[1] *Réflexions politiques.*

dans le sens de cette opinion, et sont portés par elle à leur tour. Ensuite le ministre député se pénètre de l'esprit de la Chambre, laquelle s'attache à lui par une réciprocité de bienveillance et de patronage.

CHAPITRE XXV.

FORMATION DU MINISTÈRE : QU'IL DOIT ÊTRE UN. — CE QUE SIGNIFIE L'UNITÉ MINISTÉRIELLE.

Le ministère une fois formé doit être *un*[1]. Cela ne veut pas dire que la différence d'opinions politiques dans des hommes de mérite, lorsqu'ils sont encore isolés, soit un obstacle à leur réunion dans un ministère. Ils peuvent y entrer, par ce qu'on appelle en Angleterre une coalition[2], convenant d'abord entre eux d'un système général, faisant chacun les sacrifices commandés par l'opinion et la position des affaires. Mais une fois assis au timon de l'État, ils ne doivent plus gouverner que dans un même esprit.

L'unité du ministère ne veut pas dire encore que la couronne ne puisse changer quelques membres du conseil, sans changer les autres; il suffit que les membres entrants forment un système homogène d'administration avec les membres restants. En Angleterre, il y a assez fréquemment des mutations partielles dans le ministère; et la totalité ne tombe que quand le premier ministre s'en va.

CHAPITRE XXVI.

QUE LE MINISTÈRE DOIT ÊTRE NOMBREUX.

Le ministère doit être composé d'un plus grand nombre de membres responsables qu'il ne l'est aujourd'hui : il y a tel ministère dont le travail surpasse physiquement les forces d'un homme.

On gagne à augmenter le conseil responsable : 1° de diviser le travail et de multiplier les moyens; 2° d'augmenter le nombre des amis et des défenseurs du ministère dans les Chambres et hors des Chambres; 3° de diminuer autour du ministère les intrigues des hommes qui prétendent au ministère, en satisfaisant un plus grand nombre d'ambitions.

CHAPITRE XXVII.

QUALITÉS NÉCESSAIRES D'UN MINISTRE SOUS LA MONARCHIE CONSTITUTIONNELLE.

Ce qui convient à un ministre sous une monarchie constitutionnelle, c'est d'abord la facilité pour la parole : non qu'il ait besoin de cette *grande et notable éloquence, compagne de séditions, pleine de désobéissance, téméraire et arrogante, n'étant à tolérer aux cités bien constituées*[3]; non qu'on ne puisse

---

[1] *Réflexions politiques. Rapport au roi.*
[2] M. Canning, avant d'entrer au ministère britannique, s'était battu avec lord Castelreagh pour cause d'opinions politiques.
[3] Du Tillet.

être un homme très-médiocre, avec un certain talent de tribune; mais il faut au moins que le ministre puisse dire juste, exposer avec sobriété ce qu'il veut, répondre à une objection, faire un résumé clair, sans déclamation, sans verbiage. Cela s'apprend, comme toute chose, par l'usage.

Ce ministre aura du liant dans le caractère, de la perspicacité pour juger les hommes, de l'adresse pour manier leurs intérêts. Toutefois il faut qu'il soit ferme, résolu, arrêté dans ses plans, que l'on doit connaître pour les suivre, et pour s'attacher à son système. Sans cette fermeté il n'aurait aucun partisan : personne n'est de l'avis de celui qui est de l'avis de tout le monde.

CHAPITRE XXVIII.

QUI DÉCOULE DU PRÉCÉDENT.

Un tel ministre aura assez d'esprit pour bien connaître celui des Chambres; et toutes les Chambres n'ont pas la même humeur, la même allure.

Aujourd'hui, par exemple, la Chambre des députés est une Chambre pleine de délicatesse : vous la cabreriez à la moindre mesure qui lui paraîtrait blesser la justice ou l'honneur. Ne croyez pas gagner quelque chose en engageant dans vos systèmes ses chefs et ses orateurs ; elle les abandonnerait : la majorité ne changerait pas, parce que son opposition est une opposition de conscience, et non une affaire de parti. Mais prenez cette Chambre par la loyauté; parlez-lui de Dieu, du roi, de la France : au lieu de la calomnier, montrez-lui de la considération et de l'estime, vous lui ferez faire des miracles. Le comble de la maladresse serait de prétendre la mener où vous désirez, en lui débitant des maximes qu'elle repousse.

Pensez-vous qu'il soit nécessaire de lui faire adopter quelque mesure dans le sens de ce que vous appelez les *intérêts révolutionnaires?* gardez-vous de lui faire l'apologie de ces intérêts : dites qu'une fatale nécessité vous presse ; que le salut de la patrie exige ces nouveaux sacrifices ; que vous en gémissez ; que cela vous paraît affreux; que cela finira. Si la Chambre vous croit sincère dans votre langage, vous réussirez peut-être. Si vous allez, au contraire, lui déclarer que rien n'est plus juste que ce que vous lui proposez; qu'on ne saurait trop donner de gages à la révolution : vous remporterez votre loi.

Un ministre anglais est plus heureux, sa tâche est moins difficile : chacun va droit au fait à Londres, pour son intérêt, pour son parti. En France, les places données ou promises ne sont pas tout. L'opposition ne se compose pas des mêmes éléments[1]. Une politesse vous gagnera ce qu'une place ne vous obtiendrait pas ; une louange vous acquerra ce que vous n'achèteriez pas par la fortune. Sachez encore *et converser et vivre* : la force d'un ministre français n'est pas seulement dans son cabinet : elle est aussi dans son salon.

Réflexions politiques.

CHAPITRE XXIX.

QUEL HOMME NE PEUT JAMAIS ÊTRE MINISTRE SOUS LA MONARCHIE CONSTITUTIONNELLE.

Partout où il y a une tribune publique, quiconque peut être exposé à des reproches d'une certaine nature ne peut être placé à la tête du gouvernement. Il y a tel discours, tel mot, qui obligerait un pareil ministre à donner sa démission en sortant de la Chambre. C'est cette impossibilité résultante du principe libre des gouvernements représentatifs que l'on ne sentit pas lorsque toutes les illusions se réunirent, comme je le dirai bientôt, pour porter un homme fameux au ministère, malgré la répugnance trop fondée de la couronne. L'élévation de cet homme devait produire l'une de ces deux choses : ou l'abolition de la Charte, ou la chute du ministère à l'ouverture de la session. Se représente-t-on le ministre dont je veux parler, écoutant à la Chambre des députés la discussion sur les catégories, sur le 21 janvier, pouvant être apostrophé à chaque instant par quelque député de Lyon, et toujours menacé du terrible *tu es ille vir !* Les hommes de cette sorte ne peuvent être employés ostensiblement qu'avec les muets du sérail de Bajazet, ou les muets du Corps législatif de Buonaparte.

CHAPITRE XXX.

DU MINISTÈRE DE LA POLICE. — QU'IL EST INCOMPATIBLE AVEC UNE CONSTITUTION LIBRE.

Comme il y a des ministres qui ne peuvent l'être sous une monarchie constitutionnelle, il y a des ministères qui ne sauraient exister dans cette sorte de monarchie : c'est indiquer la police générale.

Si la Charte, qui fonde la liberté individuelle, est suivie, la police générale est sans action et sans but.

Si la liberté individuelle est suspendue par une loi transitoire, on n'a pas besoin de la police générale pour exécuter la loi.

En effet, si les droits de la liberté constitutionnelle sont dans toute leur plénitude, et que néanmoins la police générale se permette les actes arbitraires qui sont de sa nature, tels que suppressions d'ouvrages, visites domiciliaires, arrestations, emprisonnements, exils, la Charte est anéantie.

La police n'usera pas de cet arbitraire : eh bien ! elle est inutile.

La police générale est une police politique ; elle tend à étouffer l'opinion ou à l'altérer ; elle frappe donc au cœur le gouvernement représentatif. Inconnue sous l'ancien régime, incompatible avec le nouveau, c'est un monstre né dans la fange révolutionnaire de l'accouplement de l'anarchie et du despotisme.

CHAPITRE XXXI.

QU'UN MINISTRE DE LA POLICE GÉNÉRALE DANS UNE CHAMBRE DES DÉPUTÉS N'EST PAS A SA PLACE.

Voyez un ministre de la police générale dans une Chambre des députés : qu'y fait-il ? il fait des lois pour les violer, des règlements de mœurs pour les enfreindre. Comment peut-il sans dérision parler de la liberté, lui qui, en descendant de la tribune, peut faire arrêter illégalement un citoyen? Comment s'exprimera-t-il sur le budget, lui qui lève des impôts arbitraires? Quel représentant d'un peuple, que celui-là qui donnerait nécessairement une boule noire contre toute loi tendante à supprimer les établissements de jeu, à fermer les lieux de débauche, parce que ce sont les égouts où la police puise ses trésors! Enfin, les opinions seront-elles indépendantes en présence d'un ministre qui ne les écoute que pour connaître l'homme qu'il faut un jour dénoncer, frapper ou corrompre? c'est le devoir de sa place. Nous prétendons établir parmi nous un gouvernement constitutionnel, et nous ne nous apercevons seulement pas que nous voulons y faire entrer jusqu'aux institutions de Buonaparte.

CHAPITRE XXXII.

IMPÔTS LEVÉS PAR LA POLICE.

J'ai dit que la police levait des impôts qui ne sont pas compris dans le budget. Ces impôts sont au nombre de deux : taxe sur les jeux[1], taxe sur les journaux.

La ferme des jeux rapporte plus ou moins : elle s'élève aujourd'hui au-dessus de cinq millions.

La contribution levée sur les journaux, pour être moins odieuse, n'en est pas moins arbitraire.

La Charte dit, article 47 : *La Chambre des députés reçoit toutes les propositions d'impôts.* Article 48 : *Aucun impôt ne peut être établi ni perçu, s'il n'a été* CONSENTI *par les deux Chambres, et sanctionné par le roi.*

Je ne suis pas assez ignorant des affaires humaines pour ne pas savoir que les maisons de jeu ont été tolérées dans les sociétés modernes. Mais quelle différence entre la tolérance et la protection, entre les obscures rétributions données à quelques commis sous la monarchie absolue, et un budget de cinq ou six millions levés arbitrairement par un ministre qui n'en rend point compte, et sous une monarchie constitutionnelle!

CHAPITRE XXXIII.

AUTRES ACTES INCONSTITUTIONNELS DE LA POLICE.

La police se mêle des impôts : elle tombe comme concussionnaire sous l'article 56 de la Charte ; mais de quoi ne se mêle-t-elle pas? Elle intervient en matière criminelle : elle attaque les premiers principes de l'ordre judiciaire, comme nous venons de voir qu'elle viole le premier principe de l'ordre politique.

A l'article 64 de la Charte, on lit ces mots : *Les débats seront* PUBLICS *en matière criminelle, à moins que cette publicité ne soit dangereuse pour l'ordre et les mœurs, et dans ce cas* LE TRIBUNAL LE DÉCLARE PAR UN JUGEMENT.

Si quelques-uns des agents de la police se trouvent mêlés dans une affaire cri-

---

[1] Il y a aussi une taxe sur les prostituées, mais elle est établie au profit d'une autre police.

minelle, comme complices volontaires, afin de pouvoir devenir délateurs ; si, dans l'instruction du procès, les accusés relèvent cette double turpitude qui tend à les excuser, en affaiblissant les dépositions d'un témoin odieux, la police défend aux journaux de parler de cette partie des débats. Ainsi *l'entière* publicité n'existe que pour l'accusé, et n'existe pas pour l'accusateur ; ainsi l'opinion, que la loi a voulu appeler au secours de la conscience du juré, se tait sur le point le plus essentiel : ainsi la plus grande partie du public ignore si le criminel est la victime de ses propres complots, ou s'il est simplement tombé dans un piége tendu à ses passions et à sa faiblesse. Et nous prétendons avoir une Charte! et voilà comme nous la suivons !

CHAPITRE XXXIV.

QUE LA POLICE GÉNÉRALE N'EST D'AUCUNE UTILITÉ.

Il faudrait, certes, que la police générale rendît de grands services sous d'autres rapports pour racheter des inconvénients d'une telle nature ; et néanmoins, à l'examen des faits, on voit que cette police est inutile. Quelle conspiration importante a-t-elle jamais découverte, même sous Buonaparte ? Elle laissa faire le 3 nivôse ; elle laissa Mallet conduire MM. Pasquier et Savary, c'est-à-dire la police même, à la Force. Sous le roi, elle a permis pendant dix mois à une vaste conspiration de se former autour du trône : elle ne voyait rien, elle ne savait rien. Les paquets de Napoléon voyageaient publiquement par la poste ; les courriers étaient à lui ; les frères Lallemand marchaient avec armes et bagages ; le Nain-Jaune parlait *des plumes de Cannes;* l'usurpateur venait de débarquer dans ce port, et la police ignorait tout. Depuis le retour du roi tout un département s'est rempli d'armes, des paysans se sont formés en corps, et ont marché contre une ville ; et la police générale n'a rien empêché, rien trouvé, rien su, rien prévu. Les découvertes les plus importantes ont été dues à des polices particulières, au hasard, à la bonne volonté de quelques zélés citoyens.

La police générale se plaint de ces polices particulières ; elle a raison, mais c'est son inutilité et la crainte même qu'elle inspire qui les a fait naître ; car si elle ne sauve pas l'État, elle a du moins tous les moyens de le perdre

CHAPITRE XXXV.

QUE LA POLICE GÉNÉRALE, INCONSTITUTIONNELLE ET INUTILE, EST DE PLUS TRÈS-DANGEREUSE.

Incompatible avec le gouvernement constitutionnel, insuffisante pour arrêter les complots, lors même qu'elle ne trahit pas, que sera-ce si vous supposez la police infidèle ? et ce qu'il y a d'incroyable et de prouvé, c'est qu'elle peut être infidèle sans que son chief le soit lui-même.

Les secrets du gouvernement sont entre les mains de la police ; elle connaît les parties faibles, et le point où l'on peut attaquer. Un ordre sorti de ses bureaux suffit pour enchaîner toutes les forces légales ; elle pourrait même faire arrêter toutes les autorités civiles et militaires, puisque l'article 4 de la Charte est légalement suspendu. Sous sa protection les malveillants travaillent en sûreté ; préparent leurs moyens, sont instruits du moment favorable. Tandis qu'elle endort le gouvernement, elle peut avertir les vrais conspirateurs de tout ce qu'il est important qu'ils sachent. Elle correspond sans danger sous le sceau inviolable de son ministère; et par la multitude de ses invisibles agents, elle établit une communication depuis le cabinet du roi jusqu'au bouge du fédéré.

Ajoutez que les hommes consacrés à la police sont ordinairement des hommes peu estimables; quelques-uns d'entre eux, des hommes capables de tout. Que penser d'un ministère où l'on est obligé de se servir d'un infâme tel que Perlet? Il n'est que trop probable que Perlet n'est pas le seul de son espèce. Comment donc encore une fois souffrir un tel foyer de despotisme, un tel amas de pourriture au milieu d'une monarchie constitutionnelle? Comment, dans un pays où tout doit marcher par les lois, établir une administration dont la nature est de les violer toutes? Comment laisser une puissance sans bornes entre les mains d'un ministre, que ses rapports forcés avec ce qu'il y a de plus vil dans l'espèce humaine doivent disposer à profiter de la corruption, et à abuser du pouvoir?

Que faut-il pour que la police soit habile? Il faut qu'elle paie le domestique afin qu'il vende son maître; qu'elle séduise le fils afin qu'il trahisse son père; qu'elle tende des piéges à l'amitié, à l'innocence. Si la fidélité se tait, un ministre de la police est obligé de la persécuter pour le silence même qu'elle s'obstine à garder, pour qu'elle n'aille pas révéler la honte des demandes qu'on lui a faites. Récompenser le crime, punir la vertu, c'est toute la police.

Le ministre de la police est d'autant plus redoutable, que son pouvoir entre dans les attributions de tous les autres ministres, ou plutôt qu'il est le ministre unique. N'est-ce pas un roi qu'un homme qui dispose de la gendarmerie de la France, qui lève des impôts, perçoit une somme de sept à huit millions, dont il ne rend pas compte aux Chambres? Ainsi tout ce qui échappe aux piéges de la police vient tomber devant son or et se soumettre à ses pensions. Si elle médite quelque trahison, si tous ses moyens ne sont pas encore prêts, si elle craint d'être découverte avant l'heure marquée, pour détourner le soupçon, pour donner une preuve de son affreuse fidélité, elle invente une conspiration, immole à son crédit quelques misérables, sous les pas desquels elle sait ouvrir un abîme.

Les Athéniens attaquèrent les nobles de Corcyre, qui, chassés par la faction populaire, s'étaient réfugiés sur le mont Istoni. Les bannis capitulèrent, et convinrent de s'abandonner au jugement du peuple d'Athènes; mais il fut convenu que si l'un d'eux cherchait à s'échapper, le traité serait annulé pour tous. Des généraux athéniens devaient partir pour la Sicile; ils ne se souciaient pas que d'autres eussent l'honneur de conduire à Athènes leurs malheureux prisonniers. De concert avec la faction populaire, ils engagèrent secrètement quelques nobles à prendre la fuite, et les arrêtèrent au moment même où ils montaient sur un vaisseau. La convention fut rompue, les bannis livrés aux Corcyréens, et égorgés[1].

[1] Thucyd.

CHAPITRE XXXVI.

MOYEN DE DIMINUER LE DANGER DE LA POLICE GÉNÉRALE, SI ELLE EST CONSERVÉE.

Mais il ne faut donc pas de police? Si c'est un mal nécessaire, il y a un moyen de diminuer le danger de ce mal.

La police générale doit être remise aux magistrats, et émaner immédiatement de la loi. Le ministre de la justice, les procureurs généraux et les procureurs du roi sont les agents naturels de la police générale. Un lieutenant de police à Paris complétera le système légal. Les renseignements qui surviendront par les préfets iront directement au ministre de l'intérieur, qui les communiquera à celui de la justice. Les préfets ne seront plus obligés d'entretenir une double correspondance avec le département de la police et le département de l'intérieur : s'ils ne rapportent pas les mêmes faits aux deux ministres, c'est du temps perdu ; s'ils mandent des choses différentes, ou s'ils présentent ces choses sous divers points de vue, selon les principes divers des deux ministres, c'est un grand mal.

C'est assez parler du ministère de la police en particulier : revenons au ministère en général.

CHAPITRE XXXVII.

PRINCIPES QUE TOUT MINISTRE CONSTITUTIONNEL DOIT ADOPTER.

Quels sont les principes généraux d'après lesquels doivent agir les ministres?

Le premier, et le plus nécessaire de tous, c'est d'adopter franchement l'ordre politique dans lequel on est placé, et de n'en point contrarier la marche, d'en supporter les inconvénients.

Ainsi, par exemple, si les formes constitutionnelles obligent, dans de certains détails, à de certaines longueurs, il ne faut point s'impatienter.

Si l'on est obligé de ménager les Chambres, de leur parler avec égard, de se rendre à leurs invitations, il ne faut pas affecter une hauteur déplacée.

Si l'on dit quelque chose de dur à un ministre à la tribune, il ne faut pas jeter tout là, et s'imaginer que l'État est en danger.

Si, dans un discours, il est échappé à un pair, à un député, des expressions étranges ; s'il a énoncé des principes inconstitutionnels, il ne faut pas croire qu'il y ait une conspiration secrète contre la Charte, que tout va se perdre, que tout est perdu. Ce sont les inconvénients de la tribune ; ils sont sans remède. Lorsque six à sept cents hommes ont le droit de parler, que tout un peuple a celui d'écrire, il faut se résigner à entendre et à lire bien des sottises. Se fâcher contre tout cela serait d'une pauvre tête ou d'un enfant.

CHAPITRE XXXVIII

CONTINUATION DU MÊME SUJET.

Le ministère, accoutumé à voir nos dernières constitutions marcher toujours avec l'impiété, et s'appuyer sur les doctrines les plus funestes, a cru, mal à propos, qu'on en voulait à la Charte, lorsqu'en parlant de cette Charte on a aussi parlé de morale et de religion. Comme si la liberté et la religion étaient incompatibles ! comme si toute idée généreuse en politique ne pouvait pas s'allier avec le respect que l'on doit aux principes de la justice et de la vérité ! Est-ce donc se jeter dans les réactions que de blâmer ce qui est blâmable, que de vouloir réparer tout ce qui n'est pas irréparable?

Prenons bien garde à ce qu'on appelle des réactions ; distinguons-en de deux sortes. Il y a des réactions physiques et des réactions morales. Toute réaction physique, c'est-à-dire toute voie de fait doit être réprimée : le ministère, sur ce point, ne sera jamais assez sévère. Mais comment pourrait-il prévenir les réactions morales? Comment empêcherait-il l'opinion de flétrir toute action qui mérite de l'être? Non-seulement il ne le peut pas, mais il ne le doit pas; et les discours qui attaquent les mauvaises doctrines, rétablissent les droits de la justice, louent la vertu malheureuse, applaudissent à la fidélité méconnue, sont aussi utiles à la liberté qu'au rétablissement de la monarchie.

Et à qui prétend-on persuader, d'ailleurs, que les hommes de la révolution sont plus favorables à la Charte que les royalistes ? Ces hommes qui ont professé les plus fiers sentiments de la liberté sous la république, la soumission la plus abjecte sous le despotisme, ne trouvent-ils pas dans la Charte deux choses qui sont antipathiques à leur double opinion : un roi, comme républicains; une constitution libre, comme esclaves ?

Le ministère croit-il encore la Charte plus en sûreté quand elle est défendue par les disciples d'une école dont je parlerai bientôt? Cette école professe hautement la doctrine que les deux Chambres ne doivent être qu'un conseil passif; qu'il n'y a point de représentation nationale; qu'on peut tout faire avec des ordonnances. Les royalistes ont défendu les vrais principes de la liberté dans les questions diverses qui se sont présentées (notamment dans la loi sur les élections), tandis que la doctrine de la passive obéissance a été prêchée par les hommes qui ont bouleversé la France au nom de la liberté.

Si des ministres pensent donc que sous l'empire d'une constitution où la parole est libre, ils n'entendront pas des opinions de toutes les sortes; s'ils prennent ces opinions solitaires pour des indications d'une opinion générale ou d'un dessein prémédité, ils n'ont aucune idée de la nature du gouvernement représentatif : ils seront conduits à d'étranges folies en agissant d'après leur humeur et leurs suppositions. La règle, dans ce cas, est de peser les résultats et les faits. Un homme d'État ne considère que la fin ; il ne s'embarrasse pas si la chose qu'il désirait, et qui était bonne, a été produite par les passions, ou par la raison, par le calcul ou par le hasard. Si vous sortez des faits en politique, vous vous perdez sans retour.

CHAPITRE XXXIX.

QUE LE MINISTÈRE DOIT CONDUIRE OU SUIVRE LA MAJORITÉ.

Les ministres doivent, en administration, suivre l'opinion publique qui leur est marquée par l'esprit de la Chambre des députés. Cet esprit peut très-bien.

n'être pas le leur: ils pourraient très-bien préférer un système qui serait plus dans leurs goûts, leurs penchants, leurs habitudes; mais il faut qu'ils changent l'esprit de la majorité, ou qu'ils s'y soumettent. On ne gouverne point hors la majorité.

Je dirai ailleurs comment on est arrivé à cette hérésie politique, que le ministère peut marcher avec la minorité; cette hérésie fut inventée en désespoir de cause, pour justifier de faux systèmes et des opinions imprudemment avancées.

Si l'on dit que des ministres peuvent toujours demeurer en place malgré la majorité, parce que cette majorité ne peut pas physiquement les prendre par le manteau et les mettre dehors, cela est vrai. Mais si c'est garder sa place que de recevoir tous les jours des humiliations, que de s'entendre dire les choses les plus désagréables, que de n'être jamais sûr qu'une loi passera, tout ce que je sais alors, c'est que le ministre reste et que le gouvernement s'en va.

Point de milieu dans une constitution de la nature de la nôtre: il faut que le ministère mène la majorité ou qu'il la suive. S'il ne peut ou ne veut prendre ni l'un ni l'autre de ces partis, il faut qu'il chasse la Chambre ou qu'il s'en aille: mais aujourd'hui, c'est à lui de voir s'il se sent le courage d'exposer, même éventuellement, sa patrie pour garder sa place; c'est à lui de calculer en outre s'il est de force à frapper un coup d'État: s'il n'a rien à craindre aux élections pour la tranquillité du pays; s'il a le pouvoir de déterminer ces élections dans le sens qu'il désire, ou si, n'étant pas sûr du triomphe, il ne vaut pas mieux ou se retirer, ou revenir aux opinions de la majorité.

Dans ce dernier cas, se décider promptement est chose nécessaire; car il n'est pas clair qu'une majorité trop longtemps aigrie et contrariée consentit à marcher avec le ministère, quand il plairait à celui-ci de rentrer dans la majorité.

CHAPITRE LX.

QUE LES MINISTRES DOIVENT TOUJOURS ALLER AUX CHAMBRES.

Autre hérésie: un ministre, dit-on, n'est pas obligé de suivre aux Chambres ses projets de loi; il peut très-bien se dispenser d'y venir.

C'est le même principe qui fait dire aussi qu'un ministre n'est point obligé de donner les éclaircissements que les Chambres pourraient désirer; qu'il ne doit compte de rien qu'au roi, etc.[1].

Tout cela est insoutenable et contraire à la nature du gouvernement représentatif. Si un ministre ne daigne pas défendre le projet de loi qu'il a apporté, comment ses amis le défendraient-ils? Est-ce avec du dédain et de l'humeur que l'on traite les affaires? Pourquoi est-on ministre, si ce n'est pour remplir les devoirs d'un ministre?

Et qu'ont donc les ministres de plus important à faire que de paraître aux Chambres et d'y discuter les lois? Quoi! ils trouveront plus utile de traiter dans leur cabinet quelques détails d'administration que de veiller aux grandes mesures qui doivent mettre en mouvement tout un peuple?

[1] Voyez e chapitre xv.

Si les Chambres, à leur tour, allaient suivre la même méthode, et ne vouloir pas s'occuper des projets de loi qu'on leur aurait apportés, que deviendrait le gouvernement?

Suivez la dictée du bon sens et les routes battues, revenez à la majorité, vous n'aurez plus de répugnance à vous rendre à des assemblées où vous serez toujours sûrs de triompher, où vous n'aurez à recueillir que des choses agréables.

Les faux systèmes gâtent et perdent tout.

SECONDE PARTIE.

CHAPITRE PREMIER.

QUE DEPUIS LA RESTAURATION UNE MÊME ERREUR A ÉTÉ SUIVIE PAR LES TROIS MINISTÈRES.

Mais qu'entends-je par de faux systèmes en administration? J'entends tout ce qui est contraire au principe des institutions établies, tout ce qui fait qu'une chose doit inévitablement se détruire.

Hé bien! depuis la restauration, une grande et fatale erreur a été constamment suivie : les ministères qui se sont succédé ont marché sur les mêmes traces, avec les seules différences que les caractères particuliers des ministres apportent dans les affaires publiques, et avec les lenteurs plus ou moins grandes produites par la résistance courageuse de la minorité dans les ministères.

Avant de passer à l'examen de ces systèmes, il est nécessaire de dire quelque chose de la composition et de l'esprit des trois ministères par qui ces systèmes ont été si malheureusement établis.

CHAPITRE II.

DU PREMIER MINISTÈRE. — SON ESPRIT.

Lorsqu'en 1814 le ministre des affaires étrangères fut parti pour Vienne, il laissa derrière lui une administration polie, spirituelle, mais incapable de travail, portant dans les affaires, pour lesquelles elle n'était point faite, cette humeur que nous ressentons lorsque notre secret se découvre, et que notre réputation nous échappe.

Quand on en est venu à ce point, on est bien près de se précipiter dans les faux systèmes. Effrayé de l'habileté que demande la direction d'un gouvernement représentatif, incapable de concevoir une vraie liberté, aigri contre une sorte d'opposition que les principes constitutionnels font naître à chaque pas, manquant de force ou d'adresse pour conduire les choses, et se sentant entraîné par elles, on finit par ne vouloir plus les gouverner. Alors on s'en prend à tout ce qui n'est pas soi, à la nature des institutions, aux corps, aux individus, du mécompte qu'on éprouve; et, croyant faire une excellente critique de ce que l'on a, lorsqu'on n fait que montrer sa faiblesse, on laisse périr la France au nom de la Charte.

C'est ce qui arriva au premier ministère. Il ne demanda aucune loi répressive, hors la mauvaise loi contre la liberté de la presse ; il ne songea à se garantir d'aucun danger ; et lorsqu'on lui disait de prendre telle ou telle mesure, il répondait : la Charte s'y oppose. Le ministère se divisa et s'affaiblit encore par cette division.

On vit éclore dans la majorité du ministère cette opinion développée depuis dans l'école, que les Chambres ne sont qu'un conseil assemblé par le roi ; qu'il n'y a point de gouvernement représentatif ; que toutes ces comparaisons de la France et de l'Angleterre sont ridicules ; qu'on peut très-bien se passer de lois, et gouverner avec des ordonnances.

Les buonapartistes s'arrangèrent parfaitement de ce commentaire de la Charte : il était au moins impolitique, par conséquent il pouvait amener une catastrophe, et ils ne demandaient pas mieux. Si cette application des principes constitutionnels ne produisait pas une crise, elle conduisait au despotisme ; et malgré leur premier amour pour la liberté, le despotisme est fort du goût de nos fiers républicains. Ainsi tout était à merveille.

Quand on a assez de lumières pour s'apercevoir qu'on se trompe, et trop de vanité pour en convenir, au lieu de retourner en arrière, on s'enfonce dans ses propres erreurs. C'est la marche et la consolation de l'orgueil. L'esprit du ministère s'exaspéra. Lorsqu'on allait se plaindre d'un mauvais choix, ou proposer un royaliste, on répondait : « Nous irions chercher partout un buonapartiste habile pour le placer, s'il voulait l'être. » Les buonapartistes n'ont pas manqué, et Buonaparte est revenu. Peu à peu il fut reconnu qu'aucun homme n'avait de talent s'il n'avait servi la révolution ; et cette doctrine, transmise soigneusement de ministère en ministère, est devenue aujourd'hui un article de foi.

Et pourtant la majorité du ministère qui fonda cette doctrine comptait parmi ses membres d'excellents royalistes connus par leurs généreux efforts contre la révolution ; des hommes d'une conduite pure, d'un caractère désintéressé, et qui n'avaient fléchi le genou devant aucune idole. Ainsi la sentence qu'ils avaient portée retombait sur eux ; car, s'étant tenus noblement à l'écart dans les temps de bassesse, ils se déclaraient par leur propre système incapables d'être ministres : il est vrai que leur exemple a justifié leur doctrine.

Au reste, rien n'est plus commun que de voir la vanité blessée embrasser, contre son propre intérêt, les plus étranges opinions. Quiconque aujourd'hui, par exemple, fait une faute, passe aussitôt dans le système révolutionnaire. Les amours-propres humiliés se donnent rendez-vous sous ce grand abri de tous les crimes et de toutes les folies : là se rencontrent la plupart des hommes qui se sont mêlés plus ou moins des affaires de France depuis 1789 jusqu'à 1816. Différents, sans doute, par une foule de rapports, ils se touchent du moins dans ce point : mécontents d'eux-mêmes et des autres, ils mettent en commun les remords de la médiocrité et ceux du crime.

CHAPITRE III.

ACTES DU PREMIER MINISTÈRE.

Ce ministère était pourtant trop spirituel pour prétendre marcher sans la majorité : il l'eut, et n'en profita pas. Une seule loi importante, la loi sur la liberté de la presse, fut proposée. On ne donna que des motifs puérils pour engager les Chambres à la supprimer ; il ne fut question que de l'honneur des femmes, des insultes au pouvoir (c'est-à-dire aux ministres) ; mais des raisons générales et constitutionnelles, point. Étaient-ce, en effet, des raisons dignes seulement d'être examinées pour ceux qui ne voient dans les deux Chambres qu'un conseil passif sans action et sans droit? Au reste, la loi ne réprimait rien, et donnait au gouvernement l'apparence de l'arbitraire, en laissant tout empiré à la licence.

Quant aux ordonnances, il n'y en eut qu'une remarquable ; et, au lieu de régler l'éducation, elle la bouleversa.

Les Chambres eurent alors l'avantage des bonnes propositions opposées aux mauvais projets de loi. La seule vue, vraiment grande et politique autant qu'elle est juste et généreuse, présentée dans la session de 1814, appartient à un maréchal de France.

Le premier ministère fut emporté par la tempête qu'il avait laissée se former ; et cette tempête fut sur le point d'emporter la France.

CHAPITRE IV.

DU SECOND MINISTÈRE. — SA FORMATION.

Le principal ministre du premier ministère fut porté d'un commun accord à la tête du second. La plus belle carrière s'ouvrait devant lui ; il pouvait achever son ouvrage et consolider le trône qu'il avait puissamment contribué à relever. Il lui suffisait de bien sentir sa position, de renoncer franchement à la révolution et aux révolutionnaires, d'embrasser avec franchise la monarchie constitutionnelle, mais en l'asseyant sur les bases de la religion, de la morale et de la justice ; en lui donnant pour guides des hommes irréprochables, nécessairement fixés dans les intérêts de la couronne.

Le nom de ce ministre, ses talents, son expérience des affaires, son crédit en Europe, tout l'appelait à remplir ce rôle aussi brillant pour lui qu'utile à la France. Il aurait joui, dans la postérité, du double éclat de ces hommes extraordinaires qui perdent et qui sauvent les empires. A force de gloire, il eût forcé ses ennemis au silence.

Naturellement enclin à embrasser ce parti, et par l'empire de sa haute naissance, et par la rare perspicacité de son jugement, il en fut détourné par une de ces fatalités qui changent toute une destinée. Trop longtemps absent de la France, il n'en connaissait pas bien le véritable esprit : il interrogea des hommes qui le trompèrent ; car il est peut-être encore plus habile à juger les choses que les hommes. Le ministre rentra donc, comme malgré lui, dans les systèmes dont il sentait la nécessité de sortir.

CHAPITRE V.

SUITE DU PRÉCÉDENT.

Ces systèmes se fortifièrent encore quand un homme resté à Paris fut, par une autre fatalité, jeté dans le ministère.

Ce personnage fameux, qui n'avait pris d'abord aucun parti, mais qui, dans toutes les chances, voulait se ménager des ressources, faisait porter des paroles à Gand, comme il en faisait probablement porter ailleurs. Une coalition puissante se formait pour lui à mesure que nous avancions en France. Il ne fut plus possible d'y résister en approchant de Paris. Tout s'en mêla, la religion comme l'impiété, la vertu comme le vice, le royaliste comme le révolutionnaire, l'étranger comme le Français. Je n'ai jamais vu un vertige plus étrange. On criait de toutes parts que, sans le ministre proposé, il n'y avait ni sûreté pour le roi ni salut pour la France ; que lui seul avait empêché une grande bataille, que lui seul avait déjà sauvé Paris, que lui seul pouvait achever son ouvrage.

Qu'on me permette une vanité : je ne parlerais pas de l'opinion que je manifestai alors, si elle avait été ignorée du public. Je soutins donc que, dans aucun cas, il ne fallait admettre un tel ministre ; que si jamais on lui livrait la conduite des affaires, il perdrait la France, ou ne resterait pas trois mois en place. Ma prédiction s'est accomplie.

Outre les raisons morales qui me faisaient penser ainsi, deux raisons me semblaient sans réplique.

En politique, comme en toute chose, la première loi est de vouloir le possible : or, dans la nomination proposée il y avait deux impossibilités.

La première naissait de la position particulière où se trouverait le ministre par rapport à son maître ;

La seconde venait de cet empêchement constitutionnel qui fait le jugement du xxix⁰ chapitre de la première partie de cet ouvrage.

Si l'on croyait qu'un homme de cette nature était utile, il fallait le laisser derrière le rideau, le combler de biens, élever sa famille en proportion des services qu'il pouvait avoir rendus, prendre en secret ses conseils, consulter son expérience. Mais on aurait dû éviter de faire violence à la couronne pour le porter ostensiblement au ministère. Au reste, il fut presque impossible aux meilleurs esprits d'échapper à la force des choses et à l'illusion du moment.

Je me rappellerai toute ma vie la douleur que j'éprouvai à Saint-Denis. Il était à peu près neuf heures du soir : j'étais resté dans une des chambres qui précédaient celle du roi. Tout à coup la porte s'ouvre : je vois entrer le président du conseil, s'appuyant sur le bras du nouveau ministre... O Louis le Désiré ! ô mon malheureux maître, vous avez prouvé qu'il n'y a point de sacrifice que votre peuple ne puisse attendre de votre cœur paternel!

CHAPITRE VI.

PREMIER PROJET DU SECOND MINISTÈRE.

Le conseil installé, il fallait qu'il adoptât une marche ; le nouveau ministre admis voulut lui faire prendre la seule possible dans ses intérêts particuliers. Il sentait l'incompatibilité de son existence ministérielle avec le jeu de la monarchie représentative. Il comprit très-bien que si la force armée *illégitime* et la force politique pareillement *illégitime* n'étaient pas conservées, sa chute était inévitable. Il savait qu'on ne lutte pas contre la force des choses ; et comme il ne pouvait s'amalgamer avec les éléments d'un gouvernement légal, il voulut rendre ces éléments homogènes à sa propre nature.

Son plan fut sur le point de réussir : il créa une terreur factice avant que la cour entrât dans Paris. Supposant des dangers imaginaires, il prétendait forcer la couronne à reconnaître les deux Chambres de Buonaparte, et à accepter la déclaration des *droits* qu'on s'était hâté de finir. Louis XVIII eût été roi par les constitutions de l'empire ; le peuple lui aurait fait la grâce de le choisir pour chef ; il eût daté les actes de son gouvernement de l'an 1er de son règne ; les gardes du corps et les compagnies rouges eussent été licenciés ; l'armée de la Loire conservée ; et la cocarde blanche, arrachée à quelques soldats fidèles arrivés de l'exil avec le roi, eût été remplacée par la cocarde tricolore des rebelles, encore armés contre le souverain légitime.

Alors la révolution eût été, en effet, consommée ; la famille royale fût restée là quelque temps, jusqu'au jour où le peuple souverain, et les ministres, plus souverains encore, eussent jugé bon de changer et le monarque et la monarchie. A cette époque la faction révolutionnaire murmurait même quelques mots de la nécessité d'exiler les princes ; le projet était d'isoler le roi de sa famille.

CHAPITRE VII.

SUITE DU PREMIER PLAN DU SECOND MINISTÈRE.

Cependant on continuait d'être la dupe de tout ce qu'il plaisait au parti de débiter. Les plus chauds royalistes accouraient pour nous dire, de la meilleure foi du monde, que si le roi entrait dans Paris avec sa maison militaire, cette maison serait massacrée ; que si l'on ne prenait pas la cocarde tricolore, il y aurait une insurrection générale. En vain la garde nationale passait par-dessus les murs de Paris pour venir protester de son dévouement ; on assurait que cette garde était mal disposée. La faction avait fermé les barrières pour empêcher le peuple de voler au-devant de son souverain : il y avait conjuration autant contre ce pauvre peuple que contre le roi. L'aveuglement était miraculeux ; car alors l'armée française, qui aurait pu faire le seul danger, se retirait sur la Loire ; cent cinquante mille soldats étrangers occupaient les postes, les avenues et les barrières de Paris, où ils allaient entrer dans vingt-quatre heures par capitulation ; et l'on prétendait toujours que le roi, avec ses gardes et ses alliés, n'était pas assez fort pour pénétrer dans une ville où il ne restait pas un

MÉLANGES POLITIQUES.   37

soldat, où il n'y avait plus que des fidèles, très-capables à eux seuls de contenir une poignée de fédérés, si ceux-ci s'étaient avisés de vouloir faire un mouvement.

Il se passa cependant quelque chose de bien propre à dessiller les yeux : le gouvernement provisoire fut dissous, mais il le fut par une espèce d'acte[1] d'accusation contre la couronne; c'était la pierre d'attente sur laquelle on espérait bâtir la révolution à l'avenir. Quelques personnes furent un peu étonnées; mais le ministre ayant assuré qu'il n'avait pas d'autre moyen de dissoudre le gouvernement provisoire, on le crut. Or, remarquez que le ministre *lui seul* avait toute la puissance dans ce gouvernement, et que, s'il avait voulu laisser faire, ces directeurs, si difficiles à chasser avec cent cinquante mille alliés et toute la maison du roi, auraient été jetés dans la Seine par cinquante hommes de la garde nationale.

CHAPITRE VIII.

RENVERSEMENT DU PREMIER PLAN OU SECOND MINISTÈRE.

Toute cette comédie finit par je ne sais quel hasard : le nouveau Directoire, les pairs et les représentants de Buonaparte furent chassés : la maison du roi ne fut point dissoute; on ne prit point la cocarde tricolore, grâce aux nobles sentiments du noble héritier de Henri IV, qui déclara qu'il aimerait mieux retourner à Hartwel; le drapeau blanc flotta sur les Tuileries; on entra paisiblement dans Paris; et, au grand ébahissement des dupes, jamais le roi ne fut mieux reçu, jamais les gardes du corps ne furent mieux accueillis. La prétendue résistance que l'on devait rencontrer ne se montra nulle part; et les obstacles, qui n'avaient jamais existé, s'évanouirent.

C'était une chose curieuse à observer que l'air stupéfait et un peu honteux qui régna sur les visages pendant quelque temps dans les sociétés de Paris. Chacun voulait encore, pour se justifier, soutenir que le choix du nouveau ministre était un choix indispensable; mais à mesure que l'opinion de la province et de l'Europe se faisait connaître (et la province et l'Europe n'eurent pas un moment d'illusion), à mesure que la terreur cessait à Paris, on revenait au bon sens : on ne tarda pas à découvrir l'impossibilité absolue de garder en entier ce ministère, qu'on avait demandé à la couronne avec une sorte de fureur. N'accusons personne : il était tout simple que ceux qui s'étaient crus protégés pendant les Cent-Jours (et qui auraient été cruellement détrompés si la bataille de Waterloo eût été perdue par les alliés), il était tout simple, dis-je, que ceux-là fussent sous l'illusion de la reconnaissance. Mais puisqu'ils ont été si promptement forcés de reconnaître leur erreur, cela leur devrait donner moins d'assurance dans leurs nouvelles assertions. Quand ils excusent aujourd'hui toutes les fautes que l'on peut faire, quand ils soutiennent avec la même conviction que sans tel ou tel ministre nous serions inévitablement perdus, qu'ils se rap-

---

[1] J'ai acheté dans les rues de Paris cet acte imprimé pour le peuple, sur papier à l'*aigle*, avec deux ou trois phrases qui ne sont pas dans le *Moniteur*, et où il est dit que les honnêtes gens, *forcés* de s'éloigner, doivent garder leurs bonnes intentions *pour de plus heureux jours*.

pellent leur enthousiasme pour un autre personnage, le ton tranchant avec lequel ils affirmaient que rien ne pouvait aller sans lui, leurs grands raisonnements, leur colère contre les profanes qui n'admiraient pas, qui osaient douter de l'infaillibilité du ministre : alors ils apprendront à se méfier de leur propre jugement, et seront plus réservés dans la distribution de leurs anathèmes.

CHAPITRE IX.

DIVISION DU SECOND MINISTÈRE.

Le plan général ayant avorté, le ministre qui l'avait conçu, s'il eût été sage, eût donné sa démission ; car, d'un côté, les deux impossibilités de sa position naturelle l'empêchaient, comme je l'ai dit, d'entrer dans le système du gouvernement légitime ; et, de l'autre, il ne pouvait plus suivre le système révolutionnaire, puisque celui-ci venait de manquer par la base. Si cette retraite avait eu lieu, le ministère amélioré aurait pu se soutenir ; il ne se serait pas trouvé engagé dans la fausse position qui devint la cause de ses fausses démarches et précipita sa chute.

Le président du conseil, dégagé du tourbillon qui l'avait d'abord entraîné, revenait à des idées plus justes, et désirait administrer dans le sens royaliste et constitutionnel. A cette fin, il fallait une Chambre des députés, et cette Chambre fut convoquée. Les électeurs adjoints, les présidents des colléges électoraux furent également choisis parmi les hommes attachés à la royauté. Mais précisément ce qu'il y avait de bon dans ces mesures tendait à dissoudre l'administration, puisque par là se trouvait menacé le ministre attaché à la révolution : ce ministre, en s'efforçant même d'entrer dans la Chambre des députés, montrait de son côté une ignorance complète de sa position.

Comment un homme était-il devenu si aveugle sur son intérêt politique, après avoir été d'abord si clairvoyant? C'est qu'ayant été arrêté dans son premier plan, il ne pouvait plus empêcher la constitution de marcher, ni l'arbre de produire son fruit ; c'est qu'il se fit peut-être illusion ; qu'il pensa que la Chambre des députés entrerait dans le système révolutionnaire. Et d'ailleurs, vain et mobile, ce ministre, dont le nom rappellera éternellement nos malheurs, se croit seul capable de maîtriser les tempêtes, parce qu'il a l'expérience des naufrages, et sa légèreté semble être en raison inverse de la gravité des affaires qu'il a traitées.

Lorsque Cromwell signa la sentence de mort de Charles Ier, il barbouilla d'encre le visage de Marten, autre régicide auquel il passait la plume. C'est une prétention des grands criminels de supporter gaiement les douleurs de la conscience.

CHAPITRE X.

ACTES DU SECOND MINISTÈRE, ET SA CHUTE

Les actes émanés d'un ministère aussi divisé ne pouvaient être que contradictoires ; quelques-uns sont excellents, quelques autres sont déplorables, et laisseront dans nos institutions les traces les plus désastreuses. La justice oblige de reconnaître que si les ministres actuels se sont trouvés enveloppés dans des difficultés inexplicables, la plupart de ces difficultés sont nées des ordonnances rendues sous leurs prédécesseurs.

Un seul exemple suffira pour montrer à quel point le second ministère se trompa dans les choses les plus importantes. Au moment où il saisit les rênes de l'État, il eût dû purger le sol de la France, traduire devant les tribunaux les grands criminels, comprendre dans une autre catégorie ceux qui devaient s'éloigner, et publier une amnistie pleine et entière pour le reste : ainsi les coupables eussent été punis, les faibles, assurés. Au lieu de prendre une mesure si clairement indiquée, on laissa planer des craintes sur la tête de tous les Français. Appelées, longtemps après le délit, à prendre connaissance de ce délit, les Chambres ont été forcées d'agiter des questions qui remuent trop de passions et réveillent trop de souvenirs. Les jugements partiels et sans termes se sont prolongés jusqu'au moment où j'écris ; et comme tel prévenu a été absous, et tel autre condamné en apparence pour le même crime, il en est résulté que l'indulgence et la rigueur ont eu l'air de s'accuser mutuellement d'injustice.

L'humeur augmentait : les ministres désunis commençaient à chercher des appuis dans les opinions opposées que chaque parti du ministère aurait voulu voir triompher. L'affaire du Muséum accrut le mécontentement public. La divulgation de deux fameux rapports déroula tout ce plan révolutionnaire que j'ai expliqué, et qu'on essaya de faire adopter avant l'entrée du roi à Paris. Mais ces rapports ne pouvaient plus rien changer à l'état des choses ; le temps des craintes chimériques était passé : les rapports n'étaient plus que l'expression du désespoir d'une cause perdue et d'une ambition trompée. Du reste, médiocres en tout, ils étaient erronés dans les faits, vagues dans les vues, et décousus dans les moyens.

Tant de contradictions, de tâtonnements, de faux systèmes, hâtèrent la catastrophe que tout le monde prévoyait. La session allait s'ouvrir : l'ombre des Chambres suffit pour faire disparaître un ministère trop exposé à la franchise de la tribune. Quand les ministres furent tombés, on en trouva d'autres, bien qu'on eût assuré qu'il n'y en avait plus.

CHAPITRE XI.

DU TROISIÈME MINISTÈRE. — SES ACTES. — PROJETS DE LOI.

Les nouveaux ministres entrèrent en pouvoir au moment même de l'ouverture de la session. Les projets de loi qu'ils présentèrent à la Chambre des députés étaient urgents et nécessaires : ils furent tous adoptés, quoique avec des améliorations considérables.

Ainsi, cette Chambre dont le ministère ne tarda pas à faire de si grandes plaintes, n'a jamais commis une faute ni contre le roi, qu'elle aime avec idolâtrie, ni contre le peuple, dont elle devait défendre les droits. Par les lois sur la suspension de la liberté individuelle, sur les cris séditieux, sur les cours prévôtales, sur l'amnistie, elle s'est empressée d'armer la couronne de tous les pouvoirs, en amendant le projet de loi d'élections ; et en faisant contre ses propres intérêts comme Chambre, un meilleur budget, elle a maintenu les intérêts du peuple.

Si le ministère avait consenti, pour son repos comme pour celui de la France, à suivre le principe constitutionnel, à marcher avec la majorité, jamais travaux politiques plus importants et plus brillants à la fois n'auraient consolé un peuple après tant de folies et d'erreurs.

Les projets de loi des ministres furent de grands actes d'administration : mieux dirigés, ils auraient passé sans difficulté.

Les propositions des Chambres [1] furent de leur côté matière à grandes lois : accueillies par le ministère, elles se fussent perfectionnées.

De faux systèmes dérangèrent tout ; et ce qui devait être un point d'union devint un champ de bataille.

Entrons donc dans l'examen de ces systèmes qui ont déjà perdu la France au 20 mars, qui nous font et nous feront encore tant de mal.

CHAPITRE XII.

QUELS HOMMES ONT EMBRASSÉ LES SYSTÈMES QUE L'ON VA COMBATTRE, ET S'IL IMPORTE DE LES DISTINGUER.

Il y a des administrateurs qui ont embrassé les systèmes en vigueur depuis la restauration, voyant très-bien le but caché, désirant très-vivement la conséquence de ces systèmes.

Il y a des hommes d'État qui y sont tombés faute de lumières et de jugement ; d'autres s'y sont précipités en haine de tels ou tels hommes ; d'autres y tiennent par orgueil, passion, caractère, entêtement, humeur.

Il est clair que ces systèmes ont leurs dupes et leurs fripons, comme toute opinion dans ce monde ; mais puisque dupes et fripons nous conduisent également à l'abîme, peu nous importe les motifs divers qui les ont déterminés à suivre le même chemin.

Fairfax s'était laissé entraîner par la faction parlementaire ; il s'aperçut trop tard qu'il avait été trompé. Il voulut trop tard arracher le roi à ses bourreaux. Le jour de l'exécution de Charles Ier, il se mit en prière avec Harrison pour demander des conseils à Dieu. Harrison savait que le coup allait être porté ; il prolongeait exprès la fatale oraison, afin d'ôter au général le temps de sauver le monarque. On apporte la nouvelle : « Le ciel l'a voulu ! » s'écrie Harrison en se levant. Fairfax fut consterné, mais le roi était mort.

Sans donc nous occuper des hommes, ne parlons que des systèmes. Si je parviens à en prouver la fausseté, à montrer l'écueil aux pilotes chargés de nous conduire, je croirai avoir rendu un grand service à la France ; convaincu,

---

[1] J'étais entré dans de longs détails relatifs aux propositions des Chambres et aux projets des ministres ; mais je les ai supprimés depuis la publication de l'*Histoire de la Session de 1815*, par M. Fiévée. Cet important sujet est supérieurement traité dans la troisième partie de son ouvrage. Je ne pourrais rien y ajouter.

comme je le suis, que si l'on continue à suivre la route où nous sommes engagés, on mènera la monarchie légitime au naufrage.

CHAPITRE XIII.

SYSTÈME CAPITAL, FONDEMENT DE TOUS LES AUTRES SYSTÈMES SUIVIS PAR L'ADMINISTRATION.

Le grand système d'après lequel on administre depuis la restauration, le système qui est la base de tous les autres, celui d'où sont nés ces hérésies : *Il n'y a point de royalistes en France ; la Chambre des députés n'est point dans le sens de l'opinion générale; il ne faut point suivre la majorité de cette Chambre; il ne faut point d'épurations; les royalistes sont incapables*, etc., etc. ; ce système, qu'on ne peut soutenir qu'en niant l'évidence des faits, qu'en calomniant les choses et les hommes, qu'en renonçant aux lumières du bon sens, qu'en abandonnant un chemin droit et sûr, pour prendre une voie tortueuse et remplie de précipices ; ce système enfin est celui-ci : IL FAUT GOUVERNER LA FRANCE DANS LE SENS DES INTÉRÊTS RÉVOLUTIONNAIRES.

Cette phrase, bien digne des révolutionnaires par sa barbarie, renferme l'instruction entière d'un ministre. Tout homme qui ne la comprend pas est déclaré incapable de s'élever à la hauteur de l'administration. Il ne vaut pas la peine qu'on daigne lui expliquer les secrets des têtes *fortes*, des esprits *positifs* et des génies *spéciaux* [1].

CHAPITRE XIV.

QU'AVEC CE SYSTÈME ON EXPLIQUE TOUTE LA MARCHE DE L'ADMINISTRATION.

Servez-vous de ce système comme d'un fil, et vous pénétrerez dans tous les replis de l'administration ; vous découvrirez la raison de ce qui vous a paru le plus inconcevable ; vous trouverez la cause efficiente des déterminations ministérielles : je le prouve.

Il y a deux espèces d'hommes qui peuvent gouverner dans le sens des intérêts révolutionnaires : ceux qui sont eux-mêmes engagés fortement dans ces intérêts; ceux qui, sans les partager, sont néanmoins convaincus que la majorité de la France est révolutionnaire.

Que les premiers administrent au profit de la révolution, cela est tout naturel ; que les seconds, par d'autres motifs, s'attachent au même système, c'est tout naturel encore; car étant faussement persuadés, mais enfin étant persuadés, que toute résistance à l'ordre de choses révolutionnaire est inutile ; que cette résistance amènerait des crises, des bouleversements, ils doivent gouverner selon l'opinion qu'ils croient dominante et insurmontable.

Cela posé, il faut favoriser de toutes parts les hommes et les choses de la révolution, parce qu'on les regarde comme seuls puissants, seuls à craindre ; tandis que, par une conséquence contraire, on doit écarter les hommes et les

[1] Jargon d'une petite coterie politique bien connue à Paris. Cette note est pour la province et pour l'étranger.

choses qui ne tiennent pas à cette révolution, parce qu'ils ne sont ni puissants ni à craindre.

Or, n'est-ce pas ce qu'on a toujours fait depuis la restauration? Partez donc du système des intérêts révolutionnaires, et toute l'administration est expliquée.

Cette administration a-t-elle sauvé, a-t-elle perdu, perdra-t-elle la France? Voilà la question.

Si elle sauve la France, le système est vrai : il faut le suivre.

Si elle a déjà perdu, si elle doit perdre encore la France, le système est faux ! qu'on se hâte de l'abandonner.

Et moi je soutiens que le système des intérêts révolutionnaires nous a précipités, et nous précipitera encore dans un abîme d'où nous ne sortirons plus.

Je dis qu'il est inconcevable que des ministres attachés à la couronne retombent dans les fautes qui ont produit la leçon du 20 mars.

Je dis que je ne saurais comprendre comment ces ministres sacrifient la France pour gagner des gens qu'on ne gagnera jamais; comment ils en sont encore à ce pitoyable système de fusion et d'amalgame que Buonaparte lui-même n'a pu exécuter avec un bras de fer et six cent mille hommes; comment ils croient avoir trouvé un moyen de salut, quand ils n'emploient qu'un moyen de destruction.

Je ferai toucher au doigt et à l'œil les conséquences terribles du système des intérêts révolutionnaires, pris pour base de l'administration; mais il faut d'abord l'attaquer dans son principe, ainsi que les autres systèmes dérivés de ce système capital.

CHAPITRE XV.

ERREUR DE CEUX QUI SOUTIENNENT LE SYSTÈME DES INTÉRÊTS RÉVOLUTIONNAIRES.

Voici l'erreur de ceux qui veulent gouverner de bonne foi dans le sens des intérêts révolutionnaires : ils confondent les intérêts *matériels* révolutionnaires et les intérêts *moraux* de la même espèce. Protégez les premiers; poursuivez, détruisez, anéantissez les seconds.

J'entends par les intérêts *matériels* révolutionnaires, la possession des biens nationaux, les droits politiques développés par la révolution, et consacrés par la Charte.

J'entends par les intérêts *moraux*, ou plutôt immoraux de la révolution, l'établissement des doctrines antireligieuses et antisociales, la doctrine du gouvernement de fait, en un mot, tout ce qui tend à ériger en dogme, à faire regarder comme indifférents, ou même comme légitimes, le manque de bonne foi, le vol et l'injustice.

CHAPITRE XVI.

CE QU'IL FAUT FAIRE EN ADMETTANT LA DISTINCTION NOTÉE AU PRÉCÉDENT CHAPITRE.

Ainsi, punissez quiconque se porterait à des voies de fait contre les acquéreurs de biens nationaux; veillez à la conservation de tous les avantages que la constitution accorde aux diverses classes de citoyens : cette part faite aux intérêts révolutionnaires, c'est une erreur déplorable autant qu'odieuse de se croire obligé de soutenir toutes les opinions impies et sacriléges nées de la fange de la révolution : c'est prendre pour des *intérêts* réels des *principes* destructeurs de toute société humaine.

CHAPITRE XVII.

EXEMPLE A L'APPUI DE CE QU'ON VIENT DE DIRE.

Faut-il, par exemple, parce qu'on a vendu des biens qui ne nous appartenaient pas, que la Charte a reconnu cette vente (pour ne pas amener de nouveaux troubles), faut-il déclarer qu'il est légal de garder ceux qui ne sont pas encore aliénés? Une injustice commise devient-elle un droit pour commettre une autre injustice? Craindrait-on, en rendant ce qui reste des domaines de l'Église, d'avouer qu'on a eu tort de vendre ce qui ne reste plus, et ce qu'on ne redemande pas? Cet aveu ne doit-il jamais être fait?

Singulière doctrine de ces hommes qui prétendent aimer la liberté! Ne dirait-on pas que les droits consacrés par la Charte n'ont été établis qu'au profit de ceux qui ont tout, contre ceux qui n'ont rien? L'inviolabilité des propriétés, que l'on invoque pour la France nouvelle, n'existe point pour l'ancienne France : la peine de la confiscation n'est plus connue pour crime de lèse-majesté; mais elle continue de l'être pour crime de fidélité.

Malheur à la nation dont la loi, comme la règle de plomb de certains architectes de la Grèce, se ploie pour s'appliquer à différentes formes! Malheur au juge qui a deux poids et deux mesures! Malheur au citoyen réclamant pour lui la justice qu'il dénie à son voisin! Sa prospérité sera passagère; il sera frappé de cette même adversité qui ne le touche pas en autrui.

Au temps de Philippe de Valois, il y eut une peste : durant la mortalité, il advint que deux religieux de Saint-Denis chevauchaient à travers champs; ils arrivèrent à un village où ils trouvèrent les hommes et les femmes dansant au son des tambourins et des cornemuses. Ils en demandèrent la raison : les paysans répondirent qu'ils voyaient tous les jours mourir leurs voisins, mais que la contagion n'étant pas entrée dans leur village, ils avaient bonne espérance, et se tenaient en joie. Les deux religieux continuèrent leur route. Quelque temps après, ils repassèrent par le même village : ils n'y rencontrèrent que peu d'habitants, et ces habitants avaient l'air abattu et le visage triste. Les religieux s'enquirent où étaient les hommes et les femmes qui menaient naguère une si grande fête : « Beaux seigneurs, répondirent les « paysans, le courroux du ciel est descendu sur nous [1]. »

CHAPITRE XVIII.

CONTINUATION DU MÊME SUJET.

Poursuivez, et voyez où vous arrivez avec le système que j'attaque.

[1] *Chronique de France.*

On doit s'opposer au rétablissement de la religion, parce que les intérêts révolutionnaires sont contraires à la religion.

On ne doit jamais faire aucune proposition, présenter aucun projet de loi, tendant à rétablir les institutions morales et chrétiennes; parce que les rétablir c'est menacer la révolution; c'est en outre supposer que ces institutions ont été renversées, par conséquent faire un reproche indirect à la révolution qui les a détruites. N'ai-je pas entendu blâmer comme impolitiques les honneurs funèbres rendus à Louis XVI, à Marie-Antoinette, au jeune roi Louis XVII, à Madame Élisabeth? Si c'est comme cela qu'on sauve la monarchie, je suis étrangement trompé.

Si des choses on passe aux hommes, on trouvera qu'il ne faut rien faire pour ceux qui ont combattu la révolution, de peur d'alarmer les intérêts révolutionnaires; qu'il faut combler au contraire les amis de la révolution pour les gagner et se les attacher. Je présenterai les détails du tableau quand je peindrai l'état actuel de la France.

Enfin, tous ces discours où l'on retrouve les mots d'honneur, de religion, de royalisme, sont des discours de factieux : parler ainsi, c'est blesser les intérêts révolutionnaires.

Avant la révolution, les prédicateurs, effrayés par l'esprit du siècle, n'osaient presque plus nommer Jésus-Christ : ils tâchaient, par des périphrases, de faire entendre de qui ils voulaient parler.

Aujourd'hui, à cause des intérêts moraux révolutionnaires, évitez toutes les paroles qui pourraient blesser des oreilles délicates; *restitution*, par exemple, est un mot si affreux, qu'on doit le bannir, lui et ses dérivés, de la langue française. Il y a de bonnes gens qui consentiraient presque à la dotation de l'autel, à condition qu'on *donnât*, mais non pas qu'on *rendît* au clergé ce qui reste des biens de l'Église; car, comme ils le disent très-sensément, *il faut maintenir le principe!*

Si cela continue, grâce aux intérêts révolutionnaires, dans peu d'années il y aura une foule de mots que l'on n'entendra plus, et l'on sera obligé de les expliquer dans les nouveaux dictionnaires.

CHAPITRE XIX.

QUE LE SYSTÈME DES INTÉRÊTS RÉVOLUTIONNAIRES, PRIS A LA FOIS DANS LE SENS PHYSIQUE ET MORAL, MÈNE A CET AUTRE SYSTÈME, SAVOIR : QU'IL N'Y A POINT DE ROYALISTES EN FRANCE.

Gouverner dans le sens des intérêts révolutionnaires, sous le rapport moral, est un système si directement opposé aux principes du gouvernement légitime, il paraît si insensé de caresser toujours ses ennemis, et de repousser toujours ses amis, qu'il a bien fallu s'appuyer sur quelque raison décisive.

Qu'a-t-on alors imaginé? On a dit : Il n'y a point de royalistes en France! C'est justifier une erreur par une erreur.

« Combien êtes-vous? s'écriait un jour un homme spécial : deux royalistes contre cent révolutionnaires; subissez donc votre sort! *Væ victis!* Un gouvernement ne connaît que la majorité, et n'administre que pour elle. Des faits et non des mots : comptons. »

Eh bien! comptons.

Vous dites donc qu'il y a deux royalistes contre cent personnes attachées aux principes de la révolution, ou, pour me servir de votre phrase habituelle, vous dites qu'il n'y a point de royalistes en France. Vous en concluez qu'il faut gouverner dans le sens des intérêts révolutionnaires non-seulement matériels, mais encore moraux, sans avoir égard à la distinction que je prétends établir.

Je tirerais de ce fait, s'il était véritable, une conséquence tout opposée; mais je commence par le nier.

CHAPITRE XX.

QUE LES ROYALISTES SONT EN MAJORITÉ EN FRANCE.

Loin que les royalistes soient en minorité en France, ils sont en majorité. S'ils étaient en majorité, répond-on la révolution n'eût pas eu lieu.

Et depuis quand, dans les révolutions des peuples, la majorité a-t-elle fait la loi? L'expérience n'a-t-elle pas prouvé que c'est le plus souvent la minorité qui l'emporte? La nation voulait-elle le meurtre de Louis XVI? voulait-elle la Convention et ses crimes? voulait-elle le Directoire et ses bassesses? voulait-elle Buonaparte et sa conscription? Elle ne voulait rien de tout cela : mais elle était contenue par une minorité active et armée. Doit-on inférer que parce que la majorité se tait, ses intérêts n'existent pas dans un pays? Dans ce cas, il faudrait presque toujours conclure, contre l'opprimé, en faveur de l'oppresseur.

Mais délivrez du joug cette majorité, et vous verrez ce qu'elle dira. L'exemple en est récent et sous vos yeux. Des colléges électoraux, formés par Buonaparte, sont appelés à des élections sous le roi : que feront-ils? Entraînés par l'opinion populaire, et puisant, pour ainsi dire, eux-mêmes dans cette opinion, ils nomment pour députés les plus déterminés royalistes. Je dirai plus : il a fallu toute la puissance ministérielle d'alors pour parvenir à faire élire certains chefs que l'esprit public repoussait. Loin qu'on veuille encore des révolutionnaires, on en est las : le torrent de l'opinion coule aujourd'hui dans un sens tout à fait opposé aux idées qui ont amené le bouleversement de la France.

Renfermons-nous dans les faits. Que chacun se rappelle les départements, les villes, les villages, les hameaux où il peut avoir des relations, des intérêts de famille ou d'amitié. Dans tous ces lieux, il lui sera facile de compter le très-petit nombre d'hommes connus par leurs principes révolutionnaires. Y en a-t-il un millier par département, une centaine par ville, une douzaine par village, bourg et hameau? C'est beaucoup; et vous ne les trouveriez pas.

Ceux qui n'ont parcouru que nos provinces les plus dévastées par deux invasions consécutives, qui n'ont suivi que la route militaire, ravagée par douze cent mille étrangers; ceux-là ont vu des paysans au milieu de leurs moissons détruites, de leurs chaumières en cendres. Serait-il juste de conclure que des propos arrachés à l'impatience de la misère sont la manifestation d'une opinion nationale? Et comment se fait-il que ces provinces dépouillées aient nommé des députés tout aussi royalistes que ceux du reste de la France? Ignore-t-on même que les départements du Nord sont remarquables par l'ardeur de leur royalisme? Voyagez à l'Ouest et au Midi, et vous serez frappé de la vivacité de cette opinion, qui est portée jusqu'à l'enthousiasme. Voilà des faits et des calculs.

CHAPITRE XXI.

CE QUI A PU TROMPER LES MINISTRES SUR LA VÉRITABLE OPINION DE LA FRANCE.

L'illusion du ministère sur la véritable opinion de la France tient encore à une autre cause. Il prend pour une chose existante hors de lui une chose inhérente à lui-même; et il s'émerveille de découvrir ce qui est le résultat forcé de la position où il a placé l'ordre politique.

Le ministère ne voit pas que, sur la question de l'opinion générale, il n'a pour guide et pour témoin qu'une opinion intéressée. La plupart des places étaient et sont encore entre les mains des partisans de la révolution ou de Buonaparte. Les ministres ne correspondent qu'avec les hommes en place; ils leur demandent des renseignements sur l'opinion de la France. Ces hommes tout naturellement ne manquent pas de répondre que les administrés pensent comme eux, hors une petite poignée de chouans et de Vendéens. Comptez l'armée de douaniers, des employés de toutes les sortes, des commis de toutes les espèces, et vous reconnaîtrez que l'administration, dans sa presque totalité, tient aux intérêts révolutionnaires. Or, si le gouvernement voit l'opinion de la France dans les *administrateurs*, et non dans les *administrés*, il en résulte qu'il doit croire, contre la vérité évidente, qu'il y a très-peu de royalistes en France; et, comme ce sont des administrateurs qui parlent, qui écrivent, qui disposent des journaux et de la voix de la renommée; comme, enfin, ce sont eux qui forment les autorités publiques, il est clair qu'il y a de quoi prendre là des idées fausses sur la France, de quoi se tromper soi-même, et tromper l'Europe.

CHAPITRE XXII.

OBJECTION RÉFUTÉE.

Un homme d'esprit, consulté sur l'opinion de la France, après avoir dit que les royalistes sont les meilleures gens du monde, qu'ils sont pleins de zèle et de dévouement (précaution oratoire à l'usage de tous ceux qui veulent leur nuire), ajoutait : Mais ces honnêtes gens sont en si petit nombre, ils sont si peu de chose comme parti, qu'ils n'ont pas pu, le 20 mars, sauver le roi à Paris, ni défendre Madame à Bordeaux.

Hé! grand Dieu! quels sont donc ceux qui emploient de tels raisonnements pour prouver la minorité des royalistes? Ne seraient-ce point des hommes qui chercheraient une excuse à des événements qui les condamnent? Ne seraient-ce point des administrateurs auteurs et fauteurs du merveilleux système qu'il faut gouverner dans les intérêts révolutionnaires, par conséquent ne placer que des amis de Buonaparte, que des élèves de la révolution?

Quoi! c'est vous qui refusiez de croire à tout ce qu'on vous dénonçait; qui traitiez d'alarmistes ceux qui osaient vous parler des dangers de la France; qui n'ouvriez pas même les lettres qu'on vous écrivait des départements; qui n'avez pas pu garder un bras de mer avec toute la flotte de Toulon ; qui vous êtes montrés si pusillanimes au moment du danger, si incapables de prendre un parti, de suivre un plan, de concevoir une idée; qui n'avez su que vous cacher en laissant trente-cinq millions comptant à l'usurpateur, tant il vous semblait difficile de trouver quelques chariots! c'est vous qui reprochez aux royalistes écartés, désarmés par vous, de n'avoir pas pu sauver le roi ! Ah! qu'il vaudrait mieux garder le silence que de vous exposer à vous faire dire que tous les torts viennent de vous, de vos funestes systèmes! Si vous n'aviez pas mis des révolutionnaires dans toutes les places, si vous n'aviez pas éloigné les royalistes de tous les postes, l'usurpateur n'aurait pas réussi. Ce sont vos préfets révolutionnaires, vos commandants buonapartistes qui ont ouvert la France à leur maître. Ne lui aviez-vous pas ingénieusement envoyé des maréchaux de logis dans tout le Midi, en semant sur son chemin ses créatures? Il avait raison de dire que ses aigles voleraient de clocher en clocher : il a fait de préfecture en préfecture coucher chaque soir, grâce à vos soins, chez un de ses amis. Et vous osez vous en prendre aux royalistes! Qui ne sait que dans tout pays ce sont les autorités civiles et militaires qui font tout, parce qu'elles disposent de tout; que la foule désarmée ne peut rien? Où l'usurpateur a-t-il rencontré quelque résistance, si ce n'est là même où, par hasard, il s'est rencontré des hommes qui n'étaient pas dans les intérêts révolutionnaires? Vos agents, ces habiles que vous aviez comblés de faveurs pour les attacher à la couronne, arrêtaient les royalistes, empêchaient les Marseillais de sortir de Marseille. Vous sied-il bien de mettre sur le compte de la prétendue faiblesse des sujets fidèles ce qui n'est que le fruit de la pauvreté de vos conceptions? Abandonnez un moyen de défense aussi maladroit qu'imprudent, puisqu'au lieu de prouver la bonté de votre système il en démontre le vice.

CHAPITRE XXIII.

QUE S'IL N'Y A PAS DE ROYALISTES EN FRANCE, IL FAUT EN FAIRE.

Après avoir nié la majeure, je change d'argument, et j'accorde aux adversaires tout ce qu'ils voudront. Je dis alors : Fût-il vrai qu'il n'y eût pas de royalistes en France, le devoir du ministère serait d'en faire ; loin de gouverner dans le sens de la révolution, de fortifier les principes révolutionnaires essentiellement républicains, il serait coupable de ne pas employer tous ses efforts pour amener le triomphe des opinions monarchiques.

Ainsi, trouvant sous sa main, par miracle, une Chambre de députés purement royalistes, le ministère devrait s'en servir pour changer la mauvaise opinion qu'il supposait exister dans la majorité de la France. Et qu'il ne soutienne pas que ce changement eût été impossible : les moyens d'un gouvernement sont toujours immenses. C'est bien après avoir été témoin de toutes les variations que la révolution a produites, de tous les rôles que la plupart des hommes ont joués, de tous ces serments prêtés à la république, à la tyrannie, à la royauté, au gouvernement de droit, au gouvernement de fait, que l'on peut désespérer de ramener à la légitimité des caractères si flexibles! Et si, au lieu de supposer la majorité révolutionnaire, je la suppose seulement indifférente et passive, quelle facilité de plus pour la faire pencher vers les principes de la religion et de la royauté! C'est donc par goût et par choix que vous la déterminez à tomber du côté de la révolution? Vous avez dit à la tribune qu'un ministre doit diriger l'opinion; eh bien! je vous prends par vos paroles; faites des royalistes, ou je vous accuse de n'être pas royalistes vous-mêmes.

CHAPITRE XXIV

SYSTÈME SUR LA CHAMBRE ACTUELLE DES DÉPUTÉS.

Ce qui embarrasse le plus les partisans des intérêts révolutionnaires, lorsqu'ils soutiennent qu'il n'y a point de royalistes en France, c'est la composition de la Chambre des députés.

Le système des intérêts révolutionnaires amène le système de la minorité des royalistes en France; ce second système produit nécessairement celui-ci, savoir, que la Chambre actuelle des députés n'a point été élue dans le sens de l'opinion générale. C'est de ce quatrième système qu'est née l'absurdité inconstitutionnelle d'après laquelle on prétend que le ministère n'a pas besoin de la majorité de la Chambre. Le mal engendre le mal.

Voici comment on raisonne pour détruire l'objection tirée du royalisme de la Chambre des députés.

« L'opinion de la majorité de la Chambre des députés ne représente point, dit-on, l'opinion de la majorité de la France. Cette Chambre, élue par surprise, fut convoquée au milieu d'une invasion. Dans le trouble et la confusion, les colléges électoraux se sont hâtés de nommer des royalistes, croyant que ceux-ci allaient être tout-puissants, quoique l'opinion de ces colléges, fût opposée à la nature des choix même qu'ils faisaient. L'opinion de la majorité des Français est précisément celle de la minorité actuelle de la Chambre des députés: voilà pourquoi les ministres ont suivi cette minorité voulant marcher avec la France, et non pas avec une faction. »

CHAPITRE XXV.

RÉFUTATION.

Je vois d'abord dans cet exposé une chose qui, si elle était réelle confirmerait ce que j'ai avancé plus haut: il est facile de faire des royalistes en France, en supposant qu'il n'y en ait pas.

En effet, des colléges électoraux sont assemblés: dans la simple supposition que les royalistes vont être puissants, que le gouvernement va prendre des mesures en leur faveur, ces colléges nomment sur-le-champ, contre leurs intérêts, leurs penchants et leurs opinions, des députés royalistes! On est donc bien coupable, je le répète, de ne pas rendre toute la France royaliste, lorsqu'on le peut à si peu de frais, lorsque la moindre influence la détermine à faire aussi promptement ce qu'elle ne veut pas que ce qu'elle veut.

Pour moi, je m'en tiens au positif, et comme ceux dont je combats le système, je ne veux que des faits.

J'ai eu l'honneur de présider un collége électoral dans une ville dont la garnison étrangère n'était séparée de l'armée de la Loire que par un pont. S'il devait y avoir oppression, confusion, incertitude quelque part, c'était certainement là. Je n'ai vu que le calme le plus parfait, que la gaieté même, que l'espérance, l'absence de toutes craintes, que les opinions les plus libres. Le collége était nombreux ; il n'y manquait presque personne. On y remarquait des hommes de tous les caractères, de toutes les opinions ; des malades s'y étaient fait porter : le résultat de tout cela fut la nomination de quatre royalistes pris dans l'administration, la magistrature et le commerce. Il y en aurait eu vingt de nommés si l'on avait eu vingt choix à faire, car il n'y eut concurrence qu'entre des royalistes. On n'aurait trouvé de difficulté ou plutôt d'impossibilité qu'à faire élire les partisans des intérêts révolutionnaires.

Je suis peut-être suspect ici par mes opinions. Il y a d'autres présidents qui ne l'étaient pas, et ils ont rapporté comme moi des nominations royalistes. Si donc il y avait tant de calme et d'indépendance à Orléans, les départements éloignés de Paris et du théâtre de la guerre devaient être encore plus libres de suivre leurs véritables opinions.

Une preuve de plus que l'opinion de la majorité de la Chambre des députés était l'opinion de la majorité de la France, c'est la réception que les départements ont faite à leurs députés. Je ne parle pas des témoignages de satisfaction donnés aux hommes les plus éclatants ; on pourrait répondre que l'esprit de parti s'en est mêlé. Je parle de la manière dont les députés les plus obscurs ont été accueillis presque partout, par cela seul qu'ils avaient voté avec la majorité. On a dit que la police avait envoyé des ordres secrets pour que de semblables honneurs attendissent aussi les membres de la minorité : ce sont des propos de la malveillance.

Si les départements avaient élu des députés qu'ils n'aimaient pas, il faut avouer qu'ils avaient eu le temps de revenir de leur surprise, de s'apercevoir que les royalistes n'avaient ni puissance ni faveur : alors ces départements, mécontents eux-mêmes de tout ce qui s'était passé dans la session, auraient pu montrer combien ils se repentaient de leurs choix. Point du tout : ils en paraissaient de plus en plus satisfaits. Voilà une abnégation de soi-même, une frayeur, une surprise, qui durent bien longtemps !

Que n'avait-on point tenté toutefois pour égarer l'opinion ! Que de calomnies répandues, que d'insultes dans les journaux ! Tantôt les députés voulaient ramener l'ancien ordre de choses, et revenir sur tout ce qui avait été fait ; tantôt ils attaquaient la prérogative et prétendaient résister au roi. Comment dans les provinces aurait-on démêlé la vérité, quand la presse n'était pas libre, quand elle était entre les mains des ministres, quand on ne pouvait rien expliquer au delà de la barrière de Paris, ni faire comprendre la singulière position où l'on plaçait les plus fidèles serviteurs du roi! Pour couronner l'œuvre, les Chambres avaient été renvoyées immédiatement après le rapport sur le budget à la Chambre des pairs; et les députés, sans pouvoir répondre, étaient retournés chez eux, chacun avec un acte d'accusation dans la poche : cependant la vérité a été connue.

Trompé comme on l'est dans les cercles de Paris, où chacun ne voit et n'entend que sa coterie, où l'on prend ce qu'on désire pour la vérité, où l'on est la dupe des bruits et des opinions que l'on a soi-même répandus, où la flatterie attaque le dernier commis comme le premier ministre, on disait avec une généreuse pitié que le ministère serait obligé de protéger les députés quand ils retourneraient dans les provinces; que ces malheureux seraient insultés, bafoués, maltraités par le peuple : *Ride, si sapis!*

Il me semble que les départements commencent à se soustraire à cette influence de Paris, qui les a dominés depuis la révolution, et qui date de loin en France. Lorsque le duc de Guise le Balafré montrait à sa mère la liste des villes qui entraient dans la Ligue : « Ce n'est rien que tout cela, mon fils, di« sait la duchesse de Nemours : si vous n'avez Paris, vous n'avez rien. »

Que l'administration, par maladresse, accroisse aujourd'hui le dissentiment entre les provinces et Paris, il en résultera une grande révolution pour la France.

CHAPITRE XXVI.

CONSEILS DES DÉPARTEMENTS.

Le sophisme engendre l'illusion; l'illusion détrompée produit l'humeur, anime l'amour-propre : on se pique au jeu. Il serait plus simple de dire : J'ai tort, et de revenir; mais on ne le fait pas.

Les départements avaient bien reçu leurs députés; cette réception tendait à prouver que l'opinion était royaliste, mais il restait une ressource : les conseils des départements allaient s'assembler. S'ils se plaignaient des députés ou ne montraient pour leurs travaux que de l'indifférence, le triomphe était encore possible. On eût fait valoir les adresses des conseils; on se serait écrié : « Vous le voyez! nous vous l'avions bien dit. Voilà la véritable opinion de la « France. Êtes-vous maintenant convaincus que la Chambre n'a point été « choisie dans le sens de l'opinion générale, opinion qui est toute dans les « intérêts révolutionnaires? Écoutez les conseils généraux; ils sont les organes « de l'opinion publique. »

Qu'est-il arrivé? Les conseils ont aussi fait l'éloge des députés. Eh bien ! les conseils ne sont plus les organes de l'opinion publique! On *sait* que toutes ces louanges *sont des coups montés, des affaires de cabale et de parti*. On sait que l'on *rédige une adresse comme on veut*, etc.

Ordre aux journaux de se moquer des honneurs rendus aux députés; ordre aux conseils généraux de ne députer personne à Paris, parce qu'on ne veut pas qu'on vienne dire au pied du trône combien la France est satisfaite de ses mandataires. On ne recevra que les adresses des conseils; et ces adresses, on ne les mettra que par extrait dans le *Moniteur*, en ayant soin d'en retrancher tous les éloges de la Chambre.

Enfin, comme les conseils votent des remercîments et des témoignages d'estime à leurs députés, ordre encore de n'accorder ces remercîments et ces témoignages d'estime qu'avec la permission de la couronne. Pour motiver cet ordre extraordinaire, il faut faire violence à toute l'histoire : il faut dire que la couronne eut seule, en tout temps, le droit de décerner des honneurs, tandis qu'il n'est personne qui ne sache que, depuis Clovis jusqu'à nos jours, les villes, les corps, les confréries, ont été en possession de ce droit; jusque-là qu'on tirait quelquefois le canon pour un écolier qui avait remporté un prix à l'université.

Et quand il eût été vrai que ce droit n'eût pas existé sous la monarchie absolue, ne dérive-t-il pas tout naturellement de la monarchie constitutionnelle? Si les départements ont le droit d'élire des députés, n'ont-ils pas celui de dire à ces députés qu'ils sont contents de leurs services? quelle pitié que tout cela !

Tel est le fatal esprit du système : quiconque en est possédé ferme les yeux à la vérité. Les hommes de la meilleure foi du monde se donnent l'air de tout ce qui est opposé à la bonne foi ; avec les idées les plus généreuses, ils gouvernent comme Buonaparte, par les moyens les moins généreux. Mais, pour administrer ainsi, ont-ils la force de Buonaparte ? Les adresses sont connues ; elles arrivent de toutes parts; chacun les reçoit; chacun voit pourquoi on cherche à les étouffer : on rit ou l'on rougit, en restant convaincu plus que jamais que la majorité de la Chambre des députés est dans le sens de l'opinion de la France.

CHAPITRE XXVII.

QUE L'OPINION MÊME DE LA MINORITÉ DE LA CHAMBRE DES DÉPUTÉS N'EST POINT EN FAVEUR DU SYSTÈME DES INTÉRÊTS RÉVOLUTIONNAIRES.

Que si l'on s'appuie de l'opinion de la minorité réelle des députés, comme représentant l'opinion générale de la France, je dis encore que cette opinion, à la prendre à son origine, servirait elle-même à battre en ruine le système des intérêts révolutionnaires.

Quand la Chambre s'est rassemblée, elle était presque unanime dans ses sentiments. Il a fallu que le ministère travaillât avec une persévérance incroyable pour parvenir à la diviser. On conçoit à peine comment des hommes de sens, trouvant sous leur main un instrument aussi parfait, aussi bien disposé pour tous les usages, n'aient pas voulu ou n'aient pas pu s'en servir ; on conçoit à peine que ces hommes de sens aient mis autant de soins à se créer une minorité qu'un ministère en met ordinairement à acquérir la majorité.

Que de mouvements il a fallu se donner, en effet, que de démarches, de sueurs répandues, pour avoir le plaisir de voir refaire ou rejeter les lois ! Que d'adresse pour perdre la partie! Un club n'a d'abord rien produit. La Chambre tout entière était si franchement royaliste, que ce n'est qu'en abusant du nom du roi, en répétant sans cesse que le roi désirait, voulait, ordonnait ceci, cela, qu'on est parvenu à ébranler quelques hommes. Ces honnêtes gens se sont détachés, comme malgré eux, d'une majorité qu'ils n'ont pas crue assez soumise à la volonté du monarque. Cela est si vrai, que dans une foule d'occasions, comme dans l'affaire des régicides, ils ont voté par acclamation dans le sens de la majorité. Or, le bannissement des régicides était un coup mortel porté aux *intérêts révolutionnaires.*

Ainsi on ne peut pas même argumenter de l'opinion de la minorité de la Chambre des députés en faveur du système de ces intérêts; car cette opinion, loin d'être l'opinion réelle de la minorité, n'est que la reproduction de l'opinion ministérielle par laquelle elle a été formée.

CHAPITRE XXVIII.

DERNIER FAIT QUI PROUVE QUE LES INTÉRÊTS NE SONT PAS RÉVOLUTIONNAIRES EN FRANCE.

Faisons la contre-épreuve du tableau. Si les intérêts étaient révolutionnaires en France, toutes les fois qu'il y a un mouvement politique, ce mouvement serait infiniment dangereux. Aussi, à chaque conspiration, ne manque-t-on pas de s'écrier : « Voilà ce que vos paroles imprudentes ont fait ! les intérêts révolutionnaires se sont crus menacés; à l'instant la tranquillité a été troublée. Cette étincelle peut produire un vaste incendie. »

On regarde, et cette étincelle ne produit rien; personne ne remue. On voit avec indifférence et mépris quelques jacobins isolés tomber dans le gouffre qu'ils ont tenté de rouvrir. Ce parti, sans force, n'a aucune racine dans l'opinion : il n'est dangereux (mais alors il l'est beaucoup) que quand on a l'imprudence de l'employer. La vipère est faible et rampante; vous pouvez l'écraser d'un coup de pied; mais elle vous tuera si vous la mettez dans votre sein.

CHAPITRE XXIX.

QU'ON NE FAIT PAS DES ROYALISTES PAR LE SYSTÈME DES INTÉRÊTS RÉVOLUTIONNAIRES

Passons sur un autre champ de bataille.

J'ai dit qu'il fallait faire des royalistes, s'il n'y en avait pas en France. C'est précisément pour cela, répond-on, que l'on gouverne dans le sens des intérêts révolutionnaires. Le chef-d'œuvre du ministère sera de rattacher au roi tous ses ennemis. On gagnera tous les hommes qui n'ont à se reprocher qu'un excès d'énergie, et qui mettront à défendre le trône la force qu'ils ont mise à le renverser.

Et moi aussi j'ai prêché cette doctrine; et moi aussi j'ai dit qu'il fallait fermer les plaies, oublier le passé, pardonner l'erreur. Quel éloge n'ai-je point fait de l'armée ! Je dois même le confesser : Je suis trop sensible à la gloire militaire, et je raisonne mal quand j'entends battre un tambour. Mais ce que je concevais avant le 20 mars, je ne le conçois plus après. Être un bon homme, soit ! mais un niais, non ! Je serais aussi trop honteux d'être deux fois dupe.

Vous prétendez rendre royalistes les hommes qui vous ont déjà perdus ! Et que ferez-vous pour eux qu'on n'eût point fait alors? Ils occupaient toutes les places, ils dévoraient tout l'argent, ils étaient chargés de tous les honneurs.

On donnait à quelques régicides mille écus par mois pour avoir fait tomber la tête de Louis XVI. Serez-vous plus libéral? Les Cent-Jours ont envenimé la plaie ; ils ont ajouté aux passions premières la honte d'avoir tenté sans succès une nouvelle trahison. Par cette raison, la légitimité est devenue de plus en plus odieuse à de certains hommes: ils ne seront satisfaits que par son entière destruction. Je le répèterai : essayer encore, après le 20 mars, de gagner les révolutionnaires, remettre encore toutes les places entre les mains des ennemis du roi, continuer encore le système de fusion et d'amagalme, croire encore qu'on enchaîne la vanité par les bienfaits, les passions par les intérêts ; en un mot, retomber dans toutes les fautes qu'on a faites après une leçon si récente, une expérience si rude, disons-le sans détour, il faut que quelque arrêt fatal ait été prononcé contre cet infortuné pays.

CHAPITRE XXX.

DES ÉPURATIONS EN GÉNÉRAL

Ceci nous amène à traiter des épurations.

Avant l'ouverture de la session, les collèges électoraux avaient demandé l'épuration des autorités. A l'ouverture de la session, les deux Chambres répétèrent la même demande dans leurs adresses. Le ministère répondit qu'il surveillerait ses agents; qu'il prenait, d'ailleurs, les événements sous sa responsabilité.

Mais, d'abord, qu'est-ce que la responsabilité des ministres? La loi qui doit la définir n'est point encore faite. Jusqu'ici cette terrible responsabilité, de loin *vaisseau de haut bord*, de près n'est *que bâton flottant sur l'onde*. Le premier ministre était sans doute dévoué à la cause de la royauté ; cependant a-t-il pu prévenir l'infidélité des bureaux et des commis? Dans une foule de cas le ministre ne peut voir que par les sous-ordres qui l'environnent; sa foi peut être surprise. Si, par exemple, les administrations sont remplies d'hommes qui calomnient les amis du roi, le ministre n'agira-t-il pas dans le sens des rapports qu'on lui fera? Ne sera-t-il pas trompé sur les véritables intérêts de la patrie?

A ce mot d'épuration on s'écrie : Vous voulez des vengeances, vous demandez des réactions.

J'ai dit dans une autre occasion que la justice n'est point une vengeance, que l'oubli n'est point une réaction. Il ne faut persécuter personne; mais il n'est pas nécessaire et il est tout à fait dangereux de confier les places aux ennemis du roi. Pourquoi s'élève-t-il une si grande rumeur parmi une certaine classe d'hommes, lorsqu'on hasarde le mot de justice? Parce que ces hommes sentent très-bien que toute la question est là; et que si une fois on en vient à la justice, tout est perdu pour ceux qui nourrissent encore de coupables espérances. Ne croyez pas qu'ils se soucient du tout de la Charte et de la liberté, dont ils invoquent sans cesse les noms : tout ce qu'ils veulent, c'est le pouvoir. Le salut ou la perte de la France leur paraît tenir à la perte ou à la conservation de leur place.

Lorsqu'on était trop pressé par l'opinion publique, on se retranchait dans la nécessité d'une sage temporisation. On fera peu à peu, disait-on, les épurations nécessaires; mais on ne peut pas désorganiser à la fois tous les ministères, et paralyser l'action du gouvernement.

Cette objection peut paraître invincible à un administrateur; elle n'arrête pas un homme d'État. Ne vaut-il pas mieux, dans tous les cas, avoir des agents inexpérimentés que des agents infidèles?

Mais, si vous exécutiez tous ces changements, vous feriez au gouvernement une multitude d'ennemis.

Ces ennemis sont-ils plus dangereux en dehors qu'en dedans des administrations? L'influence d'un homme en place, quelque médiocre que soit cette place, n'est-elle pas mille fois plus grande que quand il est rendu à la vie privée? D'ailleurs, je vous l'ai dit, vous ne gagnerez pas ces hommes que vous prétendez réconcilier à vos principes : vos caresses leur semblent une fausseté, car ils sentent bien que vous ne pouvez pas les aimer; le système de fusion que vous suivez les fait rire, car ils savent que ce système vous mène à votre perte. Et, pour prouver que vous êtes incapables de gouverner, pour justifier leurs nouveaux complots, ils apporteront en témoignage contre vous votre indulgence et vos bienfaits.

Enfin, je veux que les autorités ne s'abandonnent pas à leurs inimitiés politiques; mais comment les empêcherez-vous d'être fidèles à des penchants plus excusables sans doute, et toutefois aussi dangereux? Dans le système des administrations actuelles, les vertus d'un homme sont aussi à craindre que ses vices. Il faut qu'il étouffe, pour vous servir, les plus doux sentiments de la nature; il faut qu'il arrête son ami, qu'il poursuive peut-être son bienfaiteur; vous le placez entre ses penchants et ses devoirs, et vous faites dépendre votre sûreté de son ingratitude.

CHAPITRE XXXI.

QUE LES ÉPURATIONS PARTIELLES SONT UNE INJUSTICE.

Après tout, puisqu'on avait embrassé le système des intérêts révolutionnaires, c'était une chose forcée que de repousser celui des épurations. Mais lorsqu'on suit une route, il faut y marcher franchement, rondement; et c'est ce qu'on ne fit pas. On prit encore le plus mauvais parti, dans un mauvais parti : on en vint aux épurations partielles, et l'on convertit ainsi un grand acte de justice en une injustice criante.

Il y a un esprit de justice chez les hommes qui fait qu'on ne se plaint point d'une mesure générale, lorsqu'elle est fondée sur la raison et sur les faits; mais une mesure particulière, qui n'a l'air que du caprice, révolte tout le monde, et ne satisfait personne.

Quel a été le résultat des épurations partielles? Tel homme a perdu sa place ou sa pension, pour avoir signé une seule fois l'Acte additionnel; tel autre qui l'a signé quatre ou cinq fois, en quatre ou cinq qualités différentes, conserve ses places et ses pensions.

Celui-ci aura accepté un emploi pendant les Cent-Jours, et il sera déclaré indigne de le garder aujourd'hui; celui-là sera conduit de la même manière, et conserve ce qu'il avait mal acquis.

Un fonctionnaire public descend du haut rang qu'il avait conservé sous Buonaparte après l'avoir reçu de Louis XVIII, on le punit; mais son voisin avait sollicité de l'usurpateur le même rang, et ne l'avait point obtenu. Dédaigné de Buonaparte, il jouit du témoignage d'une conscience pure, de la gloire de la fidélité, et des faveurs du gouvernement légitime.

Des fédérés ont reçu l'institution royale, et un magistrat qui, dans une cour obscure, a prêté un misérable serment, éprouve toute la sévérité de l'épuration.

Comme il faut que tout soit compensé dans cette vie, des juges royalistes, des citoyens qui se sont conduits avec courage pendant les Cent-Jours, ont perdu leur emploi, et on a mis à leur place des partisans de l'usurpateur : tant on s'est piqué d'impartialité! Encore n'a-t-on pas réellement écarté certains fonctionnaires désignés par l'opinion publique ; on les a seulement ôtés d'une province, pour les faire passer avec plus d'avantages dans une autre.

Un homme que je ne connaissais pas, et qui avait été éloigné par l'effet des épurations, vint un jour me demander quelques services : il eut la naïveté de me dire qu'un ministre lui avait promis de le replacer aussitôt que *cette Chambre furibonde* serait renvoyée. J'admirai la grandeur de la Providence, et je bénis Dieu de ce que cet honnête homme était venu s'adresser à moi.

Ces demi-épurations prolongées produisent encore un autre mal : elles sèment la division dans les provinces; elles encouragent les petites vengeances, les jalousies secrètes, les dénonciations. Chacun, dans l'espoir d'obtenir la place de son voisin, ne manque pas de raconter ce qu'a fait ce voisin, ou d'inventer sur son compte quelques calomnies. Si l'on avait d'abord frappé un grand coup, qu'on en fût venu à une large épuration, on se serait soumis, et la vindicte publique eût été satisfaite. On se plaint aujourd'hui des dénonciations, et on a raison; mais à qui la faute? N'est-ce pas les tergiversations et les demi-mesures qui les ont fait naître? Il faut savoir ce que l'on veut quand on administre : mieux aurait-il fallu dire : « Il n'y aura point d'épu-« ration, » et tenir ferme, que de n'avoir la force ni de suivre le système opposé, ni de le rejeter entièrement.

CHAPITRE XXXII.

SUR L'INCAPACITÉ PRÉSUMÉE DES ROYALISTES, ET LA PRÉTENDUE HABILETÉ DE LEURS ADVERSAIRES.

Enfin, et c'est ici la dernière opinion qui nous reste à examiner, on prétend que les royalistes sont incapables; qu'il n'y a d'habiles que les hommes sortis de l'école de Buonaparte, ou formés par la révolution.

Apporte-t-on quelque raison en preuve de cette assertion? Aucune; mais on regarde la chose comme démontrée. « Nous voulons bien des royalistes, nous dit-on; mais donnez-nous-en que nous puissions employer; faute de quoi nous prendrons les administrateurs de Buonaparte, puisque eux seuls ont du talent. »

Ainsi, l'on remonte encore la chaîne, et l'on retourne au premier anneau : les royalistes ne peuvent être utiles, parce qu'ils manquent de capacité et de savoir ; l'épuration est donc impossible, parce qu'on n'aurait plus personne pour administrer. Il faut donc gagner les hommes habiles qu'on est forcé d'employer ; donc il faut ménager les intérêts révolutionnaires.

J'ai une question préliminaire à proposer. La plupart de ceux qui ont gouverné la France depuis la restauration étaient-ils des royalistes? Si l'on répond par l'affirmative, j'avoue que le système qui condamne les serviteurs du roi comme incapables n'est que trop vrai. Les fautes ont été énormes ! Mais il y aura du moins cette petite consolation : si l'incapacité est le caractère distinctif du royalisme, il faut convenir qu'on a calomnié certains administrateurs, lorsqu'on a prétendu qu'ils n'étaient pas attachés à la monarchie : je les tiens pour les sujets les plus fidèles qui furent oncques dans le royaume de saint Louis.

Résout-on la question que j'ai faite par la négative, je demande alors si la manière dont la France a été conduite les deux dernières années prouve que les administrateurs sortis de la révolution sont d'habiles gens. Qu'auraient fait de pis les royalistes, s'ils eussent été appelés au maniement des affaires? C'est une chose vraiment curieuse que des hommes qui sont tombés au moindre choc, qui n'ont pas fait un pas sans faire une chute, qui ont laissé Buonaparte revenir de l'île d'Elbe, et la France périr entre leurs mains; que ces hommes osent se vanter de leur capacité, se donner l'air de mépriser les serviteurs du roi. Et comment pouvez-vous dire que les royalistes sont incapables, puisque vous ne les avez pas employés? Vous, dont l'administration a été si funeste, vous n'avez pas le droit de les juger dédaigneusement avant de les avoir mis à l'œuvre. Essayez une fois ce qu'ils peuvent : s'ils se montrent plus ignares que vous, s'ils font plus de fautes que vous n'en avez fait, vous reprendrez alors les rênes, et tous vos systèmes seront justifiés.

On peut affirmer une chose : avant l'époque du 20 mars 1815, si toutes les administrations eussent été royalistes, elles n'auraient peut-être pas empêché le retour de l'homme de l'île d'Elbe; mais, à coup sûr, elles n'auraient ni trahi le roi ni servi l'usurpateur pendant les Cent-Jours. Quatre-vingt-trois préfets, imbéciles si l'on veut, mais résistant à la fois sur la surface de la France, seraient devenus assez fâcheux pour Buonaparte. Dans certains cas, la fidélité est du talent comme l'instinct du bon La Fontaine était du génie.

CHAPITRE XXXIII.

DANGER ET FAUSSETÉ DE L'OPINION QUI N'ACCORDE D'HABILETÉ QU'AUX HOMMES DE LA RÉVOLUTION.

C'est un bien faux et bien dangereux système, un système dont l'expérience nous a coûté bien cher, que celui qui ne voit de talent pour la France que dans les hommes de la révolution. Buonaparte, a dit mon noble ami M. de Bonald, a pu former des administrateurs, mais il n'a pu créer des hommes d'État; belle observation dont voici le commentaire.

Qu'est-ce qu'un ministre sous un despote? C'est un homme qui reçoit un ordre, qui le fait exécuter, juste ou injuste, et qui, dispensé de toute idée, ne connaît que l'arbitraire, n'emploie que la force.

Transportez ce ministre dans une monarchie constitutionnelle, obligez-le de penser pour son propre compte, de prendre un parti, de trouver les moyens de faire marcher le gouvernement, en respectant toutes les lois, en ménageant toutes les opinions, et en se glissant entre tous les intérêts, vous verrez se rapetisser cet homme, que vous regardiez peut-être comme un géant. Tous ses chiffres, tous ses résultats positifs, tous ses résumés de statistique lui manqueront à la fois. Il ne lui servira plus de rien de savoir combien un département renferme de bétail, combien tel autre fournit de légumes, de poules et d'œufs; Smith et Malthus lui deviendront inutiles. Aussitôt que les combinaisons morales et politiques entreront pour quelque chose dans la science du gouvernement, cette tête carrée se trompera sur tout, cet administrateur distingué ne sera plus qu'un sot.

J'ai vu les coryphées de la tyrannie déconcertés, étonnés, et comme égarés au milieu d'un gouvernement libre. Étrangers aux moyens naturels de ce gouvernement, la religion et la justice, ils voulaient toujours appliquer les forces physiques à l'ordre moral. Moins propres à cet ordre de choses que le dernier des royalistes, ils se sentaient arrêtés par des bornes invisibles; ils se débattaient contre une puissance qui leur était inconnue. De là leurs mauvaises lois, leurs faux systèmes, leur opposition à tous les vrais principes. Ce qui fut esclave ne comprend pas l'indépendance; ce qui est impie est mal à son aise au pied des autels. Ne croyons pas que tous les hommes de la révolution aient conservé leur fatal génie! Sous un gouvernement moral et régulier, ce qu'ils possédaient de facultés pour le mal est devenu inutile. Ils sont pour ainsi dire morts au milieu du monde nouveau qui s'est formé autour d'eux; et nous ne voyons plus errer parmi nous que leurs ombres ou leurs cadavres inanimés.

CHAPITRE XXXIV.

QUE LE SYSTÈME DES INTÉRÊTS RÉVOLUTIONNAIRES, AMENANT INDIRECTEMENT LE RENVERSEMENT DE LA CHARTE, MENACE DE DESTRUCTION LA MONARCHIE LÉGITIME.

Je crois avoir démontré que le système des intérêts révolutionnaires ne s'appuie que sur des principes erronés; qu'en le suivant on a été obligé de se jeter dans les hérésies les plus inconstitutionnelles; que les mesures administratives prises en conséquence de ce système ont amené des oppositions, résultat inévitable de l'ordre faux dans lequel on a placé les choses et les hommes.

Ce n'est pas tout : je n'ai considéré jusqu'ici que le peu de solidité du système; je vais en faire voir le danger.

Il conduit d'abord indirectement à la subversion de la Charte; car si nous avons toujours, comme on doit l'espérer, des députés courageux et libres, ils combattront les maximes révolutionnaires; et pour se débarrasser de ces surveillants importuns, il faudra bien violer la constitution. Aussi, qu'est-ce que les ministériels ne disent point de la Charte, même à la tribune? Comme ils l'expliquent et l'interprètent! à quoi ne la réduiraient-ils point s'ils étaient les maîtres! Et pourtant, à les entendre, c'est nous qui ne sommes pas constitutionnels; c'est moi peut-être qui ne veux pas de la Charte!

Quand le système des intérêts révolutionnaires ne produirait que la destruction du plus bel ouvrage du roi, ce serait déjà, je pense, un assez grand mal; mais je soutiens de plus que c'est un des principaux moyens employés par la faction révolutionnaire pour renverser de nouveau la monarchie légitime.

Il faut parler : le temps des ménagements est passé. Puissé-je être un prophète menteur! Puissent mes alarmes n'avoir d'autre source que l'excès de mon amour pour mon roi, pour son auguste famille! Mais dussé-je attirer sur ma tête les haines de parti, les fureurs des intérêts personnels, j'aurai le courage de tout dire. Si je me fais illusion, s'il n'y a pas de danger, le vent emportera mes paroles; s'il y a, au contraire, conspiration et péril, je pourrai faire ouvrir les yeux aux hommes de bonne foi. Complot dévoilé est à demi détruit : ôtez aux factions leur masque, vous leur enlevez leur force.

CHAPITRE XXXV.

QU'IL Y A CONSPIRATION CONTRE LA MONARCHIE LÉGITIME.

Je dis donc qu'il y a une véritable conspiration formée contre la monarchie légitime.

Je ne dis pas que cette conspiration ressemble à une conspiration ordinaire, qu'elle soit le résultat de machinations d'un certain nombre de traîtres prêts à porter un coup subit, à tenter un enlèvement, un assassinat, bien qu'il s'y mêle aussi des dangers de cette sorte : je dis seulement qu'il existe une conspiration, pour ainsi dire forcée, d'intérêts *moraux* révolutionnaires, une association naturelle de tous les hommes qui ont à se reprocher quelque crime ou quelque bassesse; en un mot, une conjuration de toutes les illégitimités contre la légitimité.

Je dis que cette conspiration agit de toutes parts et à tous moments; qu'elle s'oppose par instinct à tout ce qui peut consolider le trône, rétablir les principes de la religion, de la morale, de la justice et de l'honneur Elle ignore le moment de son succès; diverses causes peuvent le hâter ou le retarder; mais elle se croit sûre de ce succès. En attendant elle travaille à le préparer; et le principal moyen d'action lui est fourni par *le système des intérêts révolutionnaires.*

CHAPITRE XXXVI.

DOCTRINE SECRÈTE CACHÉE DERRIÈRE LE SYSTÈME DES INTÉRÊTS RÉVOLUTIONNAIRES.

Derrière le système que l'on prétend devoir suivre pour la sûreté du trône, pour la paix de l'État, se cachent les motifs secrets qui l'ont fait adopter, la doctrine dont il doit amener le triomphe.

Il passe pour constant dans un certain parti qu'une révolution de la nature de la nôtre ne peut finir que par un changement de dynastie; d'autres plus modérés disent par un changement dans l'ordre de successibilité à la couronne : je me donnerai garde d'entrer dans les développements de cette opinion criminelle.

Qui veut-on mettre sur le trône à la place des Bourbons? A cet égard les avis sont partagés; mais ils s'accordent tous sur la *nécessité* de déposséder la famille légitime. Les Stuarts sont l'exemple cité : l'histoire les tente. Sans l'échafaud de Charles Ier, la France n'aurait point vu celui de Louis XVI : tristes imitateurs, vous n'avez pas même inventé le crime.

Comment puis-je prouver qu'une doctrine aussi épouvantable est mystérieusement voilée sous le système des intérêts révolutionnaires.

Il me suffit de jeter un coup d'œil sur les pamphlets et les journaux des Cent-Jours.

J'ai lu depuis, et d'autres ont lu comme moi, des écrits qui ne laissent rien dans l'ombre, pas même le nom. Dans les épanchements de la table, ou dans la chaleur de la discussion, autre sorte d'ivresse, la franchise et la légèreté se sont souvent trahies.

Mais quand les preuves directes me manqueraient pour être convaincu, je n'aurais qu'à regarder *ce qui se passe* autour de moi : partout où j'observe un plan uniforme dont les parties se lient et se coordonnent entre elles, je suis forcé de convenir que ce dessein régulier n'a pu être tracé par les caprices du hasard : une conséquence me fait chercher un principe ; et, par la nature de l'effet, j'arrive à connaître le caractère de la cause.

Marquons le but et suivons la marche de la conspiration.

CHAPITRE XXXVII.

BUT ET MARCHE DE LA CONSPIRATION. — ELLE DIRIGE SES PREMIERS EFFORTS CONTRE LA FAMILLE ROYALE.

Ce que j'appelle la conspiration des intérêts moraux révolutionnaires a pour but principal de changer la dynastie ; pour but secondaire, d'imposer au nouveau souverain les conditions que l'on voulait faire subir au roi à Saint-Denis: prendre la cocarde tricolore, se reconnaître roi par la grâce du peuple, rappeler l'armée de la Loire et les représentants de Buonaparte, si ceux-ci existent encore au moment de l'événement. Ce projet, qui n'a jamais été abandonné, va sortir tout entier de l'observation des faits placés sous nos yeux.

Il est convenu qu'on parlera du roi comme les royalistes mêmes; qu'on reconnaîtra en lui ces hautes vertus, ces lumières supérieures que personne ne peut méconnaître. Le roi, qu'on a tant outragé pendant les Cent-Jours, est devenu le très-juste objet des louanges de ceux qui l'ont indignement trahi, qui sont prêts à le trahir encore.

Mais ces démonstrations d'admiration et d'amour ne sont que les excuses de l'attaque dirigée contre la famille royale. On affecte de craindre l'ambition des princes, qui, dans tous les temps, se sont montrés les plus fidèles et les plus soumis des sujets. On parle de l'impossibilité d'administrer, dans un gouvernement constitutionnel, avec *divers centres* de pouvoir. On a éloigné les princes du conseil; on a été jusqu'à prétendre qu'il y avait des inconvénients à laisser au frère du roi le commandement suprême des gardes nationales du royaume, et on a cherché à restreindre et à entraver son autorité. Monseigneur le duc d'Angoulême a été proposé pour protecteur de l'Université, comme une espèce de prince de la jeunesse : c'est un moyen d'attacher les générations naissantes à une famille qu'elle connaît à peine; les enfants sont susceptibles de dévouement et d'enthousiasme : rien ne serait plus éminemment politique que de leur donner pour tuteur le prince qui doit devenir leur roi. Cela sera-t-il adopté? je ne l'espère pas.

La raison de cette conduite est facile à découvrir : la faction qui agit sur des ministres loyaux et fidèles, mais qui ne voient pas le précipice où on les pousse, cette faction veut changer la dynastie; elle s'oppose donc à tout ce qui pourrait lier la France à ses maîtres légitimes. Elle craint que la famille royale ne jette de trop profondes racines; elle cherche à l'isoler, à la séparer de la couronne; elle affecte de dire, elle ne cesse de répéter que les affaires pourront se soutenir en France pendant la vie du roi, mais qu'après lui nous aurons une révolution : elle habitue ainsi le peuple à regarder l'ordre des choses actuel comme transitoire. On renverse plus aisément ce que l'on croit ne pas devoir durer.

Si l'on cherche à ôter toute puissance aux héritiers de la couronne, on cherche, on essaie, mais bien vainement, de leur enlever le respect et la vénération des peuples : on calomnie leurs vertus; les journaux étrangers sont chargés de cette partie de l'attaque par des correspondants officieux. Et dans nos propres journaux, n'a-t-on pas vu imprimer des choses aussi déplacées qu'étranges? A qui en veut-on, lorsqu'on publie les intrigues de quelques subalternes? si elles ne compromettent que ces hommes, méritent-elles d'occuper l'Europe? Si elles touchent par quelque point à des noms illustres, quel singulier intérêt met-on à les faire connaître? Ceux qui ne veulent pas de la liberté de la presse conviendront du moins que, dans des questions aussi embarrassantes, cette liberté fournirait une réponse, sinon satisfaisante, du moins sans réplique.

Apprenons à distinguer les vrais des faux royalistes : les premiers sont ceux qui ne séparent jamais le roi de la famille royale, qui les confondent dans un même amour, qui obéissent avec joie au sceptre de l'un, et ne craignent point l'influence de l'autre; les seconds sont ceux qui, feignant d'idolâtrer le monarque, déclament contre les princes de son sang, cherchent à planter le lis dans un désert, et voudraient arracher tous les rejetons qui accompagnent sa noble tige.

On peut, dans les temps ordinaires, quand tout est tranquille, quand aucune révolution n'a ébranlé l'autorité de la couronne; on peut se former des maximes sur la part que les princes doivent prendre au gouvernement; mais quiconque, après nos malheurs, après tant d'années d'usurpation, ne sent pas la nécessité de multiplier les liens entre les Français et la famille royale, d'attacher les peuples et les intérêts aux descendants de saint Louis; quiconque a l'air de craindre pour le trône les héritiers du trône, plus qu'il ne craint les ennemis de ce trône, est un homme qui marche à la folie, ou court à la trahison.

CHAPITRE XXXVIII.

LA CONSPIRATION SE SERT DES INTÉRÊTS RÉVOLUTIONNAIRES POUR METTRE SES AGENTS DANS TOUTES LES PLACES.

Attaquer par toutes sortes de moyens la famille royale; avoir toujours en perspective un malheur que tout bon Français voudrait racheter de sa vie, et qu'il se flatte de ne jamais voir; espérer, comme suite de ce malheur, l'exil éternel des princes; s'endormir et se réveiller sur ces effroyables espérances : voilà ce que la secte ennemie recommande d'abord à ses initiés.

Ensuite elle fait les derniers efforts pour soutenir, étendre et propager le système des intérêts révolutionnaires : elle le présente aux timides comme un port de salut; aux sots, comme une idée de génie; aux dupes, comme un moyen d'affermir la royauté.

Par l'établissement complet de ce système, les révolutionnaires espèrent que toutes les places se trouveront dans leurs mains au moment de la catastrophe. Les autorités diverses étant alors dans le même intérêt, le changement s'opérera comme au 20 mars, d'un commun accord, sans résistance, sans coup férir. Qu'en coûte-t-il à ces hommes pour tourner le dos à leurs maîtres? N'ont-ils pas abandonné Buonaparte lui-même? Dans l'espace de quelques mois, n'ont-ils pas pris, quitté et repris tour à tour la cocarde blanche et la cocarde tricolore? Le passage d'un courrier à travers la France faisait changer les cœurs et la couleur du ruban. Voyez avec quelle simplicité admirable ils vous parlent de leur signature au bas de l'Acte additionnel : ils n'ont rien fait de mal; ils sont innocents comme Abel. Ils ont écrit contre les Bourbons des calomnies abominables; ils les ont insultés par des proclamations trop connues : eh bien! ils vont faire aujourd'hui la cour à nos princes avec ces proclamations dans la poche. Ils parlent monarchie légitime, loyauté, dévouement, sans grimacer; on dirait qu'ils sortent des forêts vendéennes, et ils arrivent du Champ de Mai. Ils ont raison, puisque toutes les fois qu'ils violent la foi jurée ils obtiennent un emploi de plus. Comme on compte l'âge des vieux cerfs aux branches de leur ramure, on peut aujourd'hui compter les places d'un homme par le nombre de ses serments.

C'est donc bien vainement que vous espérez qu'ils vous demeureront attachés, quand vous leur aurez confié les autorités de la France. Comme avant le 20 mars, ils ne recherchent les places que pour mieux vous perdre. Déjà ils se vantent de leurs succès; ils deviennent insolents: ils ne peuvent contenir leur joie en voyant prospérer le système des intérêts révolutionnaires.

« Si nous vous avons trahis, disent-ils, c'est que vous ne nous aviez donné « que les trois quarts des places. Donnez-nous-les toutes, et vous verrez comme « nous serons fidèles. » Augmentez la dose du poison, et vous verrez qu'au lieu de vous tuer il vous guérira! Et il y a de prétendus royalistes qui soutiennent eux-mêmes cette monstrueuse absurdité! Tout ce qu'on peut dire, c'est que s'ils ont été royalistes, ils ne le sont plus.

CHAPITRE XXXIX.

CONTINUATION DU MÊME SUJET.

La faction demande donc toutes les places dans tous les ministères, et elle réussit plus ou moins à les obtenir. Elle s'éleva avec chaleur contre l'inamovibilité des juges: de vertueux jacobins, qui ne peuvent plus être dépossédés, sont des hommes très-utiles; ils gardent en sûreté le feu sacré, et tendent une main secourable à leurs frères.

Aux finances, et dans les directions qui en dépendent, le système des intérêts révolutionnaires s'est maintenu avec vigueur. Un commis retourne dans le village où il a été trop connu pendant les Cent-Jours. Que pensent les gens de la campagne en revoyant cet homme? Que cet homme avait raison de leur annoncer la catastrophe du 20 mars avant les Cent-Jours, et qu'il a sans doute encore raison lorsqu'il se sert, en parlant, de cette phrase si connue: *Quand* L'AUTRE *reviendra.*

A l'intérieur, les intérêts révolutionnaires avaient d'abord succombé: l'alarme a été au camp; l'impulsion royaliste donnée aux préfectures a fait peur : le parti a réuni ses forces. On a d'abord mis un obstacle aux nominations et aux destitutions trop franches, en faisant soumettre ces nominations et ces destitutions à l'examen du conseil des ministres : de sorte que le ministre de la justice peut faire des officiers généraux, et le ministre de la guerre, des hommes de loi.

Si cette bizarre solidarité était également admise pour tous les ministres, il faudrait se contenter de rire; mais elle ne s'applique qu'aux ministres soupçonnés de royalisme. Ceux qui sont connus pour soutenir franchement le système des intérêts révolutionnaires ont toute liberté de placer des hommes suspects, et d'éloigner des hommes dévoués.

Ces arrangements n'ont pas rassuré le parti; il est parvenu à faire renverser le ministre : alors les espérances se sont ranimées. On se flatte de faire perdre au royalisme tout le terrain qu'il avait gagné dans cette partie de l'administration. La garde nationale a été attaquée. Déjà des préfets *trop royalistes* ont été rappelés, d'autres sont menacés. On aura soin surtout de déplacer les **amis du trône**, si on est assez heureux pour obtenir la dissolution de la

Chambre des députés, et qu'il faille en venir à des élections nouvelles ; alors il sera plus facile au parti de diriger et d'influencer les choix.

CHAPITRE XL.

LA GUERRE.

C'est avec difficulté que d'autres ministres, connus par leur royalisme, se maintiennent dans leur place ; mais on en veut surtout au ministre de la guerre : on ne lui pardonne pas son noble dévouement ; on lui pardonne encore moins d'avoir formé une gendarmerie excellente et une armée qui brûle du désir de verser son sang pour son roi : il faut, à tout prix, détruire cet ouvrage, qui rendrait vains les efforts des conspirateurs. Si l'on ne peut d'abord renverser le ministre, il faut essayer de le dépopulariser dans le parti royaliste ; il faut l'obliger à donner des *gages*, le forcer à quelques destitutions fâcheuses, à quelques choix malheureux. On cherche en même temps à faire revivre l'armée de la Loire : estimons son courage, mais donnons-nous garde de lui rendre un pouvoir dont elle a trop abusé. L'armée de Charles VII se retira aussi sur les bords de la Loire ; mais Lahire et Dunois combattaient pour les fleurs de lis, et Jeanne d'Arc sauva Orléans pour le roi comme pour la France.

CHAPITRE XLI.

LA FACTION POURSUIT LES ROYALISTES.

La faction s'empare ainsi de tous les postes, recule lentement quand elle y est forcée, avance avec célérité quand elle voit le moindre jour, et profite de nos fautes autant que de ses victoires. Pateline et audacieuse, son langage ne prêche que modération, oubli du passé, pardon des injures ; ses actions annoncent la haine et la violence. En même temps qu'elle soutient ses amis, qu'elle les porte au pouvoir, qu'elle les établit dans les places, afin de s'en servir au moment critique, elle décourage, insulte, persécute les royalistes pour ne pas les trouver sur son chemin dans ce même moment.

Elle a inventé un nouveau jargon pour arriver à son but. Comme elle disait au commencement de la révolution les *aristocrates*, elle dit aujourd'hui les *ultra-royalistes*. Les journaux étrangers à sa solde ou dans ses intérêts écrivent tout simplement les *ultra*. Nous sommes donc des *ultra*, nous, tristes héritiers de ces aristocrates dont les cendres reposent à Picpus et au cimetière de la Madeleine ! Par le moyen de la police, la faction domine les papiers publics, et se moque en sûreté de ceux à qui la défense n'est pas permise. La grande phrase reçue, *c'est qu'il ne faut pas être plus royaliste que le roi*. Cette phrase n'est pas du moment ; elle fut inventée sous Louis XVI : elle enchaîna les mains des fidèles, pour ne laisser de libre que le bras du bourreau.

Si les royalistes essaient de se réunir pour se reconnaître, pour se prémunir contre les coalitions des méchants, on s'empresse de les disperser. Des autorités avancent cette abominable maxime : qu'il faut proscrire un bon principe qui a de mauvais résultats, comme on proscrirait un principe pervers : frappez donc la vertu ; car, presque toujours dans ce monde, ce qu'elle entreprend tourne à sa ruine. Un royaliste est assimilé à un Jacobin ; et par une équité bien digne du siècle, la justice consiste à tenir la balance égale entre le crime et l'innocence, entre l'infamie et l'honneur, entre la trahison et la fidélité.

CHAPITRE XLII.

SUITE DU PRÉCÉDENT.

Le dévouement est l'objet éternel des plaisanteries de ces hommes qui ne craindraient pas le supplice inventé par les anciens peuples de la Germanie pour les infâmes : on les ensevelirait dans la boue, qu'ils y vivraient comme dans leur élément. Le voyage de Gand est appelé par eux *le Voyage sentimental*. Ce bon mot est sorti du cerveau de quelques commis, qui, toujours fidèles à leur place, ont servi avant, pendant et après les Cent-Jours ; de ces honnêtes employés, bien payés aujourd'hui par le roi, qui ont applaudi de tout leur cœur au voyageur sentimental de l'île d'Elbe, et qui attendent son retour de Sainte-Hélène.

Allez proposer un soldat de l'armée de Condé à ces loyaux administrateurs : « Nous ne voulons, répondent-ils, que des hommes qui ont envoyé des balles « au nez des alliés. » J'aimerais autant ceux qui ont envoyé des balles au nez des buonapartistes.

On met sur la même ligne La Rochejaquelein, tombant en criant *vive le roi !* dans les mêmes champs arrosés du sang de son illustre frère, et l'officier mort à Waterloo en blasphémant le nom des Bourbons.

On donne la croix d'honneur au soldat qui combattit à cette journée ; et le volontaire royal qui quitta tout pour suivre son roi n'a pas même le petit ruban qu'on promit à Alost à sa touchante fidélité. Ainsi, tandis qu'on exécute les décrets de Buonaparte, datés des Tuileries au mois de mai 1815, on ne reconnaît point les ordonnances du roi signées à Gand dans le même mois. On paie l'officier à demi-solde, chevalier de la Légion-d'Honneur, et l'on fait fort bien ; mais le chevalier de Saint-Louis, courbé par les ans, est à l'aumône : trop heureux ce dernier quand on lui achète une méchante redingote pour couvrir sa nudité, ou quand on lui donne un billet avec lequel il pourra du moins faire panser par les filles de la Charité de vieilles blessures méprisées comme la vieille monarchie. Enfin, c'est une sottise, une faute, un crime de n'avoir pas servi Buonaparte. N'allez pas dire, si vous voulez placer ce jeune homme, qu'il s'est racheté de la conscription au prix d'une partie de sa fortune ; qu'il a été errant, persécuté, emprisonné, pour ne pas prêter son bras à l'usurpateur ; qu'il n'a jamais fait un serment, accepté une place, qu'il s'est conservé pur et sans tache pour son roi ; qu'il l'a accompagné dans sa dernière retraite, au risque de s'exposer avec lui à un exil éternel : ce sont là autant de motifs d'exclusion. « Il n'a pas servi, vous répondra-t-on froidement ; il ne sait rien. » Mais il sait l'honneur. Pauvre principe ! Le siècle est plus avancé que cela.

Mais venez : proposez, pour vous dédommager de ce refus, un homme qui aura tout accepté, depuis la haute dignité de porte-manteau jusqu'à la place de marmiton impérial : parlez; que voulez-vous ?

Choisissez dans la magistrature, l'administration, l'armée : cent témoins vont déposer en faveur de votre client; ils attesteront qu'ils l'ont vu veiller dans les antichambres avec un courage extraordinaire. Il ne veut qu'une décoration ; c'est trop juste. Vite un chevalier pour lui donner l'accolade; attachez à sa boutonnière la croix de Saint-Louis : c'est un homme prudent, il la mettra dans sa poche en temps et lieu.

Celui-là était facile à placer, j'en conviens : il était sans tache. Mais vous hésitez à présenter celui-ci. Il a foulé sa croix de Saint-Louis aux pieds pendant les Cent-Jours. Bagatelle, excès d'énergie : ce caractère bouillant est un vin généreux que le temps adoucira.

Un homme, pendant les Cent-Jours, a été l'écrivain des charniers de la police; faites-lui une pension : il faut encourager les talents. Un autre est venu à Gand, au péril de sa vie, proposer au roi de l'argent et des soldats; il sollicite une petite place dans son village : donnez cette place au douanier qui tira sur cet *ultra*-royaliste lorsqu'il passait à la frontière.

Vous n'avez pas obtenu la nomination de ce juge? Mais ne saviez-vous pas qu'elle était promise à un prêtre marié? Un ci-devant préfet avait prévariqué : un rapport était prêt; on arrête ce rapport, et pourquoi? « Ne voyez-vous pas, répond-on, que le rapport vous empêcherait de placer cet homme? »

Où sont vos certificats? dit-on au meilleur royaliste qui sollicite humblement la plus petite place. Il y a vingt-cinq ans qu'il souffre pour le roi; il a tout perdu, sa famille et sa fortune. Il a des recommandations des princes, de cette princesse, peut-être, dont la moindre parole est un oracle pour quiconque reconnaît la puissance de la vertu, de l'héroïsme et du malheur. Ces titres ne sont pas jugés suffisants. Arrive un buonapartiste; les fronts se dérident; ses papiers *étaient à la police;* il les a perdus lors du renvoi de M. Fouché. C'est un malheur; on le croit sur sa parole : « Entrez, mon ami, voilà votre brevet. » Dans le système des intérêts révolutionnaires on ne saurait trop tôt employer un homme des Cent-Jours : qu'il aille encore, tout chaud de sa trahison nouvelle, souiller le palais de nos rois, comme Messaline rapportait dans celui des Césars la honte de ses prostitutions impériales.

CHAPITRE XLIII.

CE QUE L'ON SE PROPOSE EN PERSÉCUTANT LES ROYALISTES.

Cette tactique a pour but de fatiguer les amis du trône, d'enlever à la couronne ses derniers partisans : on espère les jeter dans le désespoir, les pousser à des imprudences dont on profiterait contre eux et contre la monarchie légitime; on se flatte du moins qu'ils feront ce qu'ils ont toujours fait et ce qui les a toujours perdus, qu'ils se retireront.

Depuis le commencement de la révolution, tel a été le sort des royalistes : dépouillés d'abord, on n'a cessé depuis de triompher de leur malheur. On prend à tâche de leur répéter qu'ils n'ont rien, qu'ils n'auront rien, qu'ils ne doivent compter sur rien. On leur a rouvert la France; mais on a écrit pour eux sur la porte, comme sur celle des enfers : « Entre, qui que tu sois, et laisse l'espé-« rance. » On reprend la loi qui les a frappés; on l'aiguise, on la retourne dans le sein comme un poignard. Offrent-ils ce qui leur reste, leurs bras et leurs services, on les repousse. Le nom de royaliste semble être un brevet d'incapacité, une condamnation aux souffrances et à la misère. Aux partisans du système des intérêts révolutionnaires se joignent les prédicateurs de l'ingratitude. Les royalistes, disent-ils, ne sont pas dangereux; il est inutile de s'occuper de leur sort. S'il survient un orage, nous les retrouverons. Et vous ne craignez pas de flétrir par des propos inconsidérés, de laisser languir dans l'oppression et la pauvreté ceux dont vous avez une si haute idée! Quels hommes que ceux-là que vous repoussez dans la fortune, et dont vous vous réservez la vertu pour le temps de vos malheurs!

Vous avez raison! ils ne se lasseront pas; ils consommeront leur sacrifice : leur patience est inépuisable comme leur amour pour leur roi.

CHAPITRE XLIV.

LA FACTION POURSUIT LA RELIGION.

Les royalistes défendraient leur roi, il faut les écarter; l'autel soutiendrait le trône, il faut l'empêcher de se rétablir. Le système des intérêts révolutionnaires est surtout incompatible avec la religion; les plus grands efforts du parti se dirigent contre elle, parce qu'elle est la pierre angulaire de la légitimité.

On a tâché d'abord d'exciter une guerre civile dans le Midi, avec le dessein d'en rejeter l'odieux sur les catholiques. On a rendu vains les projets des Chambres : aucune des propositions religieuses adoptées par elles n'est sortie du portefeuille des ministres : double avantage pour les intérêts révolutionnaires; le prêtre marié continue à toucher sa pension, et le curé meurt de faim.

Ainsi, l'on n'a encore presque rien fait depuis le retour du fils aîné de l'Église, pour guérir les plaies, ou mettre fin au scandale de l'Église; et pourtant que ne doit point ce royaume à la religion catholique! Le premier apôtre des Français dit au premier roi des Français montant sur le trône : « Sicambre, adore ce que tu as méprisé; brûle ce que tu as adoré. » Le dernier apôtre des Français dit au dernier roi des Français descendant du trône : « Fils de saint Louis, montez au ciel. » C'est entre ces deux mots qu'il faut placer l'histoire des rois très-chrétiens, et chercher le génie de la monarchie de saint Louis.

On n'a point adopté les propositions favorables au clergé, mais on a regretté vivement la loi du 23 septembre. On sait très-bien que cette loi est une mauvaise loi de finances, mais c'est une bonne mesure révolutionnaire. On sait très-bien que dix millions de rentes restitués aux églises ne feraient pas la fortune du clergé, mais ce serait un acte de justice et de religion, et il ne faut ni justice ni religion, parce qu'elles contrarient le système des intérêts révolutionnaires.

Toutes choses allant comme elles vont, dans vingt-cinq ans d'ici il n'y aura de prêtres en France que pour attester qu'il y avait jadis des autels. Le parti connaît le calcul; et pour empêcher la race sacerdotale de renaître, il s'oppose à ce qu'on lui fournisse les moyens d'une existence honorable. Il n'ignore pas que des pensions insuffisantes, précaires, soumises à toutes les détresses du fisc et à tous les événements politiques, ne présentent pas assez d'avantages aux familles pour qu'elles consacrent leurs enfants à l'état ecclésiastique. Les mères ne vouent pas facilement leurs fils au mépris et à la pauvreté : la partie est donc sûre, si elle est jouée avec persévérance. Je ne sais si la patience appartient à l'enfer comme au ciel, à cause de son éternité ; mais je sais que, dans ce monde, elle est donnée au méchant. La destruction physique et matérielle du culte est certaine en France, pourvu que les ennemis secrets de la légitimité, tantôt sous un prétexte, tantôt sous un autre, parviennent à tenir le clergé dans l'état d'abjection où il est maintenant plongé.

Au milieu de ses enfants massacrés, sur le champ de bataille où elle est tombée, en défendant le trône de saint Louis, la religion blessée étend encore ses mains défaillantes pour parer les coups qu'on porte au roi : mais ceux qui l'ont renversée sont attentifs ; et toutes les fois qu'elle fait un effort pour se relever, ils frappent un coup pour l'abattre. Un prélat vénérable avait obtenu la direction des affaires religieuses; la distribution du pain des martyrs n'était plus confiée à ceux qui l'ont pétri avec l'ivraie, et qui ne vendent pas même à bon poids ce pain amer. On a forcé un ministre honorable de remettre les choses telles et pires qu'elles étaient sous Buonaparte : le prêtre est rentré sous l'autorité du laïque, et la religion est venue se replacer sous la surveillance du siècle.

Lorsqu'un vicaire veut toucher le mois échu de sa pension, il faut qu'il présente un certificat de vie au maire du lieu ; celui-ci en écrit au sous-préfet, qui s'adresse à son tour au préfet, dont la prudence en peut référer au chef de division de l'intérieur, chargé de la direction des cultes : le chef peut en parler au ministre. Enfin, cette grande affaire mûrement examinée, on compte douze livres dix sous sur quittance à l'homme qui console les affligés, partage son denier avec les pauvres, soulage les infirmes, exhorte les mourants, donne la sépulture aux morts, prie pour ses ennemis, pour la France et pour le roi.

Quelques biens ecclésiastiques étaient aliénés sans contrat légal ; on les a découverts : on a craint que leurs détenteurs ne trouvassent le moyen de les rendre aux églises ; vite, on s'est hâté de rappeler les biens aux domaines.

Ce n'est pas assez d'empêcher le prêtre de vivre, il faut encore lui ôter, s'il est possible, toute considération aux yeux des peuples. Ce qu'on n'avait pas vu sous le règne des athées, on a trouvé piquant de le montrer sous le règne du roi très-chrétien : un prêtre a été cité, comme un criminel, à comparaître au tribunal de la police correctionnelle ; il y est venu en soutane et en rabat, s'asseoir sur les bancs des prostituées et des filous. Le peuple a été étonné, et la cause a cessé d'être publique.

Cette haine de la religion est le caractère distinctif de ceux qui ont fait notre perte, qui méditent encore notre ruine. Ils détestent cette religion, parce qu'ils l'ont persécutée, parce que sa sagesse éternelle et sa morale divine sont en opposition avec leur vaine sagesse et la corruption de leur cœur. Jamais ils ne se réconcilieront avec elle. Si quelques-uns d'entre eux montraient seulement quelque pitié pour un prêtre, tout le parti se croirait dégénéré de ses vertus, et menacé d'un grand malheur. Rome, au temps de ses mœurs, fut consternée de voir une femme plaider devant les tribunaux : ce manque de pudeur parut à la république annoncer quelque calamité, et le sénat envoya consulter l'oracle.

Mais comment comprendre que ceux qui peuvent quelque chose sur nos destinées, qui prétendent vouloir la monarchie légitime, rejettent la religion? L'impiété ne nous a-t-elle pas fait assez de mal? Le sang et les larmes n'ont-ils pas assez coulé? N'y a-t-il pas eu assez de proscriptions, de spoliations, de crimes? Non : on remet encore en question les injustices révolutionnaires; on entend encore débiter les mêmes sophismes qu'en 1789. Les prêtres, après le massacre des Carmes, les déportations à la Guiane, les mitraillades de Lyon, les noyades de Nantes; après le meurtre du roi, de la reine, de Madame Élisabeth, du jeune roi Louis XVII; les prêtres, dépouillés de tout, sans pain, sans asile, sont encore pour des hommes d'État des *calotins*. Eh bien! si nous en sommes là, je ne crains pas d'annoncer que le souhait du philosophe Diderot s'accomplira.

CHAPITRE XLV.

HAINE DU PARTI CONTRE LA CHAMBRE DES DÉPUTÉS.

Quelque chose dans l'ordre politique, comme dans l'ordre religieux, contrarie-t-il le système des intérêts révolutionnaires, et conséquemment s'oppose-t-il au renversement de la famille légitime, le parti frémit, se soulève, tonne, éclate : de là sa fureur contre la Chambre des députés. Quelle pitié d'entendre aujourd'hui les *constitutionnels* nier l'existence des gouvernements représentatifs, soutenir qu'une Chambre de députés doit se réduire à la passive obéissance, combattre la liberté de la presse, préconiser la police, enfin changer entièrement de rôle et de langage! ils traitaient d'esprits bornés, d'esclaves, d'ennemis des lumières, ceux qui professaient les principes qu'ils adoptent aujourd'hui. Sont-ils convertis? Non, c'est toujours le même *libéralisme*. Mais les doctrines constitutionnelles ont enfin armé la Chambre actuelle des députés; mais cette Chambre veut à la fois la liberté et la religion, la constitution et le roi légitime : furieux contre ce résultat de vingt-cinq ans de rébellion, ils ne veulent plus de la Chambre. Alors il faut déclamer contre le gouvernement représentatif, parce qu'ils sont arrêtés par sa vigilance, contre la liberté de la presse, qui ne serait plus à leur profit, quittes à reprendre les principes libéraux lorsque la dynastie sera changée et qu'on n'aura plus à craindre le rétablissement des autels.

Il faut convenir que la Chambre des députés a fait deux choses qui ont dû la faire prendre en horreur aux partisans du système des intérêts révolutionnaires. En bannissant les régicides, en arrêtant la vente des domaines nationaux, elle a arrêté la révolution : comment jamais lui pardonner?

Aussi que n'a-t-on point tenté pour la détruire après l'avoir tant calomniée! Élue par les colléges électoraux, choisie parmi les plus grands propriétaires de la France, dans tous les rangs de la société, n'a-t-on pas voulu persuader aux étrangers qu'il n'y avait personne aux colléges électoraux qui l'ont élue, et qu'elle n'est composée que d'émigrés sans propriétés? Quel bonheur, si au lieu de ces députés fanatiques, qui n'entendent qu'au nom de Dieu et du roi, on avait pu avoir des révolutionnaires éclairés, souples, qui, rampant sous l'autorité, n'auraient opposé aucune résistance aux volontés des ministres jusqu'au jour où, tout étant arrangé, ils auraient déclaré, au nom du peuple souverain, que le peuple voulait changer son maître!

Mille projets ont été formés pour se débarrasser de la Chambre : tantôt on voulait la dissoudre ; mais il n'y a pas de loi d'élections : tantôt on prétendait en renvoyer un cinquième ; mais comment régler les séries? Et d'ailleurs gagnerait-on quelque chose à cette faible réélection? Enfin, la passion a été poussée si loin, qu'on a rêvé l'ajournement indéfini des Chambres, la suspension de la Charte, et la continuation de l'impôt par des ordonnances. Nous avons vu dans le journal officiel de la police l'éloge d'un ministère étranger qui a remis à un autre temps la constitution promise, qui gouverne *seul* avec une modération parfaite, paie scrupuleusement les dettes de l'État, et se fait adorer du peuple. Entendez-vous, peuple français, peuple grossier?

> .... Quoi! toujours les plus grandes merveilles
> Sans ébranler ton cœur frapperont tes oreilles?

Une Chambre de bons jacobins, qu'on appellerait des *modérés*, ou point de Chambres, voilà le système du parti. Dans l'une ou l'autre chance, il y a tout à gagner pour lui : avec des *modérés* de cette nature, on peut tout détruire ; avec un ministère à soi, on arrive également à tout. Bientôt ces *libéraux*, qui poussent à l'arbitraire, feraient un crime à la couronne de cet arbitraire qu'ils conseillent.

Je frémis en déroulant un plan si bien ordonné, et dont le résultat est infaillible, à moins qu'on ne se hâte d'y apporter remède. Qui ne serait inquiet en voyant une armée qui manœuvre si bien, qui mine, attaque, envahit, fait usage de toutes les armes, enrôle les ambitieux et séduit les faibles ; qui se donne les honneurs d'une opinion indépendante, en prêchant l'autorité absolue : faction pourtant sans talents réels, mais douée d'astuce ; faction lâche, poltronne, facile à écraser, que l'on peut faire rentrer en terre d'un seul mot ; mais qui, lorsqu'elle aura tout gangrené, tout corrompu ; lorsqu'il n'y aura plus de danger pour elle, lèvera subitement la tête, arrachera sa couronne de lis, et prenant le bonnet rouge pour diadème, offrira cette pourpre à l'illégitimité?

Mais comment pouvez-vous croire, me dira-t-on, que tels et tels hommes, si connus par leurs sentiments royalistes, par leurs actions mêmes, par leur caractère moral et religieux, parce qu'ils sont dans un système politique contraire au vôtre, entrent dans une conjuration contre les Bourbons?

Cette objection est grande pour ceux qui n'y regardent pas de près, et qui jugent sur les dehors ; la réponse est facile.

Celui-ci donc a servi le roi toute sa vie : mais il est ambitieux ; il n'a point de fortune, il a besoin de places, il a vu la faveur aller à une certaine opinion, et il s'est jeté de ce côté. Celui-là avait été irréprochable jusqu'aux Cent-Jours ; mais pendant les Cent-Jours il a été faible, et dès lors il est devenu irréconciliable ; on punit les autres de la faute qu'on a faite, surtout quand cette faute décèle autant le manque de jugement que la faiblesse du caractère ; les grands intérêts sont moins ennemis des Bourbons que les petites vanités.

Tel pendant les Cent-jours a été héroïque ; mais depuis les Cent Jours son orgueil a été blessé, une querelle particulière l'a fait passer sous les drapeaux qu'il a combattus. Tel est religieux ; mais on lui a persuadé qu'en parlant *à présent* des intérêts de l'Église on manquait de prudence, et qu'on nuisait à ces intérêts par trop de précipitation. Tel chérit la monarchie légitime, mais abhorre la noblesse et n'aime pas les prêtres. Tel est attaché aux Bourbons, les a servis, les servirait encore ; mais il veut aussi la liberté, les résultats politiques de la révolution ; et il s'est mis ridiculement en tête que les royalistes veulent détruire la liberté, et revenir sur tout ce qui a été fait. Tel pourrait croire à quelques dangers, s'il n'était convaincu que ceux qui les signalent ne crient que parce qu'ils sont mécontents, que parce qu'ils ont été déjoués dans leurs intrigues et leurs ambitions particulières. Tels enfin, et c'est le plus grand nombre, sont frivoles ou pusillanimes, ne veulent que la tranquillité et les plaisirs, craignent jusqu'à la pensée de ce qui pourrait les troubler, et se rangent du côté de la puissance, croyant embrasser le parti du repos.

Toutes ces personnes ne trahissent pas la monarchie légitime, mais elles servent d'instruments à la faction qui la trahit : en les voyant soutenir des hommes pervers et des opinions révolutionnaires, la foule, qui ne raisonne pas, croit que la raison est du côté de ces opinions et de ces hommes pervers. Ils entraînent ainsi par l'autorité de leur exemple, et affaiblissent le bataillon des fidèles. Quand l'événement viendra les réveiller ; quand, surpris par la catastrophe, ils s'apercevront qu'ils ont été les dupes des misérables qu'ils protégent, qu'ils ont servi de marchepied à l'usurpation, alors ils se feront loyalement tuer aux pieds du monarque, mais la monarchie sera perdue.

CHAPITRE XLVI.

POLITIQUE EXTÉRIEURE DU SYSTÈME DES INTÉRÊTS RÉVOLUTIONNAIRES.

Comment parlerai-je du dernier appui que cherchent les intérêts révolutionnaires? Qui aurait jamais imaginé que des Français, pour conserver de misérables places, pour faire triompher les principes de la révolution, pour amener la destruction de la légitimité, iraient jusqu'à s'appuyer sur des autorités autres que celles de la patrie; jusqu'à menacer ceux qui ne pensent pas comme eux de forces qui, grâce au ciel, ne sont pas entre leurs mains?

Mais vous qui nous assurez, les yeux brillants de joie, que les étrangers veulent vos systèmes (ce que je ne crois pas du tout), vous qui semblez mettre vos nobles opinions sous la protection des baïonnettes européennes, ne reprochiez

vous pas aux royalistes de revenir dans les bagages des alliés? Ne faisiez-vous pas éclater une haine furieuse contre les princes généreux qui voulaient délivrer la France de la plus infâme oppression? Que sont donc devenus ces sentiments héroïques? Français si fiers, si sensibles à l'honneur, c'est vous-mêmes qui cherchez aujourd'hui à me persuader qu'on vous PERMET *tels* sentiments, *ou* qu'on vous COMMANDE *telle* opinion. Vous ne mouriez pas de honte, lorsque vous proclamiez pendant la session qu'un ambassadeur voulait absolument que le projet du ministère passât, que la proposition des Chambres fût rejetée. Vous voulez que je vous croie, quand vous venez me dire aujourd'hui (ce qui n'est sûrement qu'une odieuse calomnie) qu'un ministre français a passé trois heures avec un ministre étranger pour aviser au moyen de dissoudre la Chambre des députés. Vous racontez confidemment qu'on a communiqué une ordonnance à un agent diplomatique, et qu'il l'a fort approuvée : et ce sont là des sujets d'exaltation et de triomphe pour vous ! Quel est le plus Français de nous deux, de vous qui m'entretenez des étrangers quand vous me parlez des lois de ma patrie, de moi qui ai dit à la Chambre des pairs les paroles que je répète ici:
« Je dois sans doute au sang français qui coule dans mes veines, cette impa-
« tience que j'éprouve, quand, pour déterminer mon suffrage, on me parle
« d'opinions placées hors de ma patrie; et si l'Europe civilisée voulait m'im-
« poser la Charte, j'irais vivre à Constantinople. »

Ainsi la faction a mis les royalistes dans cette position critique : s'ils veulent combattre le système des intérêts révolutionnaires, on les menace de l'Europe pour les forcer au silence ; si cette menace leur ferme la bouche, on fait marcher en paix le système destructeur, et avec lui la conspiration contre la légitimité.

Eh bien! ce sera moi qui, à mes risques et périls, élèverai la voix ; moi qui signalerai cette abominable intrigue du parti qui veut notre perte. Et comment les mauvais Français qui soutiennent leurs sentiments par une si lâche ressource ne s'aperçoivent-ils pas qu'ils vont directement contre leur but? Ils connaissent bien peu l'esprit de la nation. S'il était vrai qu'il y eût du danger dans les opinions royalistes, vous verriez par cette raison même toute la France s'y précipiter : un Français passe toujours du côté du péril, parce qu'il est sûr d'y trouver la gloire.

Au reste, faut-il s'étonner que des hommes qui ont été offrir la couronne des Bourbons à quiconque voulait la prendre ; qui demandaient, selon leur expression, *une pique et un bonnet de Cosaque* plutôt qu'un descendant de Henri IV; faut-il s'étonner que leur politique ressemble à leurs affections? Comprendraient-ils que ce n'est pas en se mettant sous les pieds d'un maître qu'on se fait respecter; qu'une conduite noble est sans danger? Tenez fidèlement vos traités; payez ce que vous devez; donnez, s'il le faut, votre dernier écu, vendez votre dernier morceau de terre, la dernière dépouille de vos enfants, pour payer les dettes de l'État; le reste est à vous; vous êtes nus, mais vous êtes libres.

Éloignons de vaines terreurs: les princes de l'Europe sont trop magnanimes pour intervenir dans les affaires particulières de la France. Ils ont adopté cette haute politique de Burke. « La France, dit ce grand homme d'État, doit être
« conquise et rétablie par elle-même, en la laissant à sa propre dignité. Il se-

« rait peu honorable, il serait peu décent, il serait encore moins politique pour
« les puissances étrangères, de se mêler des petits détails de son administration
« intérieure, dans lesquels elles ne pourraient se montrer qu'ignorantes, in-
« capables et oppressives [1]. » Les alliés ont eux-mêmes délivré leur propre
pays du joug des Français ; ils savent que les nations doivent jouir de cette indépendance qu'on peut leur arracher un moment, mais qu'elles finissent toujours par reconquérir : *spoliatis arma supersunt.* Si, lors même que notre roi
n'était pas encore rentré dans sa patrie, les monarques de l'Europe ont eu la
générosité de déclarer qu'ils ne s'immisceraient en rien dans le gouvernement
intérieur de la France, nous persuadera-t-on aujourd'hui qu'ils veulent s'en
mêler? nous persuadera-t-on qu'ils s'alarment de ces débats, qui sont de la nature même du gouvernement représentatif? qu'ils ont trouvé mauvais que nous
ayons discuté l'existence de la cour des comptes et l'inamovibilité des juges?
qu'ils vont s'armer, parce que nos députés veulent rendre quelque splendeur à des
autels arrosés du sang de tant de martyrs, ou parce qu'ils ont cru devoir éloigner les assassins de Louis XVI? N'est-ce pas insulter ces grands monarques que
de nous les représenter accourant au secours d'un spoliateur ou d'un régicide,
faisant marcher leurs soldats pour soutenir un receveur d'impôts qui chancelle,
ou un ministre qui tombe?

L'Europe n'a pas moins d'intérêt que les vrais Français à défendre la cause
de la religion et de la légitimité : elle doit voir avec plaisir le zèle de nos députés à repousser les doctrines funestes qui l'ont mise à deux doigts de sa perte.
Quand nos tribunes retentissaient de blasphèmes contre Dieu et contre les
rois, les rois, justement épouvantés, ont pris les armes : vont-ils aujourd'hui
marcher contre ceux qui font des efforts pour ramener les peuples à la crainte
de Dieu et à l'amour des rois? Qui a fait la guerre à l'Europe? qui l'a ravagée?
qui a insulté tous les princes? qui a ébranlé tous les trônes? Ne sont-ce pas les
hommes que les royalistes combattent? Certes, si, par la permission de la divine
Providence, on voyait aujourd'hui les princes de la terre soutenir les auteurs
de tous leurs maux ; s'ils prêtaient la main à la destruction des autels, au renversement de la morale et de la justice, de la véritable liberté et de la royauté
légitime, il faudrait reconnaître que la révolution française n'est que le commencement d'une révolution plus terrible ; il faudrait reconnaître que le christianisme, prêt à disparaître de l'Europe, la menace, en se retirant, d'un
bouleversement général. Les grandes catastrophes dans l'ordre politique accompagnent toujours les grandes altérations dans l'ordre religieux : tant il est vrai
que la religion est le vrai fondement des empires!

Hommes de bonne foi, qui ne suivez que par une sorte de fatalité le système
des intérêts révolutionnaires, j'ai rempli ma tâche ; vous êtes avertis ; vous voyez
maintenant où ce système vous mène : me croirez-vous? je ne le pense pas.
Vous prendrez pour les passions d'un ennemi ce qui est la franche et sincère
conviction d'un honnête homme. Un jour peut-être, il n'en sera plus temps,
vous regretterez de ne m'avoir pas écouté : vous reconnaîtrez alors quels étaient

---

[1] *Remarks on the policy of the allies with respect to France*, p. 146. Octobre 1793

et quels n'étaient pas vos amis. Vous vous confiez aujourd'hui à des hommes qui flattent vos passions, caressent votre humeur, chatouillent vos faiblesses; à des hommes qui vous égarent, qui tiennent, derrière vous, sur votre compte, les propos les plus méprisants, et sont les premiers à rire de ce qu'ils appellent votre incapacité. Ils vous poussent à des fautes dont ils profitent. Vous croyez qu'ils vous servent avec zèle : les uns ne veulent que votre place, les autres que la ruine du trône que vous soutenez. Je vous le prédis, et j'en suis certain, vous n'arriverez point au but en suivant le système des intérêts révolutionnaires : vous pouvez y toucher; une fatale illusion vous trompe. Athamas, jouet d'une puissance ennemie, croyait déjà reconnaître le port d'Ithaque, le temple de Minerve, la forteresse et la maison d'Ulysse; il croyait déjà voir, au milieu de sujets tranquilles, dans l'antique palais de Laërte, ce roi si fameux par sa sagesse, qui, revenu de l'exil, éprouvé par le malheur, avait appris à connaître les hommes : mais quand le nuage vint à se dissiper, Athamas ne vit plus qu'une terre inconnue, où vivait un peuple en butte aux factions, en guerre avec ses voisins, et que gouvernait un roi étranger poursuivi par la colère des dieux.

CHAPITRE XLVII.

EST-IL UN MOYEN DE RENDRE LE REPOS A LA FRANCE.

Je laisserais trop d'amertume dans le cœur des bons Français en terminant ainsi mon travail. L'ouvrage, d'ailleurs, ne serait pas complet. Si j'ai exposé sans déguisement les périls dont nous sommes menacés, parce que j'ai pensé qu'il était nécessaire de nous réveiller au bord de l'abîme; si j'ai des craintes vives et fondées, j'ai aussi des espérances qui balancent ces craintes : le mal est grand, le remède est infaillible.

Dans aucun de mes écrits, je n'ai jamais rien avancé qu'avec défiance. Pour la première fois de ma vie, j'oserai prendre le langage affirmatif; j'oserai proposer un moyen que je crois propre à rendre le repos à la France. Ce moyen s'est sans doute présenté à beaucoup d'autres esprits : il est si simple! mais il n'a jusqu'ici, du moins que je sache, été suivi ni développé par personne. Les préjugés, les passions, les intérêts, empêcheront peut-être de l'employer aujourd'hui; mais je n'hésite point à prononcer qu'il faudra, ou que l'administration l'adopte, ou que la France périsse.

Je vais dérouler mon plan; ce n'est point une utopie : en fait de gouvernement, il ne faut que des choses pratiques.

CHAPITRE XLVIII.

PRINCIPES GÉNÉRAUX DONT ON S'EST ÉCARTÉ.

Les premières sociétés ont pu être formées par une agrégation d'hommes que réunissaient des intérêts et des passions; mais elles ne se sont conservées qu'autant qu'elles ont établi dans leur sein la religion, la morale et la justice.

Aucune révolution n'a fini que l'on ne soit revenu à ces trois principes fondamentaux de toute humaine société.

Aucun changement politique chez un peuple n'a pu se consolider, qu'il n'ait eu pour base l'ancien ordre politique auquel il a succédé.

Quand les rois disparurent de Rome, il n'y eut presque rien de changé dans Rome; les dieux surtout restèrent au Capitole.

Quand Charles II remonta sur le trône de ses pères, la religion recouvra sa force, ses richesses et sa splendeur. On punit quelques criminels; on écarta quelques hommes faibles. Le parlement conserva les droits politiques qu'il avait acquis; le reste reprit son cours, et marcha avec les anciennes mœurs.

Voilà ce que nous n'avons pas voulu faire; et voilà pourquoi la monarchie légitime est menacée de nouveaux malheurs.

CHAPITRE XLIX.

SYSTÈME D'ADMINISTRATION A SUBSTITUER A CELUI DES INTÉRÊTS RÉVOLUTIONNAIRES.

D'après les principes que je viens de rappeler, voici le système à suivre pour sauver la France. Il faut conserver l'ouvrage politique, résultat de la révolution, consacré par la Charte, mais extirper la révolution de son propre ouvrage, au lieu de l'y renfermer, comme on l'a fait jusqu'à ce jour.

Il faut, autant que possible, mêler les intérêts et les souvenirs de l'ancienne France dans la nouvelle, au lieu de les en séparer ou de les immoler aux intérêts révolutionnaires.

Il faut bâtir le gouvernement représentatif sur la religion, au lieu de laisser celle-ci comme une colonne isolée au milieu de l'État.

Ainsi je veux toute la Charte, toutes les libertés, toutes les institutions amenées par le temps, le changement des mœurs et le progrès des lumières, mais avec tout ce qui n'a pas péri de l'ancienne monarchie, avec la religion, avec les principes éternels de la justice et de la morale, et surtout *sans* les hommes trop connus qui ont causé nos malheurs.

Quelle singulière chose de prétendre donner à un peuple des institutions généreuses, nobles, patriotiques, indépendantes, et d'imaginer qu'on ne peut établir ces institutions qu'en les confiant à des mains qui n'ont été ni généreuses, ni nobles, ni patriotiques, ni indépendantes! de croire qu'on peut former un présent sans un passé, planter un arbre sans racines, une société sans religion! C'est faire le procès à tous les peuples libres; c'est renier le consentement unanime des nations; c'est mépriser l'opinion des plus beaux génies de l'antiquité et des temps modernes.

Mon projet a du moins l'avantage d'être conforme aux règles du sens commun, et d'accord avec l'expérience des siècles. L'exécution en est facile; il vaut la peine d'être essayé. Qu'avons-nous gagné à suivre l'ornière où nous nous traînons depuis trois ans? Tâchons d'en sortir. Nous avons déjà brisé le char une fois; si nous nous obstinons de nouveau, nous n'arriverons pas au terme du voyage.

CHAPITRE L.

DÉVELOPPEMENT DU SYSTÈME : COMMENT LE CLERGÉ DOIT ÊTRE EMPLOYÉ DANS LA RESTAURATION.

Lorsque Dagobert fit rebâtir Saint-Denis, il jeta dans les fondations de l'édifice ses joyaux et ce qu'il avait de plus précieux : jetez ainsi la religion et la justice dans les fondations de notre nouveau temple.

Toutes les propositions de la Chambre des députés, relativement au clergé, non seulement étaient justes, autant que morales, mais encore éminemment politiques. Les esprits superficiels n'ont point vu cela ; mais que voient-ils ?

Voulez-vous faire aimer et respecter les institutions nouvelles ? Que le clergé aime et prêche de cœur les institutions. Conduisez-les à l'antique autel de Clovis avec le roi ; qu'elles y soient marquées de l'huile sainte ; que le peuple assiste à leur sacre, si j'ose m'exprimer ainsi, et leur règne commencera. Jusqu'à ce moment la Charte manquera de sanction aux yeux de la foule : la liberté qui ne nous viendra pas du ciel nous semblera toujours l'ouvrage de la révolution, et nous ne nous attacherons point à la fille de nos crimes et de nos malheurs. Que serait-ce, en effet, qu'une Charte que l'on croirait en péril toutes les fois que l'on parlerait de Dieu et de ses prêtres ? une liberté dont les alliés naturels seraient l'impiété, l'immoralité et l'injustice ?

Mais, pour que le clergé s'attache à votre gouvernement, levez donc l'espèce de proscription dont il est encore frappé, et qui semble tenir à ce gouvernement même ; faites que celui qui distribue le pain de vie puisse donner la charité au lieu de la recevoir, et que prenant part lui-même à l'ordre politique, le ministre de Dieu ne soit plus étranger aux hommes.

Ainsi permettez aux églises d'acquérir ; rendez-leur le reste des domaines sacrés non encore vendus. Il est prouvé par l'exemple de la Grande-Bretagne, que l'existence d'un clergé propriétaire n'est point incompatible avec celle d'un gouvernement constitutionnel. Dire que, parce que l'Église possédera quelques terres, le clergé redeviendra un corps politique en France, c'est une chimère que les ennemis de la religion mettent en avant sans y croire. Ils savent parfaitement combien nos mœurs et nos idées s'opposent aujourd'hui à tout envahissement du clergé. Ne voyons-nous pas des gens tout aussi sincères craindre à présent la puissance de la cour de Rome ? Ceux qui crient aujourd'hui aux *papistes*, disait le docteur Johnson, auraient crié au feu pendant le déluge.

On fait valoir la générosité, la patience, la résignation du clergé, qui ne demande rien, qui souffre en silence pendant que tout le monde murmure et réclame quelque chose. Il est curieux d'argumenter de ses vertus pour le laisser mourir de faim ; c'est pour ces vertus mêmes qu'il lui faut donner.

Qui recevra les biens dont je veux qu'on remette la jouissance au clergé ? Les biens n'appartenaient pas aux églises en général : ils étaient le patrimoine particulier d'ordres monastiques, d'abbayes, d'évêchés même qui n'existent plus.

Que j'aime à voir ces tendres sollicitudes et ces soucis vraiment paternels ! Mais rendez toujours, et laissez faire ceux à qui vous aurez rendu. Il est probable que l'Église, qui ne s'entend pas trop mal en administration, trouvera moyen, aussi bien que vous, de gérer et de répartir quelques chétives propriétés.

Le clergé sera donc organisé; il aura donc un conseil administratif. Quel mal cela vous fera-t-il? Les villes, les communes, les fabriques, les hôpitaux, ne possèdent-ils pas, n'ont-ils pas aussi des assemblées pour diriger leurs affaires?

Par cette opération salutaire, le peuple se trouvera d'abord soulagé d'une partie de l'impôt qu'il paie pour le culte. A mesure que les églises aquerront, on diminuera les secours que l'État est obligé de leur fournir.

Le clergé reprendra en même temps cette dignité qui naît de l'indépendance. Devenu propriétaire, ou du moins trouvant une existence honorable dans les propriétés de l'Église, il s'intéressera à la propriété commune. Cet acte de justice l'attachera au gouvernement; engagé par la reconnaissance, vous aurez bientôt dans vos rangs un auxiliaire dont la force égalera le zèle.

Augmentez ensuite son penchant pour la monarchie nouvelle, en lui rendant, partout où cela sera possible, la tenue des registres de l'état civil.

Quand le législateur peut choisir entre deux institutions, il doit préférer la plus morale à celle qui l'est moins. Le chrétien, reçu par un prêtre en venant au monde, inscrit sous le nom et la protection d'un saint à l'autel du Dieu vivant, semble, pour ainsi dire, protester, en naissant, contre la mort, et prendre acte de son immortalité. L'Église, qui l'accueille à son premier soupir, paraît lui apprendre encore que les premiers devoirs de l'homme sont les devoirs de la religion; et ceux-là renferment tous les autres. Ces idées si nobles et si utiles ne s'attachent point aux registres purement civils : c'est un catalogue d'esclaves pour la loi, et de conscrits pour la mort.

Il n'y a aucun doute que l'éducation publique ne doive être remise entre les mains des ecclésiastiques et des congrégations religieuses aussitôt qu'on le pourra : c'est le vœu de la France.

Que la pairie appartienne au siège de tous les archevêchés de France; qu'il y ait dans la Chambre des pairs le banc des évêques, comme il existe dans la Chambre des lords en Angleterre. Je ne vois rien qui puisse empêcher encore qu'un ecclésiastique soit élu membre de la Chambre des députés; la Charte ne s'y oppose pas, s'il est propriétaire; cela ne blesserait ni nos mœurs ni nos souvenirs, puisque le clergé formait autrefois le premier ordre de nos états généraux, et que nous sommes également accoutumés à l'entendre parler dans la chaire et dans les assemblées politiques.

Je ne doute point que le clergé, tenant au sol de la France par la propriété des églises, prenant une part active à nos institutions civiles et politiques, ne fournît en même temps une classe de citoyens aussi dévoués que nous-mêmes à la Charte. Depuis le commencement de la monarchie jusqu'à nos jours, il est incontestable que les talents supérieurs se sont trouvés placés dans l'Église; elle a fourni nos plus grands ministres, comme elle nous a donné nos plus éloquents orateurs et nos premiers écrivains. Répandus dans le corps social, les prêtres y porteraient une influence salutaire; ils guériraient les plaies faites par la révolution, apaiseraient le bouillonnement des esprits, corrigeraient les mœurs,

OPHÉLIA.

rétabliraient peu à peu les idées d'ordre et de justice, déracineraient les fausses doctrines, introduiraient de toutes parts la religion qui est le ciment des institutions humaines, et la morale qui donne la perpétuité à la politique.

Mais l'esprit du clergé ne sera-t-il pas en opposition avec l'esprit du gouvernement constitutionnel ? Et depuis quand la religion chrétienne est-elle ennemie d'une liberté réglée par les lois ? L'Évangile n'a-t-il pas été prêché à toute la terre ? N'est-ce pas un de ses caractères divins que de pouvoir s'appliquer à toutes les formes de la société ?

Dans le moyen âge, l'Italie était couverte de républiques, et l'Italie était catholique comme aujourd'hui. Les trois cantons d'Uri, de Schwitz et d'Underwald ne professent-ils pas également la religion catholique ? Et n'y a-t-il pas déjà quatre siècles qu'ils ont donné à l'Europe barbare l'exemple de la liberté ? En Angleterre, un clergé riche et puissant est le plus ferme appui du trône, comme de la constitution britannique ; et le temps n'est pas éloigné sans doute où le clergé catholique irlandais jouira des bienfaits de cette belle constitution.

Enfin, si vous laissez, comme on l'a fait jusqu'ici, le clergé en dehors de tout, vous le rendrez nécessairement ennemi, ou du moins indifférent ; une grande partie de l'opinion le suivra et se détachera de vous. Ce clergé, tout pauvre, tout misérable que vous l'aurez laissé, créera malgré vous un empire dans un empire. Il se rappellera bien plus le rang qu'il occupait jadis en France quand vous le tiendrez à l'écart, que lorsque vous l'aurez admis à tout ce qu'il peut être. S'il se plaignait alors, ce serait sans justice, car il faut bien qu'il supporte les modifications éprouvées par les ordres de l'État.

Au reste, lorsque j'insiste, comme premier moyen de salut, sur la nécessité de faire rentrer la religion dans la monarchie, je ne prétends aller ni au delà ni en deçà du siècle : la raison est mon guide, et je sais très-bien ce qui se peut et ce qui ne se peut pas. Sur ce point, j'ai exposé ma doctrine à la Chambre des pairs ; qu'il me soit permis de la rappeler.

« Plus le haut rang de la pairie, disais-je en parlant sur la loi des élections, semble nous éloigner de la foule, plus nous devons nous montrer les zélés défenseurs des priviléges du peuple. Attachons-nous fortement à nos nouvelles institutions, empressons-nous d'y ajouter ce qui leur manque. Pour relever l'autel avec des applaudissements unanimes, pour justifier la rigueur que nous avons déployée dans la poursuite des criminels, soyons généreux en sentiments politiques ; réclamons sans cesse tout ce qui appartient à l'indépendance et à la dignité de l'homme. Quand on saura que notre sévérité religieuse n'est point de la bigoterie ; que la justice que nous demandons pour les prêtres n'est point une inimitié secrète contre les philosophes ; que nous ne voulons point faire rétrograder l'esprit humain ; que nous désirons seulement une alliance utile entre la morale et les lumières, entre la religion et les sciences, entre les bonnes mœurs et les beaux-arts ; alors rien ne nous sera impossible ; alors tous les obstacles s'évanouiront ; alors nous pourrons espérer le bonheur et la restauration de la France. Trois choses, messieurs, feront notre salut : le roi, la religion et la liberté. C'est comme cela que nous marcherons avec le siècle et avec les siècles, et que nous mettrons dans nos institutions la convenance et la durée. »

CHAPITRE LI.

COMMENT LA NOBLESSE DOIT ENTRER DANS LES ÉLÉMENTS DE LA RESTAURATION.

La noblesse, comme le clergé, doit se mêler à nos institutions, pour apporter dans la société nouvelle la tradition de l'ancien honneur, la délicatesse des sentiments, le mépris de la fortune, le désintéressement personnel, la foi des serments, cette fidélité dont nous avons un si grand besoin, et qui est la vertu distinctive d'un gentilhomme ; mais sur ce point j'ai peu de chose à désirer, et la noblesse est venue tout naturellement, en vertu de la Charte, prendre place dans le nouveau gouvernement.

Je me suis fort étendu dans les *Réflexions politiques* sur l'ancienne noblesse de France, et sur les avantages qu'elle trouverait dans la monarchie représentative. Je lui avais prédit que ceux de ses membres qui n'entreraient pas d'abord dans la Chambre des pairs trouveraient la plus belle carrière ouverte dans la Chambre des députés. Je lui avais prédit encore qu'elle prendrait goût à l'ordre politique actuel. Avais-je tort ? il y a tel gentilhomme, aujourd'hui député, qui, certes, n'aurait jamais cru arriver aux opinions où il est parvenu dans le cours de la session dernière. C'est le résultat naturel des choses : on s'attache à ce que l'on fait, on aime ce qui nous procure des succès. Je le demande à ceux qui ont brillé dans cette assemblée, à ceux dont on a retenu les discours, à ceux dont la France et l'Europe répètent les noms, si le gouvernement représentatif leur paraît aujourd'hui contraire à leurs intérêts véritables ? Combien ils doivent être heureux de se voir environnés d'hommages, reçus en triomphe, pour avoir défendu à la fois le roi et le peuple, pour avoir fait entendre le langage de la religion, de la justice, de la loyauté et de l'honneur, depuis si longtemps oublié !

Les jalousies entre les ordres de l'État, premier principe de notre révolution, disparaîtront nécessairement un jour, par la composition naturelle de la Chambre des députés : ce qu'on appelait autrefois le noble et le bourgeois, réunis pour le bien de la patrie, apprendront à s'estimer les uns les autres. Fiers de porter ensemble le beau nom de députés du peuple français, ils n'admettront plus entre eux que cette inégalité qui vient de la différence des talents et de la diversité des vertus.

Je suis donc persuadé que l'ancienne noblesse de France, qui a déjà rejoint à l'armée tous ses nouveaux compagnons d'armes, faits nobles par le courage et par l'honneur, cette noblesse qui vient de prendre une part si brillante à l'ordre politique, aura bientôt fait taire tous les regrets, et qu'elle deviendra un aussi ferme soutien de la monarchie représentative qu'elle le fut de l'ancienne monarchie. La liberté n'est point étrangère à la noblesse française, et jamais elle ne reconnut dans nos rois de puissance absolue que sur son cœur et sur son épée.

CHAPITRE LII.

CONTINUATION DU PRÉCÉDENT. — QU'IL FAUT ATTACHER LES HOMMES D'AUTREFOIS A LA MONARCHIE NOUVELLE. — ÉLOGE DE CETTE MONARCHIE. — CONCLUSION.

Depuis la restauration, quelques hommes de bonne foi, dupes des intérêts révolutionnaires, se sont efforcés de convertir les hommes d'aujourd'hui à l'ancienne royauté : c'est le contre-pied du vrai système. Ce sont les hommes d'autrefois qu'il faut réconcilier avec les nouvelles institutions.

Je conviens que nos malheurs ont pu faire naître contre le gouvernement représentatif des préjugés fort légitimes. Mais si l'ancien régime ne peut se rétablir, comme je crois l'avoir rigoureusement démontré dans les *Réflexions politiques*, que voudrait-on mettre à sa place? Et d'ailleurs cet ancien régime, tout admirable qu'il pouvait être, n'avait-il pas eu, comme l'ordre des choses actuel, ses temps de crise et de détresse? Nos vieillards, se rappelant les jours sereins qui ont précédé nos tempêtes, peuvent croire qu'un calme aussi parfait était uniquement dû à la bonne constitution de l'ancien gouvernement; mais si nous pouvions interroger nos pères qui vivaient du temps de la Ligue, nous les entendrions peut-être accuser ce gouvernement aujourd'hui l'objet de nos regrets. Tout peut devenir cause de crimes, les principes les meilleurs, les plus saints établissements; les hommes conserveraient peu de chose s'ils rejetaient toutes les institutions qui ont été le prétexte ou le résultat de leurs malheurs.

La monarchie représentative peut n'être pas parfaite, mais elle a des avantages incontestables. Y a-t-il guerre au dehors, agitation au dedans, elle se change en une espèce de dictature par la suspension de certaines lois. Une chambre est-elle factieuse, elle est arrêtée par l'autre, ou dissoute par le roi. Le temps fait-il monter sur le trône un prince ennemi de la liberté publique, les Chambres préviennent l'invasion de la tyrannie. Quel gouvernement peut imposer des taxes plus pesantes, lever un plus grand nombre de soldats? Les lettres et les arts fleurissent particulièrement sous cette monarchie : qu'un roi meure dans un empire despotique, les travaux qu'il a commencés sont interrompus. Avec des Chambres toujours vivantes, sans cesse renouvelées, rien n'est jamais abandonné. Elles ressemblent, sous ce rapport, à ces grands corps religieux et littéraires qui ne mouraient point, et qui amenaient à terme les immenses ouvrages que des particuliers n'auraient jamais pu entreprendre, encore moins perfectionner et finir.

Chaque homme trouve sa place naturelle dans cette sorte de gouvernement, qui emploie nécessairement les talents et les lumières, qui sait se servir de tous les rangs comme de tous les âges.

En France, autrefois, que devenaient la plupart des hommes lorsqu'ils avaient atteint l'âge *destiné à recueillir les fruits que la jeunesse a promis*[1]? Que leur restait-il à faire dans la plénitude de leurs ans, alors qu'ils jouissaient de toutes les facultés de leur esprit? A charge aux autres et à eux-mêmes, dé-

---

[1] Cic., *de Senect.*

pouillés de ces passions qui animent la jeunesse, ou de ces avantages qui la font rechercher, ils vieillissaient dans une garnison, dans un tribunal, dans les antichambres de la cour, dans les sociétés de Paris, dans le coin d'un vieux château, oisifs par état, soufferts plutôt que désirés, n'ayant pour toute occupation que l'historiette de la ville, la séance académique, le succès de la pièce nouvelle, et pour les grands jours la chute d'un ministre. Tout cela était bien peu digne d'un homme! N'était-il pas assez dur de ne servir à rien dans l'âge où l'on est propre à tout? Aujourd'hui les mâles occupations qui remplissaient l'existence d'un Romain, et qui rendent la carrière d'un Anglais si belle, s'offriront à nous de toutes parts. Nous ne perdrons plus le milieu et la fin de notre vie; nous serons des hommes quand nous aurons cessé d'être jeunes gens. Nous nous consolerons de n'avoir plus les illusions du premier âge, en cherchant à devenir des citoyens illustres : on n'a rien à craindre du temps, quand on peut être rajeuni par la gloire.

Telles sont les considérations qu'il est à propos de présenter aux hommes de probité et de vertu, qui, déjà repoussés par votre ingratitude et vos faux systèmes, n'auraient encore pour nos institutions nouvelles que de l'éloignement et du dégoût. Hâtons-nous de les appeler à notre secours. On a fait tant d'avances pour gagner des gens suspects! Faisons quelques efforts pour environner le trône de serviteurs fidèles. C'est à ceux-ci qu'il appartient de diriger les affaires : ils rendront meilleur tout ce qui leur sera confié; les autres gâtent tout ce qu'ils touchent. Qu'on ne mette plus les honnêtes gens dans la dépendance des hommes qui les ont opprimés, mais qu'on donne les bons pour guides aux méchants : c'est l'ordre de la morale et de la justice. Confiez donc les premières places de l'État aux véritables amis de la monarchie légitime. Vous en faut-il un si grand nombre pour sauver la France? Je n'en demande que sept par département : un évêque, un commandant, un préfet, un procureur du roi, un président de la cour prévôtale, un commandant de gendarmerie, et un commandant de gardes nationales. Que ces sept hommes-là soient à Dieu et au roi, je réponds du reste.

Mais il ne faut pas qu'un ministère entrave, retienne, paralyse, tracasse, tourmente, persécute et destitue ces sept hommes; qu'il leur donne tort en toute occasion contre les malveillants et les conspirateurs. Aussi, point de ministres et de chefs de direction suspects, ou dans le système des intérêts moraux révolutionnaires. Que les premiers administrateurs ne persécutent personne; qu'ils soient doux, indulgents tolérants, humains; qu'ils ne souffrent aucune réaction; qu'ils embrassent franchement la Charte, et respectent toutes nos libertés. Mais qu'en même temps ils aient l'horreur des méchants; qu'ils donnent la préférence à la vertu sur le vice; qu'ils ne fassent pas consister l'impartialité à placer ici un honnête homme et là un homme pervers; qu'ils favorisent toutes les lois justes; qu'ils appuient hautement et ouvertement la religion; qu'ils soient dévoués au roi et à la famille royale, jusqu'à la mort, s'il le faut, et la France sortira de ses ruines.

Quant à ces hommes capables, mais dont l'esprit est faussé par la révolution; à ces hommes qui ne peuvent comprendre que le trône de saint Louis a besoin d'être soutenu par l'autel et environné des vieilles mœurs, comme des vieilles traditions de la monarchie, qu'ils aillent cultiver leur champ. La France pourra les rappeler quand leurs talents, lassés d'être inutiles seront sincèrement convertis à la religion et à la légitimité.

Pour ce qui est du troupeau des administrateurs subalternes, il serait insensé de les juger avec rigueur : donnez-leur des chefs fidèles, des gardiens sûrs et vigilants, et vous n'aurez rien à craindre; d'ailleurs le temps des épurations est passé.

Dans le mouvement à donner aux affaires, consultez le génie des Français; que l'administration soit économe sans être mesquine; qu'elle soit surtout ferme, surveillante et animée.

« Sire, disais-je au roi dans mon *Rapport fait à Gand*, éviter les excès de
« Buonaparte, ne pas trop multiplier, à son exemple, les actes administratifs,
« était une pensée sage et utile. Cependant, depuis vingt-cinq ans les Français
« s'étaient accoutumés au gouvernement le plus actif que l'on ait jamais vu
« chez un peuple : les ministres écrivaient sans cesse; des ordres partaient de
« toutes parts; chacun attendait toujours quelque chose; le spectacle, l'acteur,
« le spectateur, changeaient à tous les moments. Quelques personnes semblent
« donc croire qu'après un pareil mouvement, détendre trop subitement les
« ressorts serait dangereux. C'est, disent-elles, laisser des loisirs à la malveil-
« lance, nourrir les dégoûts, exciter des comparaisons inutiles. L'administrateur
« secondaire, accoutumé à être conduit dans les choses même les plus com-
« munes, ne sait plus ce qu'il doit faire, quel parti prendre. Peut-être serait-il
« bon dans un pays comme la France, si longtemps enchanté par les triomphes
« militaires, d'administrer vivement dans le sens des institutions civiles et po-
« litiques, de s'occuper ostensiblement des manufactures, du commerce, de
« l'agriculture, des lettres et des arts. De grands travaux commandés, de
« grandes récompenses promises, des prix, des distinctions éclatantes accordées
« aux talents, des concours publics, donneraient une autre tendance aux
« mœurs, une autre direction aux esprits. Le génie du prince, particulière-
« ment formé pour le règne des arts, répandrait sur eux un éclat immortel.
« Certains de trouver dans leur roi le meilleur juge, le politique le plus habile,
« l'homme d'État le plus instruit, les Français ne craindront plus d'embrasser
« une nouvelle carrière. Les triomphes de la paix leur feraient oublier les
« succès de la guerre; ils croiraient n'avoir rien perdu en changeant laurier
« pour laurier, gloire pour gloire. »

Les sessions des Chambres doivent être courtes, mais rapprochées. Que les projets de loi soient préparés d'avance avec soin. On apprendra un jour à les resserrer comme en Angleterre. C'est un vice capital de notre législation que les articles innombrables de nos projets de loi : ils amènent de force des discussions interminables et des amendements sans fin. Quand les Chambres ne seront plus contrariées, loin d'entraver, elles accroîtront la force et l'action du gouvernement.

Je ne poursuivrai pas plus loin les développements de mon système. J'ai déjà signalé les principes les plus utiles dans les premiers chapitres de cet écrit. Il me resterait encore beaucoup de choses à indiquer touchant l'éducation, les lettres et les arts; mais il faut finir, et me borner aux grandes lignes politiques.

Je me résume en quelques mots.

La religion, base du nouvel édifice, la Charte et les honnêtes gens, les choses politiques de la révolution, et non les hommes politiques de la révolution : voilà tout mon système.

Le contraire de ce système est précisément ce que l'on a adopté. On a toujours voulu les hommes beaucoup plus que les choses. On a gouverné pour les intérêts, nullement pour les principes. On a cru que l'œuvre et le chef-d'œuvre de la restauration consistait à conserver chacun à la place qu'il occupait. Cette stérile et timide idée a tout perdu : car les principaux auteurs de nos troubles ayant des intérêts opposés aux intérêts de la monarchie légitime, ne pouvant d'ailleurs que détruire, et étant inhabiles à fonder, la restauration n'a point marché, et la France a été replongée dans l'abîme.

On se rassure vainement sur l'excellent esprit de la garde et de l'armée, sur la bonne composition de la gendarmerie : ce sont deux grandes choses sans doute, mais elles ne suffisent pas. Le système des intérêts révolutionnaires aurait bientôt détruit ce bel ouvrage. Partout où il s'insinue, il empoisonne, gâte et corrompt tout. Il détériore le bien, arrête les choses le plus heureusement commencées, persécute les hommes fidèles, les force à se retirer, décourage le zèle, favorise les malveillants; et il triompherait tôt ou tard de la monarchie légitime.

Dans mon plan, le succès de cette monarchie est assuré; mais je sais qu'il faut du courage pour le suivre. Il est plus facile d'attaquer les choses qui se taisent que les hommes qui crient. Il est plus aisé de renverser une Charte qui ne se défend pas que des intérêts personnels qui font une vive résistance. Je n'en suis pas moins persuadé qu'il n'y a de salut que dans la vérité politique que j'expose ici. Si les uns croyaient que l'on peut revenir à toutes les anciennes institutions; si les autres pensaient qu'on ne doit gouverner la France qu'avec les mains qui l'ont déchirée, ce serait de part et d'autre la méprise la plus funeste. La France veut les intérêts politiques et matériels créés par le temps et consacrés désormais par la Charte; mais elle ne veut plus ni les principes ni les hommes qui ont causé nos malheurs. Hors de là tout est illusion, et l'administration qui ne sentira pas cette vérité tombera dans des fautes irréparables.

Ma tâche est remplie. Je n'ai jamais écrit un ouvrage qui m'ait tant coûté. Souvent la plume m'est tombée des mains; et dans des moments de découragement et de faiblesse, j'ai quelquefois été tenté de jeter le manuscrit au feu. Quel que soit le succès de cet ouvrage, je le compterai au moins au nombre des bonnes actions de ma vie. *Fais ce que tu dois, arrive ce que pourra.* Pour avertir la France, qui me paraît en péril, pour la réveiller au bord de l'abîme, il m'a fallu ne rien calculer. J'ai été obligé de tout dire, de heurter de front bien des hommes, de froisser une multitude d'intérêts. J'ai cru voir le salut de la patrie, comme je le disais à la Chambre des pairs, dans l'union des anciennes mœurs et des formes politiques actuelles, du bon sens de nos pères et des lumières du siècle, de la vieille gloire de Duguesclin et de la nouvelle gloire de

Moreau : enfin dans l'alliance de la religion et de la liberté fondée sur les lois : si c'est là une chimère, les cœurs nobles ne me la reprocheront pas.

POST-SCRIPTUM.

La Chambre des députés est dissoute. Cela ne m'étonne point ; c'est le système des intérêts révolutionnaires qui marche : je n'ai donc rien à changer à cet écrit. J'avais prévu le dénoûment, et je l'ai plusieurs fois annoncé. Cette mesure ministérielle sauvera, dit-on, la monarchie légitime. Dissoudre la seule assemblée qui, depuis 1789, ait manifesté des sentiments purement royalistes, c'est, à mon avis, une étrange manière de sauver la monarchie!

On a vu aux chap. iv, v et vi de la première partie, la doctrine constitutionnelle sur les ordonnances dans la monarchie représentative. Sous l'ancien régime une ordonnance du roi était une loi, et personne n'avait le droit de la discuter. Dans notre nouvelle constitution, une ordonnance n'est forcément qu'une mesure des ministres : tout citoyen a donc le droit de l'examiner ; et ce qui est un droit pour chaque citoyen est un devoir pour les pairs et pour les députés. Si une ordonnance mettait la France en péril, les Chambres pourraient en accuser les ministres. Ceux-ci sont donc les véritables auteurs de ces ordonnances, puisqu'ils peuvent être poursuivis pour ces ordonnances.

Je vais donc, conformément à la raison et aux principes constitutionnels, examiner sans scrupule l'ordonnance du 5 septembre.

D'abord il eût été mieux de ne faire précéder cette ordonnance par aucun considérant. Le roi dissout la Chambre, parce qu'il en a le *droit*, parce qu'il le *veut*. Souverain maître et seigneur, il ne doit compte de ses raisons à personne : quand il parle *seul*, tout doit obéir avec joie dans un profond et respectueux silence. On court aux élections parce qu'il l'ordonne ; et quand il dit à ses sujets : *Je veux*, la loi même a parlé. Mais les ministres ayant donné des motifs dans le considérant, la chose change de nature. Il faut toujours respecter, adorer la volonté royale, hésiter un moment à s'y soumettre serait un crime. Le roi ne peut vouloir que notre bien, ne peut ordonner que notre bien ; mais les motifs ministériels sont livrés à nos disputes.

Les ministres rappellent ces sages paroles de l'admirable discours du roi à l'ouverture de la dernière session : « Aucun de nous ne doit oublier qu'auprès « de l'avantage d'améliorer est le danger d'innover. »

Il peut paraître d'abord un peu singulier que les ministres aient cité cette phrase, car sur qui le reproche d'innovation tombe-t-il ? Ce n'est pas sur la Chambre, qui n'a rien innové ; c'est donc sur l'ordonnance du 13 juillet 1815, qui avait changé quelques articles de la Charte. C'est donc une querelle d'ordonnance à ordonnance, de ministère à ministère.

Les ministres, qui ont lu le discours du roi (puisqu'ils en citent une phrase dans l'ordonnance du 5 septembre), n'ont-ils point lu, dans ce même discours, ce passage si remarquable : « Messieurs, c'est pour donner plus de poids à « vos délibérations, c'est pour en recueillir moi-même plus de lumières que

« j'ai créé de nouveaux pairs, et que le nombre des députés des départements
« a été augmenté ? »

Puisqu'ils ont également oublié le considérant de l'ordonnance du 13 juillet 1815, je vais le leur remettre sous les yeux :

« Nous avions annoncé que notre intention était de proposer aux Chambres
« une loi qui réglât les élections des députés des départements. Notre projet
« était de modifier, conformément à la leçon de l'expérience, et au vœu bien
« connu de la nation, plusieurs articles de la Charte touchant les conditions d'é-
« ligibilité, le nombre des députés, et quelques autres dispositions relatives à la
« formation de la Chambre, à l'initiative des lois et au mode de ses délibérations.

« Le malheur des temps ayant interrompu la session des deux Chambres,
« nous avons pensé que maintenant le nombre des députés des départements
« se trouvait, par diverses causes, beaucoup trop réduit pour que la nation fût
« suffisamment représentée ; qu'il importait surtout, dans de telles circonstances,
« que la représentation nationale fût nombreuse, que ses pouvoirs fussent re-
« nouvelés, qu'ils émanassent plus directement des colléges électoraux ; qu'enfin
« les élections servissent comme d'expression à l'opinion actuelle de nos peuples.

« Nous nous sommes donc déterminé à dissoudre la Chambre des députés,
« et à en convoquer sans délai une nouvelle ; mais le mode des élections n'ayant
« pu être réglé par une loi, non plus que les modifications à faire à la Charte,
« nous avons pensé qu'il était de notre justice de faire jouir dès à présent la na-
« tion des avantages qu'elle doit recueillir d'une représentation plus nombreuse
« et moins restreinte dans les conditions d'éligibilité ; mais voulant cependant
« que, dans aucun cas, aucune modification à la Charte ne puisse devenir dé-
« finitive que d'après les formes constitutionnelles, les dispositions de la pré-
« sente ordonnance seront le premier objet des délibérations des Chambres. Le
« pouvoir législatif, dans son ensemble, statuera sur la loi des élections, sur
« les changements à faire à la Charte dans cette partie, changements dont nous
« ne prenons ici l'initiative que dans les points les plus indispensables et les plus
« urgents, en nous imposant même l'obligation de nous rapprocher, autant
« que possible, de la Charte, et des formes précédemment en usage. »

Que de choses dans les motifs de cette ordonnance! Les ministres qui l'ont faite disent : Qu'il faut modifier plusieurs articles de la Charte conformément à la *leçon de l'expérience* et *au vœu bien connu de la nation;* ils assurent que le nombre des députés des départements se trouve, par diverses causes, *beaucoup trop réduit* pour que la nation *soit suffisamment représentée;* ils prétendent qu'il est important que *la représentation nationale soit nombreuse;* que les électeurs *servent comme d'expression à l'opinion de la France.* Enfin, insistant sur le même principe, ils déclarent que, bien que le mode des élections n'eût pu encore être réglé par une loi, il était de la justice de faire jouir dès à présent la nation *des avantages qu'elle doit recueillir* d'une représentation *plus nombreuse* et moins *restreinte* dans les *conditions* de l'éligibilité.

Tout cela était vrai il y a à peine un an : ce n est donc plus vrai aujourd'hui? *Le vœu bien connu de la nation* a donc changé? *La leçon de l'expérience et le vœu* BIEN CONNU *de la nation* demandaient alors la *révision* de quelques articles de la Charte; et à présent les ministres nous disent que *les vœux* et *les besoins des Français* sont pour conserver *intacte* la Charte constitutionnelle! Il fallait au moins changer les mots. Que penser lorsqu'on voit d'es hommes qui avaient applaudi avec transport à la première ordonnance, applaudir avec fureur à la seconde? On s'est donc trompé lorsqu'on a cru que le nombre des députés des départements était *beaucoup trop réduit*.

La nation, composée de vingt-quatre millions d'habitants, sera donc suffisamment représentée par deux cent soixante députés? Les départements de la Lozère, des Hautes et Basses-Alpes, par exemple, qui n'auront qu'un seul député à la Chambre, seront-ils pleinement satisfaits? Si nous changeons de ministres tous les ans, aurons-nous d'année en année un nouveau mode d'élections? Qui m'assure que les ministres de l'année prochaine ne trouveront pas encore la représentation de cette année trop nombreuse? Une centaine de leurs commis (toujours légalement assemblés) ne leur paraîtront-ils pas former une Chambre plus convenable et plus dans les intérêts de la France? On s'en tiendra désormais à la Charte, me dira-t-on : Dieu le veuille! c'est tout ce que je demande. Mais je ne suis pas du tout tranquille. En vertu de l'article 14 de la Charte, qui donne au roi le *pouvoir de faire les règlements et ordonnances nécessaires pour l'exécution des lois et la sûreté de l'État*, les ministres ne pourront-ils pas voir la sûreté de l'État partout où ils verront le triomphe de leurs systèmes? Il y a tant de constitutionnels qui veulent gouverner aujourd'hui avec des ordonnances, qu'il est possible qu'un beau matin toute la Charte soit confisquée au profit de l'article 14.

Il est dur de voir toujours remettre en question le sort de notre malheureuse patrie : on joue encore notre destinée sur une carte ; on frappe le crédit public, que toute secousse alarme et resserre : on donne à nos institutions une instabilité effrayante ; et par la contradiction des ordonnances, on compromettrait la majesté du trône, si le sceptre n'était aux mains d'un de ces rois qui, d'un seul regard, rétablissent l'ordre autour d'eux, et dont le caractère est la sagesse, le calme et la dignité même.

Que sortira-t-il de ces élections où les passions peuvent être émues, où les partis vont se trouver en présence? Fatale prévoyance! Je disais à la Chambre des pairs, au sujet de la loi des élections, dans la séance du 3 avril : « Une « ordonnance, messieurs, a pu suffire au commencement de la présente session, « parce qu'il y avait *force majeure*, parce que les événements *commandaient* « ces mesures extraordinaires que l'article 14 de la Charte autorise dans les « temps de dangers. Mais aujourd'hui, quelle nécessité si violente justifierait « un pareil coup d'État?... Vous sentez-vous assez de courage, messieurs, pour « prendre sur votre responsabilité tout ce qui peut arriver dans l'intervalle « d'une session à l'autre, dans le cas où vous repousseriez la loi d'élection? Ah ! « si par une fatalité inexplicable, les collèges, de nouveau convoqués, allaient « nommer des députés dangereux pour la France, quels reproches ne vous « feriez-vous point? Pourriez-vous entendre le cri de douleur de votre patrie? « Pourriez-vous ne pas craindre le jugement de la postérité? »

Ce discours, que je tenais aux pairs de France, je l'adresse aujourd'hui aux ministres; qu'ils voient la consternation des honnêtes gens, le triomphe des révolutionnaires, et je les fais juges eux-mêmes de ce qu'ils ont fait. Si une fille sanglante de la Convention allait sortir des colléges électoraux, ne regretteraient-ils point cette Chambre, qui a pu contrarier leurs systèmes, mais où se rencontrait l'élite des vrais Français, où se trouvaient des hommes qui, en partageant jadis l'exil du roi avaient retenu quelque chose des vertus de leur maître? Les ministres apprendraient alors à leurs dépens, et malheureusement à ceux de la France, que leurs prétendus amis sont moins faciles à conduire que leurs prétendus ennemis : ils verraient s'il est plus commode d'avoir affaire à une assemblée d'ambitieux révolutionnaires, qu'à une Chambre dont le roi regardait les députés comme *introuvables*, comme un bienfait de la Providence. Et, si les révolutionnaires ne dominent pas tout à fait dans la nouvelle Chambre, les ministres n'ont-ils point à craindre qu'une assemblée divisée en deux partis violents ne présente à l'Europe le spectacle, et ne promette les résultats d'une diète de Pologne?

Vous la dissoudrez encore : quoi! tous les mois de nouvelles élections!

Enfin, si la nouvelle Chambre n'est composée que d'hommes nuls et passifs, incapables, si l'on veut, de faire le mal, mais incapables aussi de l'arrêter; si cette Chambre devenait l'instrument aveugle de la faction qui pousse à l'illégitimité, je demande encore ce que deviendrait notre malheureuse patrie.

Quels motifs impérieux ont donc pu porter les ministres à avoir recours à la prérogative royale? Quel avantage peut balancer les inconvénients de toutes les sortes, que présente dans ce moment la convocation des colléges électoraux? Voici la grande raison pour laquelle on met encore la France en loterie : le parti qui entraîne la France à sa perte veut, par-dessus tout, la vente des bois du clergé : il la veut, non comme un bon système de finance, mais comme une bonne mesure révolutionnaire; non pour payer les alliés, mais pour consacrer la révolution : et comme il savait bien que la Chambre des députés n'eût jamais consenti à cette vente, il a profité de l'humeur et des fausses terreurs du ministère pour lui persuader, très-mal à propos, que son existence était incompatible avec celle de la Chambre. On a craint encore que cette Chambre n'éclairât le roi sur la véritable opinion de la France. Enfin, je l'ai déjà dit, le parti n'a jamais pu pardonner aux députés d'avoir démêlé ses projets, et frappé dans les régicides les princes de la révolution.

Cependant, que les bons Français ne perdent point courage; qu'ils ne se retirent point; qu'ils se présentent en foule aux élections. Ils auront sans doute à vaincre bien des obstacles; il leur faudra lutter contre la puissance d'un parti qui, ne daignant même pas prendre la peine de dissimuler ses intentions, les manifeste par des choix d'hommes, des actes publics et des coups d'autorité. Mais, encore une fois, que les bons Français se soutiennent les uns les autres, qu'ils ne soient point abattus, si l'on crée autour d'eux une défaveur momentanée, une opinion factice. S'ils lisent dans les journaux de grands articles à la louange de la dissolution de la Chambre, qu'ils se rappellent que la presse n'est pas libre, qu'elle est entre les mains des ministres, que ce sont les ministres qui ont fait dissoudre la Chambre, et qui font les journaux. S'ils remarquent la hausse des fonds, qu'ils sachent que le jour où l'ordonnance du 5 fut publiée, on fit faire un mouvement à la Bourse. Un agioteur osa s'écrier : « Les brigands ne reviendront plus ! » Il parlait des députés.

Ce n'est pas à des Français que je prêcherai le désintéressement. Je ne leur dirai rien des places que l'on pourra leur promettre. Mais, qu'ils se mettent en garde contre une séduction à laquelle il nous est si difficile d'échapper ! On leur parlera du *roi*, de sa *volonté*, comme on en parlait aux Chambres. Les entrailles françaises seront émues, les larmes viendront aux yeux ; au nom du roi on ôtera son chapeau, on prendra le billet présenté par une main ennemie, et on le mettra dans l'urne. Défiez-vous du piége. N'écoutez point ces hommes qui, dans leur langage, seront plus royalistes que vous : sauvez le roi, *quand même!*

Et que veut d'ailleurs le roi? S'il était permis de pénétrer dans les secrets de sa haute sagesse, ne pourrait-on pas présumer qu'en laissant constitutionnellement toute liberté d'action et d'opinion à ses ministres responsables, il a porté ses regards plus loin qu'eux? On a souvent admiré, dans les affaires les plus difficiles, la perspicacité de sa vue et la profondeur de ses pensées. Il a peut-être jugé que la France satisfaite lui renverrait ces mêmes députés dont il était si satisfait ; que l'on aurait une Chambre nouvelle aussi royaliste que la dernière, bien que convoquée sur d'autres principes, et qu'alors il n'y aurait plus moyen de nier la véritable opinion de la France.

Voilà ce que j'avais à dire à mes concitoyens, à ceux qui pourraient ignorer ce qui se passe, et laisser surprendre leur foi. Je ne fais point porter cet écrit par des messagers secrets; je le publie à la face du soleil. Je n'ai aucune puissance pour favoriser mes *intrigues*, hors celle que je tire de ma conscience et de mon amour pour mon roi. Grâce à Dieu, je n'ai encore manqué aucune occasion, quand il s'est agi du sang ou des intérêts de mes maîtres.

Français, si ma voix ne vous est point étrangère, si je vous fis quelquefois entendre les accents de la religion et de l'honneur, écoutez-moi : présentez-vous aux élections. Le salut ou la perte de votre pays sont peut-être attachés aux choix que vous allez faire. Ne nommez que des hommes dont la vertu, la fidélité et les sentiments français vous soient connus. Qu'ils viennent alors, ces députés chers à la patrie; qu'ils viennent mettre au pied du trône leur respect, leur dévouement et leur amour, et que donnant à la fois tous les exemples, ils disent aux ministres, dans un esprit de paix, de modération et de concorde : « Nous n'avons point été, nous ne sommes point, nous ne serons point vos en« nemis ; mais renoncez à des systèmes qui perdront le roi et la France ! »

LE VINGT ET UN JANVIER

MIL HUIT CENT QUINZE.

Le 21 janvier approche. On se demande depuis longtemps : Que ferons-nous? Que fera la France? Laissera-t-on passer encore ce jour de douleur sans aucune marque de regret? Où sont les cendres de Louis XVI? Quelle main les a recueillies? Sans la pitié d'un obscur citoyen, à peine saurait-on aujourd'hui où repose la sainte dépouille de ce roi qui devait dormir à Saint-Denis auprès de Louis XII et de Charles le Sage. Pendant quelques années on a voulu que le jour de la mort de ce juste fût un jour de réjouissance; mais combien les factions s'aveuglaient! Tandis qu'elles prétendaient soulever le crêpe funèbre qui couvrait notre patrie, tandis qu'elles ordonnaient des pompes dérisoires, les citoyens multipliaient les marques de leur douleur; chacun pleurait dans la solitude, on faisait célébrer en secret le sacrifice expiatoire. En vain quelques hommes appelaient la foule à d'abominables spectacles; la tristesse publique semblait leur dire : *Non, la France n'est point coupable avec vous; elle ne prend aucune part à vos crimes et à vos fêtes.*

Louis XVI, dès le commencement de son règne, avait aboli les corvées, amélioré les branches de l'administration, relevé sur la mer la gloire de nos armes, et fait retentir nos victoires sur les côtes de l'Inde et de l'Amérique. Au milieu des orages de la révolution, malgré la chaleur des partis, on fut si persuadé de ses vertus, qu'on le nomma d'une commune voix *le plus honnête homme de son royaume*. Abreuvé d'amertume, accablé d'outrages, on l'amena à Paris, précédé de la tête de quelques-uns de ses gardes; on l'y réduisit à vivre dans les fers, à languir dans la douleur. Mais ce n'est point devant la famille royale qu'il convient d'achever le récit de telles adversités. L'orpheline est là, et sa seule présence nous en dit assez. Témoins et juges, vous vivez : vos yeux ont vu ce qu'il y eut de public, et votre conscience vous racontera ce qu'il y a de secret dans l'histoire de nos malheurs.

A Dieu ne plaise qu'aucun de nous cherche à trouver des coupables et à alimenter des haines! Mais si nous prétendons aux vertus, il faut avoir le courage d'être hommes : il faut, à l'exemple des peuples de l'antiquité, que notre caractère soit assez mâle pour soutenir la vue de nos propres fautes. Quiconque craint de se repentir ne tire aucun fruit de ses erreurs. Oublions donc le criminel, mais souvenons-nous toujours du crime. Hé bien! si, tandis que nous pleurerons, quelques hommes se croient obligés de fuir nos larmes, cette innocente vengeance ne nous serait-elle pas permise? Faut-il que tout un peuple étouffe dans son cœur la morale et la religion, qu'il renonce à toute justice, qu'il ait l'air d'approuver dans sa raison ce que sa faiblesse lui fit supporter, parce qu'il est des consciences ombrageuses, qui ne croient la patrie tranquille qu'autant qu'elles ne sont point troublées par leurs remords, et qui prennent la voix de ces remords pour le cri de nos factions?

Chez presque tous les peuples on a vu de grands crimes, et partout on a établi des sacrifices pour les expier. Lorsque Agis périt à Lacédémone en voulant, comme Louis, donner à son peuple de meilleures lois, « les citoyens de « Sparte estimerent, dit Plutarque, qu'il n'avoit oncques esté commis un si cruel, « si malheureux, ni si damnable forfait depuis que les Doriens estoient venus « habiter le Peloponese. »

Après la restauration de Charles II en Angleterre, on éleva une statue sur le lieu même où Charles Ier avait été décapité, et le jour anniversaire de la mort de ce roi devint un jour de jeûne et de prière.

Mais il ne s'agit ici d'imiter aucune nation étrangère : tous les bons exemples peuvent être trouvés parmi nous. Après la bataille de Poitiers, « les estats de « la langue d'oc ordonnèrent qu'homme ni femme pendant l'année, si le roy « (Jean) n'estoit delivré, ne porteroient sur leurs habits or, argent ni perles, « et qu'aucuns menestriers ni jongleurs ne joueroient de leurs instruments. »

Nos pères furent plus heureux que nous : ils purent se livrer à leur naïve douleur aussitôt qu'ils l'éprouvèrent. Cette douleur même cessa bientôt : le roi Jean revint de sa captivité. Mais les marques de nos regrets seront éternelles : Louis XVI ne reparaîtra plus parmi nous.

Du moins nous allons voir s'accomplir ce que nous avons tant désiré, ce que toute l'Europe attendait : notre douleur, si longtemps comprimée, va enfin sortir du fond de notre âme; le roi vient encore pour ainsi dire au-devant du besoin de nos cœurs; il va satisfaire à la piété de son peuple, nous rendre aux idées morales et religieuses; comme de sa paisible main il nous a soustraits au despotisme, et rangés sous l'empire de nos antiques lois.

Le 21 janvier, Monsieur, monseigneur le duc d'Angoulême, monseigneur le duc de Berry, se rendront au cimetière de la Madeleine, appartenant aujourd'hui à M. Descloseaux. Le terrain a été légalement reconnu; on s'est assuré d'avance du lieu où repose le corps du roi; on croit pouvoir aussi retrouver les cendres de la reine. Par un hasard touchant, les Suisses tués à la journée du 10 août sont enterrés aux pieds de Louis XVI. La fosse où notre monarque fut jeté avait dix pieds de profondeur. On n'a pas voulu remuer la terre avant le moment de l'exhumation. Rien ne doit être secret dans cet acte saint : toute la France a vu mourir son roi, toute la France doit voir reparaître au même moment sa dépouille mortelle. Ah ! que ne sentiront point les spectateurs quand la terre enlevée laissera voir les os blanchis de Louis XVI, son tronc mutilé, sa tête déplacée et déposée à l'autre extrémité de son corps, signe auquel on doit reconnaître le descendant de tant de rois ! Se représente-t-on bien les trois princes tombant à genoux avec le clergé dans ce moment redoutable, la religion entonnant son hymne de paix et de gloire, les reliques du martyr sortant triomphantes du sein de la terre pour protéger désormais notre patrie, et attirer par leur intercession la bénédiction du ciel sur tous les Français !

Les restes sacrés du roi étant retrouvés, ainsi que les cendres de la reine, le cortége se mettra aussitôt en route pour Saint-Denis. Les malheurs de Louis XVI feront toute la magnificence de cette pompe funèbre. La modestie convient aux triomphes de tant de vertus, et la simplicité à la grandeur de tant d'infortunes. Les passions humaines ne doivent point troubler le calme et la majesté de cette cérémonie. Tout ce qui accuse en sera banni; on n'y verra que ce qui console : le père de famille en retrouvant son tombeau, veut que tous ses enfants ensevelissent dans ce tombeau leurs dissensions et leurs inimitiés.

Le convoi suivra la route que prit, il y a six siècles, celui de saint Louis, premier aïeul des Bourbons. « Et leva, dit Joinville, le saint corps l'archevêque « de Rheims, et après qu'il fut levé, frère Jehan de Seymours le prescha. Et « entre autres de ses faits, ramenta souvent une chose que je lui avois dicte du « bon roy : c'estoit de sa grande loyauté…. Quand le sermon fut fini, ajoutent

« les chroniques, le roy (Philippe le Hardi) prit son père sur son col, et se
« mit à la voie tout à pied à aller droict à Sainct-Denis en France. »

Quel abîme de réflexions, quelle comparaison à faire entre les événements, le temps, les lieux et les pompes funèbres de saint Louis et de Louis martyr!

Le cortége se rendra donc à l'église de l'apôtre de la France, mais les successeurs de ces religieux qui vinrent avec l'oriflamme au-devant de la châsse de saint Louis ne recevront point le descendant du saint roi. *Dans ces demeures souterraines, où dormaient ces rois et ces princes anéantis; dans ces sombres lieux, où les rangs étaient si pressés qu'on pouvait à peine y placer Madame Henriette*, Louis XVI se trouvera seul!.. Comment tant de morts se sont-ils levés? Pourquoi Saint-Denis est-il désert? Demandons plutôt pourquoi son toit est rétabli, pourquoi son autel est debout. Quelle main a reconstruit la voûte de ses caveaux, et préparé ces tombeaux vides? La main de ce même homme qui était assis sur le trône des Bourbons. O Providence! Il croyait préparer des sépulcres à sa race, et il ne faisait que bâtir le tombeau de Louis XVII. L'injustice ne règne qu'un moment : il n'y a que la sagesse qui compte des aïeux et laisse une postérité. Voyez en même temps le maître de la terre tomber au milieu de ses violences, Louis XVIII ressaisir le sceptre et Louis XVI retrouver la sépulture de ses pères. La royauté des légitimes monarques avait dormi pendant vingt années; mais leurs droits, fondés sur leurs vertus, étaient indestructibles comme leur noblesse. Dieu finit d'un seul coup cette révolution épouvantable, et les rois de France reprennent à la fois possession de leur trône et de leur tombeau.

Tandis que les restes mortels de Louis XVI et de Marie-Antoinette seront portés à Saint-Denis, on posera la première pierre du monument qui doit être élevé sur la place Louis XV.

Ce monument représentera Louis XVI[1] qui déjà, quittant la terre, s'élance vers son éternelle demeure. Un ange le soutient et le guide, et semble lui répéter ces paroles inspirées : *Fils de saint Louis, montez au ciel!* Sur un des côtés du piédestal paraîtra le buste de la reine dans un médaillon ayant pour exergue ces paroles si dignes de l'épouse de Louis XVI : *J'ai tout su, tout vu, et tout oublié.* Sur une autre face de ce piédestal, on verra un portrait en bas-relief de Madame Élisabeth. Ces mots seront écrits autour : *Ne les détrompez pas,* mots sublimes qui lui échappèrent dans la journée du 20 juin, lorsque des assassins menaçaient ses jours en la prenant pour la reine. Sur le troisième côté sera gravé le Testament de Louis XVI, où on lira en plus gros caractères cette ligne évangélique :

JE PARDONNE DE TOUT MON COEUR A CEUX QUI SE SONT FAITS MES ENNEMIS.

La quatrième face portera l'écusson de France avec cette inscription : *Louis XVIII à Louis XVI.* Les Français solliciteront sans doute l'honneur d'unir au nom de Louis XVIII le nom de la France, qui ne peut jamais être séparée de son roi.

[1] On a changé le projet de quelques-uns de ces monuments.

Ce monument sera aussi touchant qu'admirable. Un autel funèbre au milieu de la place Louis XV n'eût été convenable sous aucun rapport. Cette place est une espèce de grand chemin où la foule passe pour courir à ses plaisirs, ou pour étaler ses vanités. Dans les distractions naturelles à la faiblesse de nos cœurs, les accents de la joie auraient trop souvent profané un monument de douleur. Non, aucun Français ne sera obligé de détourner ses pas ou ses regards du monument projeté : les uns y trouveront dans le Testament de Louis XVI l'origine et la confirmation de l'article de notre Charte qui les met à l'abri de toutes recherches; les autres y recueilleront ces souvenirs qui, dépouillés par le temps de leur amertume, ne laissent au fond de l'âme qu'un attendrissement religieux. Le roi, qui, jusqu'à présent, n'a osé fouler *le champ du sang*, pourra peut-être y passer un jour, sinon sans tristesse, du moins sans horreur; tandis que le juge de Louis XVI, à l'abri du monument de miséricorde, pourra lui-même traverser cette place, sinon sans remords, du moins sans crainte. Enfin ce monument expiatoire deviendra pour tous les Français une source de consolations : nos enfants y puiseront à l'avenir ces graves leçons, ces utiles pensées qui forment dans tous les temps et dans tous les pays les grands peuples et les grands hommes.

Ce monument ne sera pas le seul consacré au malheur et au repentir. On élèvera une chapelle sur le terrain du cimetière de la Madeleine. Du côté de la rue d'Anjou, elle représentera un tombeau antique ; l'entrée en sera placée dans une nouvelle rue que l'on percera lors de l'établissement de cette chapelle. Pour mieux envelopper les différentes sépultures, l'édifice entier se déploiera en forme d'une croix latine, éclairée par un dôme qui n'y laissera pénétrer qu'une clarté religieuse. Dans toutes les parties du monument on placera des autels où chacun ira pleurer une mère, un frère, une sœur, une épouse, enfin toutes ces victimes, compagnes fidèles, qui pendant vingt ans ont dormi auprès de leur maître dans ce cimetière abandonné : c'est là qu'on viendra particulièrement honorer la mémoire de M. de Malesherbes. On nous pardonnera peut-être d'associer ici le nom du sujet au souvenir du roi; il y a dans la mort, le malheur et la vertu, quelque chose qui rapproche les rangs.

Le roi fondera à perpétuité une messe dans cette chapelle : deux prêtres seront chargés d'y entretenir les lampes et les autels. A Saint-Denis, une autre fondation plus considérable sera faite, au nom de Louis XVI, en faveur des évêques et des prêtres infirmes qui, après un long apostolat, auront besoin de se reposer de leurs saintes fatigues. Ils remplaceront l'ordre religieux qui veillait aux cendres de nos rois. Ces vieillards, par leur âge, leur gravité et leurs travaux, deviendront les gardiens naturels de cet asile des morts, où eux-mêmes seront près de descendre. Le projet est encore de rendre à cette vieille abbaye les tombeaux qui la décoraient, et auprès desquels Suger faisait écrire notre histoire, comme en présence de la mort et de la vérité.

Quand on songe que le prince qui vient de consacrer nos libertés; que le prince qui, sans verser une seule goutte de sang, a fait cesser nos divisions, et rendu le repos à la France; que le prince qui, par la politique la plus généreuse, défend au dehors les droits des souverains malheureux; quand on songe que ce prince est le même monarque par qui de si grands exemples de religion vont être donnés, peut-on trouver assez de bénédictions pour les répandre sur sa tête? Et qui ne voit déjà que les siècles le placeront au rang des meilleurs et des plus grands rois de sa race?

Pendant la cérémonie funèbre, Madame se retirera à Saint-Cloud. Nous avons dit que les princes accompagneraient les cendres de Louis XVI à Saint-Denis; le roi seul restera à Paris, pour confier sa douleur à son peuple, pour mêler des consolations à nos pleurs, et pour adoucir l'amertume de nos regrets par sa présence vénérable.

DE L'EXCOMMUNICATION DES COMÉDIENS.

FÉVRIER 1815.

Il y a quelque temps que l'on a beaucoup parlé de la scène scandaleuse qui s'est passée aux funérailles de mademoiselle Raucourt. Ce n'était qu'une répétition de celle qui eut lieu en 1802 à l'enterrement de mademoiselle Chamerois, avec cette différence qu'à la première époque on ne profana point l'église de Saint-Roch, et que le curé remporta une espèce de victoire, bien qu'il souffrît dans la suite des mesures du despotisme. Maintenant que les passions sont tranquilles, mais que l'opinion publique n'est pas encore fixée sur le sujet qui les avait émues, il nous semble utile d'examiner, une fois pour toutes, la question de l'excommunication des comédiens. Nous la soumettrons au bon sens des lecteurs. Quoi qu'on en dise, il y a aujourd'hui beaucoup de raison en France : c'est un fruit de notre expérience et de nos malheurs. Les hommes des partis les plus opposés, las enfin de nos discordes, ne demandent qu'à se rallier à la vérité toutes les fois qu'on la leur montrera simplement, franchement, loyalement.

Deux choses doivent être considérées dans le sujet que nous prétendons examiner : 1° la cause de l'aversion de l'Église contre les spectacles; 2° le degré d'autorité qu'un curé peut et doit exercer dans son église, lorsqu'il ne fait que suivre les canons, et obéir aux ordres de ses supérieurs.

Il faut remonter jusqu'aux premiers siècles du christianisme pour trouver la cause de la sévérité de l'Église, et de la rigueur de ses règlements contre le théâtre. « Tout l'appareil de ces pompes, dit Tertullien, est fondé sur l'ido-« lâtrie. » De là, examinant l'origine des spectacles admis chez les Romains, il fait voir qu'ils tiraient presque tous leur nom de quelque divinité du paganisme : les jeux de Bacchus *Libériaux, Apollinaires, Céréaux, Neptunaux, Floraux, Olympiens*. Le Cirque était consacré, ou plutôt, comme le dit ce premier Bossuet, était prostitué au Soleil. Les théâtres s'élevaient sous l'invocation de Bacchus et de Vénus. Aujourd'hui les dieux n'étant plus pour nous que les fictions ingénieuses d'Homère, nous ne pouvons nous faire une idée de l'horreur qu'ils inspiraient à l'Église, lorsqu'ils étaient adorés comme des êtres réels, protecteurs des passions et des crimes, comme de véritables démons persécuteurs des chrétiens.

La prostitution et le meurtre souillaient encore ces spectacles que l'idolâtrie rendait déjà abominables aux yeux des fidèles. Des femmes publiques paraissaient sur le théâtre aux fêtes de Flore; et ces malheureuses, dit encore Tertullien, étaient, du moins une fois l'an, condamnées à rougir. A l'amphithéâtre, que voyait-on? Les combats des gladiateurs, ou les souffrances des martyrs! « Chrétiens, s'écrie l'auteur de l'*Apologétique*, demandez-vous des luttes, des « combats, des victoires, le christianisme vous en offre de toutes parts. Voyez « l'impureté vaincue par la chasteté, la perfidie par la foi, la cruauté par la « miséricorde, l'impudence par la modestie : c'est dans ces jeux qu'il faut « mériter des couronnes. Voulez-vous du sang répandu? vous avez celui de « Jésus-Christ. »

Si les spectacles furent si justement proscrits par les premiers chrétiens, il était tout simple que l'acteur demeurât frappé de l'anathème dont la pièce était atteinte. En cela même, les fidèles ne s'écartèrent point de l'usage des païens. A Rome, les comédiens, les bouffons, les cavaliers du Cirque, les gladiateurs, étaient exclus de la cour, du barreau, du sénat, de l'ordre des chevaliers, et de toutes les charges publiques; ils perdaient le droit de citoyen. Une loi des empereurs Valentinien, Valence et Gratien, *permet* aux évêques de conférer le baptême à un comédien en danger de mort; elle ordonne de plus que si ce comédien baptisé revient à la vie, il ne sera point forcé de suivre son ancienne profession. Une autre loi contraint les comédiennes à demeurer au théâtre, à moins qu'elles n'aient embrassé le christianisme. Mais la même loi, renouvelée quelque temps après, ajoute que si ces femmes devenues chrétiennes, et dispensées par cette seule raison de jouer devant le public, continuent de vivre dans le désordre, on les obligera de reparaître sur la scène. Quelle condamnation du théâtre et quel éloge de la religion! La profession d'acteur était donc si peu estimée des Romains qu'elle devenait comme le partage exclusif de quelques familles, dotées par la loi de ce brillant, mais malheureux héritage.

Des préjugés si cruels chez le peuple, des lois si dures, émanées du sénat et des empereurs romains, nous montrent assez que cette prévention contre le théâtre ne doit point être attribuée uniquement à ce qu'on affecte d'appeler la *barbarie* du christianisme : elle prend naturellement sa source dans la morale et dans la gravité des lois. L'opinion de l'Église sur les spectacles n'est pas plus sévère que celle de Tacite et de Sénèque. Ovide, et son autorité n'est pas suspecte, exhorte Auguste à supprimer les théâtres, comme une école de corruption :

> . . . . . . Ludi quoque semina præbent
> Nequitiæ : tolli theatra jube.

Dans la patrie même de Sophocle, dans ces heureux climats où les muses firent éclater leurs prodiges, les femmes ne paraissaient point sur la scène, et n'assistaient point aux jeux du théâtre.

L'Église ne fit donc que suivre le penchant des lois, lorsque, dans les premiers siècles, déterminée par les raisons que nous avons déjà déduites, elle lança ses foudres contre les spectacles. Ceux-ci s'abolirent par degré dans le monde romain, à mesure qu'il se convertit au christianisme et qu'il passa sous la domination des Barbares. Tandis que le bruit de ces jeux trop célèbres se perdait dans le bruit de la chute des empires, il est curieux de voir ces mêmes jeux renaître obscurément parmi ces Francs, ces Huns, ces Vandales, qui venaient de les détruire : tant le cœur humain est toujours le même, tant l'homme a besoin de ces plaisirs qui le consolent un moment ! Clovis, dans les dernières années de sa vie, rassasié de victoires et de conquêtes, entretenait auprès de lui un mime que lui avait envoyé Théodoric : c'est à ce mime du premier roi des Français qu'il faut aller, à travers les siècles, rattacher la nouvelle pompe de nos spectacles. Tout le monde connaît l'histoire et l'origine de notre théâtre : tout le monde sait que *les Mystères* joués par les *confrères de la Passion*, furent les avant-coureurs de *Cinna* et d'*Athalie*.

Mais pourquoi l'Église aurait-elle montré plus d'indulgence pour ces nouveaux spectacles ? La religion y était profanée ; les mœurs, outragées ; la satire, poussée jusqu'à la calomnie. Enfin, quand notre scène s'épura, l'Église, toujours scrupuleuse lorsqu'il s'agit de la conservation des mœurs, ne vit pas de raisons suffisantes pour renoncer à ses souvenirs, pour abandonner ses traditions et ses lois. Bossuet, Bourdaloue, Fléchier, continuèrent à condamner le théâtre avec toute l'autorité de leur éloquence et de leur génie. L'auteur des *Oraisons Funèbres* ne dédaigna pas de prendre la plume pour réfuter une Apologie des spectacles, attribuée à un religieux, et imprimée en 1694, à la tête d'une édition des comédies de Boursault. La lettre de Bossuet et ses *Dissertations* sur la comédie sont des chefs-d'œuvre où Rousseau a puisé une partie des arguments qu'il emploie dans sa fameuse *lettre à d'Alembert*. Pourrait-on faire un crime à l'Église d'avoir pensé sur la comédie comme le philosophe J. J. Rousseau ?

Tout ceci prouve-t-il qu'il faut abolir les spectacles et ne pas enterrer les comédiens ? Non. Mais cela prouve que si ceux qui blâment la rigueur de l'Église, sans avoir examiné la question, avaient bien voulu consulter l'histoire, ils se seraient moins hâtés de condamner à la fois l'antiquité païenne et l'antiquité chrétienne. Aujourd'hui que nos mœurs sont changées, l'Église doit-elle se relâcher de quelque chose sur la discipline des spectacles ? On doit tout confier à sa sagesse. « Rome, dit Voltaire, a toujours su tempérer ses lois « selon les temps et selon les besoins. » Elle ne fut jamais ennemie des beaux-arts, quand ils se renfermèrent dans des bornes légitimes. Le cardinal de Richelieu, en établissant son théâtre, fit enregistrer au Parlement une déclaration du roi, par laquelle il renouvelle les peines prononcées contre les comédiens qui *useront d'aucunes paroles lascives ou à double entente, qui pourraient blesser l'honnêteté publique : mais au cas qu'ils soient modestes, ils ne seront pas notés d'infamie*. Maintenant que notre théâtre est devenu plus chaste, que les acteurs ont suivi le progrès général de la société, que plusieurs d'entre eux joignent à des talents distingués des qualités morales dont s'honoreraient tous les

hommes, ne doit-on pas les placer au rang de ces artistes estimables et estimés qui nous font jouir des chefs-d'œuvre du génie? Nos préjugés contre les théâtres se sont affaiblis, parce que tous nos liens religieux se sont relâchés. Si l'on pouvait tout à coup nous rendre chrétiens zélés et fervents, il serait très-bon sans doute de maintenir la rigueur des canons : mais qui sait si l'Église ne jugera pas à propos de mettre un accord plus général entre sa discipline et l'état actuel de nos mœurs? Cette discipline est-elle uniforme sur ce qui regarde le théâtre? Dans une partie de l'Italie et de l'Allemagne, les comédiens ne sont pas excommuniés : le saint-siége et les conciles généraux ne se sont jamais expliqués sur ce sujet d'une manière très-positive. Clément XIII avait fait fermer le théâtre *Albertini* à Rome : Clément XIV crut devoir en tolérer le rétablissement. Innocent XI défendit seulement aux femmes de paraître sur la scène. En 1696, les comédiens français ayant fait présenter une requête à Innocent XII, pour être relevés des censures ecclésiastiques, ce pape, sans les condamner absolument, se contenta de les renvoyer à l'archevêque de Paris pour être traités comme de droit : *Ut provideat eis de jure*. La modération est le caractère distinctif de l'Église gallicane [1]. « En ce qui regarde ce que l'Église défend, dit
« Bossuet, les évêques ont souvent jugé selon toute la rigueur des canons;
« quelquefois aussi ils ont toléré beaucoup de choses selon la nécessité des
« temps; et quand ils n'ont point vu de danger pour la foi ou pour les mœurs,
« ils ont consenti à quelque adoucissement, non toutefois par un relâchement de
« discipline aveugle ou inconsidéré, mais pour céder à une nécessité de telle
« nature qu'elle aurait pu même faire changer les lois; c'est par cette raison
« que les saints Pères, et même le saint-siége, ont tant de fois loué cet adou-
« cissement des canons... Selon les expressions d'Yves de Chartres, « pourvu
« qu'on ne touche pas au fondement de la foi et à la règle générale des mœurs,
« on peut user de quelque tempérament, quand il semblerait approcher de la
« faiblesse... » Accusera-t-on pour cela l'Église de légèreté? Dira-t-on, pour
« user des termes de saint Paul, qu'il y a en elle le *oui* et le *non*? A Dieu ne
« plaise; mais assurée qu'elle est de son éternité, et immuablement attachée
« à la vérité même, elle s'accommode en quelque façon, par ce qu'elle a d'exté-
« rieur, aux choses humaines, moins pour céder à la nécessité des temps que
« pour servir au salut des âmes. »

Ne pourrait-on pas espérer de la sagesse du clergé qu'il prendra en considération le changement des mœurs et des temps? Mais cette part une fois faite à l'esprit du siècle, avons-nous le droit de devancer la décision de l'Église, et de nous porter à des violences pour nous faire à nous-mêmes ce qu'il nous plaît d'appeler *justice?* Non sans doute. Ceci nous ramène à la seconde partie de la question.

Un curé ne fait que suivre la loi qui lui est imposée lorsqu'il refuse de recevoir le corps d'un homme notoirement frappé des censures ecclésiastiques. Quand, par sa charité naturelle, il serait disposé à en agir autrement, il ne le

---

[1] *Lettre de l'Assemblée du clergé au pape*, du 3 février 1682, tome ix des *OEuvres de* Bossuet.

pourrait pas sans transgresser les canons auxquels, comme prêtre et comme curé, il est nécessairement assujetti. Si un soldat a reçu une consigne, peut-il violer ou laisser violer cette consigne, sous prétexte qu'elle a des inconvénients? Est-il le juge et l'interprète des ordres de ses supérieurs? Que deviendrait toute la discipline, si chaque soldat, au lieu d'obéir, se mettait à examiner les raisons de la conduite de son général, à blâmer ses motifs, ses plans, ses desseins? Nous nous servons de cette comparaison chez une nation toute militaire, qui en sentira la justesse. Un curé est seul maître dans son église, comme un officier au poste qu'on lui a confié; nul n'a le droit de venir lui imposer des lois qu'il ne peut pas reconnaître. Eh! combien est-on plus coupable encore si on mêle à la violence qu'on lui fait le scandale public, l'insulte au culte de la patrie et la profanation des autels!

Mais les comédiens, dit-on, jouissent de tous les droits de citoyens : ils peuvent parvenir à toutes les places, ils sont enrôlés dans la garde nationale, etc. C'est précisément ce qui rendrait leur cause moins favorable, si leurs amis, par une ignorance fâcheuse, ou par un zèle inconsidéré, continuaient à se porter pour eux à des excès qui n'ont point d'excuse. Il ne s'agit plus pour les acteurs de réclamer les lois générales de l'État, de constater leur existence civile : ils en sont en pleine possession. De quoi s'agit-il donc? De droits purement religieux. Or, une religion a ses rites, ses usages, dont elle ne peut se départir. On ne force personne à suivre cette religion : on est chrétien ou on ne l'est pas; voilà tout : cela ne change rien à la condition civile d'un homme. Mais si l'on se prétend, par exemple, catholique, apostolique et romain, n'est-ce pas le curé qui est juge naturel de cette prétention? N'est-ce pas lui qui sait, d'après les règles de son culte, si la personne qui se présente a conservé ou perdu la qualité d'enfant de l'Église?

Ajoutez que le droit de citoyen étant rendu aux acteurs, le curé ne peut plus être taxé d'inhumanité quand il refuse son ministère à leurs funérailles : car ce refus n'emporte plus la privation de la sépulture commune. Le curé ne fait que rentrer dans ses droits naturels, c'est une coutume de toutes les religions de la terre de n'accorder leurs honneurs funèbres qu'à leurs disciples. Le corps d'un chrétien mort à Constantinople serait-il reçu dans une mosquée? Un ministre protestant, à Philadelphie, ne renverrait-il pas le corps d'un catholique à son curé, celui d'un presbytérien à son église, celui d'un quaker à ses frères, celui d'un juif à sa synagogue? Vous voulez qu'un curé enterre un homme qui n'avait pas vécu dans la communion catholique : mais si le curé prétendait s'emparer à son tour du corps d'un citoyen qui n'aurait pas voulu mourir sous la loi chrétienne, ne crieriez-vous pas au fanatisme, à l'intolérance? N'avons-nous pas vu des prêtres repoussés du lit d'un mourant avec mépris, et des moribonds préférer aux paroles consolantes de l'homme de Dieu les stériles pompes d'un nouveau paganisme? Accordez donc au prêtre la même indépendance que vous réclamez pour vous-mêmes : si vous n'êtes point forcés de l'appeler à votre dernier soupir, pourquoi serait-il obligé de veiller à votre dernier asile? par quelle dérision ceux qui ont su toute leur vie, sans y attacher aucune importance, qu'ils étaient hors de l'Église catholique, veulent-ils y rentrer après leur mort? S'ils ont cru à la puissance de l'anathème, il est trop tard pour la réconciliation ; s'ils n'y ont pas cru, ils n'ont donc voulu produire que du scandale? Si, comme autrefois, les registres des naissances, des mariages et des décès étaient tenus par les curés des diverses paroisses; si, comme autrefois encore, ces curés étaient les maîtres de refuser l'inhumation en terre sainte, on pourrait dire que l'excommunication trouble l'état civil, en empêchant un citoyen d'être inscrit sur le rôle des morts, et de reposer auprès d'eux ; mais il n'en est pas ainsi, puisque tous les actes publics se font aux municipalités, et que la puissance temporelle est séparée de la puissance spirituelle. Qui empêchait mademoiselle Raucourt de se faire porter en pompe au cimetière, environnée de ses amis et de tous ceux qui attachaient quelque prix à ses talents? Qu'auraient demandé de plus les admirateurs de Molière? Voltaire, au lieu de déplorer le sort de mademoiselle Lecouvreur, n'aurait-il pas chanté la tolérance du siècle qui eût accordé à cette actrice de pareilles funérailles?

Et regardons encore à quel point l'Église gallicane pousse la douceur et la charité : que faut-il à un comédien pour que ses cendres soient reçues dans l'église? Il suffit qu'un domestique, un témoin, affirment que le moribond, avant d'expirer, a demandé les secours d'un prêtre. Lorsqu'on a négligé de donner ces légères marques de respect au culte antique de la patrie, à la religion de tant de grands hommes, sied-il bien de venir lui demander les dernières prières qu'elle offre pour le repos de ses enfants? Mais en même temps quel aveu de l'insuffisance de l'homme pour consoler les cendres de l'homme! Vainement nous avons paru mépriser la religion dans notre passage sur la terre, il s'élève de notre cercueil une voix qui réclame ses espérances et ses bénédictions.

DE LA GUERRE D'ESPAGNE.

12 octobre 1823.

Le roi, dans son discours à l'ouverture de la dernière session, avait dit :

« Si la guerre est inévitable, je mettrai tous mes soins à en resserrer le « cercle, à en borner la durée; elle ne sera entreprise que pour conquérir la « paix que l'état de l'Espagne rendrait impossible.

« Que Ferdinand VII soit libre de donner à ses peuples les institutions qu'ils « ne peuvent tenir que de lui, et qui, en assurant leur repos, dissiperaient les « justes inquiétudes de la France, dès ce moment les hostilités cesseront : j'en « prends devant vous, messieurs, le solennel engagement. »

Les paroles royales se sont accomplies; et malgré les bruits que la malveillance avait fait courir en sens divers, jamais on ne s'est écarté du principe posé par le roi, lors même qu'au prix de quelques concessions on pouvait terminer une entreprise si importante au salut de la France et de l'Europe. Le premier drapeau ennemi que les soldats de la légitimité rencontrèrent fut le drapeau tricolore ; la révolution espagnole l'avait pris pour enseigne et pour abri ; il annonçait des principes et des victoires dont le moment était passé. Un seul coup de canon mit fin au prestige, et trente années d'illusion s'évanouirent.

Alors s'ouvrit cette campagne dont le plan tracé par monseigneur le duc d'Angoulême fait l'admiration des hommes qui s'occupent de l'art militaire. La Catalogne eut son armée à part, où les généraux Damas, Donnadieu, Curial, d'Éroles, sous les ordres d'un vieux maréchal plein d'honneur, ont montré tout ce que peuvent l'activité, la patience et le courage. En même temps les places fortes de la Navarre et des Biscayes furent masquées par les généraux Hohenlohe, Canuel et d'Espagne. Les provinces en deçà de l'Èbre étant ainsi occupées, deux colonnes partirent, l'une sous la conduite du général Molitor, l'autre sous les ordres du général Bourcke : la première commençant par le combat de Logrono, et forçant Ballesteros à capituler devant Grenade, après avoir délivré du joug révolutionnaire la Catalogne et les royaumes de Valence et de Murcie ; la seconde chassant les rebelles des Asturies et des Galices, et déterminant la soumission de Morillo.

Au centre de ces deux colonnes qui, nettoyant les côtes occidentales et orientales de l'Espagne, étaient destinées à se rejoindre sous les murs de Cadix, marchait la colonne qui, sous les ordres mêmes du prince généralissime, devait arriver par un chemin plus direct au dernier rempart de la révolution. Le prince s'arrête un moment à Madrid, organise le gouvernement espagnol que les grandes puissances du continent reconnaissent, envoie devant lui les généraux Bourmont et Bordesoulle, dirige le mouvement des divisions Bourcke et Molitor, et lorsqu'elles sont parvenues à la hauteur déterminée, va lui même emporter le Trocadéro, bombarder Cadix, forcer cette ville réputée impénétrable à lui ouvrir ses portes et à lui rendre le royal prisonnier.

Une nouvelle réserve entrait toutefois en Espagne sous les ordres du maréchal Lauriston, pour enlever Pampelune, se porter ensuite sur Lérida, et hâter la réduction de la Catalogne, où Figuières tombait par le brillant fait d'armes de Llers et Llado. Figuières, Pampelune, Saint-Sébastien, Santona, élargissaient, en capitulant, la barrière par laquelle nous étions entrés en Espagne, et dégageaient vingt à vingt cinq mille hommes qui pouvaient se porter partout où leur présence aurait été nécessaire. Ainsi, en moins de six mois, l'armée française s'est avancée des rives de la Bidassoa à la baie de Cadix, en touchant à tous les points de l'Espagne. Dans ce court espace de temps, elle a parcouru plus de mille lieues de terrain, livré des combats, fait des siéges, emporté des forteresses d'assaut, pour venir étouffer la révolution espagnole au lieu même de sa naissance, dans cette île demeurée inaccessible à la puissance de Buonaparte. Un des derniers noms que nous voyons figurer sur le champ de bataille pour la cause des Bourbons d'Espagne est celui de La Rochejaquelein : le sang vendéen n'a point perdu sa vertu dans les plaines de l'Estramadure.

Il serait injuste d'oublier la part que notre marine renaissante a prise à ces succès : par les blocus qu'elle a formés, par son attaque à Algésiras, elle a amené la reddition de places importantes; par la prise du fort de Santi-Petri, elle nous a ouvert l'île de Léon, où elle se préparait à débarquer nos soldats. Tout a été grand, noble, chevaleresque dans la délivrance de l'Espagne. La France légitime conservera éternellement la gloire d'avoir interdit l'armement en course, d'avoir la première rétabli sur mer ce droit de propriété respecté dans toutes les guerres sur terre par les nations civilisées, et dont la violation dans le droit maritime est un reste de la piraterie des temps barbares.

Avant notre entrée en Espagne, il s'agissait de savoir si nous existions ou si nous n'existions pas; si nous avions ou non une armée; si cette armée était fidèle, quand on faisait tout pour la corrompre; si nous pouvions sans danger réunir quelques bataillons au drapeau. Force était de sortir de ce doute qui avait pénétré dans les meilleurs esprits, par la constance des calomniateurs à le répandre; il était impossible de rien établir dans un pareil état d'incertitude. Une occasion naturelle de trancher la question s'est présentée : il a fallu défendre la France de la contagion morale des troubles de l'Espagne. L'expérience a été faite, et le même événement qui nous a délivrés du retour de la révolution a prouvé que la légitimité a des soldats.

Parmi les circonstances qui signalent cet événement extraordinaire, il en est une que nous voulons particulièrement remarquer pour les intérêts politiques de notre pays. C'est la première fois, depuis le commencement de la monarchie, que la France a fait la guerre sous un gouvernement constitutionnel régulièrement organisé, et en présence de la liberté de la presse! Que de personnes disaient, à l'ouverture de la campagne, qu'il serait impossible de marcher sans suspendre les libertés publiques! Qu'on se figure, en effet, ce que seraient devenues les opérations militaires de Buonaparte, si une opposition active avait pu en attaquer les succès, en exagérer les revers! Et nous, au sortir d'une révolution de trente années; et nous, en proie à l'esprit de parti; et nous, menacés par une faction qui se sentait attaquée au cœur par la guerre d'Espagne, nous avons osé entreprendre cette guerre sans condamner l'opinion au silence!

Quoi! la première fois que le drapeau blanc reparaissait sur le champ de bataille, avec une armée dont on avait intérêt à calomnier la fidélité, on a eu la témérité de laisser la presse libre, lorsqu'on avait une loi qui permettait de la suspendre! N'était-il pas évident, comme cela en effet est arrivé, qu'on allait dénaturer les faits, nier les victoires, inventer des défaites, blâmer les plans, calomnier les intentions, juger les généraux, flétrir le principe même d'une guerre juste, et se faire le champion des ennemis? Eh bien! le roi légitime s'est senti assez fort pour braver ces dangers; il n'avait pas de conscription à demander, de projets ambitieux à cacher; il était obligé de recourir aux armes pour soutenir les droits de la monarchie : cela peut se dire tout haut, aucune loi d'exception n'était nécessaire. La France a prouvé qu'avec un gouvernement ferme et vigoureux la monarchie constitutionnelle de Louis XVIII peut obtenir des triomphes aussi éclatants que la monarchie absolue de Louis XIV.

Deux révolutions abattues d'un seul coup, deux rois arrachés des mains des factieux, tels sont les effets immédiats d'une campagne de six mois. D'autres résultats immenses et incalculables sortent pour nous de cet événement. Pour ne parler que de celui qui frappe à présent tous les yeux, nos succès en Espagne font remonter notre patrie au rang militaire des grandes puissances de l'Europe, et assurent notre indépendance.

Les victoires de la révolution ne sont point effacées, mais elles n'exercent plus sur le souvenir une influence dangereuse; d'autres victoires sont venues se placer entre le trône des Bourbons et celui de l'usurpateur. Un caractère particulier d'ordre et de modération, le caractère de la légitimité, a marqué des succès auxquels ne s'attache aucun sentiment pénible : on sent qu'ils sont faits pour tout conserver, comme les autres pour tout détruire.

Les soldats français, qui se modèlent toujours sur leur capitaine, se sont montrés religieux, disciplinés, intrépides, et ont réfléchi, pour ainsi dire, dans chacun de leurs combats, l'image et les vertus de leur chef illustre. Et quel chef! l'héritier de soixante-huit rois; le prince qui, instruit par l'adversité, doit monter un jour sur le trône, et servir d'exemple à l'enfant du miracle; le prince qui, longtemps opprimé par une révolution dont il allait renverser l'empire, n'a trouvé dans son cœur, au milieu du triomphe, que de la générosité pour les vaincus, de la miséricorde pour les coupables; d'une main plantant le drapeau de la victoire, de l'autre arrêtant les vengeances et sauvant les victimes!

L'Europe attentive a contemplé avec étonnement ce nouveau spectacle d'une armée qui n'a rien coûté au pays qu'elle a délivré, d'une armée dans les rangs de laquelle tous les partis cherchaient un abri, d'une armée qui va se retirer après ses conquêtes, n'emportant rien, ne demandant rien que l'amour du peuple qu'elle a sauvé; d'un prince qui ne laissera après lui qu'une mémoire adorée et des conseils d'indulgence et de sagesse qu'il plaira à la Providence de faire écouter, car elle ne permettra pas que les passions corrompent et défigurent cet immortel ouvrage.

Prince, objet du respect et de l'admiration publique, agréez ce tribut d'hommages qui vous est si justement dû! On peut louer des victoires que la religion bénit et que la morale réclame; des victoires qui consolident la restauration, qui donnent de la stabilité à l'avenir, qui nous assurent des alliés confiants dans notre force et dans nos principes comme nous le sommes dans les leurs, qui terminent la révolution en Europe et commencent un nouvel ordre de choses dans les affaires humaines.

Il y a loin de la France de 1815 à la France de 1823, et six mois ont suffi pour achever une renaissance qu'on n'espérait que des années. Quel cœur français ne serait attendri en voyant le bonheur que la Providence avait réservé à cette famille si éprouvée, à ce roi si sage et si éclairé, à son auguste frère dont le cœur paternel avait tant besoin d'être consolé, à cette orpheline du Temple qui retrouve un mari dans le héros et le libérateur de l'Espagne, à cette illustre veuve, associée si jeune à de si longs malheurs, et qui ne peut se réjouir de la gloire du prince son frère sans songer qu'il aurait pu avoir un rival! Tous les Français, quelles que soient leurs opinions, doivent prendre part à la nouvelle gloire de la France : pour les uns elle est sans tache, car elle orne le trône légitime ; pour les autres elle est sans péril, car elle ne détruira point la liberté.

DU

SYSTÈME POLITIQUE SUIVI PAR LE MINISTÈRE.

AVERTISSEMENT.

C'est un usage établi, dans le parlement d'Angleterre, de s'enquérir de temps en temps de l'état de la nation. Cet usage sert puissamment les libertés et les intérêts de la patrie. Un combat corps à corps s'engage entre l'opposition et le ministère ; et le public, intéressé à ce combat, en est à la fois le spectateur et le juge. Les règlements de nos deux Chambres, n'admettent pas cette manière de procéder ; il serait à désirer qu'elle fût introduite parmi nous : c'est pour y suppléer qu'on s'est déterminé à composer ce petit écrit, et à le publier au commencement de la présente session.

Avant de le livrer à l'impression, on a cru devoir le communiquer à plusieurs membres de la Chambre des pairs et de la Chambre des députés : ils ont pensé que la publication de cet écrit serait utile, et que, dans tous les cas, elle ne pourrait avoir d'inconvénient que pour l'auteur.

On a voulu faire entendre que les royalistes, *par des obstacles accumulés, arrêtent la marche du gouvernement, l'ébranlent, le compromettent peut-être un moment.*

Les royalistes n'ont pas besoin d'être justifiés. On sait s'ils ont défendu la monarchie : leurs malheurs le disent assez. On fera peut-être, dans le cours de cet écrit, retomber sur la tête de leurs accusateurs une accusation si injuste ; on prouvera peut être que ce ne sont pas les royalistes qui *compromettent* le gouvernement, mais les hommes qui, par un faux système de politique, retardent l'union de tous les Français.

Et puisque l'on s'obstine à défendre ce système ; puisqu'un ministre, dernièrement encore, l'a vanté comme un chef-d'œuvre, il faut donc montrer qu'il n'est qu'un chef-d'œuvre d'inconséquences : à la fois violent et faible, fixe pour la haine, changeant par la peur, ce système offense les amours-propres et est antipathique au caractère français. Vous commandez l'union, et vous divisez ; vous établissez la liberté en théorie, et l'arbitraire en pratique ; vous ne parlez que de la Charte, et vous demandez sans cesse des lois d'exception : vous vantez l'égalité des droits, et vous vous efforcez de ravir à des classes de citoyens leur droit d'éligibilité ; enfin vous isolez le pouvoir, et vous faites du ministère le gardien des intérêts de l'homme en place, et non le protecteur des intérêts de tous.

Comment le ministère, qui favorise ou qui subit le système, a-t-il traité les hommes et les opinions ?

Dans quel esprit a-t-il rédigé les lois?

Quel caractère politique la Chambre des députés a-t-elle pris entre ses mains? et dans ses communications avec cette Chambre, le ministère a-t-il bien compris l'esprit de la Charte?

Voilà les points qu'il convient d'examiner.

La Chambre des députés de 1815 déplut au ministère, qui s'était placé dans la minorité, et qui crut pendant quelque temps qu'on pouvait marcher de la sorte. Il s'aperçut bientôt que la chose était plus difficile qu'il ne l'avait d'abord pensé. L'ordonnance du 5 septembre répara cette petite erreur.

Alors, nouvelles élections, circulaire du ministre de la police générale pour empêcher que les choix ne tombassent sur des individus trop ardents dans la cause du trône; surveillances levées, afin que les hommes frappés de mesures de haute police pussent aller voter aux collèges électoraux; ordres donnés par les différentes directions à tous les employés d'user de leur influence aux élections, s'ils ne veulent perdre sans retour la confiance du gouvernement; commissaires envoyés dans les départements pour prévenir la nomination de MM de Bonald, Grosbois, Brenet, Villèle, Castelbajac, Forbin, Sirieys, Lachaise-Murel, Clermont Mont-Saint-Jean, Kergorlay, Corbière, e'c. Il faudrait nommer tous les membres de la majorité de la Chambre de 1815, puisque M. le préfet d'Arras disait dans sa fameuse lettre : « Je suis autorisé à le « dire, à le répéter, à l'écrire : le roi verra avec mécontentement siéger dans « la nouvelle Chambre ceux des députés qui se sont signalés dans la der- « nière session par un attachement prononcé à la majorité opposée au gouver- « nement. »

Ces précautions prises, les élections commencent : dans quelques endroits elles se font aux cris d'*à bas les prêtres! à bas les nobles*[1]! Des collèges électoraux se séparent sans pouvoir terminer leurs opérations; trois départements ne sont point représentés, et d'autres ne complètent que le tiers ou la moitié de leurs élections.

Déclaré d'une manière aussi furibonde et aussi inconstitutionnelle contre les royalistes, le ministère se vit dans la nécessité de les poursuivre à outrance. Il y a longtemps que Tacite a dit : On ne pardonne point l'injure qu'on a faite. Alors se multiplièrent les mesures annoncées dans *la Monarchie selon la Charte*. En conséquence de ces mesures, la condition des royalistes est devenue pire qu'elle ne l'a été depuis qu'on a cessé de les proscrire ; car alors, s'ils n'avaient rien, du moins étaient-ils respectés ; s'ils ne pouvaient entrer comme éléments dans le gouvernement usurpateur, du moins on estimait leur caractère, leur constance, leur opinion même; on se fiait à leur probité; on comptait sur leur parole. Aujourd'hui quel rôle jouent-ils? ils sont restés nus comme ils l'étaient sous Buonaparte; mais ils n'ont plus ce qu'ils avaient, la considération pour supporter le présent, l'espérance pour attendre l'avenir

---

[1] « Un ministre a dit à la Chambre des députés qu'il n'avait point eu connaissance qu'on « eût exprimé, dans les collèges électoraux de 1816, ce vœu : *Nous ne voulons point* « *de nobles*. Avait-il donc oublié mon Rapport en date du 7 octobre? » (*Mémoire de M de Curzay.*)

Qu'avant la restauration ils subissent le joug, c'était une conséquence inévitable de leur position; aujourd'hui la chose est-elle aussi naturelle? Haïs comme des vainqueurs, dépouillés comme des vaincus, ils s'entendent dire : « N'êtes-vous pas contents? N'avez-vous pas le gouvernement que vous appeliez de tous vos vœux, pour lequel vous avez tout sacrifié? » D'autres les poursuivent avec l'ancien cri des assassinats, en appelant sur eux la proscription comme nobles, comme méditant l'envahissement des propriétés nationales. Et pourtant les acquéreurs de biens d'émigrés cultivent en paix leurs champs au milieu même de la Vendée : immortel exemple de l'obéissance aux lois, et de la religion du serment chez les royalistes! Ce sont de tels hommes que l'on condamne à rester sous la tutelle ministérielle, dont on met l'honneur en surveillance, et qui sont inquiétés comme suspects de fidélité : il est vrai, ils peuvent être recherchés pour ce crime.

Non content de les traiter avec tant de sévérité, on les livre encore à la moquerie publique : on essaie de les faire passer pour des imbéciles tombés dans une espèce d'enfance[1]. Si Montesquieu avait vécu jusqu'à nos jours, je doute que le ministère l'eût trouvé capable d'entrer au conseil d'État. Il semble qu'on s'efforce, par tous les moyens possibles, même par ceux de l'amour-propre, d'extirper le royalisme pour arracher les racines du trône : on voudrait qu'il ne restât de la race fidèle que quelques tombeaux épars sur les rives de la Drôme et dans les champs de la Vendée.

Et pourquoi attaque-t-on les royalistes avec tant de courage? Pourquoi? parce qu'ils ne se défendent pas! Leur vertu les perd ; leur honneur fait leur faiblesse : on les frappe sans crainte, sûr que l'on est qu'ils ne repousseront jamais les coups qu'on leur porte au nom du roi.

On s'excuse en disant que les intérêts de la révolution sont puissants, et qu'il faut beaucoup leur accorder. Cela est juste ; mais ces intérêts sont garantis par la Charte et par les lois. On doit les protéger, d'accord : s'ensuit-il nécessairement qu'il faille persécuter les royalistes? Dans tous temps on a méconnu quelques services; mais il n'appartenait qu'à la nouvelle école ministérielle de faire de l'ingratitude un principe de gouvernement.

« Les royalistes sont en si petit nombre! » dites-vous. Serait-ce une raison pour les proscrire? Les royalistes sont très-nombreux, et les élections en offrent la preuve; quand ils ne le seraient pas, quel avantage les ministres d'un roi trouvent-ils donc à prouver qu'il n'y a point de royalistes? N'est-il pas de leur devoir d'en augmenter la race? Au contraire, ils ont pris à tâche de multiplier les hommes d'une opinion différente. J'avais dit : Faites des royalistes; on a mieux aimé faire autre chose. Tel qui, au retour du roi, se serait estimé heureux d'être oublié, a appris qu'il était un personnage, et qu'on parlait de lui donner des garanties. D'abord il n'osait se montrer, il sollicitait humblement les amis du trône de lui faire obtenir son pardon : voilà qu'on lui déclare que c'est à lui de protéger les amis du trône. Tout étonné, il sort de sa

---

[1] On a répondu, dans *la Monarchie selon la Charte*, à ce ridicule reproche d'incapacité fait aux royalistes. Il y a des gens qui prennent la probité pour de la bêtise.

retraite, il en croit à peine ses yeux, il est persuadé qu'on se moque de lui; mais enfin il reconnaît, sans pouvoir le comprendre, que la chose est très-réelle, très-sérieuse; que c'est à lui qu'appartiennent les récompenses et les honneurs; que lui seul est un esprit éclairé, un homme habile, un grand citoyen. Il accepte avec dédain ce qu'on lui offre avec empressement : bientôt il devient exigeant, il parle de ses droits : c'est lui qui est l'opprimé, le persécuté ; il réclame, il n'est pas satisfait : il ne le sera que quand il aura renversé la monarchie légitime. Voilà comme de ce qui n'était rien on a fait quelque chose. On s'est plu à ranimer un feu dont les dernières étincelles commençaient à s'éteindre. Déplorable effet du système adopté : pour embrasser ce système, on fut obligé de soutenir que la France était révolutionnaire; ensuite, pour n'avoir pas le démenti de ce qu'on avait avancé, on se vit dans la nécessité de créer un parti qu'on supposa être celui de la révolution. Tel est l'enchaînement de nos vanités et de nos malheurs !

On a voulu, dites-vous, tenir la balance égale, ne placer le gouvernement à la tête d'aucun parti.

C'est d'abord une chose singulière que de regarder les royalistes comme un parti sous la royauté. Ensuite il n'est pas vrai qu'on ait tenu la balance égale. Les royalistes sont chassés; leurs plus petites fautes sont punies avec une rigueur inflexible; et la rébellion, les outrages aux drapeaux et au nom du roi trouvent des cœurs indulgents, excitent la pitié, la miséricorde. On s'attendrit sur le sort des conspirateurs. « Ce sont les royalistes qui les ont poussés à bout ! » On destitue les autorités qui ont réprimé des rébellions. Ce n'est pas un moyen de plaire aux champions du système, que de découvrir des complots qui en révèlent la faiblesse, et en démontrent le danger.

Sous un rapport seulement, on agit avec impartialité : le ministère veut bien oublier les outrages commis et les services rendus pendant les Cent-Jours. Ce n'est rien d'avoir demandé aux alliés un roi quelconque à l'exclusion du roi légitime mais aussi ce n'est rien d'avoir été amené pieds et poings liés à Paris, pour être fusillé en qualité de commissaire du roi. Je me trompe ; ici même il n'y a pas égalité : on est amnistié pour avoir été à Gand.... Je supprime l'autre terme de comparaison.

On triomphe néanmoins, parce que tout marche encore paisiblement, que les dernières conséquences de ce système sont encore cachées dans l'avenir. Les petits esprits sont dans l'exaltation et dans la joie ; mais qu'ils attendent. La révolution n'enfantera que la révolution ; pour consolider le gouvernement de droit, il ne faut pas administrer d'après les maximes du gouvernement de fait ; pour n'avoir rien à craindre autour de soi, il ne faut pas que les agents du pouvoir écartent ses véritables amis : faible et imprudente politique ! Les méchants même ne croient point à la durée du bien qu'on leur fait, quand ils voient le mal qu'on fait aux honnêtes gens. Leur conscience leur crie : « Si « l'on traite ainsi le bois vert, que fera-t-on du bois sec ! » On espère retrouver les royalistes dans le danger; on compte sur leur conscience, et on a raison. Mais pourquoi ne pas aussi garder leurs cœurs ? Deux sûretés valent mieux qu'une.

En dispersant les anciens amis du trône, on achevait de remporter sur les royalistes une victoire si utile à la royauté; en pesant sur le grand ressort révolutionnaire, ce ressort avait produit son effet accoutumé. Des brochures remplies de l'esprit de ces paroles de bénédiction : *Guerre aux châteaux, paix aux chaumières!* avaient heureusement ranimé, pour la paix et le bonheur de la France, la haine contre la noblesse et contre la religion, c'est-à-dire contre deux principes du moins consacrés par la Charte, si on ne veut pas considérer le premier comme un élément naturel de la monarchie, et le second comme le fondement de toute société. Mais voici tout soudain un changement de scène : voici qu'au milieu du triomphe un cri de détresse se fait entendre : on avait fait passer une loi des élections dans les meilleures intentions du monde; seulement on n'en avait pas prévu les résultats : la frayeur s'empare des esprits : il n'est plus question du système; on ne pense plus à ce qu'on a fait aux premières élections contre les royalistes : on les appelle au secours. Le 22 septembre on s'écrie : « Royalistes purs, royalistes constitutionnels, royalistes avant ou après la Charte, réunissez-vous : c'est votre cause qui va se juger. » (*Journal des Débats.*) Et il fallait que les royalistes (dans un article précédent déclarés ennemis de la loi des élections) accourussent vite pour empêcher le mal qu'allait faire cette loi; et l'on supposait des partis, des divisions, des nuances, après avoir répété cent fois que tous les partis étaient éteints; et l'on proclamait des périls, après avoir soutenu qu'il n'y avait plus de périls, et que, grâce au système de l'administration, nous étions tous heureux et tranquilles. Le 23 septembre on disait : « Choisissez des hommes
« contre lesquels il ne soit pas possible d'alléguer le 20 mars, quand ils parle-
« ront de justice et de liberté. Royalistes, votre opinion est divisée en plusieurs
« nuances; mais toutes ces nuances se réunissent lorsqu'on les oppose à des
« noms qui rappellent la république ou l'usurpation des Cent-Jours. Il y a tel
« choix qui, sans importance immédiate par lui-même, serait un danger, uni-
« quement parce qu'il serait un scandale. » (*Journal des Débats.*) On disait, le 24 septembre : « Ce ne sont pas les rédacteurs de l'Acte additionnel qui peu-
« vent mériter de parler au nom de la Charte dans l'assemblée de la na-
« tion. . . . . La Charte, ouvrage du roi,
« ne sera pas remise entre les mains des hommes qui ont voté à la tribune
« l'exil de sa dynastie. » (*Journal des Débats.*) Et l'on oubliait que la Chambre actuelle des députés compte dans son sein plusieurs représentants de la Chambre de Buonaparte, lesquels votent avec le ministère; on oubliait que d'autres *représentants* présidaient des colléges électoraux et que le ministère, par conséquent, les avait tacitement désignés au choix de leurs concitoyens; et l'on oubliait qu'il y avait tel département où dans ce moment même on portait en entier la députation des Cent-Jours; et l'on s'attirait la juste réponse d'un candidat qui, se croyant insulté, trouvait étrange que le parti ministériel stigmatisât les hommes du 20 mars, quand on pouvait en remarquer jusque dans les places les plus élevées.

On niera sans doute à présent la terreur que l'on a éprouvée, les confessions naïves qui en furent la suite : « La loi était défectueuse, on s'était trompé, on

« reviendra sur cette loi! » On ne parlait que d'union et de concorde; on conjurait les plus obscurs royalistes de voler au secours du ministère; on faisait l'éloge de ces royalistes, « gens, s'écriait-on, pleins d'honneur et de probité. » Victoire obtenue, frayeur oubliée : la veille on avait embrassé les royalistes; on leur tourna le dos le lendemain. « On se sert des traîtres, mais on ne les « aime pas, » disait jadis un ministre. C'est ce que semblent dire nos ministres aujourd'hui.

Est-ce donc ainsi, au milieu des lumières du dix-neuvième siècle, dans un royaume parvenu au dernier degré de la civilisation, chez une nation éclairée par sa récente expérience et par ses longs malheurs; est-ce ainsi que l'on traite des hommes raisonnables? Est-ce donc ainsi qu'on se précipite en moins d'un an dans les contraires? A-t-on le droit de désigner comme ne pouvant pas être élus membres de la Chambre des députés des hommes qui remplissent d'ailleurs toutes les conditions de l'éligibilité? Les royalistes ont été dénoncés dans tous les journaux pour les écarter des élections précédentes, une autre classe de citoyens a été flétrie dans ces mêmes journaux pour l'éloigner des dernières élections. Si les gazettes étaient libres, leurs opinions seraient sans conséquence; mais elles sont esclaves, et ce qu'elles renferment devient la pensée du gouvernement. Au moment où il est le plus important sous un régime constitutionnel de connaître l'opinion publique, on n'a entendu que l'opinion, sans doute excellente, de quelques hommes en place, mais qui pourtant en avaient une toute contraire il y a neuf mois, puisqu'ils envoyaient voter aux élections de 1816 les hommes qu'ils déclaraient indignes d'être élus aux élections de 1817.

Ces déplorables variations nous annoncent-elles un nouveau système politique? Allons-nous voir le retour des royalistes? Autre inconséquence : on n'en veut point. A la seconde restauration on fit des épurations dans un sens, on appela quelques royalistes, puis on les destitua pour remettre en place les premiers *épurés*; et maintenant ces hommes de choix sont traités une seconde fois en ennemis. Quand en finirons-nous? On embrasse un système; puis on en a peur; puis on n'a pas la force d'en changer; on blesse toutes les opinions, on se rend suspect à tous; et au milieu des haines qu'on a ranimées, n'effaçant point les maux du passé, ne préparant point le bonheur de l'avenir, on reste environné d'une multitude d'ennemis, qui, fatigués par leurs souffrances, vous déclarent ou peu sincères ou incapables de conduire les affaires humaines.

Voilà, considéré dans son esprit général, ce système politique offert à notre admiration et à celle de la postérité. Voyons maintenant quelles lois on a proposées, et si on a mieux compris, sous ce rapport, les intérêts de la monarchie légitime et les principes de la Charte.

Commençons par la loi des élections.

On évitera de répéter ici ce qu'on a dit contre cette loi : jamais discussion ne fut mieux approfondie dans les deux Chambres[1].

---

[1] Si on désirait en revoir le tableau, on le trouvera supérieurement exposé dans l'*Histoire de la session de 1816*, par M. Fiévée.

Lorsqu'on songe que l'article principal de cette loi n'a été emporté dans la Chambre des députés que par une majorité de douze voix, et dans la Chambre des pairs que par une majorité de quatorze; qu'ainsi sept voix dans la Chambre des députés et huit dans la Chambre des pairs passant à la minorité, auraient suffi pour changer toute l'économie de la loi; lorsqu'on songe que, pour obtenir la victoire, il fallut faire venir à la Chambre des pairs ceux de ses membres dont les infirmités demandent habituellement le repos; que cinq ou six pairs opposés à la loi n'assistèrent pas à la séance, il y a certes de quoi faire hésiter les ministres eux-mêmes dans le jugement qu'on doit porter de cette loi.

Chez nos voisins, un bill fondamental que n'aurait pas accueilli un plus grand nombre de suffrages eût été retiré par le ministère. Les ministres français, plus éclairés sans doute, continuent à s'applaudir de la loi des élections. « *L'ordonnance du 5 septembre*, vient de nous dire l'un d'eux, *et la loi des élections lui ont appris* (au peuple) *quels étaient les véritables défenseurs, les véritables amis de la Charte et de la liberté.* » (Discours de M. le ministre de la police générale.) Paroles étranges après la frayeur que l'on a montrée lors des élections, et après les articles de journaux que je viens de citer!

On n'entrera point dans les raisons de la terreur éprouvée relativement à certains candidats ; terreur injurieuse pour ceux qui l'inspiraient, et qu'auraient dû cacher ceux qui l'ont ressentie. Admettons un moment, contre notre conviction intime, que ces raisons soient fondées. Quoi ! parce que des hommes, dont les principes effrayaient les ministres, n'auront manqué leur nomination que d'un petit nombre de voix, vous chanterez victoire ! Vous êtes contents de la loi des élections, je vous en félicite ; mais je ne vous félicite pas d'avoir appris à la France et à l'Europe, par des journaux soumis à votre censure, qu'il y a tel département où près de la moitié des électeurs présents ont donné leur voix à des hommes qui, selon l'expression de ces mêmes journaux, ont voté à la tribune l'éternel exil de la dynastie des Bourbons.

La question touchant la loi des élections n'est donc pas, pour le ministère, de savoir si on évitera une fois, deux fois peut-être, par un concours fortuit de circonstances, des députés tels que ceux qu'il a proclamés dangereux d'une manière si inconstitutionnelle, pour ne pas me servir d'un mot plus dur ; il s'agit de dire si, dans un temps donné, ces députés n'arriveront pas, malgré l'opposition de l'autorité. Le problème peut se résoudre par une simple opération d'arithmétique : combien faut-il de réélections pour que les candidats dénoncés par les journaux soient en majorité dans la Chambre? Faites la règle de proportion, et additionnez.

On reproduira, sans doute, le puissant raisonnement qu'on a coutume de faire : « Puisque les hommes que nous craignons sont si forts, il faut donc les « caresser. Donc, au lieu de réviser la loi des élections, il faut nous jeter dans « les bras de ceux que nous avons déclarés nos ennemis. »

Mais pourquoi donc alors avez-vous voulu les écarter des élections? Vous caresserez ceux que vous venez d'outrager? Ils vous mépriseront : l'empire romain paya tribut aux Francs, pour acheter momentanément une paix avilissante qui finit par une guerre d'extermination.

Si donc on ne veut d'abord considérer la loi des élections que dans les intérêts des hommes en place qui l'ont proposée, il est évident que ces hommes ont méconnu leur faiblesse; ils ont cru qu'il existait un parti moyen avec lequel ils remporteraient la victoire. Dans cette persuasion, ils ont méprisé et les royalistes qu'ils avaient repoussés des élections de 1815, et les indépendants[1] qu'ils voulaient exclure des élections de 1816. Cependant, quand on administre, on ne devrait pas ignorer les faits; or, les faits, les voici :

La loi des élections désigne, en général, une classe d'électeurs où les royalistes ne sont peut-être pas aussi nombreux que dans les classes qui paient moins ou plus de cent écus de contribution. Malgré ce désavantage de la loi, il est cependant prouvé, par une moyenne proportionnelle prise dans les départements appelés aux dernières élections, que les opinions se sont montrées dans les rapports suivants : deux cinquièmes de royalistes, deux cinquièmes d'indépendants, un cinquième de ministériels; de sorte encore que, si tantôt les royalistes dans la crainte des indépendants, tantôt les indépendants dans la crainte des royalistes, n'eussent passé aux ministériels, ceux-ci n'auraient pas eu un seul député; de sorte encore que si, l'année prochaine, les indépendants et les royalistes votent constamment dans leur ligne, sans se joindre aux ministériels, les élections seront toutes indépendantes et toutes royalistes; de sorte encore que si les royalistes, fatigués d'une lutte aussi pénible, las d'un dévouement aussi mal apprécié, se retiraient des colléges électoraux[2], les indépendants obtiendraient un triomphe complet.

Dans cette circonstance que fera le ministère? Il cassera la Chambre ! Le peut-il aujourd'hui, d'après son opinion même, sans danger pour lui ou pour la légitimité?

Sans danger pour lui, si les élections sont royalistes et indépendantes.

Sans danger pour la légitimité, si les élections sont purement indépendantes, à en juger par tout ce qu'il a voulu nous faire entendre dans son attaque contre les indépendants.

Ne serait-ce pas une chose funeste si le premier essai qu'on a fait de la loi des élections mettait, sous le présent ministère, un obstacle moral à l'exercice de la prérogative la plus importante de la couronne?

Que quelques hommes se fussent trompés dans leurs intérêts particuliers, il faudrait bien s'en consoler; cela prouverait seulement qu'ils ont eu tort de blesser les deux classes les plus nombreuses de la France, en croyant qu'elles n'étaient rien, et qu'ils étaient tout. Mais s'ils s'étaient mépris sur les intérêts de la monarchie, il faudrait déplorer cette erreur. Il est bien à craindre qu'une loi des élections, où l'influence légale de la grande propriété, et le patronage

---

[1] C'est surtout dans un écrit de ce genre qu'il faut être clair, et se faire entendre de tout le monde. On a donc été forcé d'employer les noms sous lesquels les différentes opinions sont classées aujourd'hui. Ce n'est pas toutefois sans un profond regret : les royalistes savent trop combien de souvenirs douloureux s'attachent à ces désignations, qui commencent par n'exprimer que des opinions, et finissent par marquer des victimes.

[2] Dès cette année, un grand nombre d'électeurs royalistes ne se sont point rendus aux élections : ils ont eu tort.

des grands dignitaires, ne balancent pas assez l'action populaire, ne sème de nouveau dans nos institutions les germes du républicanisme. Le projet de loi de recrutement vient encore augmenter les craintes des amis de la monarchie.

Ce projet viole ouvertement plusieurs articles de la Charte : sans m'arrêter à ses nombreux inconvénients, le titre de *l'avancement* dépouillerait la couronne de sa plus importante prérogative; le roi cesserait, pour ainsi dire, d'être le maître de l'armée, et une fatale confusion ferait passer le pouvoir exécutif au pouvoir législatif; ce fut la grande faute de l'assemblée constituante. Ainsi la révolution ne nous aurait rien appris! La même témérité qui nous poussait au milieu des écueils avant la tempête, nous suivrait encore après le naufrage.

Dans les républiques même, l'avancement dans l'armée n'a jamais été réglé par une loi : dans une monarchie, c'est tout au plus matière à une ordonnance. Le roi même n'a pas le droit de se dépouiller de sa puissance exécutive; elle est inhérente à la royauté; elle existe une et entière dans la couronne, pour le salut du peuple, pour la paix comme pour la gloire de la patrie.

On a encore reproduit cette année une triste loi d'exception pour les journaux : la discussion de cette loi a donné lieu à un reproche auquel il faut d'abord répondre.

On reproche donc à la minorité royaliste qui vote aujourd'hui pour la liberté de la presse d'avoir laissé passer, en 1815, lorsqu'elle était majorité, la loi sur la censure des journaux.

Remarquez d'abord que c'est la Chambre des députés de 1814, et non pas celle de 1815, qui avait établi provisoirement la censure : la Chambre de 1815 n'a fait que la proroger relativement aux journaux; mais dans quelle circonstance l'a-t-elle fait? Après les Cent-Jours, au moment où la France venait d'être bouleversée, où l'on était environné de tant de factions, où tant d'intérêts froissés, tant de passions émues menaçaient l'existence de la monarchie, où tant d'hommes comblés des bienfaits du roi s'étaient livrés à la plus inconcevable trahison, où les alliés occupaient Paris, Lyon, Marseille, la France, enfin, jusqu'à la Loire !

Si les deux Chambres, dans des circonstances aussi graves, ont cru devoir accorder une répression temporaire de la presse, sied-il bien au ministère, qui demande encore cette répression, de le leur reprocher aujourd'hui? Et parce qu'elles ont voté alors pour la censure, sont-elles obligées de maintenir cette même censure, lorsque les circonstances ont changé? Quand le parlement d'Angleterre suspend l'*habeas corpus*, s'oblige-t-il à le suspendre d'année en année? Nous refusons la censure aujourd'hui, précisément parce qu'on l'a accordée hier, et parce que n'étant plus utile au salut de l'État, elle ne sert que les passions d'une autorité qui en abuse.

On insiste. Comment se fait-il que la liberté des journaux (il ne reste plus à présent que cette question à traiter); comment se fait-il que cette liberté soit réclamée et par ceux qui pensent qu'elle est indispensable dans un gouvernement représentatif, et par ceux qui la tiennent pour dangereuse? — Cela vient de l'abus que l'on a fait de la censure. Si on eût laissé une honnête liberté d'opinions dans les gazettes; si aucun homme n'y eût été calomnié, san» pouvoir au moins s'y défendre; si l'on n'eût pas fait de la censure une arme de parti; si tout ouvrage eût pu être annoncé avec louange ou blâme, selon l'opinion du critique; si la censure se fût réduite à retrancher ce qu'elle eût voulu d'un article, mais sans y rien ajouter; si l'on n'eût jamais forcé un rédacteur à recevoir, contre son gré, ces paragraphes politiques qui sentent encore les bureaux d'où ils sortent; si, enfin, on eût respecté les propriétés des journalistes soumis à la censure, il n'y a pas de doute que, par cette conduite adroite, on eût diminué les partisans de la liberté de la presse parmi ceux qui n'entendent pas bien la question constitutionnelle; mais quand la censure ne sert qu'à faire le mal et à s'opposer au bien, quand les plus indignes libelles, quand les plus mauvais journaux circulent sans obstacles, tandis que les ouvrages les plus utiles et les journaux les mieux intentionnés sont de toutes parts entravés, l'homme le moins favorable à la liberté de la presse devient parti an de cette liberté : et puisqu'il se sent perdu par l'esclavage des journaux, comme il craint de l'être par leur liberté, il aime mieux se ranger à une opinion qui lui donne un espoir de salut, que d'embrasser un parti qui, en le privant de tout moyen de défense, ne lui laisse pas même la chance du combat.

Mais ce ne sont là que des raisons tirées des opinions individuelles. En entrant dans le fond des choses, on sentira que des journaux dans la dépendance de la police changent et dénaturent le gouvernement représentatif, au point qu'on ne le reconnaît plus.

Sous le rapport de la politique extérieure, les membres des deux Chambres sont laissés dans une ignorance complète : nous sommes réduits à chercher dans les feuilles publiques étrangères les choses les plus importantes pour notre patrie. Un correspondant de Paris écrit dans le *Courrier anglais* : il y calomnie souvent les hommes; mais il apprend aussi aux Anglais ce que font nos ambassadeurs; quelles négociations sont commencées, quels traités vont se conclure : nous, nous ne valons pas la peine d'être instruits de ce qui nous touche [1]. Ces nouvelles cependant seraient aussi bien à leur place dans nos gazettes que dans le *Courrier*, et cela serait plus honorable pour la France.

Sous le rapport de la politique intérieure, on a dit ailleurs [2] comment la censure attaque jusqu'aux principes de l'ordre judiciaire, en défendant aux journaux, lorsqu'ils rendent compte d'un procès criminel, de parler de la partie des débats où se trouveraient mêlés quelques agents de la police [3].

Au reste, la police a un si grand intérêt à disposer des journaux pour jouir

---

[1] L'année dernière, j'ai révélé à la Chambre des pairs l'existence d'un traité (entre la France et la ville de Hambourg), imprimé dans toute l'Europe, excepté en France. Cette année, le concordat a été imprimé dans tous les journaux de l'Europe, et même dans quelques journaux de nos départements, deux ou trois mois avant qu'on en ait permis la publication dans les journaux de Paris !

[2] Voyez *la Monarchie selon la Charte*.

[3] Faudrait-il croire, dans un autre genre de procédure relative aux délits de la presse, ce que j'ai lu dans les *dernières conclusions* attribuées à MM. Comte et Dunoyer? Il résulterait de ces conclusions que les auteurs du *Censeur* auraient été recherchés pour des notes contre les missionnaires et contre des officiers vendéens: notes qu'on leur avait communiquées, et qu'ils ont pu croire sorties d'une source ministérielle. On attend encore l'explication, qui seule peut faire cesser un pareil scandale.

de l'impôt illégal de cinq cent cinquante mille francs, qu'il est tout naturel qu'elle veuille les retenir dans sa dépendance. Si nous étions en possession de nos libertés, à quoi servirait la police, et de quoi vivrait-elle? Espérons, pour l'avenir, que, sa dépense étant portée au budget, elle sera plus libérale sur la censure des journaux, qu'elle nous donnera le tableau de ses recettes et de ses dépenses, et imprimera la liste exacte de ses pensions!

Il y a imprévoyance dangereuse à ne pas accorder aujourd'hui la liberté des journaux avec une bonne loi de répression. C'est une maxime d'État, qu'un gouvernement ne doit pas refuser ce que la force des choses est au moment de lui ravir : aujourd'hui vous obtiendrez une liberté de la presse, demain on vous forcera peut-être d'en supporter la licence.

Tout le monde veut que les journaux soient libres, puisque ceux même qui s'opposent à l'abolition de la censure cette année nous la promettent dans un an. Si tout se réduit à une question de temps, tout se réduit donc à savoir quelle sera l'époque la plus favorable pour établir la liberté de la presse : or, pense-t-on qu'il sera moins dangereux de l'accorder lorsque les alliés se retireront, et que la loi des élections aura changé un autre cinquième de la Chambre des députés? Ne serait-il pas plus sage de nous habituer à cette liberté tandis que nous savons encore où nous sommes, et que nous marchons dans nos vieux sentiers? Du moins le premier effet serait passé quand tout changera de face en France; cette explosion ne viendrait pas se joindre à celle que produira nécessairement la délivrance de notre territoire. Si l'on songeait un peu plus aux intérêts de la patrie, et que l'on ne vît pas toujours dans la question des journaux les soucis particuliers du ministère, on ferait attention à ce que je dis ici.

N'apprendrons-nous jamais les affaires, et verrons-nous encore se passer sous nos yeux les choses dont nous sommes les tristes témoins? En vain une majorité est acquise, si les lois qu'on lui présente sont tellement défectueuses que la raison les repousse, et que la bienveillance la plus décidée ne puisse les admettre sans amendements; forcée de voter contre son penchant, cette majorité accuse par son vote les auteurs de la loi encore plus que la loi elle-même.

Le concordat passera-t-il? Non pas vraisemblablement sans éprouver une grande opposition; et cette opposition viendra peut-être du côté où le ministère a cherché son appui. Cela prouverait qu'il n'a pas bien connu les hommes. Des raisons secrètes ou publiques, comme on l'a dit un moment, feront-elles retirer le concordat? L'opinion ne pardonne guère ces tâtonnements; et la déconsidération marche, pour les hommes d'État, à la suite des essais et des demi-partis.

Enfin, remarquez le sort de la loi sur la liberté de la presse : on en sépare d'abord le dernier article de la manière la plus insolite, pour en faire une loi particulière, sans égard au rang qu'il occupait dans la série des articles, sans égard à l'influence qu'il a pu avoir sur les opinions, sur la manière dont il a pu déterminer des amendements, des suppressions ou des adoptions, lorsqu'il faisait partie de la loi générale. Vite on porte à la Chambre des pairs ce qui n'était dans l'origine ni un projet de loi, ni un article d'un projet de loi, ni un amendement de la Chambre des députés à un projet de loi, mais un amendement de la commission de la Chambre des députés, fait au dernier article d'une loi composée de vingt-sept articles. On ne sait précisément quel sera le terme de l'existence de cet *être* extraordinaire, partie *périssable* d'une loi *immortelle* à laquelle il était attaché : la durée de sa vie dépend de la durée de la prochaine session.

Tandis que la loi générale est discutée lentement dans la Chambre des députés, le malheureux fragment de la loi a à peine le temps de paraître à la Chambre des pairs : il faut qu'il soit voté avant le 31 décembre, afin que l'ancienne loi expirante ait la consolation de voir son héritière avant de mourir : moins heureuse que l'esclave romain, la pensée n'aura pas même dans l'année un jour de fête où, sous la protection de quelque divinité, elle puisse déposer ses chaînes.

A peine les ministres étaient-ils parvenus à faire distraire de la loi générale l'article concernant les journaux, qu'ils expiaient ce succès en perdant la majorité sur un autre article : bientôt ils sont encore battus sur un autre. Ils ont triomphé, il est vrai, en faisant rejeter l'amendement en faveur du jury. Déplorable triomphe pour la France et pour le ministère lui-même! Quand on livre aux disputes humaines ces questions qui touchent à la fois aux intérêts les plus chers et aux passions les plus vives, il faudrait du moins que le prix de la victoire en compensât le péril. Enfin la loi est adoptée! Quelques voix seulement la livrent, comme à regret, au ministère, qui ne craindra pas de présenter à l'approbation de la Chambre des pairs, à la sanction du roi, et au respect de la nation, un projet de loi auquel une majorité de dix suffrages donne à peine un commencement d'existence!

L'article sur les journaux sera peut-être admis par la Chambre des pairs; mais comme il n'a d'effet que jusqu'à la fin de la session suivante, l'année prochaine les débats recommenceront. Rien de plus imprudent que de remettre chaque année en question les principes de l'ordre social. Que résultera-t-il donc de ces derniers débats? La profonde affliction que causent à tous les Français des mesures si fausses, des projets si mal conçus, des méprises si fatales sur les choses et sur les hommes.

Il reste à considérer le ministère dans ses rapports avec la constitution, à examiner ce qu'est devenue la Chambre des députés sous son influence, quelle notion il a du gouvernement représentatif, et quel est à cet égard son savoir ou son ignorance : cela fait, on aura parcouru tout son système.

La Chambre des députés présente un aspect aussi singulier qu'il est nouveau. Une main peu sûre l'a laissée se briser en plusieurs parties. Aux deux extrémités se présentent les hommes qu'on voulut exclure des élections en 1815 et en 1816. Ils forment deux minorités : ceux qui composent la première sont les plus nombreux.

Au centre, dans ce qui devrait être la majorité, s'est formé un tiers parti. Ce tiers parti semble composé d'hommes éclairés qui n'ont pu faire le sacrifice de leurs lumières à des ministres qu'ils regrettent de ne pouvoir suivre.

Ici l'on doit sentir, sous le simple rapport du ministère, l'inconvénient d'une représentation diminuée, et combien étaient dans l'erreur ceux qui prétendaient qu'une Chambre réduite à deux cent cinquante-sept membres, serait plus facile à conduire qu'une Chambre composée de quatre cents membres et plus. Dans une assemblée peu nombreuse, dix ou douze hommes qui se groupent et s'isolent deviennent importants et changent la majorité. Le ministère est forcé d'entamer des négociations avec ces petites puissances; il est à la merci de quelques voix, qu'il ne perdrait pas, peut-être, si l'assemblée, plus nombreuse, lui permettait de les négliger.

La petite minorité, dont le germe existait dans la Chambre, dès la session dernière, a pris des forces cette année. Elle vient de paraître avec mesure et talent, et a défendu, comme l'ancienne minorité, les principes conservateurs de la Charte.

Quant à cette ancienne minorité formée de la majorité de la Chambre de 1815, elle est tout juste dans la position où elle se trouvait l'année dernière : elle continuera d'émettre son opinion selon sa conscience. La religion, la légitimité, la Charte avec toutes ses libertés, non pas arbitrairement suspendues par les lois d'exception, mais sagement réglées par des lois permanentes! voilà ce que veut cette minorité : tous ceux, sans exception d'hommes, qui voudront venir sur ce terrain, sont sûrs de la trouver : c'est là que, sans intrigues, sans ambition, elle tiendra d'une main ferme le drapeau blanc à la tribune, et soutiendra une opinion qu'on cherche à décourager. La lassitude des royalistes serait le plus grand malheur qui pût arriver à la royauté; pour ne pas sentir cette lassitude, il faut avoir une dose peu commune de longanimité.

La politique adoptée en donnant naissance aux minorités royalistes des deux Chambres, a fait un mal incalculable. Ce sont des minorités contre nature : on ne s'accoutume point à voir dans l'opposition les plus fidèles soutiens du trône. De tous les devoirs que les royalistes aient eus à remplir jusqu'ici, le plus douloureux peut-être est d'être obligé de voter contre des projets qu'on leur présente comme émanés de la volonté du roi.

L'opposition naturelle aujourd'hui serait une opposition démocratique combattue par une forte majorité royaliste [1]. Avec cette opposition, le ministère et l'État marcheraient sans craintes et sans entraves; mais quatre-vingts membres dans la Chambre des députés, soixante au moins dans la Chambre des pairs, presque tous connus par leurs sacrifices et pour leur attachement à la monarchie, plusieurs au service particulier du monarque et nobles compagnons de ses exils, forment des minorités trop extraordinaires pour ne pas annoncer un vice radical dans l'administration.

Vous avez beau dire que ce sont des hommes honnêtes, mais égarés; une erreur peut appartenir à un homme, à quelques hommes; elle n'est pas le partage d'un nombre considérable de sujets loyaux, dévoués, sincères, religieux. Qui peut donc les pousser à une opposition si pénible pour eux : l'ambition? Mais dans ces nobles vieillards de la Chambre des pairs, fatigués des traverses d'une longue vie, on n'a jamais remarqué que l'ambition de s'attacher aux pas

---

[1] On a le bonheur de se rencontrer ici avec un orateur de la Chambre des députés, M. Benoist, qui a très-bien exprimé et développé cette idée.

d'un monarque malheureux, de lui aider à soutenir sa couronne, lorsqu'elle pesait sur sa tête royale. Courtisans des temps de son adversité, ils ne veulent point être ses ministres au jour de sa fortune. Ils ont un plus beau titre à garder, un titre que la fidélité leur donne, qu'aucune puissance ne peut leur ravir : ils sont les amis du roi.

On ne voit dans l'ancienne minorité de la Chambre des députés que des citoyens modestes, fidèlement attachés ou noblement revenus au trône. Qui les console dans leurs pénibles travaux? Ont-ils, comme en Angleterre, des journaux qui les défendent; des fortunes, une existence, qui les dédommagent de la perte de la faveur? Les rencontre-t-on chez les ministres? Intriguent-ils dans les antichambres? Ils vivent entre eux dans la simplicité de leurs mœurs, sans prétention, sans autre but que celui de faire triompher la monarchie légitime, sacrifiant en silence jusqu'aux intérêts de leur famille enveloppée dans leur disgrâce, et n'opposant aux calomnies que le témoignage de leur conscience. Ils ne tirent aucun parti de leur renommée; ils la quittent pour ainsi dire avec leur habit, et ne la reprennent qu'à la tribune : ces hommes de bien, si redoutables aux ministres, si estimés dans toute la France, sont à peine aperçus dans Paris.

Une opposition pareille a nécessairement une influence considérable sur l'opinion. Par quelle fatalité a-t-on fait deux choses de la royauté et des royalistes? Les gens simples ne comprennent rien à cette distinction bizarre; ils ne savent où est la vérité, de quel côté il faut qu'ils se rangent; ainsi se trouve rompu ce faisceau de volontés sur lequel la France doit s'appuyer, et dont elle doit tirer sa défense et sa force.

On entend une clameur : *Les royalistes voter avec les indépendants! Les royalistes inscrits avec eux pour parler contre la même loi! Quel malheureux esprit de parti!*

Mais qui donc élève cette clameur? Qui donc est si jaloux de l'honneur des royalistes? Serait-ce par hasard leurs ennemis? Ils ont donc une idée bien haute de notre vertu! Depuis deux ans on calomnie les royalistes de la manière la plus honteuse : on essaie d'armer contre eux l'opinion publique; tous les journaux, même les journaux étrangers à la solde française, les déchirent; on voudrait les perdre dans toute l'Europe; et quand l'histoire fouillera les archives, aujourd'hui fermées à ses recherches, elle y découvrira peut-être des documents qui prouveront à quel point la haine a poursuivi la fidélité. On a tout fait souffrir aux royalistes; et parce qu'on s'est mis dans une position périlleuse, on trouvera mauvais que les royalistes ne s'empressent pas de tendre la main à leurs imprudents persécuteurs? C'est la patrie, dit-on, qu'il s'agit de sauver! Et qu'est-ce qui a compromis la patrie? N'est-ce pas une politique étroite et passionnée qui a produit les divisions existantes aujourd'hui? Si on ne change pas de système, le plus grand malheur ne serait-il pas de maintenir au pouvoir ceux qui nous perdent par ce système? Leur retraite, dans ce cas, n'est-elle pas la première condition du salut de la France?

L'ancienne minorité de la Chambre des députés voter avec la nouvelle! Et pourquoi ceux qui se scandalisent de cette coïncidence de votes sont-ils plus scrupuleux pour les royalistes que pour eux-mêmes! Ne votèrent-ils pas pour la loi des élections avec ces mêmes hommes dont la faveur est passée aujourd'hui? On eut besoin des indépendants pour faire un 5 septembre contre les royalistes : voudrait-on aujourd'hui employer les royalistes pour faire un autre 5 septembre contre les indépendants?

Les royalistes défendirent l'année dernière la liberté de la presse : fallait-il qu'ils changeassent d'avis cette année, parce qu'une autre minorité partage leur opinion? Et que deviendraient leurs discours de l'autre session? S'ils pouvaient changer si subitement de doctrine sans raison palpable et motivée, ne seraient-ils pas et ne mériteraient-ils pas d'être la fable de l'Europe et de la France? On disait que les royalistes étaient incapables; et on va trouver mauvais à présent qu'ils ne se précipitent pas sur des hommes qui sont d'accord avec eux dans une discussion capitale!

Grâces à Dieu, la querelle des hommes tire à sa fin entre tout ce qui ne veut pas le despotisme ministériel : les bons esprits sentent la nécessité de se fixer dans des principes qui n'aient pas la mobilité des passions. Tout ministère qui ne sera pas franc dans l'exercice de la constitution, qui n'embrassera pas le gouvernement représentatif avec toutes ses libertés, toutes ses conséquences, tous ses inconvénients comme tous ses avantages, tombera écrasé sous le poids de ce gouvernement. Bonne foi et talent, voilà ce qu'il faut maintenant pour nous conduire; et la bonne foi et le talent ne sont point le partage exclusif d'une classe d'hommes. Les royalistes ne repoussent que la lâcheté et le crime; ils ne sont point ennemis des opinions. Quant à l'auteur de cet écrit, il pense qu'on peut rencontrer des amis sincères de la monarchie constitutionnelle jusque dans les rangs des anciens partisans de la république (lorsqu'ils n'ont pas commis de crimes), parmi ces hommes dont les premières erreurs ont eu un fond de noblesse; il croit encore que les enfants de nos victoires récentes sont désormais disposés à se joindre aux vieux soldats de notre antique gloire : aimer l'honneur, c'est déjà aimer le roi. Mais défions-nous de ces suppôts de la tyrannie, prêts à servir comme à trahir tous les maîtres, qui, toujours attendant l'événement, en ont toujours profité, esclaves que rien ne peut rendre libres, et dont la Charte n'a fait que des affranchis.

Que faut-il conclure de la rencontre des deux minorités dans des principes communs de liberté et de justice? Que cette réunion est la plus sévère critique du système que l'on suit, et l'accusation la plus grave que l'on puisse former contre ce système.

Enfin on s'écrie que c'est par esprit de parti que les royalistes combattent pour la Charte, pour la liberté de la presse; qu'au fond, ils n'aiment pas ces libertés. Cet argument est usé : la persévérance des royalistes dans leurs opinions détruit, à cet égard, toutes les insinuations de la calomnie; mais, pour trancher la question d'une façon péremptoire, qu'il me soit permis de citer un exemple.

Dans un rapport sur l'état de la France, fait au roi dans son conseil, à Gand, je m'exprimais de la sorte :

« Sire, vous vous apprêtiez à couronner les institutions dont vous aviez posé

« la base, en attendant dans votre sagesse l'accomplissement de vos pro-
« jets. . . . . Vous aviez déterminé une époque pour le
« commencement de la pairie héréditaire; le ministère eût acquis plus d'unité;
« les ministres seraient devenus membres des deux Chambres, selon l'esprit
« même de la Charte; une loi eût été proposée afin qu'on pût être élu membre
« de la Chambre des députés avant quarante ans, et que les citoyens eussent
« une véritable carrière politique[1]. On allait s'occuper d'un code pénal pour
« les délits de la presse, après l'adoption de laquelle loi la presse eût été entiè-
« rement libre, car cette liberté est inséparable de tout gouvernement repré-
« sentatif[2]. On avait d'ailleurs reconnu l'inutilité, ou plutôt le danger d'une
« censure, qui, n'empêchant pas le délit, rendait les ministres responsables de
« l'imprudence des journaux. . . . .
« . . . .
« Sire, et c'est ici l'occasion d'en faire la protestation solennelle, tous vos
« ministres, tous les membres de votre conseil sont inviolablement attachés
« aux principes d'une sage liberté. Ils puisent auprès de vous cet amour des
« lois, de l'ordre et de la justice, sans lesquels il n'est point de bonheur pour
« un peuple. Sire, qu'il nous soit permis de vous le dire avec le respect pro-
« fond et sans bornes que nous portons à votre couronne et à vos vertus, nous
« sommes prêts à verser pour vous la dernière goutte de notre sang, vous
« suivre au bout de la terre; à partager avec vous les tribulations qu'il plaira
« au Tout-Puissant de vous envoyer, parce que nous croyons devant Dieu que
« vous maintiendrez la constitution que vous avez donnée à votre peuple; que
« le vœu le plus sincère de votre âme royale est la liberté des Français. S'il
« en avait été autrement, sire, nous serions toujours morts à vos pieds pour
« la défense de votre personne sacrée, parce que vous êtes notre seigneur et
« maître, le roi de nos aïeux, notre souverain légitime; mais, sire, nous n'au-
« rions plus été que vos soldats, nous aurions cessé d'être vos conseillers et
« vos ministres[3]. »

Que ceux qui accusent les royalistes de n'être pas de bonne foi dans leur
attachement à la Charte, de n'avoir pris qu'un masque de circonstance; que
ceux-là disent pourquoi à Gand un royaliste qui ignorait quel serait le terme de
son exil et l'issue des événements, qui n'était ni pair de France, ni opposé à
un ministère dont l'existence même ne pouvait pas être prévue; qu'ils disent
pourquoi ce royaliste réclamait si hautement les libertés constitutionnelles.
Qu'ils disent si le langage qu'il tenait alors diffère de celui qu'il tient aujour-

---

[1] On peut remarquer que l'ordonnance du 13 juillet 1815 était basée sur ces principes.

[2] Voilà, je pense, la liberté de la presse assez franchement demandée, et l'époque de la demande n'est pas suspecte.

[3] Il n'a été permis à aucun journal d'annoncer ces *Mélanges*, apparemment à cause de la préface qui commence le recueil, et *de la Monarchie selon la Charte* qui le finit; car je ne suppose pas que la brochure *de Buonaparte et des Bourbons*, les *Réflexions politiques* dont Louis XVIII avait daigné approuver l'impression, quelques morceaux écrits à Gand pour les affaires du roi, et mes *Opinions* à la Chambre des pairs, soient mis à l'*index* de la police. Qui sait pourtant ? (*Note de l'ancienne édition.*)

d'hui ; si sa franchise à la tribune a surpassé celle qu'il a montrée dans le conseil. Un homme qui, suivant son prince malheureux, a pu faire à ses pieds, en terre étrangère, une pareille profession de foi, a peut-être quelques droits d'en être cru sur parole, lorsqu'il soutient des principes généreux, et qu'il les allie à d'inaltérables sentiments d'amour et de fidélité pour son roi.

Ce qui, à chaque session, à chaque question nouvelle, semble remettre en doute l'influence du ministère sur les Chambres, c'est qu'il ne s'est pas bien pénétré des doctrines du gouvernement constitutionnel.

Lorsque la restauration est venue nous sauver, par un mouvement naturel on s'est reporté au commencement de nos troubles, et les vingt-cinq années de nos malheurs s'évanouissant comme un mauvais songe, on a repris la monarchie là où on l'avait laissée. Cependant les choses n'étaient plus les mêmes : le roi, dans sa magnanimité, nous avait donné une Charte ; avec cette Charte nos devoirs avaient changé, mais les hommes appelés au pouvoir virent que le rétablissement du trône avait réveillé dans nos cœurs cet amour inné des Français pour les enfants de saint Louis. Ils se hâtèrent de profiter de ce sentiment pour échapper aux entraves de la Charte. Au lieu de rester à leur poste devant le roi, ils passèrent derrière, afin de couvrir la responsabilité du ministre de l'inviolabilité du monarque. Ainsi retranchés, ils se flattèrent de conduire la monarchie nouvelle avec les maximes de l'ancienne monarchie. De là le combat qui s'est engagé entre le ministère et les Chambres : le ministère s'exprimant d'un ton absolu, s'efforçant d'emporter tout de haute lutte au nom sacré du roi ; les Chambres réclamant la liberté de leurs opinions, et voulant renfermer le ministère dans les principes.

Telle est la première cause qui empêcha certaines personnes de bien comprendre l'esprit de la Charte. Il y a une autre raison qui rend aussi quelques hommes étrangers à l'ordre actuel : ils conservent le souvenir des institutions de Buonaparte. On n'a d'un côté pour conduire la monarchie représentative que les traditions de la monarchie absolue, et de l'autre que l'expérience du pouvoir arbitraire. Remarquez la manière dont on interprète les lois, le soin avec lequel on va déterrer celles qui furent inventées pour le vandalisme conventionnel ou par la tyrannie impériale ; lisez les discours prononcés dans quelques tribunaux, vous y découvrirez une antipathie secrète pour l'ordre constitutionnel. Ne répète-t-on pas que les Chambres sont moins un contre-poids qu'un conseil pour l'autorité royale ? N'entend-on pas dire qu'on peut gouverner avec des ordonnances ; que les Français ne sont pas faits pour une monarchie représentative ; qu'ils sont las de ces corps politiques auxquels ils attribuent tous leurs malheurs ? Tantôt on confond le ministère avec le trône ; on soutient qu'attaquer le premier c'est attaquer le second ; tantôt, pour un autre motif, on en fait une puissance séparée ; on parle des principes *qui lient le ministère au roi, et le roi au ministère*, créant ainsi en théorie de petits souverains qui sembleraient avoir des principes et un pouvoir indépendants de ceux du monarque. On perpétue des lois d'exception qui perpétuent le ministère de la police générale ; tribunal d'inquisition politique, qui, dans un moment de crise, a pu avoir son utilité, mais dont l'existence est définitivement incompatible avec un gouvernement constitutionnel. On a surtout horreur de cette liberté des journaux qui déjouerait tant de petits projets, qui mettrait à nu tant de médiocrités. On introduit dans l'administration ce despotisme sauvage qui déplace les hommes, sans égard à leur position, afin de briser les volontés, et de n'avoir partout que des machines. Buonaparte a disparu, mais il nous a laissé les muets de son sérail pour étouffer la liberté.

Il est au fond de la nature humaine quelque chose qui semble militer en faveur du pouvoir absolu : ce pouvoir se présente comme une idée simple; et sous ce pouvoir il faut moins d'habileté à l'ambition pour parvenir. Quand on n'a pas les vertus nécessaires pour n'obéir qu'aux lois, on a un penchant naturel pour être l'esclave des hommes; mais quiconque voudrait ramener avec la maison de France le despotisme de l'usurpateur, perdrait la légitimité.

Il est tout simple cependant que des hommes jadis en pouvoir sous Buonaparte aient un penchant secret pour son système d'administration. L'admiration qu'ils ont pour ce système est une illusion d'amour-propre. « Tout allait « bien, disent-ils en eux-mêmes : nous gouvernions. » Et ils s'imaginent qu'ils avaient fait Buonaparte, et ils ne voient pas que c'est Buonaparte qui les avait faits! Instruments de la force, ils obéissaient comme des machines qui taillent le fer, qui font des ouvrages prodigieux par la violence du torrent qui les pousse ou du feu qui les soulève; ôtez le moteur, il ne reste plus que des pièces inertes et impuissantes.

Les efforts du ministère entre les trois divisions de la Chambre des députés seront-ils couronnés du succès? Nous l'ignorons; mais nous savons que, dans une monarchie représentative, le gouvernement doit avoir une majorité compacte, sûre, imperturbable. Un ministère, obligé de négocier entre un tiers-parti et deux minorités pour acquérir la majorité; un ministère, forcé de s'appuyer de l'une ou de l'autre de ces minorités pour faire passer les lois; un tel ministère n'est maître de rien, et doit tout perdre.

On serait tenté de regarder l'existence du ministère actuel comme un phénomène. Il ne se rattache point à l'opinion royaliste; il ne s'appuie pas sur l'opinion indépendante; une partie des hommes qui le suivaient semble se séparer de lui : à quoi tient-il donc? Nécessairement les opinions diverses des différentes parties de la Chambre des députés offrent la réunion complète des opinions de la France, et le ministère ne se trouve dans aucune de ces opinions. Aurait-il conçu le projet de les combattre toutes, et de se maintenir par une portion de chacune? Plus d'une fois à ce jeu funeste on a perdu les États.

En y regardant de plus près, on trouve que le ministère, isolé de la nation, a cependant un parti.

Ceux qui dans l'origine donnèrent naissance au système politique si menaçant aujourd'hui, ce furent une trentaine d'hommes qui s'arrangèrent pour renfermer l'autorité administrative dans leur petit cercle, et la conserver à tout prix. Tenant entre leurs mains les places qui séduisent, l'argent qui enchaîne, les journaux qui trompent, ils parvinrent à diriger les ministres, à créer une opinion factice, à faire un moment illusion à l'Europe. Ils nous ont mis à peu près dans la position où nous étions à Saint-Denis, lorsqu'on prétendait qu'il était impossible d'entrer à Paris avec la maison du roi, une garde nationale et un peuple qui n'attendaient Louis le Désiré que pour le bénir. Une poignée de fédérés tenaient les barrières fermées; et, pour vaincre cette grande résistance, il ne s'agissait rien moins que d'ouvrir une négociation et de prendre la cocarde tricolore. Ainsi quelques hommes sans force réelle gardent les avenues de la monarchie, et disent à la foule des honnêtes gens : « Vous ne « pouvez pas entrer, personne ne veut de vous; vous n'êtes pas assez forts; « prenez nos couleurs. »

Ces trente inventeurs du système sont donc des génies extraordinaires? Pas du tout : ce n'est qu'une coterie poussée par une faction [1] : cette coterie a été forcée de prendre son point d'appui dans cette faction. C'est de là qu'elle tire sa puissance, c'est de là que viendra sa perte. Pour se maintenir elle sera obligée d'exagérer ses propres principes, parce que dans les choses humaines, tout ce qui ne croît plus est prêt à décroître. C'est par cette cause que le ministère, soumis malgré lui à l'action du système, tend continuellement à *s'épurer*, à se dégager des hommes qui ne sont pas assez prononcés dans un certain sens, pour les remplacer par des hommes plus décidés ou plus soumis. Il arrivera qu'à force d'épurations l'esprit du gouvernement se trouvera changé, qu'une opinion aura pris la place d'une autre sans qu'on s'en soit aperçu. Si alors, justement saisi d'épouvante, le ministère veut reculer, il perdra l'appui de la faction; s'il continue d'avancer, la faction l'engloutira.

Des hommes plus zélés que judicieux ont coutume de citer l'Europe en témoignage de la sagesse du système qu'on se permet de combattre dans cet écrit.

Est-il certain que l'Europe favorise un système dont elle a été la victime? Voit-elle sans inquiétude se rassembler les éléments des tempêtes qui l'ont ébranlée? Elle n'a rien à redouter des principes qui peuvent consolider en France la monarchie légitime; elle aurait tout à craindre des doctrines qui rétabliraient parmi nous l'empire de la révolution. Si je traitais ce côté de la question, j'y trouverais de grands avantages, en inspirant aux rois une crainte salutaire; mais je suis arrêté par un sentiment d'honneur : ma cause me semblerait mauvaise, si je tirais mes arguments d'une source étrangère. Je respecte l'opinion de l'Europe, mais elle ne sera jamais une autorité pour moi, en ce qui touche les intérêts particuliers de mon pays : je suis trop Français pour oublier un moment ce que je dois à l'indépendance de la France.

J'ai dit quelques vérités; je n'ai pas cru devoir me tenir dans ce milieu d'où l'on ne peut atteindre à rien, et où aucun intérêt ne vient aboutir. Des raisons et des phrases affaiblies manquent leur effet : c'est avoir l'inconvénient et n'avoir pas le courage de son opinion. Un imprudent système a gâté le bien qu'il était si facile d'opérer. Si par des raisons de parti, des craintes mal fondées de réaction et de vengeance, on a cru devoir verser du côté de la révolution, a-t-on bien songé où l'on serait inévitablement conduit? A-t-on

---

[1] Voyez la *Monarchie selon la Charte*.

pensé à ce qui arrivera, lorsque, la France devenue libre par la retraite des troupes étrangères, nous nous trouverons seuls en présence des passions que nous aurons armées? Sommes-nous sûrs de pouvoir rétrograder? Sera-t-il temps de revenir? Déjà le mouvement nous entraîne, déjà ceux qui sont dans ce mouvement ne s'aperçoivent plus de sa rapidité. Ils nous crient que tout est tranquille, parce que le tourbillon qui les emporte roule et se précipite avec eux. Les illusions sont grandes autour de nous. A Paris, des devoirs à remplir, des plaisirs à suivre occupent la journée; il faut conserver sa place, soigner sa faveur, faire son chemin, garder les bienséances de la société, ne choquer l'opinion de personne. L'atmosphère des cours a quelque chose qui porte à la tête, et change l'aspect des objets. Toutefois ceux qui ont vu Buonaparte dans ses succès, les rois de la terre formant son cortége, huit cent mille soldats (et quels soldats!) soutenant sa couronne, tous les talents travaillant à immortaliser sa mémoire, savent combien il faut se défier du sourire de la fortune. Vingt-cinq ans ont suffi pour enlever la légitimité et l'usurpation du même palais : l'une avec sa vieille monarchie de quatorze siècles, l'autre avec son vaste empire de quatorze ans : *Transivi, et ecce non erat.* Rien n'est stable que la religion et la justice : heureusement le trône de Louis XVI était fondé sur ces bases, et c'est pour cette raison qu'il est aujourd'hui rétabli. Ah! ne permettons pas qu'il soit exposé à de nouvelles secousses; veillons à la garde de la couronne du meilleur et du plus révéré des monarques; rétablissons nos autels; épurons nos mœurs; corrigeons nos lois en fondant nos libertés : ne lassons pas la patience du ciel, de peur d'aller grossir le nombre de ces nations punies pour des fautes qu'elles n'ont pas voulu reconnaître, et des crimes qu'elles n'ont pas assez pleurés.

REMARQUES SUR LES AFFAIRES DU MOMENT [1].

Paris, 3 juillet 1818.

J'avais renoncé à la politique; des travaux historiques, depuis longtemps entrepris, sollicitaient mon retour à l'étude. Tout n'avait pas été perdu pour ces travaux dans mon rapide passage à travers les affaires humaines : les hommes apprennent à connaître les hommes; et je portais, dans l'examen des principes qui servirent à l'établissement de notre monarchie, les lumières que j'avais pu acquérir, en voyant de plus près les causes de sa destruction.

C'est au milieu de ces occupations, lorsque je fouillais dans les tombeaux de nos ancêtres, que, déroulant les vieux titres de notre gloire, je cherchais à éle-

---

[1] Ce n'est ni un ouvrage, ni même une brochure que je publie. Quand les journaux cesseront d'être sous une censure qui détruit le gouvernement représentatif par sa base, alors ils seront naturellement chargés de combattre la calomnie : jusque-là tout homme qui jouit de quelque liberté est obligé, en conscience, de s'en servir pour éclairer l'opinion publique : c'est pourquoi je fais paraître cette *réclamation.*
(Avis *qui précédait la première édition.*)

ver à la France un monument; c'est dans cet instant même que l'on me peint comme un indigne enfant de cette France! La plus lâche et la plus noire calomnie arrête ma plume, sur la ligne même où je venais d'exprimer mon amour et mon admiration pour ma patrie. Je recherchais l'origine de la noble race de saint Louis, et voilà que je suis dénoncé comme un ennemi de cette race dont j'ai cependant défendu les droits et partagé l'exil. On m'arrache à mes paisibles recherches; on vient me provoquer au milieu de la poussière des livres. J'étais déterminé au silence, à la paix, à l'oubli, et l'on ne veut ni de ce silence, ni de cette paix, ni de cet oubli : on me jette le gant, je le relève.

Non-seulement je dois soutenir mon honneur, mais je dois défendre les royalistes [1]. Une trop touchante fraternité de malheur m'unit à ces hommes pour qu'ils ne me retrouvent pas quand ils ont besoin de moi. Tout conspire aujourd'hui contre eux, et nos journaux, enchaînés par la censure, et les pamphlets libres, mais dirigés par une opinion hostile, et les feuilles étrangères sous l'influence de notre argent ou de nos passions. On craint de plaider la cause de ces victimes de la fidélité ; on parle de leurs services avec les ménagements qu'on prendrait pour parler d'un crime; leur innocence fait peur, et il semble qu'on n'ose en approcher : ils peuvent du moins compter sur moi. Trop longtemps les calomniateurs anonymes ont joui de l'impunité ; ils ont trop espéré dans leur bassesse : je cesse de reconnaître leur privilége, et ils réclameront en vain l'inviolabilité du mépris.

On n'a peut-être pas encore tout à fait oublié *la Monarchie selon la Charte*. Quel que soit le jugement qu'on ait porté de cet écrit, on conviendra du moins que je me suis peu écarté de la vérité. Qu'on veuille bien jeter les yeux sur les chapitres XXXVI, XXXVII, XXXVIII, XXXIX, XL, XLI, XLII, XLIII, XLIV, de la II⁰ partie, et l'on verra que j'ai calculé la suite des choses avec une précision effrayante. Les injures, les déclamations, les libelles ne détruisent point les faits : j'ai dit qu'on chasserait les royalistes de toutes les places ; qu'après avoir épuré le civil, on chercherait à épurer l'armée : tout cela est arrivé et si ponctuellement, que ce n'est pas moi qui semble avoir prévu l'événement, mais les auteurs du *système*, qui paraissent avoir pris à tâche de suivre la route que j'avais tracée.

J'avais dit encore que la doctrine secrète des ennemis de la légitimité est celle-ci : « *Une révolution de la nature de la nôtre ne finit que par un changement de dynastie* [2]. J'avais dit que les plus grands ennemis du roi *affecteraient pour lui le plus grand amour ; qu'ils reconnaîtraient en lui ces hautes vertus, ces lumières supérieures que personne ne peut méconnaître; que le roi, qu'on a tant outragé pendant les Cent-Jours, deviendrait le très-juste objet des*

---

[1] C'est surtout dans un écrit de ce genre qu'il faut être clair, et se faire entendre de tout le monde. On a donc été forcé d'employer les noms sous lesquels les différentes opinions sont classées aujourd'hui. Ce n'est pas toutefois sans un profond regret : les royalistes savent trop combien de souvenirs douloureux s'attachent à ces désignations, qui commencent par n'exprimer que des opinions et finissent par marquer des victimes. (*Note tirée de l'écrit précédent sur le* Système suivi par le ministère.)

[2] *Monarchie selon la Charte*, chap. XXXVI de la II⁰ partie.

hommages de ceux qui l'ont trahi, et qui sont prêts à le trahir encore. J'ajoutais : Que ces *démonstrations d'admiration et d'amour ne seraient que l'excuse des attaques dirigées contre la famille royale;* qu'on *affecterait de craindre l'ambition de ces princes qui, dans tous les temps, se sont montrés les plus soumis des sujets;* qu'on *essaierait de leur enlever le respect et la vénération des peuples;* qu'on *calomnierait leurs vertus;* que *les journaux étrangers seraient chargés de cette partie de l'attaque par des correspondants officieux* [1]. La prédiction s'est-elle accomplie? Y a-t-il eu un moment, un seul moment où l'on se soit écarté du système annoncé, où l'on ait cessé de se servir des mêmes moyens, d'employer les mêmes manœuvres? Lorsqu'une fois on est sur le penchant du précipice, ceux qui ont eu l'imprudence de s'y placer sont entraînés sans ressource.

Il faut, en effet, que nous soyons déjà bien engagés dans la descente, puisque nous en sommes aux conspirations. Depuis longtemps on murmurait, dans un certain parti, la *nécessité* de découvrir une conspiration royaliste. Ne fallait-il pas un contre-poids aux conspirations de Grenoble et de Lyon? N'était-il pas affligeant de trouver que des jacobins s'étaient soulevés tandis que des Vendéens restaient tranquilles? N'était-il pas évident à tous les yeux que des hommes qui se sont fait massacrer pendant vingt-cinq ans pour le trône veulent le renversement de ce trône, comme les hommes qui ont conduit Louis XVI à l'échafaud?

Je vois, dans des journaux étrangers endoctrinés par des *correspondants*, que deux, que trois colonels devaient échelonner leurs régiments, de Saint-Cloud à Vincennes, le jour où un crime devait être commis. En conséquence de ces infâmes calomnies, le juge se trouve forcé d'envoyer un mandat de comparution à l'un de ces colonels, afin qu'il vienne déclarer ce qu'il pourrait savoir d'une conspiration contre le roi. Ce brave militaire reçoit le mandat l'anniversaire du jour où son père et son grand-père périrent les premiers pour la monarchie! Qu'un autre colonel ne prétende point en appeler aux cendres de ses deux frères; qu'il ne vienne point montrer sur son visage les blessures qu'il obtint au service de sa patrie, ni sur son corps celles qu'il reçut pour son roi dans les Cent-Jours; qu'il cesse d'étaler l'orgueil d'un nom qui représente l'honneur de la vieille France, et qui reste comme un immortel débris d'un grand naufrage, c'est *un conspirateur contre le roi!!!* il devait.... Je n'oserais achever le blasphème dans le pays qui voit encore les ruines des chaumières de la Vendée. Les calomniateurs français ont reculé eux mêmes devant leur propre calomnie; ils n'ont osé la répandre que sur une terre étrangère.

Il faut que l'on sache qu'il existe une certaine *correspondance privée* dont la source est à Paris. Cette correspondance *privée* est confiée à des hommes qui osent tout, excepté signer leur nom, ce qui prouve au moins qu'ils rougissent de quelque chose. Sous le voile de l'anonyme, calomniateurs sans périls, et par conséquent doublement lâches, ils n'ont pas même le courage

---

[1] *Monarchie selon la Charte,* chap. xxxvii de la iie partie.

de l'assassin, qui peut être tué par celui qu'il veut égorger. Si dans votre patrie on porte des accusations contre vous, du moins on sait qui vous êtes; vous êtes là; vos amis sont là; le public n'est pas longtemps dans l'erreur. Mais qui redressera le tort qu'on vous fait, si l'on noircit votre réputation dans un autre pays? Les plus grossiers mensonges ne peuvent-ils pas être adoptés comme des vérités par des hommes qui ne vous connaissent pas! Une opinion étrangère se forme, s'enracine, se propage avant même que vous en soupçonniez l'existence, et vous pouvez ainsi porter toute votre vie la marque de la sale main qui vous a souillé en vous touchant.

Qu'est donc devenu en nous le sentiment de la dignité nationale? Quoi! ce sont les lecteurs des journaux de l'Allemagne et de l'Angleterre que nous instruisons de nos discordes? Dans quel rang inférieur nous plaçons-nous donc? Nous avouons-nous vaincus, et, comme des esclaves, débattons-nous nos différends devant nos maîtres? Nous voyons ce que nous n'avions pas encore vu dans l'histoire de nos malheurs; nous voyons des Français[1] acheter au poids de l'or une place dans les feuilles publiques étrangères, pour y flétrir des Français. Qu'on ne s'y trompe pas : ces outrages faits à des particuliers retombent sur la nation entière. Nous ne pouvons nous attirer que le mépris de nos voisins, en nous déchirant ainsi dans leurs journaux. Si l'on y représente comme des scélérats les plus honnêtes gens de la France, qu'est-ce donc que le reste de la France? Voit-on les étrangers nous imiter, payer leur déshonneur dans nos gazettes? Qu'il serait plus Français, plus généreux, plus patriotique, de dérober nos misères aux regards des autres peuples, de nous parer des réputations et des talents qui nous restent! Nous avons souffert tant de vices, ne pouvons-nous supporter quelques vertus?

Une correspondance *privée* dit donc que nous sommes coupables de haute trahison; que les auteurs de *certain Mémoire*, entre lesquels je suis particulièrement désigné, sont aussi les auteurs de *certaine conspiration*. Je reviendrai sur le Mémoire. Examinons auparavant ce que peut être une conspiration dans une monarchie constitutionnelle.

Plus on étudie le gouvernement représentatif, plus on l'admire. Indépendamment de ses autres avantages, c'est encore de toutes les espèces de gouvernement celui qui est le moins exposé aux dangers d'une conspiration. Dans les républiques, le gouvernement peut périr, quand un des pouvoirs de l'État attaque les autres pouvoirs. A Rome, une partie des sénateurs et du peuple entre dans la conjuration de Catilina contre une autre partie des sénateurs et du peuple : ôtez Cicéron, et le Capitole est en cendres. Dans les monarchies absolues, un coup de poignard peut tout changer : Henri III meurt, et la France est livrée aux fureurs de la Ligue. A Constantinople, la patiente servitude, le soir endormie sous un tyran, le matin réveillée sous un autre, abaisse son front devant la nouvelle idole, ouvrage d'un eunuque ou d'un janissaire. Un homme était encore à minuit dans une maison de détention : il franchit les murs d'un jardin, va chercher quelques soldats à Vincennes, revient à Paris, tire un coup

---

[1] Je veux bien encore ne pas les désigner autrement.

de pistolet dans la tête d'un gouverneur : s'il en eût tiré un second, il devenait le maître de celui qui était encore le maître du monde : tant est faible le plus fort despotisme !

A quoi parviendraient des conspirateurs dans notre monarchie constitutionnelle? Ils n'auraient de chance de brouiller que dans un seul cas : s'il s'agissait de remettre le despotisme de la révolution à la place de la légitimité et de la Charte. Alors appelant tous ceux qui ont servi ce despotisme, séduisant les soldats, alarmant les intérêts, ils parviendraient peut-être à exciter quelques troubles.

Mais si l'on suppose qu'il existe une conspiration dont les membres sont tous des serviteurs dévoués au monarque ; que cette conspiration ait pour but de forcer ce monarque à changer ses ministres, y a-t-il une ombre de probabilité? Quand un ministère serait enlevé ; quand un prince opprimé aurait consenti à tout, ne resterait-il pas les deux Chambres? Croit-on qu'à l'ouverture de la session aucune voix ne se ferait entendre ; qu'une si abominable scène n'attirerait l'attention d'aucun pair, d'aucun député?

Ce serait alors que les deux autres parties du pouvoir législatif, restées libres, s'armeraient bien justement, et qu'une loi forgée comme la foudre tombant sur la tête des conspirateurs, rendrait au roi son inviolabilité ; à la nation, son indépendance.

Les conspirateurs se seraient débarrassés des Chambres? Je l'ai dit ailleurs, et je le répète ici : La Charte est plus forte que nous ; quiconque voudra la détruire sera détruit par elle. Quelle autorité aurait une poignée d'obscurs conspirateurs pour renverser le produit du temps et l'œuvre de la sagesse du roi? Retranchez la Charte, et demain vous n'aurez pas un écu dans le trésor.

Sur des renseignements qu'il ne nous est pas donné de connaître, et qu'il ne nous est pas permis d'interpréter, des mandats de dépôt ont été lancés contre quelques personnes. Le magistrat a cru devoir agir par des raisons dont il ne doit compte à personne.

Jusque-là tout est dans l'ordre et dans les attributions de la justice. Mais aussitôt l'esprit de parti s'empare de l'affaire ; les *correspondances privées* sont mises en mouvement ; elles répandent au dehors les plus odieuses calomnies. Au dedans, les passions se jettent sur leur proie ; ceux-ci s'attachent par haine à certains noms ; ceux-là se laissent troubler par faiblesse ; les uns adoptent les rumeurs populaires par amour de l'étrange et du nouveau ; les autres les propagent sans y croire, afin de cacher des desseins plus dangereux. La perversité, la cupidité, la bassesse, profitent de ce moment pour gagner leur salaire. On crie dans les rues, *grande conspiration*, quand il n'y pas encore d'accusés. Les journaux impriment des articles injurieux [1], et les conseils des détenus ne peuvent obtenir, même par sommation judiciaire, qu'on leur déclare le nom des accusateurs de leurs malheureux clients. Le *secret* vient ajouter l'effroi du silence au scandale du bruit. Dans ce chaos le bon sens se perd, le jugement s'égare : autant de villages, autant d'opinions ; ou plutôt, chose affreuse ! tandis

---

[1] Voyez les excellentes *Observations préliminaires pour le baron Canuel*, par M. Berryer fils, avocat.

qu'on diffère sur les moyens, sur le but et les agents secondaires d'une conspiration qu'on ne connaît pas, la plus criminelle des calomnies demeure invariable; et c'est l'honneur, la religion et la vertu qu'on ose placer à la tête du crime!

Il n'appartient à qui que ce soit de se placer entre le juge et le justiciable. Je respecte profondément et l'auguste fonction du magistrat, et l'arrêt qu'il pourra prononcer : sans la soumission la plus complète aux lois et aux tribunaux, tout est perdu. Je ne préjuge donc rien des personnes maintenant détenues : mais je dois, avec la loi, les supposer innocentes, puisqu'elles ne sont ni accusées, ni même en état de prévention; il m'est surtout permis de les plaindre parce qu'elles souffrent et que je suis homme : il est dur pour le général Canuel, après avoir combattu dans la Vendée pendant les Cent-Jours, et sauvé le roi et la France à Lyon, d'être aujourd'hui plongé dans les cachots : l'intérêt pour lui doit redoubler, puisqu'il est venu se remettre lui-même si noblement entre les mains de ses juges. J'admets donc, je dois donc admettre que les détenus seront pleinement justifiés, qu'ils recouvreront bientôt leur liberté.

Dans cette supposition, que tout bon citoyen doit adopter jusqu'à ce que la justice ait prononcé, il se présente une question.

Des hommes déclarés innocents par la justice peuvent-ils poursuivre leurs dénonciateurs? Quand ils ont souffert une détention plus ou moins longue, n'y a-t-il pour eux aucune indemnité, aucun dédommagement? s'en iront-ils tout simplement déplorer leurs malheurs dans leurs familles, et reprendre le cours de leur vie, comme si rien ne leur était arrivé? Oui : tel est le vice de notre Code pénal : il suffirait seul pour détruire la Charte. Un homme est soupçonné d'un complot, et en conséquence mis en prison : on peut l'y garder tant que le juge instructeur croira n'avoir pas complété l'instruction secrète. Celui-ci peut appeler tous les témoins qu'il lui plaît d'entendre, et si ces témoins sont aux colonies, il faudra les faire venir. La Charte n'existe plus pour un homme frappé d'un mandat de dépôt : or, comme tout le monde peut se trouver dans ce cas, personne n'étant à l'abri d'une fausse dénonciation, il en résulte qu'avec le Code pénal, s'il arrivait jamais que des juges se laissassent intimider ou corrompre par la puissance, on pourrait toujours, et aussi longtemps qu'on voudrait, disposer de la liberté d'un citoyen. Nous n'avons rien à craindre d'un tel malheur aujourd'hui; mais il n'en est pas moins instant de réformer notre Code pénal; car il faut toujours faire dépendre la sûreté de la société de l'inflexible pouvoir des lois, et non de la volonté des hommes, sujets à changer et à faillir.

Quand je dis que l'homme détenu et déclaré innocent sort de prison comme il y est entré, je me trompe : on peut prononcer qu'il n'y a pas lieu à la poursuivre, que les preuves judiciaires ont manqué; mais les ennemis n'ont-ils pas la ressource des *preuves morales?* N'est-ce pas déjà ce que commencent à dire les *correspondances privées?* L'infortuné échappé au glaive de la loi n'échappe pas au supplice de la calomnie. Avec les prétendues *preuves morales*, tout est gagné : une source inépuisable de calomnie est ouverte aux outrages, aux persécutions, aux destitutions.

Quoi qu'il en soit, je suis encore à comprendre que des mensonges infâmes aient été insérés dans les feuilles étrangères, qu'ils aient été répétés dans quelques-uns de nos ouvrages périodiques, sans qu'on se soit mis en peine de leur donner un démenti formel dans nos journaux censurés. Est-ce par quelques phrases insignifiantes, jetées comme à regret dans nos gazettes, qu'on arrêtera ce débordement d'outrages? Si les ministres étaient compromis, que de braves prendraient leur défense! que de champions en campagne! Mais les personnages les plus augustes sont attaqués, et mille voix ne s'élèvent pas pour étouffer celle du mensonge! Quand il faudrait tonner, on reste muet; quand on devrait instruire les départements, les détromper, les rassurer, on laisse la contagion se répandre. L'opinion est égarée; qui la redressera, si ce ne sont ceux qui disposent du plus sûr moyen pour la diriger? Le devoir le plus impérieux des hommes en puissance n'est-il pas de défendre la légitimité? « Apprenons à distinguer les vrais des faux royalistes : les premiers sont ceux qui ne « séparent jamais le roi de la famille royale, qui les confondent dans un même « dévouement et dans un même amour, qui obéissent avec joie au sceptre de « l'un, et ne craignent point l'influence de l'autre; les seconds sont ceux qui, « feignant d'idolâtrer le monarque, déclament contre les princes de son sang, « cherchent à planter le lis dans un désert, et voudraient arracher les rejetons « qui accompagnent sa noble tige. On peut, dans les temps ordinaires, quand « tout est tranquille, quand aucune révolution n'a ébranlé l'autorité de la « couronne, on peut se former des maximes sur la part que les princes doivent « prendre au gouvernement; mais quiconque, après nos malheurs, après tant « d'années d'usurpation, ne sent pas la nécessité de multiplier les liens entre « les Français et la famille royale, d'attacher les peuples et les intérêts aux « descendants de saint Louis; quiconque a l'air de craindre pour le trône les « héritiers du trône, plus qu'il ne craint les ennemis de ce trône, est un « homme qui marche à la folie ou court à la trahison [1]. »

Il serait bien temps que le scandale finît. Une des grandes choses dont on se servait pour le propager, était un *certain Mémoire* des royalistes dont on ne parlait qu'avec horreur. Ce Mémoire, disait-on, se liait à la conspiration; il en expliquait le *prétexte et le but*. Dans ce Mémoire, il ne s'agissait rien moins (suivant les bienveillants interprètes) que d'engager les étrangers à rester en France et à supprimer la Charte. De là on partait pour traiter les auteurs de ce Mémoire de mauvais Français, de gens abominables : on les déclarait, dans une *Correspondance privée*, coupables du double crime de trahison envers la France et envers le roi. J'étais particulièrement désigné, et par toutes les lettres de mon nom, pour l'auteur de ce Mémoire.

Avant d'aller plus loin, je demanderai à ceux qui donnent si facilement des brevets de conspirateurs aux meilleurs serviteurs du roi, s'ils sont eux-mêmes des hommes si fidèles? N'ont-ils jamais abandonné Buonaparte? N'ont-ils point pendant les Cent-Jours, manqué à d'autres serments? Où étaient-ils alors? Étaient-ils à Gand, dans la Vendée, sur les bords de la Drôme? Quelles places occupaient-ils? Vous qui osez nous appeler des conspirateurs, héritiers de tous les gouvernements de fait, êtes-vous bien descendus dans le fond de votre con-

[1] *Monarchie selon la Charte*, chap. xxxvii de la IIe partie.

science? Au mot de *trahison* ne devriez-vous point rougir? Quand vous accusez ne vous condamnez-vous pas? Vous parlez de Biron! Ah! du moins, il avait servi longtemps son maître avant d'être coupable ; et vous, vous n'avez jamais su que trahir les vôtres!

Accusé d'avoir fait le *Mémoire secret*, j'ordonnai sur-le-champ d'attaquer devant les tribunaux le journal anglais où une *correspondance privée* avait déposé la calomnie. Il y avait quelque chose de clair, de net, de tranchant dans mon affaire : *je n'ai fait ni rédigé de Mémoire secret d'aucune sorte.*

Il paraît que la fermeté de cette dénégation a poussé à bout mes ennemis, et que pour n'en avoir pas le démenti, pour prouver qu'il existait un Mémoire, ils ont tout à coup produit au grand jour cette *œuvre d'iniquité*.

J'avoue que lorsqu'on m'apprit la publication d'un Mémoire, il me vint en pensée qu'on aurait fabriqué quelque pièce horrible pour la mettre sur le compte des royalistes. En ce genre les exemples n'ont pas manqué dans le cours de la révolution : *les Mémoires de Cléry* ont été falsifiés de la manière la plus infâme ; tout dernièrement, pendant les Cent-Jours, le manifeste du roi, si éloquemment écrit par M. de Lally-Tollendal, a été interpolé, et mon rapport au roi défiguré.

J'ouvre donc en tremblant la *Note secrète*. Quelle fut ma surprise! cette note devait, assurait-on, demander la prolongation du séjour des troupes alliées en France, et le renversement de la Charte. Or, voici comment l'auteur de la note s'exprime sur le premier point. Il se fait cette question ; savoir : Si on peut partager la France ou l'occuper militairement?

« J'avoue, dit-il, que mon sang français se révolte à cette pensée, et que je ne
« pourrais la discuter politiquement. . . . .
« La France a deux fois souffert l'invasion, parce que les alliés portaient avec
« eux, et pour ainsi dire sur leurs drapeaux, de grandes espérances, celles
« d'un gouvernement qui avait pour lui de grands souvenirs de bonheur et des
« garanties d'un repos durable. Ces espérances ont été déçues ; et cette fois on
« ne les verrait plus arriver qu'avec l'horreur qu'inspire l'ennemi qui n'a plus
« rien à nous offrir en compensation des maux de la guerre. Le prince qui
« les rappellerait, faute d'avoir su gouverner lui-même, deviendrait odieux à
« la nation entière ; et le parti qui chercherait son appui dans leurs armes
« serait aussi ennemi que les étrangers, et serait repoussé avec eux. D'ailleurs,
« que seraient cent vingt mille hommes qui devraient occuper la France, contre
« le sentiment profond d'horreur qui s'établirait contre eux dans toutes les
« classes de la nation? Croirait-on qu'on aurait le temps, les moyens de rassembler encore une fois un million d'hommes pour les jeter sur cette malheureuse France? On ne le pourrait pas dans un an ; et dans vingt jours, la
« France entière serait un camp, une citadelle impénétrable dont la population
« entière formerait la garnison. »

Est-ce là un homme qui demande *la prolongation du séjour des troupes alliées en France?*

Mais peut-être demande-t-il le renversement de la Charte. Écoutons-le :

« Quelle violence ne faudrait-il pas pour arracher aujourd'hui à la France

« les concessions qu'elle a reçues du roi? Elles ont été consacrées par les puis-
« sances qui le replaçaient sur le trône, par l'usage qu'on en a fait, par les ga-
« ranties qu'on y a trouvées; enfin, *par leur adoption franche et entière de la*
« *part de ceux même qui y étaient le moins préparés.*

« On ne pourrait pas rétablir ce qu'on appelle l'ancien régime; tous les
« éléments en sont brisés, et la poussière même en est dispersée. On ne re-
« trouverait pas même le fantôme de ces grands corps de l'État, qui à la fois
« défenseurs des droits de la couronne et des priviléges des peuples, se balan-
« çaient noblement dans le cercle qui était tracé, et garantissaient à la fois les
« libertés de la nation et l'inviolabilité du trône. Ce serait donc un despotisme
« nu et hideux qu'il faudrait mettre à la place de ces belles et irréparables
« institutions des temps anciens; un despotisme sans force, sans institutions,
« sans garanties; un despotisme tel que la France ne l'a jamais connu, et ne
« saurait jamais le supporter; un despotisme enfin qu'il faudrait maintenir par
« la force des armes, et qui attacherait à la légitimité tous les inconvénients
« et tous les malheurs de l'usurpation. Un pareil gouvernement répugnerait à
« la France entière, et répugnerait bien plus encore au noble caractère des
« princes légitimes. . . . . . .

« Et en faveur de qui prétendrait-on exécuter une pareille subversion? Ce
« ne serait pas dans les intérêts du pays, qui ne trouverait plus dans le gouver-
« nement légitime aucun gage de stabilité; ce ne serait pas dans les intérêts de
« l'Europe, qui s'engagerait à soutenir par la force le gouvernement qu'elle
« aurait imposé par la force; ce ne serait donc que dans l'intérêt de quelques
« *noms propres*, qui croiraient ainsi se maintenir plus facilement au pouvoir...

« Il restera donc démontré à tout esprit judicieux que toutes les tentatives
« que l'on ferait pour détruire en France le gouvernement qu'on y a établi
« seraient dangereuses; que ces formes constitutionnelles sont les mieux adap-
« tées aux circonstances où la France se trouve placée; qu'elles conviennent à
« l'esprit des hommes et des temps; qu'elles sont un pacte raisonnable entre
« les institutions anciennes, qu'on ne saurait rétablir, et les théories de la ré-
« volution, qu'il est si essentiel de détruire [1]. »

Quel est le vrai Français, quel est l'homme attaché aux principes de la
liberté, qui ne voudrait avoir écrit ces pages? Ici je dois remarquer une chose
qui fait grand honneur aux royalistes: c'est que toujours ce que l'on appelle
leur *doctrine secrète* est parfaitement conforme à leur *doctrine publique*. La
minorité dans les deux Chambres [2] a-t-elle parlé en public autrement que
l'auteur du Mémoire en secret? Nos ennemis peuvent-ils en dire autant, et leur
doctrine secrète est-elle bien la légitimité et la Charte?

On ne saurait expliquer les vertiges qui s'emparent quelquefois des hommes :

---

[1] Un écrit périodique a rendu compte de cette note, et en a cité quelques passages. La passion ne se fait-elle pas trop voir dans le jugement du critique? Est-il bien équitable d'avancer que l'auteur de la note demande *la permanence de l'armée d'occupation*, lorsqu'il
montre, au contraire, avec tant de chaleur, l'impossibilité d'occuper militairement la
France? Est-il bien impartial de dire qu'il agite la question de savoir *si on peut détruire le
gouvernement représentatif*, et de ne pas rapporter le beau passage de la note à ce sujet?

[2] Voyez les notes, à la fin des *Mélanges politiques.*

chacun se demande comment les ennemis des royalistes ont fait la sottise d'imprimer une *Note* qui justifie complétement ceux qu'ils prétendaient accuser : dans l'impossibilité de trouver la solution de cette maladresse, les uns disent que c'est un tour des royalistes; les autres mettent ce tour sur le compte des indépendants; tandis que tout semble prouver que l'impression de cette *Note* a été l'œuvre irréfléchie de la colère. On aura été emporté par l'idée de rendre publique la *doctrine secrète* des royalistes.

Qui sait si, dans la séduction de cette idée, on se sera donné la peine de lire la *Note?* En France, les personnages les plus graves sont bien légers. Cependant, il est certain qu'on était mieux placé pour le succès dans les ténèbres : en parlant mystérieusement d'un Mémoire *honteux*, en annonçant un crime invisible dans lequel se trouvaient enveloppés tous ceux qu'on voulait proscrire, l'attaque était plus formidable, plus difficile à repousser. La publication du Mémoire est vraiment la *Journée des Dupes.*

Pour rendre la chose complète, il a fallu que le ridicule vînt se joindre à ces déplorables mensonges : au titre simple de *Note*, qui était apparemment le titre original, on a cru devoir joindre cette phrase à l'usage de la populace : *Note secrète exposant les prétextes et le but de la dernière conspiration.* On ouvre le livre, et l'on trouve que les *prétextes* et le but de la *conspiration* sont de prouver que les alliés ne peuvent ni partager ni occuper militairement la France, et que le gouvernement représentatif est le seul qui convienne aujourd'hui à notre patrie. Une préface, peut-être écrite par un homme d'esprit qui n'en avait pas ce jour-là, déclare que la *Note* est un acte de *souveraineté*, un *manifeste* et un *plan de conspiration;* et cet *acte de souveraineté* a été exercé par *un souverain* que l'on ne connaît pas, et ce *manifeste* est *une Note secrète*, et ce plan de *conspiration* est pour le *maintien de la légitimité et de la Charte!*

L'auteur de la *Note* examine cinq questions, savoir : si l'on peut partager la France, ou l'occuper militairement; si l'on peut changer la dynastie; si l'on peut renverser la Charte; si les ministres peuvent revenir aux principes qui sauveraient la monarchie; enfin, s'il serait désirable que le roi changeât ses ministres. Les éditeurs ont imprimé ces titres de chapitres en caractères ordinaires, excepté le dernier, qui se lit en caractères *italiques*. Occuper la France, changer la dynastie, renverser la Charte, revenir à de meilleurs principes; propositions indifférentes, qu'il est très-loisible d'examiner; mais agiter la question de savoir s'il serait heureux que le roi changeât ses ministres, *quel crime abominable*, surtout dans un gouvernement représentatif! Il faut souligner ces mots affreux pour dévouer à l'exécration de la postérité le conspirateur qui a osé les écrire.

Que les royalistes ne se laissent ni abattre, ni effrayer de tout ce bruit : leur innocence, tôt ou tard, percera le nuage. Je dois surtout les avertir de ce qui pourrait les égarer. J'entends quelquefois dire : Les royalistes sont sans force parce qu'ils sont isolés, dispersés sur la surface de la France ; personne ne les rallie, ne combat pour eux en public. C'est là une grave erreur : les royalistes n'ont point de chef et ne doivent point en avoir.

Dans un gouvernement représentatif on ne se place point derrière un homme, mais derrière une opinion. Les royalistes sont aujourd'hui dans l'opposition : leur guide alors est la minorité des deux Chambres. C'est là qu'ils doivent mettre leur espoir : tous leurs efforts doivent tendre à augmenter cette minorité : ils doivent se rendre aux élections, se secourir, s'entr'aider ; ils doivent avoir leurs choix faits d'avance, et les maintenir invariablement. La maxime connue des ministériels est celle-ci : « Alliance avec les jacobins le plus tard possible ; avec les royalistes jamais. » A cette haineuse et illibérale maxime les royalistes doivent opposer celle-ci : Alliance avec les honnêtes gens de toutes les opinions. »

Les royalistes sont sur un excellent terrain : il n'est plus possible de nier qu'ils se soient ralliés franchement à la Charte. Toute leur force est là. Tant que dans les deux Chambres ils soutiendront le parti de la liberté, ils auront un immense avantage, car ils ajouteront alors à leur force politique toute la force morale de leur caractère. On les représente comme un parti faible, repoussé par l'opinion, sans capacités, sans esprit, n'ayant pour tout éclat qu'une fidélité surannée. Cela est faux : ils sont plus nombreux que les indépendants, et il ne faut pas qu'ils s'élèvent bien haut pour atteindre à l'esprit ministériel. Enfin, puisque j'ai tant parlé de conspirations, persuadons-nous bien que sous l'empire de la Charte il n'y a de vraies conspirations que celles de l'esprit et des talents « Ce fut ainsi que M Pitt conspira contre ses opposants, et qu'il les « chassa du ministère. »

Il faut que j'ôte en finissant un espoir et une joie aux ennemis de la légitimité : ils croient qu'en persécutant les royalistes ils les fatigueront, les dégoûteront, et enlèveront ainsi à la maison de Bourbon son plus ferme appui. Pauvres gens ! vous avez déjà usé vos échafauds contre notre fidélité, et vous espérez encore nous vaincre ! Elle a comparu, cette fidélité, devant vos tribunaux révolutionnaires, et elle se rit des conspirations que vous pourriez inventer. Notre foi, éprouvée par vingt-cinq ans de malheurs, s'est encore accrue par la vertu du sang de nos pères et de nos frères immolés Souvenez-vous que la balle qui si souvent a cassé la tête des serviteurs de Louis XVI, de Louis XVII et de Louis XVIII, n'est jamais arrivée assez vite pour empêcher le dernier cri de *vive le roi !*

PREMIÈRE LETTRE A UN PAIR DE FRANCE.

Paris, 8 novembre 1824.

Vous voudriez mon noble ami, que j'examinasse dans des lettres qui vous seraient adressées, les questions politiques du jour : vous y voyez un moyen d'éclairer le public et de servir le roi, surtout aux approches de la réunion des Chambres. Votre idée me paraît utile, je l'adopte, sans toutefois admettre que mon influence sur l'opinion soit aussi considérable que votre amitié se plaît à le supposer.

Au moment de la mort de Louis XVIII, je n'ai pu, je n'ai dû penser qu'à son successeur ; je me serais à jamais reproché toute parole qui n'eût pas été pour le nouveau règne. Maintenant que je me suis acquitté de devoirs chers à mon cœur, vous me pressez d'en remplir d'autres assez pénibles; vous croyez que j'aurai un peu plus de force et d'autorité pour développer des vérités importantes, après avoir prouvé, comme je l'ai fait, qu'aucun ressentiment ne conduit ma plume. Qui plus que moi désire voir cesser les oppositions royalistes? Le penchant naturel des cœurs vers un monarque qui les enchaîne par tant de qualités a disposé les esprits à l'union. Il n'y a plus qu'un seul combat, c'est celui de l'opinion générale contre le ministère ; mais ce combat qui se reproduit sur tous les points de la France trouble le bonheur public et fait gémir les honnêtes gens. On prétend que la liberté de la presse le prolonge, et l'on entend répéter une objection que je crois important de réfuter. Je vais faire de l'examen de cette objection le sujet de ma première lettre, et j'entre tout de suite en matière.

On dit donc, mon noble ami :

« En affectant de rabaisser les agents du pouvoir et d'élever le monarque
« jusqu'aux nues, on ne trompe personne. Loin d'agréer l'encens qu'on lui
« prodigue, la couronne le rejette avec dédain ; on veut détacher le prince de
« ses meilleurs serviteurs, on veut semer entre l'administration et
« le souverain ; on n'y parviendra pas. »

Il faut espérer qu'on ne s'aperçoit pas de ce qu'il y a d'injurieux pour l'autorité royale dans cette manière d'argumenter.

Quoi! parce que les ministres seraient tombés dans des erreurs, il faudrait s'interdire toute marque d'admiration pour le roi, de peur que les ministres ne la considérassent comme un reproche indirect à leur personne; ou bien il faudrait ne pas exposer les erreurs des ministres, dans la crainte que la couronne ne s'en voulût rendre solidaire? Quelle confusion d'idées!

Ensuite, pour diviser des hommes, il faut qu'il y ait entre eux égalité. Dire que l'on peut faire naître la division entre les ministres et le monarque, c'est supposer que les ministres sont une puissance capable de lutter avec le pouvoir royal; avancer qu'on flatte le roi dans le dessein de l'engager à renvoyer ses ministres, c'est supposer qu'on ne le loue que conditionnellement, et qu'on cessera de le louer s'il ne fait pas ce qu'on attend de lui; toutes suppositions indignes, et qui pourraient aller jusqu'à mériter la répression des lois.

Non, mon noble ami, il n'y a point de coexistence entre le roi et les ministres: il est tout, et ils ne sont quelque chose que par lui. Il les brise ou les conserve comme des instruments fragiles dans sa main puissante. Il n'entre point dans leurs étroites vanités; il n'épouse point leurs petites querelles Il ne peut pas être plus flatté des hommages qu'on lui offre à part de ses ministres, qu'il ne serait jaloux des éloges qu'on leur donnerait s'ils les méritaient. On ne peut l'unir aux ministres par la raison qu'il n'y a rien de commun, dans l'espèce, entre le maître et les serviteurs : des ministres qui prétendraient qu'on ne les blâme et qu'on ne loue le roi que pour semer des mésintelligences, seraient des téméraires qui n'auraient une idée juste ni de leur néant, ni de la grandeur de la royauté.

Je vois quelque chose de plus dangereux que cette prétendue confusion qu'on voudrait faire, et qu'on ne fera jamais du prince et de ses délégués : ce serait un ministère ou un ministre qui s'attribuerait tout l'honneur de la prospérité de l'État, qui insinuerait que rien ne se fait que par lui, qui se mettrait sans cesse devant le trône, qui substituerait son nom à celui du monarque, qui se proclamerait indispensable, laissant entendre que sans lui il n'y a point de majorité dans les Chambres. Heureusement le péril ne serait pas aujourd'hui de longue durée : sans flatterie comme sans critique, nous avons plus que Louis XIII et moins que Richelieu.

Au raisonnement que je viens de combattre on en ajoute un autre qui n'est pas plus logique :

« Ces attaques multipliées, dit-on, produisent un effet tout opposé à celui « qu'on espère ; elles blessent la majesté royale, et il importe à la dignité de la « couronne de ne pas céder lorsqu'on prétend lui enlever le ministère, pour ainsi « dire l'épée à la main. »

Il n'est pas question ici de la dignité de la couronne. La royauté tient ses attributs du souverain maître : elle n'a ni colère ni humeur ; elle rejette les prières injustes ; elle accueille les vœux légitimes. Dieu renverse les tyrans quand le cri des peuples opprimés est monté jusqu'à lui ; un roi renvoie ses ministres quand la voix publique les a convaincus ou de forfaiture ou d'incapacité.

Ce serait entièrement méconnaître le gouvernement représentatif que d'exiger le silence de l'opinion. Quelle que soit la supériorité du prince, encore faut-il qu'il soit instruit des faits. Où sont les cours souveraines, les ordres privilégiés, les états de province qui lui adresseraient d'humbles représentations? Dans son conseil, il n'entend que la plaidoirie d'une des parties intéressées. Vous n'avez dans la monarchie constitutionnelle, pour suppléer au corps de la monarchie absolue, que la liberté de la presse. La conséquence nécessaire de cette liberté, c'est que chacun dise ce qu'il pense.

Les esprits *impartiaux* répondent qu'ils ne condamnent point une opposition ; mais qu'ils la voudraient modérée, toujours dirigée contre les choses, jamais contre les personnes.

Ceci est véritablement puéril. Les génies sont divers ; chacun écrit avec son talent et son caractère : toutes les troupes n'ont pas la même arme. En Angleterre, l'attaque est personnelle, et l'on ne croit pas que tout est dans les choses, quand souvent les choses ne sont mauvaises que par les hommes. La forme sans doute fait valoir le fond ; mais le fond peut être excellent, lors même que la forme est défectueuse.

Ainsi, le raisonnement que j'analyse porte à faux : on oublie toujours les institutions sous lesquelles on vit; on argumente toujours comme dans l'ancien ordre de choses. Si la presse devait être muette, il s'ensuivrait que les ministres prévaricateurs seraient plus à l'abri dans la monarchie représentative que dans la monarchie absolue, puisqu'ils n'auraient à craindre ni les remontrances *imprimées* d'un parlement, ni les dénonciations des corps privilégiés de l'État.

« Ils seraient renversés par les Chambres, » réplique-t-on.

Inconséquence de l'esprit humain ! on ne veut pas que la couronne s'éclaire de l'opinion librement exprimée par la presse, et l'on est d'avis qu'elle se rende aux instances des Chambres ! On prétend qu'elle doit se soustraire à une influence morale qui n'a d'autre force que celle des faits qu'elle allègue, et on la verrait sans alarmes se soumettre à une espèce de violence physique exercée par des pairs ou des députés ! on ne trouverait aucun danger à mettre en lutte les pouvoirs politiques de l'État !

Allons plus loin : l'opinion extérieure peut, non-seulement dans un cas particulier, être un meilleur guide que les Chambres législatives, mais elle peut encore servir de sauvegarde contre l'autorité égarée de ces Chambres.

En effet, des ministres corrupteurs ne pourraient-ils pas se rendre maîtres des votes de deux Chambres ambitieuses ou intéressées ? Si même ces ministres, sans parvenir à séduire les pairs et les députés, n'apportaient à la tribune que des lois insignifiantes ou des lois commandées par une impérieuse nécessité, où serait le point d'attaque ? Dans l'adresse ? Rien n'est plus hasardeux et plus difficile ; dans le budget ? refuse-t-on, en France, et peut-on refuser un budget ? Alors il est évident qu'il ne resterait aucun moyen d'éclairer la couronne sur les dangers d'un ministère, s'il fallait s'interdire toutes réclamations par la voie de la presse.

Serrons nos adversaires ; et leur raisonnement nous mène à ce résultat, savoir : que la couronne serait perpétuellement et nécessairement en lutte avec l'opinion publique, puisque celle-ci demande toujours quelque chose. Or, s'il suffisait que cette opinion parlât, pour qu'aussitôt on crût de la dignité de la couronne de ne pas l'entendre, la division serait éternelle. Quoi de plus absurde !

Mais on insiste, mon noble ami :

« Il importe, s'écrie-t-on, surtout au commencement d'un règne, que la
« couronne se montre ferme et libre. Une fois qu'on aurait appris le secret de
« sa faiblesse, tout serait perdu. Si on lui arrachait un ministre aujourd'hui,
« on lui en enlèverait un autre demain. C'est ainsi que Louis XVI a succombé ;
« on le louait aussi, le roi martyr, aux dépens de ses ministres ! C'est ainsi
« que les monarchies périssent : c'est ainsi que les souverains, de concession
« en concession, s'enfoncent dans l'abîme, en obéissant à une prétendue opi-
« nion qui varie sans cesse, à une opinion quelquefois pervertie tout entière,
« et qui n'est souvent que l'expression de la haine et des passions. »

Un mot d'abord sur les louanges qu'on donnait à Louis XVI aux dépens de ses ministres. Qu'est-ce qu'il y a de semblable dans les temps et dans les hommes de 1789 et de 1824 ? aux jours de la révolution, était-ce l'opinion royaliste qui parlait, comme elle parle au jour de la restauration ? Sans doute il y a des louanges intéressées, des censures suspectes ; mais il faut savoir de quelle bouche elles sortent, et ne pas comparer ceux qui verseraient la dernière goutte de leur sang pour le roi, et ceux qui ont répandu ou contribué à faire répandre le sang du roi.

Nous trouvons des exemples dans deux augustes frères : Louis XVI a cédé à l'opinion révolutionnaire ; il a renvoyé des serviteurs fidèles, et il a succombé. Louis XVIII a prêté une oreille indulgente à l'opinion monarchique ; il a écarté des hommes qui s'égaraient, et il a été sauvé. Sa puissance en a-t-elle été amoindrie? Voit-on que dans la guerre d'Espagne les soldats n'aient pas obéi à un roi constitutionnel? Les ministres actuels ont trouvé très-bon que l'opinion les appelât; il est tout simple qu'ils trouvent mauvais aujourd'hui que l'opinion les rejette; il est encore tout simple qu'ils érigent leur intérêt en principe; mais cette inconséquence est-elle une raison?

Ceux qui renient l'opinion et ceux qui veulent qu'on la méprise en reconnaissent plus que moi l'ascendant; car dans leur système il y aura coercition pour la couronne, soit que l'opinion, en désignant des ministres, la force à les prendre, soit qu'en les attaquant elle l'oblige à les garder. Et n'est-ce pas d'ailleurs toujours l'opinion qui, sous toutes les formes de gouvernement, et dans toutes les espèces de monarchies, désigne les sujets à choisir? Où un roi les prendrait-il, ses ministres, s'ils ne lui étaient indiqués par une renommée de probité ou de talent? Ne pas admettre cette vérité obligerait à conclure que les hommes ne peuvent arriver aux affaires que par les intrigues de cour, ou la protection des valets, des favoris et des maîtresses.

Maintenant est-il vrai que la couronne, en consultant l'opinion publique, lorsqu'elle est générale et appuyée sur des raisons frappantes, s'engage à l'écouter toutes les fois qu'elle parlera, dans une position qui ne sera pas la même? Le cas extraordinaire où nous nous trouvons peut-il se représenter? Quel est ce cas extraordinaire? C'est, mon noble ami, de voir, non une portion, mais l'universalité de l'opinion se prononcer contre un ministère, et ce ministère conserver sa position.

Un fait unique dans l'histoire des monarchies existe au moment où j'écris : l'acquiescement général et complet au nouveau règne, l'opposition générale et complète à l'administration.

Les royalistes, les constitutionnels, les anciens ministériels sont aux pieds de Charles X, et s'élèvent à la fois contre le ministère : leur opinion compose dans ses trois divisions l'opinion totale de la France.

Le fait que nous signalons est inouï au commencement d'un règne, mais incontestable. Il est certain, très-certain, que le monarque est aussi populaire que le ministère l'est peu. Les causes de la popularité du roi sont multipliées à l'infini.

Louis XVIII avait succédé à la révolution : les partis fatigués pouvaient regarder son règne comme une trêve, non comme une paix : la solution de la question était dans l'avénement de l'héritier de Louis XVIII.

Le fondateur de la monarchie représentative meurt au moment où l'expédition d'Espagne a ruiné toutes les espérances de discorde : dix ans de liberté ont rendu le peuple reconnaissant : six mois de gloire ont donné une armée fidèle au drapeau blanc. Charles X monte au trône, appuyé sur le sceptre de son frère, couronné des lauriers de son fils. La légitimité triomphe de toutes parts; car, pour quelques anciens opposants à principes antilégitimes, le droit est devenu le fait, et en reconnaissant le nouveau souverain, ils semblent rester fidèles à leurs doctrines.

Charles *le Bon*, qui mériterait mieux ce surnom populaire qu'un grand prince de sa race, se montre digne de sa destinée : il subjugue tous les cœurs ; il accueille tous ses sujets, dans quelque opposition qu'ils aient jadis été placés. On trouve avec ravissement un monarque tout l'opposé du portrait qu'en avait tracé la calomnie révolutionnaire : modéré, indulgent, sans cesser d'être juste; il écoute, il observe, il étudie la France ; son oreille n'est fermée à aucune réclamation. Il assemble souvent ses conseils, se livre avec une assiduité religieuse à ses devoirs de roi : on voit qu'il en connaît l'étendue, qu'il sent le poids du sceptre; et pour se soulager dans ses fonctions sacrées, il associe son glorieux fils à ses travaux.

Le roi et la France paraissent plus grands qu'ils ne l'ont jamais été. A la mort de Louis XVIII, la légitimité a fait trois choses immenses : elle a attaché sans effort le diadème au front du nouveau monarque ; elle a, par la volonté de ce monarque, rétabli les libertés publiques ; enfin elle a rallié au trône une opinion qui en était restée séparée depuis 1814. La France, trouvant sûreté et dignité dans la couronne, a poussé un cri d'amour et de reconnaissance.

Tandis que tout ce qui sortait du principe de la monarchie au début du nouveau règne avait tant de simplicité et de grandeur, que faisait l'administration? Je n'en sais rien, mon noble ami : elle se reposait peut être dans sa légitimité; elle pensait que les successeurs des trente-huit ministres de la restauration n'avaient pas plus à faire pour recueillir une couronne que l'héritier de soixante-neuf rois.

Charles X, qui est venu déranger bien des petits arrangements, a rompu, en montant au trône, les toiles d'araignée qu'on avait suspendues au marchepied de ce trône. Par le seul acte de l'abolition de la censure il a déclaré qu'il voulait entendre l'opinion publique, puisqu'il lui rendait la voix. L'opinion est un pouvoir qui échappe aux vivacités de l'impatience comme aux fureurs de la persécution : s'irriter contre elle est folie ; ne pas y croire est péril.

On affirmera que si cette opinion ne se trompe pas à l'égard du roi, elle peut se tromper sur les ministres.

Je conviendrai de très-bonne foi que l'opinion, comme on l'a dit, peut être quelquefois entièrement pervertie; mais ce n'est jamais que dans les grandes crises intérieures de l'État, ou lorsque les animosités politiques d'un peuple contre un autre peuple ont été réveillées par quelque circonstance majeure. Ainsi, pendant les guerres civiles, Mazarin était détesté ; le ridicule de la Fronde n'empêchait pas le sang de couler. Ainsi l'on a vu en Angleterre un ministère, devenu odieux parce qu'il n'était pas assez antifrançais, se retirer devant lord Chatham, dont le génie était sa haine pour la France. Au commencement des troubles de la révolution, des ministres honnêtes gens, et même quelquefois capables, se sont abîmés devant les violences populaires et les fureurs antimonarchiques; mais on n'a jamais vu qu'en pleine paix, sans guerre civile, sans mouvements précurseurs des révolutions, l'opinion se soit tout entière égarée sur le compte d'un ministère.

Il est possible qu'aujourd'hui la voix de quelques intérêts particuliers se mêle à celle des intérêts généraux et vienne augmenter le bruit; mais les causes de l'impopularité du ministère sont aussi faciles à trouver que les causes de la popularité du monarque ; et tous les jours la presse périodique signale et révèle les unes et les autres.

Je sais que, pour convaincre l'opinion générale de prévention contre les ministres, pour démontrer que cette opinion n'est qu'une coalition d'amours-propres froissés et d'ambitions déçues, on cite les prospérités de la France.

Il y a sans doute en France des prospérités ; mais des prospérités qui tiennent à la légitimité, aux vertus, à la présence de nos rois, à l'admirable conduite du prince libérateur, à la bravoure de l'armée, aux institutions de la Charte, à des lois que l'administration actuelle n'a pas faites, et qu'on l'accuse d'avoir voulu corrompre ou détruire.

L'ordre monarchique tempéré produit de lui-même un bien qu'il ne faut pas confondre avec cette félicité qui naît d'une gestion habile. Lorsque, dans un État, la base politique est bonne, comme en France ; que les principales libertés ont résisté aux entreprises de l'arbitraire ministériel ; que cet arbitraire n'a pu descendre encore jusque dans les classes inférieures de la société, une certaine exubérance de richesses natives se fait remarquer : c'est une terre féconde qui étale ses trésors, bien qu'elle puisse être mal cultivée.

Avancer qu'on n'a pas droit de se plaindre parce qu'on jouit, tellement quellement, des lois fondamentales, et qu'après tout le soleil brille et les récoltes sont abondantes, cette manière de conclure serait étrange. En Angleterre, tous les ministères seraient bons : ils ne périraient jamais que par la mort, comme les monarques ; car, dans ce pays, il n'y a rien à faire au fond des choses, et le crédit, l'industrie, l'agriculture, y ont atteint leur plus haut point de perfection. Souvent une administration pèche moins par ce qu'elle fait que par ce qu'elle ne fait pas, ou par ce qu'elle veut défaire. Il suffit même, pour qu'elle trébuche, d'être antipathique au génie du peuple qu'elle conduit : si ce peuple vivait de gloire et d'honneur, le régime contraire conviendrait mal à son tempérament ; si une monarchie était toute grandeur, il ne faudrait pas qu'une petite administration s'accrochât au manteau royal pour retenir les pas de cette monarchie. La politesse grecque et la splendeur latine auraient repoussé un instinct obscur et grossier.

Il n'y a donc, je le répète, ni division, ni partage dans les esprits ; et l'opinion qui repousse l'administration est en général celle qui, depuis trente ans, soutient la couronne. Il serait singulier que l'administration eût raison contre cette opinion. Ajoutez que le sentiment des magistrats, blessés dans leur indépendance, se réunit à l'opinion générale, et que la Chambre des pairs met comme le sceau à l'opposition de la magistrature et de la politique.

Voilà, mon noble ami, toutes les choses qu'il est essentiel d'observer lorsqu'on parle de la couronne et de l'opinion ; lorsqu'on dit que, si la première favorise une fois la dernière, elle sera obligée d'en supporter ensuite les caprices. Les circonstances et les faits, en résumant ce que je viens de déduire, sont faciles à distinguer. Il faut savoir :

1° Si l'opinion tout entière est pervertie par une faction armée dans l'intérieur, par l'approche d'une grande révolution, par des haines nationales de peuple à peuple ;

2° Si cette opinion est l'expression de la majorité ou de la minorité, si elle est générale ou limitée ;

3° Si ce sont des amis ou des ennemis qui parlent, des hommes qui dans tous les temps ont combattu pour le trône, ou des hommes qui cherchent à le renverser.

Que l'on imagine un nouveau ministère choisi ou parmi les royalistes, ou parmi les anciens ministériels, ou parmi les constitutionnels, réunirait-il contre lui les constitutionnels, les anciens ministériels et les royalistes? Sans doute il y aurait toujours une opposition; mais serait-elle toujours générale? Cette opposition pourrait même être virulente : M. Pitt a été poursuivi avec acharnement, quelquefois avec de sanglants outrages; mais M. Pitt n'était-il pas défendu avec la même chaleur qu'il était attaqué? George III s'est-il cru obligé de le sacrifier à une opinion divisée, à la minorité violente de l'opinion, à la majorité même de la Chambre des communes, qui était d'abord en contradiction avec la majorité de l'opinion extérieure? Non ; il l'aurait abandonné au vœu de l'opinion complète et générale.

Pour que la couronne soit éclairée, sans jamais être accablée par l'opinion, elle n'a rien à faire que de rester ce qu'elle est par sa nature, impassible. Le point juste où elle doit se tenir est celui où elle trouve gloire et tranquillité : elle sera placée dans ce parfait équilibre lorsqu'elle aura rencontré des ministres, non sans contradicteurs, ce qui est impossible, mais sans ennemis raisonnables; des ministres, en un mot, qui seront portés par la majorité d'une opinion indépendante. Enfin, s'il était de la dignité de la couronne d'échapper aux vœux de ses sujets, voyons ce qui pourrait arriver à l'ouverture de la prochaine session.

Nous supposerons que la Chambre élective ait éprouvé l'influence de l'opinion publique; car il n'est possible de raisonner que dans l'analogie des choses. Cette influence pourrait avoir augmenté l'opposition dans la Chambre : cette majorité est perdue depuis longtemps pour les ministres dans la Chambre héréditaire. Les ministres imploreraient-ils la couronne, afin qu'elle sollicitât des voix pour accroître ou former leur majorité?

Si, au contraire, la couronne n'agissait point, elle laisserait donc les ministres succomber? elle se rendrait donc au désir de la Chambre populaire? Et l'on parle de la dignité de la couronne! et l'on ne voit pas que, dans ce système, sa condescendance serait bien plus marquée que dans celui où elle prendrait d'elle-même l'initiative d'après l'espèce de rendu-compte ou de doléance de l'opinion! Lorsqu'on soutient qu'en s'élevant contre une administration on veut forcer la couronne à la dissoudre, on prend l'effet pour la cause. On n'a pas l'audace coupable de dire à la couronne : « Renvoyez vos ministres, « parce qu'ils ne nous conviennent pas, » on dit : « Les ministres ont fait telles « et telles fautes. » On montre le mal qu'on voit ou qu'on croit voir; on n'indique point le remède; on sait seulement qu'il existe dans la couronne, d'où vient le salut de tous.

On ne peut se dissimuler, mon noble ami, que la lutte engagée entre le ministère et l'opinion ne produise une scission de la nature la plus grave.

Si la haute administration peut résister quelque temps, l'administration inférieure est promptement ébranlée. Chaque ville, chaque bourgade, chaque hameau devient un champ de bataille où, depuis le préfet jusqu'à l'adjoint du maire, les fonctionnaires publics ont des assauts à soutenir : perdant confiance dans la durée du pouvoir de leurs chefs, bientôt ils ne leur obéissent plus, ou ils accroissent l'opposition, en exécutant leurs ordres. A peine toute la majesté de la couronne, tout l'amour qu'on porte au roi, suffisent-ils pour faire le contre-poids du mal produit par une administration que chacun repousse.

Il y aurait un dénoûment fort simple à cette complication politique ; un parti que l'honneur conseille serait pris sans hésiter par de vrais royalistes qui voudraient soulager la couronne, dussent-ils croire qu'ils succombent à une injuste prévention. Lorsqu'une position politique est gâtée de manière qu'on ne puisse plus faire le bien, il ne reste qu'à se décider entre l'estime personnelle et une puissance flétrie.

Cette puissance ministérielle, il faut qu'elle en convienne, s'est portée elle-même de rudes coups. On n'a point oublié, on n'oubliera jamais les circulaires électorales, le système de captation avoué du haut de la tribune, la violence chargée d'achever l'ouvrage de la ruse, l'attaque directe aux tribunaux et aux libertés publiques, la censure venant, comme une espèce de banqueroute, solder l'arriéré des brocanteurs de consciences, et réduisant de force au silence des écrivains qu'on n'avait plus besoin de payer pour les faire parler ou se taire. On n'efface point de pareils souvenirs : le pouvoir tiré de la corruption ne ressemble point à l'or de Vespasien : il retient toujours quelque chose de son origine.

Admettrons-nous qu'une généreuse impulsion ne puisse être donnée à des intérêts ministériels? Ces intérêts, qui tantôt sont si scrupuleux sur la dignité de la couronne, quand il s'agit de se couvrir, qui tantôt font si bon marché de cette dignité, quand ils ont besoin qu'elle s'abaisse pour les sauver; ces intérêts, disons-nous, s'obstineraient-ils à vouloir que le prince leur servît toujours d'égide, et condamnât l'opinion publique au silence !

Le prince pourrait tout ce qu'il voudrait : on obéirait; personne n'a la prétention de résister, ou de donner des leçons à la volonté souveraine : mais quels seraient les meilleurs serviteurs du roi, ou de ceux qui conseilleraient une politique opposée au génie des institutions octroyées, ou de ceux qui, ayant une plus haute idée du trône, penseraient que sa gloire est de vivifier les institutions qui découlent de lui? Dans ce second cas, l'opinion écoutée deviendrait une force nouvelle pour la monarchie; dans le premier cas, l'opinion dédaignée se soumettrait avec une respectueuse résignation. Les hommes qui valent quelque chose, et qui comptent chez les peuples, se tiendraient à l'écart; ils diminueraient l'existence publique de tout ce qu'ils donneraient à leur vie privée. La couronne serait toujours chérie, toujours vénérée; on serait toujours prêt à lui sacrifier repos, fortune, famille et vie; on n'en offrirait pas moins pour elle les vœux les plus ardents au ciel; mais les bénédictions qui sortent d'un cœur attristé ont-elles la même puissance pour la prospérité des États?

Veut-on que le moment de se mettre d'accord avec l'opinion générale ne puisse jamais arriver pour des ministres? Veut-on qu'ils se maintiennent au pouvoir en dépit de cette opinion? Alors se présenterait une question toute nouvelle en politique.

Si, après avoir censuré jusqu'aux arrêts des tribunaux; si, après avoir bravé ou la majorité ou une minorité parlementaire imposante, des ministres bravaient encore la liberté de la presse, dont la force est doublée par l'évidence des faits qu'elle expose; si tous les matins, traduits au tribunal du public, ils usaient le reproche, défiaient les vérités comme les Sauvages défient les tourments, et fatiguaient le fouet de l'opinion, que deviendrait un peuple sous de tels hommes?

Je n'ai point, mon noble ami, de solution à ce problème. En tout temps, en tous lieux, l'opinion publique, armée du bon droit, a remporté la victoire; comment nous serait-il possible de dire ce qui arriverait, si cette opinion était vaincue par la faculté dont serait doué un ministère de tout souffrir, de tout dévorer? Des Mithridates politiques qui se seraient habitués à digérer les poisons nous placeraient dans un ordre de choses où l'expérience ordinaire ne peut plus servir de guide.

Que l'on recherche, si l'on peut, sans être épouvanté, ce que deviendrait un peuple dont les institutions seraient entièrement perverties; ce que deviendrait un gouvernement prétendu représentatif dont l'opinion ne serait plus le principal ressort? un gouvernement qui n'aurait plus d'affinités avec ses propres éléments, et qui mentirait à toutes ses doctrines. Que serait-ce que deux Chambres législatives, passées au service d'un ministère contempteur de la liberté, qui ne seraient plus que des machines d'oppression, battant monnaie, forgeant des conscrits et imprimant des lois pour des esclaves appelés *constitutionnels?*

Non, la France ne produira point de ministres capables de porter ainsi la gangrène jusqu'au fond des entrailles de la société! Toutefois si la Providence, par un conseil impénétrable, permettait jamais à de tels hommes de paraître au milieu de nous, nous leur dirions :

« Épargnez au monde une corruption effroyable; épargnez-nous la moquerie
« de tout ce qu'il y a de beau, de saint et de juste. Rendez-nous un service,
« dont nous serons reconnaissants; détruisez franchement la liberté; mettez
« les mœurs publiques en réserve dans le despotisme; elles s'y conserveront
« peut-être de la même manière que la dépouille des morts dans certains ca-
« veaux funèbres. Du moins quelque innocence pourra se cacher encore dans
« le sein des familles, du moins nous pourrons conserver la foi de la vertu,
« nous figurer qu'il existe hors de votre influence des gouvernements sincères,
« des institutions généreusement observées; et peut-être nous sera-t-il permis
« de nous consoler quelquefois, en rêvant, au delà de vous et de votre siècle,
« des jours d'indépendance et d'honneur pour notre postérité délivrée. »

Écartons ces tristes présages; il y aurait une sorte d'impiété à s'y livrer. J'aime à le redire, mon noble ami, nous n'avons point à craindre de pareils ministres, et s'il s'en trouvait, ils ne réussiraient pas; les traits de l'opinion publique ne seraient pas lancés impunément contre eux : on n'est pas invulnérable par ce qu'on est insensible, et la dépravation ne produit pas le même effet que la vertu. Des hommes de cette nature seraient aussi sans influence sur les Chambres. Il y a chez les Français un sentiment d'indépendance et d'honneur que rien ne peut étouffer.

Enfin, dominant et l'opinion et la puissance parlementaire, Charles X ne serait-il pas là pour nous secourir? n'a-t-il pas déclaré qu'il maintiendrait comme roi ce qu'il a juré comme sujet? Rien ne peut se détruire que par sa volonté, et sa volonté n'est point soumise aux hommes qu'il daigne admettre en sa présence. Il retirera sa main quand et comment il le voudra. L'opinion publique ne sera point méprisée, car l'opinion publique est sur le trône dans la personne même de notre auguste monarque. S'il était jamais quelques hommes qu'il trouvât à propos d'éloigner de ses conseils, il prononcerait la sentence, et la France appliquerait la peine : l'oubli.

Je termine ici ma première lettre : je me propose de vous entretenir dans les autres de l'indemnité des émigrés et des intérêts des rentiers, de l'indépendance de la magistrature, des lois à faire, du ôle que la France pourrait jouer en Europe, de la position de l'Espagne et de ses colonies, des destinées futures de la Grèce, etc.

En attendant, tout à vous, mon noble ami.

SECONDE LETTRE A UN PAIR DE FRANCE.

AVERTISSEMENT.

On peut aujourd'hui comparer les projets de loi présentés à la Chambre élective avec celui qui se trouve indiqué dans cette *Lettre*, et juger lequel des deux plans est le plus sûr et le plus moral. La plupart des objections que l'on avait faites contre un système alors éventuel s'appliquent maintenant à un système connu. Sous ce rapport, la *Lettre* dont on publie la seconde édition a quelque intérêt.

Il faut le dire : il ne semble presque pas possible que les projets de loi sur les indemnités et sur les rentes soient de l'auteur à qui on les attribue, tant ils pèchent sous le simple rapport financier.

Il est d'abord contre tout principe de constituer ou de reconnaître une dette (et cette dette n'est que d'un milliard!) sans établir un fonds pour le service des intérêts de cette dette, ou pour la liquidation de son capital.

Or, que propose-t-on? d'abord trois millions rachetés chaque année par les soixante-dix-sept millions cinq cent mille francs, montant de l'amortissement, tel qu'il sera conservé; et ces trois millions rachetés seront tout juste la moitié de six millions émis annuellement pour l'indemnité. Ensuite les trois autres millions seront soldés sur l'accroissement présumé des taxes qui frappent les transactions et les consommations des populations de la France.

On comprend que, pour l'émission annuelle des six millions d'indemnité, les rachats de la caisse d'amortissement fourniront ou absorberont annuellement trois millions. Mais les bénéfices présumés sur les taxes n'agissent pas de la même manière; ils ne sont pas des capitaux; ils ne feront que couvrir ou servir la première année les trois millions excédant les rachats de la caisse d'amortissement. Il dériverait pourtant de l'exposé du projet de loi qu'on a supposé que le service des trois millions non rachetés la première année cesserait la seconde, et ainsi de suite.

Pour que le rachat annuel des trois millions d'indemnité par la caisse d'amortissement fût complet, il faut en outre être certain que les cinq pour cent et les quatre et demi pour cent ne tomberont pas au-dessous du pair, et bien convenir aussi de ce qu'on entend par le pair. Ces singulières aberrations viennent peut-être de ce qu'on s'est mal expliqué; on aime à le croire pour l'honneur des hommes qui se mêlent de finances.

Ainsi les indemnités successivement payées dans l'espace de cinq ans auront pour hypothèque les caprices de la fortune; il faut que pendant cinq ans rien de nouveau n'arrive en Europe; que la France sommeille en paix aux cris des citoyens luttant pêle-mêle à la Bourse. Si le plus petit événement venait déranger ce beau songe, l'opération s'arrêterait; les indemnités, dont les fonds qui ne sont pas faits reposent sur des éventualités, ne pourraient plus se payer; et les expropriés resteraient privés d'une partie plus ou moins forte de leur dû, selon l'époque où l'événement les aurait surpris. Les trois pour cent, à qui la caisse d'amortissement, totalement appliquée, aurait produit une hausse subite et disproportionnée au mouvement naturel du crédit, tomberaient de même subitement : banqueroute envers les émigrés, catastrophes dans les autres fortunes, tel serait le résultat de la loi. L'opération avorterait pour jamais, et mieux aurait valu cent fois qu'elle n'eût point été conçue.

Ces observations, qui n'échapperont à personne, forceront les expropriés à de hâter de vendre en herbe leurs moissons. Des bandes se formeront pour acheter à vil prix leurs espérances : sur neuf cents millions, peut-être plus se quatre cents millions iront dans la poche des entremetteurs [1].

En examinant de près les nouveaux projets de loi, on les voit s'évanouir peu à peu comme une ombre; ils n'ont rien de palpable, si ce n'est l'addition d'un milliard à la dette publique, sans atteindre le but qu'on devait se proposer.

En puisant simplement à la caisse d'amortissement, en laissant de côté les rentiers et toutes ces combinaisons plus subtiles que praticables, on aurait évité bien des périls.

On comprend difficilement, pour peu qu'on ait des idées saines en finances, le raisonnement de l'administration sur la caisse d'amortissement. On la réserve, dit-on, pour les besoins qui pourraient survenir, pour un cas de guerre, par exemple. L'Angleterre, notre devancière et notre modèle en matière de

---

[1] On ne pourrait affaiblir ce danger qu'en formant des associations contraires; mais il faut gémir sur une loi qui obligerait à se défendre contre elle, et à prendre de pareilles précautions.

crédit, ne raisonne pas de la sorte : elle rend aux contribuables les fonds de l'amortissement, lorsqu'ils lui semblent excéder les besoins de l'État ; elle remet cet argent au peuple, qui le fait fructifier dans les propriétés particulières. Un cas d'urgence arrive-t-il, elle retrouve dans un accroissement de crédit les sommes nécessaires : les fonds qui ont accru la prospérité publique, qui ne sont pas restés morts comme le trésor de réserve dans les anciens systèmes de finances, deviennent l'hypothèque d'un nouvel emprunt. Voilà la marche naturelle d'une administration paternelle et bien entendue :

Puisqu'on tient à une énorme caisse d'amortissement, comment n'a-t-on pas vu qu'il y avait un moyen simple d'obvier à une diminution sensible, en chargeant cette caisse du service des indemnités?

Il suffisait de la doter des éventualités qu'on applique aux indemnités mêmes ; et alors, si les prospérités qu'on nous prédit se réalisaient, la caisse d'amortissement, au bout de cinq ans, aurait payé les indemnités et se trouverait à peu près aussi riche qu'elle l'est aujourd'hui.

On ne serait pas reçu à dire que cela ne se passerait pas de la sorte ; car si l'on admet que des bénéfices surviendront pour couvrir les indemnités, on ne peut pas soutenir que les mêmes bénéfices ne se trouveraient plus quand il s'agirait de les donner à la caisse d'amortissement.

Dans tous les cas, on aurait l'immense avantage, en faisant servir les indemnités par la caisse d'amortissement, de ne pas suspendre ces indemnités en l'air, de leur assigner une base, de ne pas faire d'une grande opération politique un coup de fortune, un billet de loterie, une fantasmagorie, le rêve d'un joueur, la fable du *Pot au lait*.

La loi des indemnités proprement dite est défectueuse. Elle a sans doute été faite de la meilleure foi du monde ; malheureusement elle n'en a pas l'air. Dire qu'on rembourse intégralement quand on donne soixante francs pour cent francs, la fiction est un peu forte.

Et pourquoi les rentiers à cinq pour cent auraient-ils soixante-quinze francs, et les expropriés seulement soixante francs? On voit bien pourquoi ; mais cela est-il juste?

Quelques-unes des bases d'estimation rendront les indemnités prodigieusement inégales : l'un aura beaucoup, l'autre n'aura rien, ou presque rien.

L'arbitraire dans l'exécution n'est pas évité : c'est un préfet, c'est une commission nommée par le ministère, c'est le conseil d'État, et au sommet de tout cela, c'est le ministre des finances. Personne, sans doute, ne songerait à réclamer contre de pareils juges, si l'on n'avait déclaré du haut de la tribune que tout fonctionnaire public qui ne fait pas ce que désire le pouvoir ministériel doit être destitué. Après la proclamation de cette doctrine, il est permis d'être alarmé sur l'indépendance des agents de l'autorité.

Les cinq pour cent sont visiblement menacés ; on va jusqu'à se vanter de les avoir tués ; on dit qu'ils sont remboursables. On trouve dans la présente *Lettre* des documents contre cette assertion, qui méritent au moins d'être pesés.

Que si l'on désire avoir des effets de différentes valeurs et de différentes époques, la création des trois pour cent en faveur des expropriés suffit pour cela sans présenter aux cinq pour cent une conversion nécessaire. Si les porteurs de cette dernière rente trouvent un intérêt à prendre des trois pour cent de l'indemnité, ils sauront bien en acheter en vendant leurs cinq pour cent, sans que le gouvernement en fasse une opération expresse. On a dit dans la *Lettre* que ce n'était pas en réduisant violemment la rente que l'on devait faire baisser l'intérêt de l'argent, mais que c'était l'intérêt de l'argent qui, en diminuant dans le commerce, devait faire descendre le taux de la rente. Amoindrir de force la rente, c'est confondre deux choses diamétralement opposées; c'est prendre une loi de *maximum* pour une loi de *réduction*.

On ne parlera pas des divers jeux offerts dans la loi des rentes. Il est clair qu'on a voulu satisfaire des pairs et des députés qui, la session précédente, en désespoir de cause, proposèrent des amendements. Si on trouve bons cette année ces amendements, si on les transforme en loi, que ne les adoptait-on l'année dernière? Que de bruit, de colères, de ruptures, d'attaques aux libertés publiques on se serait épargnés! et en même temps combien le projet actuel justifie ceux qui combattirent le projet de 1823!

On a cru sans doute qu'on ne pouvait proposer de reconnaître la dette de la justice et de l'honneur sans offrir la perspective d'un dégrèvement d'impôts; on a été séduit par l'idée d'indemniser les expropriés sans nuire au crédit, sans établir de nouvelles taxes, sans distraire les fonds affectés aux différents services publics : c'est une noble ambition ; mais pourquoi les projets de la loi ne répondent-ils pas à la confiance qu'avait inspirée le discours de la couronne?

C'est un grand malheur que cette loi des rentes accolée à la loi des indemnités : quoi qu'on fasse et dise, elle nuit à la cause sacrée du malheur et de la fidélité. Cela est injuste sans doute; mais il était du devoir des hommes d'État d'apporter une grande attention à cette disposition des esprits.

Un bien plus grand malheur encore, c'est d'avoir donné à une loi de justice l'allure d'une loi d'agiotage. Non content de mettre l'ancienne propriété foncière de la France en papier sur la place, on appelle autour du tapis la propriété rentière : on va jouer sur quatre milliards!

Au commencement d'un nouveau règne, et à la fin d'une révolution de trente années, il y a peut-être quelque imprudence à remuer ainsi les fortunes, parce que c'est remuer les mœurs; à tenter toutes les faiblesses, à ranimer toutes les cupidités, à faire sortir toutes les familles de cet état de repos et de modération dans lequel elles commençaient à se complaire. Espérons que l'autorité sera frappée des observations que ses amis pourront lui soumettre, et qu'elle se hâtera de retirer (pour amender l'un et annuler l'autre) des projets de loi obscurs qui n'ont entre eux aucun rapport obligé ; des projets de loi qui, en dérangeant nos fonds, portent le crédit vers les fonds étrangers ; des projets de loi, enfin, qui blessent une multitude d'intérêts, et effraient les hommes attachés à leur pays.

Paris, 2 décembre 1824.

Parlons aujourd'hui, mon noble ami, de l'indemnité due aux propriétaires dépouillés pendant la captivité ou l'absence de nos souverains légitimes ; indemnité qui fera, nous assure-t-on, la matière d'une loi dont nous aurons à nous occuper dans le cours de la session qui va s'ouvrir.

Est-ce un effet *de mon malheur* ou de mon zèle, depuis la restauration, de n'avoir jamais manqué de signaler à l'opinion publique un sujet important pour la monarchie? J'ai tort de dire de mon malheur; car si personnellement j'en ai souffert, j'ai eu la satisfaction de voir presque toujours adopter mes idées : on me condamnait d'abord, on me jugeait ensuite, et l'on me réhabilitait après. Soit : je tiens moins à ma personne qu'à ma mémoire.

J'écrivais donc ces paroles en 1819, en exposant ce que feraient les royalistes s'ils arrivaient jamais au pouvoir :

« Une autre mesure importante serait encore prise par l'administration roya-
« liste; cette administration demanderait aux Chambres, tant dans l'intérêt
« des acquéreurs que dans celui des anciens propriétaires, une juste indem-
« nité pour les familles qui ont perdu leurs biens dans le cours de la révo-
« lution. Les deux espèces de propriété qui existent parmi nous, et qui créent
« pour ainsi dire deux peuples sur le même sol, sont la grande plaie de la
« France. Pour la guérir, les royalistes n'auraient que le mérite de faire re-
« vivre la proposition de M. le maréchal Macdonald : on apprend tout dans les
« camps français, la justice comme la gloire. »

Ce passage fut attaqué à la tribune de la Chambre élective. Un député prit ma défense, et termina son discours par ces mots :

« Je n'ai point été dépossédé par la révolution; je n'ai rien perdu de mon
« patrimoine; mais quand il faudrait donner une partie de ma fortune pour
« arriver à ce grand moyen de conciliation qui était dans le vœu du noble
« pair, ce sacrifice serait bien loin de m'en paraître un. »

Quand on est resté immobile, il est souvent pénible de regarder derrière et devant soi.

Oui, mon noble ami, les confiscations ont été, avec le jugement de Louis XVI, la grande plaie de la révolution. Des massacres accompagnés de circonstances plus ou moins atroces, une tyrannie transitoire, soit qu'elle vienne du peuple ou d'un soldat, produisent beaucoup de maux, mais laissent peu de traces, surtout en France, où l'on pourrait se venger comme ailleurs si on avait le temps d'y penser. Mais la condamnation d'un roi, laquelle commence une jurisprudence à l'usage de la révolte, une condamnation que le crime transforme en principe pour se justifier ; mais les spoliations, qui apprennent à ceux qui n'ont rien qu'on peut déposséder ceux qui ont quelque chose, voilà ce qui bouleverse les empires jusque dans leurs fondements.

La gravité de ces désordres s'accroît ou s'affaiblit de l'état des mœurs à l'époque où ils arrivent. Lorsque Charles Ier périt en Angleterre, que les propriétés furent confisquées en Irlande, le monde sans doute était sorti de la barbarie, mais pourtant la société n'était pas parvenue au point de civilisation où elle l'est aujourd'hui : les communications entre les peuples n'avaient pas acquis cette fréquence et cette facilité qu'elles ont maintenant; la presse, et surtout la presse périodique, ne transportait pas les nouvelles en quelques jours des bords de la Tamise à ceux du Volga, du Danube, du Tibre et du Guadalquivir. On savait peu les langues étrangères, et la langue anglaise moins que toute autre; les débats sur un crime atroce se réduisaient à des injures latines échangées entre Saumaise et Milton. L'immense majorité des populations ne savait pas lire. Combien y avait-il en Europe de prolétaires et de propriétaires qui eussent entendu dire qu'on avait confisqué quelques domaines au fond de l'Ulster ou du Connaught? La mer, en isolant la Grande Bretagne, amortissait encore le retentissement des événements de Londres et de Dublin.

Mais quelle région de la terre a ignoré ce qui s'est passé dernièrement en France, dans cette France placée au centre de l'Europe, à l'époque de la plus grande civilisation des peuples, à l'époque où ces peuples sont unis par les mêmes usages, comme ils l'étaient autrefois par le même culte? Où n'avons-nous pas porté sur le continent nos doctrines et nos armes? où n'avons-nous pas prêché la mort des tyrans, jusqu'au jour où nous avons voulu en établir partout! où n'avons-nous pas élevé des prisons et des échafauds, en criant *vive la liberté?* où n'avons-nous pas vendu le bien d'autrui? où n'avons-nous pas créé des domaines nationaux, dressé des listes de proscription? La nouvelle France avait soumis les étrangers à ses douleurs, comme l'ancienne à ses modes.

Plus l'exemple que nous avons donné au monde est pernicieux, plus il nous convient d'en détruire l'effet : il importe à la société tout entière qu'il soit prouvé qu'on ne viole pas les propriétés impunément.

En reprenant la couronne, Louis XVIII se hâta de proclamer le grand principe de l'inviolabilité de la propriété. Ce roi, roi sur le trône comme il l'avait été dans l'exil, au milieu des propriétés déplacées, au milieu du domaine de ses pères envahi ou démembré, abolit la confiscation. Il ne pouvait pas dire : « Ce qui a été fait n'est pas fait; » il dit : « Ce qui a été fait n'arrivera plus. » Il se flattait ainsi d'étouffer la tyrannie dans son germe, d'anéantir la principale cause des proscriptions politiques, et de faire disparaître les révolutions, en détruisant l'appât révolutionnaire.

Il savait toutefois que cette déclaration ne suffisait pas; il avait devant les yeux l'exemple de son auguste frère. Louis XVI aussi avait aboli la confiscation; la date de cette première abolition est du 21 janvier 1790 : comme on paya le bienfait, le 21 janvier 1793! L'assemblée nationale, s'unissant à son souverain, décréta que, dans aucun cas, les propriétés ne seraient confisquées; et, trois ans après, les deux tiers de la propriété de la France étaient sous le séquestre, et l'on vendait à l'encan le bien de la veuve et de l'orphelin.

Buonaparte, pendant les Cent-Jours, dans son *Acte additionnel*, introduisit une partie de la Charte, mais il eut soin d'en exclure l'article qui abolit la confiscation : l'usurpation connaissait trop bien la source de sa puissance. Justinien, qui eut la gloire de rayer cette confiscation du Code romain, n'avait pu l'empêcher de souiller les lois des Barbares : l'odieux principe régna partout où le droit coutumier ne fut pas remplacé par le droit écrit.

Des lois et des règlements sont donc d'impuissantes barrières contre la cupidité, l'envie, l'ambition et les autres passions humaines ; mais à une déclaration de principes ajoutez un fait : accordez une indemnité aux propriétaires dépouillés, et la leçon fructifiera, et la société sera sauvée.

Ceci nous conduit naturellement, mon noble ami, à nous enquérir d'où sort la loi projetée. Elle sort de deux articles de la Charte.

Le roi, en rentrant dans la plénitude de sa puissance, a pu dire, article 9 de la Charte : « Toutes les propriétés sont inviolables, sans aucune exception de celles qu'on appelle *nationales*, la loi ne mettant aucune différence entre elles. » Il a dû déclarer ce principe, poser ce fait, en vertu de ce droit de haut domaine, *eminens dominium*, qui investit le souverain du pouvoir de demander la cession d'une propriété particulière pour le bien de l'État. Les ordonnances du Louvre offrent partout des preuves de l'exercice de ce droit. Il était maintenu dans les constitutions de 1791, de l'an III et de l'an VIII. Le monde ancien l'a connu comme le monde moderne.

Mais ce droit a été partout soumis à une condition d'équité, sans laquelle il devient nul : il faut qu'une indemnité équivalant au prix de la propriété soustraite dédommage le propriétaire.

C'est pourquoi l'article 9 de la Charte est immédiatement suivi d'un autre article explicatif du précédent, lequel énonce que l'État peut exiger le sacrifice d'une propriété pour cause d'intérêt public légalement constaté, mais avec une indemnité préalable. Ainsi les articles 9 et 10 ne peuvent être détachés l'un de l'autre. L'article 9 déclare le fait ; l'article 10 établit le droit : l'un dit que toutes les propriétés sont inviolables sans aucune exception ; l'autre règle la condition de cette inviolabilité.

Supprimez l'article 10, l'article 9 devient infirme pour les propriétés nationales, car les anciens possesseurs de ces propriétés n'étant point dédommagés, on n'aurait pas le droit de retenir leurs immeubles.

De l'autre côté, ne pas exécuter l'article 10 serait retomber dans le cas du non-dédommagement, et le possesseur évincé aurait le droit incontestable de rentrer dans la possession de son bien.

Ni le haut domaine, ni aucune loi ne peut rendre un souverain maître de la propriété des citoyens, sans un dédommagement, sinon préalable, du moins subséquent ; il ne peut donner à l'un ce qui appartient à l'autre. A Constantinople même, cette transportation n'est pas licite, et la loi religieuse supplée à cet égard au silence de la loi civile : d'où il résulte que la loi des indemnités est une loi forcée pour rendre valide l'article 9 de la Charte en accomplissant l'article 10.

L'honneur de l'initiative de cette loi appartient à M. le maréchal duc de Tarente. Dans la séance de la Chambre des pairs du 3 décembre 1814, il prononça un discours remarquable sur le projet de loi relatif aux biens non vendus des émigrés. « J'ai témoigné les regrets, dit-il, que le projet de loi « ne présente pas pour le moment des ressources plus étendues à un si grand

« nombre d'infortunés. J'ai aussi exprimé le vœu adopté par la commission, et
« que M. le comte Pastoret a si éloquemment développé, que le roi fût sup-
« plié de prendre les moyens les plus prompts et les plus sûrs qu'il avisera
« dans sa haute sagesse *de concilier avec l'état des finances un système géné-*
« *ral d'indemnités.*

« ... La loi que vous discutez rend des biens non vendus qui, par leur na-
« ture, appartenaient en général aux premières familles de l'État; mais ceux
« qu'un dévouement, peut-être plus exalté, a arrachés des rangs de l'armée
« ou de leurs antiques manoirs, sans qu'ils eussent jamais participé à la puis-
« sance et aux faveurs de la cour; ceux qui se sont associés sans espoir de
« retour aux infortunes du monarque, et qui chaque année voyaient avec
« indifférence passer dans des mains étrangères les débris d'un patrimoine
« longtemps préservé par la médiocrité ; ces exilés volontaires, que le soin
« de leurs intérêts ne put détacher de la cause du malheur, seront-ils punis
« d'y être restés fidèles? »

Le noble maréchal développa, dans la séance du 10 décembre 1814, la
proposition qu'il avait faite dans la séance du 3 du même mois : « Les exilés,
« dit-il, reparaissent au milieu de nous protégés par la vieillesse et le mal-
« heur; ce sont des espèces de croisés qui ont suivi l'oriflamme en terre
« étrangère, et nous racontent ces longues vicissitudes, ces tempêtes qui les
« ont enfin poussés dans le port où ils avaient perdu l'espoir d'aborder...

« . . . . Descendons dans
« nos cœurs, messieurs, pour juger de nos semblables ; plaçons-nous par la
« pensée dans la position que je décris; ajoutons au sentiment qu'elle nous
« inspirerait cette fierté, compagne de l'infortune ; reconnaissons des Français
« au calme du désintéressement de la plupart d'entre eux. »

Je me suis laissé entraîner au plaisir de rappeler ces généreuses et éloquentes paroles. Doivent-elles nous étonner? Notre collègue, qui a obtenu une
gloire unique dans l'histoire, celle de recevoir le bâton de maréchal sur le
champ de bataille, est un soldat français ; il descend d'une famille d'exilés
fidèles à ses rois : à ce double titre il sentait le prix des beaux sacrifices et de
la loyauté malheureuse. Comme les émigrés, il n'apporta sur un sol étranger
que son épée; la France accepta cette épée pour prix d'une patrie : le marché
a été bon des deux côtés.

Il avait bien raison, le duc de Tarente, de vanter le désintéressement des
exilés français ! Nous les voyons tous les jours non pas vivre, mais mourir, à
la porte de l'habitation paternelle qu'ils ne possèdent plus, sans exprimer un
regret, sans élever un murmure : Dieu et le Roi l'ont voulu; ils obéissent. L'Irlande est encore agitée par les confiscations qui ont eu lieu il y a près de deux
siècles, et la France est tranquille au milieu des terres aliénées dont les anciens propriétaires sont encore vivants. Qui le croira jamais? dans les champs
de la Vendée, les acquéreurs de biens nationaux n'ont jamais été inquiétés.
Le paysan royaliste, à peine à l'abri dans les ruines de sa chaumière, voit
moissonner, sans le réclamer, le sillon que son héroïque père arrosa de son
sang, quand il ne lui fut plus permis de le féconder de ses sueurs.

Un ancien chef des royalistes, M. le marquis de La Boissière, aujourd'hui membre de la Chambre des députés, qui prononça à la dernière session un magnifique éloge de la Vendée, fut obligé, après les Cent-Jours, de venir témoigner dans une affaire déplorable ; il fit à la cour d'assises d'Angers cette déclaration que les anciens auraient gravée en lettres d'or, sur les tables de leur loi :
« Le roi, dit-il, m'avait ordonné à Gand de faire respecter la Charte pendant
« la lutte qui allait s'entamer, et d'y faire revenir aussitôt qu'il se pourrait,
« alors que les circonstances auraient momentanément rendu impossible de s'y
« conformer. La crise finie, j'ai pu dire au roi : Sire, il n'y a pas eu d'infraction ;
« si Votre Majesté avait prévu des impossibilités éventuelles dans l'exercice
« de la Charte, rien n'a été impossible à l'amour obéissant de vos Bretons.
« Victorieux dans la lutte au milieu du tumulte des armes, alors que toutes
« les infractions auraient été nécessairement excusées et couvertes, la surface
« de la Bretagne n'a pas offert un seul exemple d'un chef qui se soit permis
« un seul acte de propriété sur ses propres biens confisqués, *et entre les mains*
« *d'un ennemi de Votre Majesté portant les armes contre elle.* »

Louis XVIII connaissait bien ces vertus lorsque, voulant passer dans la Vendée, il écrivait ces magnanimes paroles au duc d'Harcourt : « Il n'y a rien à
« craindre pour le roi, qui ne meurt jamais en France. Si je reste en arrière,
« si je n'emploie pas non-seulement ma tête, mais mon bras, pour monter sur
« si mon trône, toute considération personnelle, je la perds ; et si l'on pouvait
« croire que ce fût de mon plein gré que je n'ai pas joint mes fidèles sujets,
« mon règne serait plus malheureux que celui de Henri III. . . . .
« . . . . Que me reste-t-il donc ? La Vendée. Qui
« peut m'y conduire ? L'Angleterre. Insistez de nouveau sur cet article ; dites
« aux ministres, en mon nom, que je leur demande mon trône ou mon tombeau. »

M. le maréchal Macdonald estima à quatre milliards la valeur des biens nationaux de toutes classes, etc. Il supposa que les propriétés particulières frappées de confiscation formaient à peu près le quart de la confiscation générale.

Neuf cents millions lui parurent le capital de la rente à créer pour l'établissement d'une indemnité.

Il diminuait sur ce capital trois cents millions payés aux créanciers des Français expropriés.

Il pensait que trois cents autres millions devaient être déduits pour les levées des séquestres depuis vingt-trois ans.

Ces deux soustractions faites, trois cents millions restaient pour base de l'indemnité. Enfin, différents calculs lui faisaient supposer qu'une création de rente de douze millions suffirait à la mesure.

Des renseignements plus exacts acquis dans la suite ont démontré que les calculs de notre illustre collègue n'étaient pas tout à fait assez élevés.

Les Cent-Jours arrivèrent : l'ouragan qui passa sur la France produisit l'effet de ces vents qui répandent la contagion dans l'Orient. Il altéra les esprits les plus sains ; le délire était si grand que l'on se figura qu'un régicide pouvait être le ministre d'un roi dont il avait conduit le frère à l'échafaud. Au retour de Gand, on était presque un *contre-révolutionnaire* lorsqu'on rappelait la proposition de M. le duc de Tarente. Le mouvement dura dans toute sa force jusqu'à la mort de ce fils de France dont j'étais destiné à retracer l'histoire. Prince infortuné! vous nous promettiez un grand roi. Vous aviez commencé dans les camps comme Henri IV; vous deviez finir comme lui: vous n'avez évité de ses malheurs que la couronne.

Cependant, grâce à la protection de la Charte, le courage et la raison n'avaient pas été étouffés. La tribune et la presse avaient fait entendre la vérité à travers les erreurs du moment; des écrits en faveur des indemnités avaient paru, et ils avaient réveillé les questions déjà examinées dans de premiers Mémoires publiés en 1814. Ces écrits se multiplièrent à mesure que les changements de ministres donnaient plus de vivacité ou d'indépendance à l'opinion. Parmi les ouvrages que j'ai lus avec fruit, et qui m'ont servi à me confirmer dans mes sentiments, il faut distinguer, entre plusieurs autres également utiles, une discussion solide sur *la Nécessité et la Légalité de demandes en indemnités*, par un homme de lettres; plusieurs digressions savantes et lumineuses sur *la Restitution des biens des émigrés*, sur *le Rétablissement des rentes foncières*, sur *les Moyens de faire cesser la différence qui existe dans l'opinion entre la valeur des biens patrimoniaux et des biens dits nationaux*, etc., par un jurisconsulte; enfin, une petite brochure *sur la Propriété*, par un vieillard célèbre; brochure où l'on trouve sur la nature de la propriété foncière et le caractère de la propriété industrielle, quarante pages qui sont un véritable chef-d'œuvre.

Cependant la question n'était pas arrivée à son point de maturité, et l'auteur du dernier écrit que je viens de citer fut mis en jugement. M. de Richelieu ne perdait pas néanmoins de vue l'indemnité des émigrés: il en faisait le rêve glorieux de son ministère. Des recherches furent ordonnées pour constater le montant des biens vendus; il paraît même que M. de Corvetto rédigea un projet de loi.

M. de Richelieu quitta le ministère : un écrit dont on avait autorisé l'impression pour être distribué aux deux Chambres fut mis en l'écart : c'était une maxime du jour, que plus on est soupçonné d'être attaché à la monarchie légitime, moins on a de force pour la servir.

Le dernier roi, qui voyait sa fin approcher et qui voulait achever sa gloire, sentit que le moment de nos triomphes en Espagne était favorable à la demande des indemnités; que le drapeau blanc rapporté par les mains victorieuses du prince libérateur pourrait servir d'appareil aux dernières plaies de la révolution. La pensée royale glissée dans une loi que repoussait l'opinion publique, fut sans effet; et le chef de l'opposition royaliste dans la Chambre populaire enleva aux ministres l'initiative de la proposition la plus honorable. Par un effort qui dut leur coûter, ils se virent même obligés de la combattre; ou du moins ils se retranchèrent dans une de ces promesses vagues que, selon les temps, on remplit ou l'on oublie.

Dans cet historique de la loi projetée, vous reconnaîtrez comme moi, mon noble ami, l'heureuse influence de ces institutions qui nous ont sauvés, et qui porteront la France à son plus haut point de prospérité, si quelque génie fatal n'en corrompt les principes.

Dans un gouvernement constitutionnel, mettez un projet en avant; l'opinion s'en empare, le discute : s'il est utile, la majorité finit par se déclarer en sa faveur, et les hommes d'État n'ont plus qu'à exécuter ce qui est devenu le vœu du public.

Ainsi, dans l'espace de dix années, s'est élaborée l'idée d'une indemnité à donner aux propriétaires dépouillés : la chose même qui avait semblé dangereuse paraît salutaire, et l'on en est venu à ce point que tout le monde demande aujourd'hui la loi que presque personne n'osait d'abord espérer. Tels sont les triomphes de la liberté de la presse, telle est l'excellence de la monarchie représentative.

Mais qui ne tremblerait, mon noble ami, en voyant que l'autorité ministérielle n'a encore rien fait connaître de ses projets sur la loi des indemnités? On pourrait même supposer qu'elle a craint qu'on les devinât, car elle a eu soin de faire démentir par un article inséré au *Moniteur* les bruits qui circulaient dans Paris. Nous sommes à vingt jours de l'ouverture de la session, et le public ignore une loi qui touche à la propriété des deux tiers de la France. Cette loi devrait être l'objet de discussions politiques; la presse périodique l'aurait dû saisir, pour en travailler les éléments, pour en rendre les débats moins obscurs à la tribune : point; tout reste secret.

Il en serait donc de cette loi comme de celle des rentes? On la jetterait donc tout à coup au milieu de la Chambre élective? Une loi si compliquée, qui demande des connaissances si spéciales, des études si profondes, serait donc livrée à des esprits non préparés? Si elle était bonne, tant mieux; si elle était mauvaise, tant pis : elle n'en serait pas moins présentée. Viendrait-on nous dire : « Comme vous voudrez, c'est à prendre ou à laisser? Vous n'en voulez pas? « très-bien : il n'y aura pas d'indemnité pour les émigrés. Cela vous con- « vient-il? » Et ainsi, le pistolet sur la gorge, on se verrait comme forcé d'adopter une loi peut-être désastreuse, une loi qui n'irait pas à sa fin, ou qui serait créée dans des intérêts étrangers au but que l'on doit désirer d'atteindre.

Il serait fâcheux d'être obligé de supposer qu'il existe dans l'administration un esprit antipathique à la Charte, un esprit qui a horreur de la publicité, et qui ne peut se résoudre à reconnaître la puissance de l'opinion. En attendant que l'on déchire les voiles, et que l'on nous frappe d'une loi comme d'un coup d'autorité, il n'y a qu'une chose à faire pour être utile : c'est d'examiner ce qui pourrait contribuer à vicier les bases de la loi projetée, ou à en consolider les fondements.

Je conçois l'embarras bien naturel de l'administration; la matière est difficile à traiter, si l'on ne veut pas sortir des anciens systèmes.

L'administration sent aussi qu'elle n'a pas l'honneur d'un projet de loi qui commence à M. le duc de Tarente, et finit à M. le comte de La Bourdonnaye, après avoir été demandé, discuté par tous les écrivains royalistes. Ce projet, qui sans doute est dans les intentions de l'administration, mais qui pourtant a l'air de lui être arraché, ne doit pas produire chez elle l'amour que l'on a pour son propre ouvrage, l'ardeur que l'on met à exécuter son propre dessein.

Une des choses les plus funestes serait, relativement à la loi en question, de se laisser surprendre par ce qu'on appellerait un projet *simple*, renfermant dans un court énoncé les combinaisons de l'arbitraire. Le projet de loi de la réduction des rentes était aussi très-bref, et l'on a vu tout ce qu'il contenait de long.

La loi des indemnités doit être une loi détaillée, une espèce de code de la propriété, dans laquelle, autant que possible, il ne faut rien souffrir de processif, d'obscur et de douteux. Si l'on venait nous dire, par exemple :

« Un crédit de six cents millions, plus ou moins, sera ouvert au ministre des « finances pour donner une juste indemnité, etc. : » si le projet, après avoir fixé une ou plusieurs bases variables de l'estimation des biens, après avoir tranché la question des créanciers antérieurs à l'émigration, renvoyait tout le reste à des règlements administratifs, il ne pourrait être voté qu'avec le plus grand péril pour les propriétaires et pour l'État.

Un pareil projet ne serait qu'une lettre de six cents, de huit cents millions, livrée à un homme. Ne demandons point de blanc-seing pour les confiscations; il serait aussi nuisible qu'il l'eût été pour l'affaire des rentes, et c'est déjà trop d'en avoir donné un pour les bons royaux. De cet aveugle abandon de la fortune publique découlerait une source inépuisable d'arbitraire.

Arbitraire dans la forme à établir pour la vérification et la discussion des titres, puisque la loi se tairait sur ce sujet, et n'indiquerait ni les moyens d'examen, ni les recours en appel.

Des commissions seraient nommées pour régler ces affaires; mais ne le sont-elles pas sur la présentation du ministre? Que d'abus pourraient se glisser dans de pareilles commissions !

Arbitraire dans l'ordre d'admission des liquidations. Cet ordre pourrait être fait au gré du caprice, de l'intérêt, de la faveur, de l'intrigue, de la corruption même qui se mêle à tout : les riches pourraient passer avant les pauvres, les grandes fortunes à moitié retrouvées avant les petites fortunes tout à fait perdues.

Il en serait peut-être d'un émigré comme d'un commis; il faudrait savoir comment il pense, comment il vote; et de même qu'on renvoie un magistrat parce qu'il a écouté la voix de sa conscience, de même on éconduirait un fidèle serviteur du roi, qui n'aurait conservé de tous ses biens que son indépendance.

Un vieux gentilhomme de l'armée de Condé, chargé d'années, couvert de blessures, pourrait se voir préférer l'intrigant qui aurait fait de son exil un temps de plaisir sur le pavé des capitales de l'Europe.

D'une loi qui doit être l'honneur du règne de Charles X, comme la Charte a fait la gloire du règne de Louis XVIII; de cette loi qui doit fermer les dernières plaies de la révolution, on ferait une loi fiscale dans un intérêt privé.

Cette loi, flétrie dans sa fleur l'année dernière par la seule idée de l'accoler à la loi des rentes, serait séchée cette année dans sa racine. Le ministère des finances deviendrait une espèce de Mont de Piété où l'émigration porterait ses vieux gages; on ferait *une affaire* sur un nantissement fourni par des malheureux. Les lambeaux de la France, rassemblés et convertis en papier, iraient enrichir ceux qui entendent le négoce des dépouilles.

Encore ne fournirait pas qui voudrait sa part à ce commerce : l'exilé de province transmettrait à la préfecture de son département ses titres, qui seraient envoyés à Paris, où ils resteraient ensevelis dans les bureaux, en attendant qu'un protecteur vînt en secouer la poussière. Dans notre manière actuelle d'administrer, combien il faut d'écritures pour réparer une ruine! En faudrait-il autant pour secourir un homme? Mais l'homme n'attend pas comme la ruine, et tombe plus vite qu'elle.

On conçoit que, dans les idées qui dominent, la perfection du système serait d'appeler les liquidations de l'indemnité à Paris, de centraliser jusqu'à nos malheurs; on conçoit que des administrateurs aimeraient assez à devenir des notaires universels, qui, tenant dans leur cabinet tous les titres des propriétés de la France, seraient chargés des intérêts de toutes les familles. Ils pourraient se servir de l'importance que leur donnerait cette position pour se perpétuer au pouvoir, malgré l'opinion et presque malgré la couronne.

Mais cela peut-il convenir à la monarchie, à la France? Six cents, huit cents millions à la disposition d'un seul homme et de ses agents! Moyens d'influence d'autant plus dangereux, que l'on vient de détruire tous ces contrôles si bien organisés par Buonaparte, et qui rendaient les mécomptes presque impossibles.

Singulier rapprochement! il arriverait à la fin des confiscations pour les biens rachetés, ce qui est arrivé au commencement pour les biens vendus. La Convention voulant se débarrasser des plaintes et des réclamations relatives aux ventes des biens des émigrés, décréta : « Que toutes les pétitions et « questions relatives à ces ventes seraient exclusivement renvoyées au comité « des finances, section des domaines (1er fructidor an III). »

Hâtons-nous de publier une loi que la religion, la morale, l'honneur, l'humanité, la politique, réclament également; mais ne faisons pas d'une loi de justice et de probité, une loi d'immoralité et d'agiotage, et surtout ne créons pas par cette loi une dictature incompatible avec la royauté.

La loi des indemnités doit être considérée sous deux rapports : sous le rapport civil, et sous le rapport financier.

Sous le premier rapport, elle doit être élaborée par des jurisconsultes habiles et des magistrats intègres. Ce ne sont pas là des matières que l'on travaille avec quelques commis, au milieu des autres embarras d'une administration sous laquelle on succombe.

Cette loi doit être pénétrée de l'esprit du nouveau et de l'ancien droit français, puisqu'elle doit toucher à toutes les questions de l'ancienne et de la nouvelle jurisprudence.

Elle doit énoncer les héritiers et leurs ayants cause dans la succession directe ou collatérale, jusqu'à un terme qu'elle fixera.

Dire que les parties se pourvoiront devant qui de droit, c'est consommer la ruine des hommes qu'on veut secourir.

Dire que l'on réglera tout cela par des ordonnances, selon l'échéance des cas, c'est dire qu'on fera justice quand il n'en sera plus temps, qu'on donnera la règle quand la règle aura été transgressée. Et où appellerait-on d'une ordonnance ministérielle? au conseil d'État? Mais le conseil d'État ne doit juger qu'en matière contentieuse et non en matière civile : c'est devant les tribunaux qu'il faut aller, et la loi seule peut en ouvrir les portes.

On pourrait prendre les ministres à partie? Oublie-t-on qu'il faudrait en obtenir l'autorisation du conseil d'État? que les membres du conseil d'État sont amovibles et dans la dépendance des ministres? C'est parcourir le cercle vicieux.

Quelques personnes pensent qu'au lieu d'une loi *simple* ou d'une loi *détaillée*, il faudrait faire trois ou quatre lois réglant la matière. Dangereuse idée s'il en fut! S'il advenait qu'une, ou deux, ou trois de ces lois fussent rejetées, et que la quatrième passât, que deviendrait-elle? Comment serait-elle exécutée?

Si cette seule loi admise était (comme c'est probable) celle même qui renfermât le principe de la loi, il arriverait, ou que ce principe ne serait qu'un énoncé stérile, sans résultat pour les expropriés, ou qu'au défaut des lois corrélatives, ce principe serait mis en mouvement par des règlements, et l'on retomberait ainsi dans le gouffre de l'arbitraire administratif.

Ce système de plusieurs lois séparées peut convenir à ceux qui voudraient se débarrasser de l'exécution d'une loi capitale, en se contentant de l'honneur d'en faire voter le principe, ou à ceux qui voudraient s'emparer du principe, en se dégageant de toute contrainte pour l'exécution : cette piperie doit être surveillée.

On parle encore d'un autre système; ce serait de payer les indemnités en trois pour cent au taux de soixante-quinze, et de donner en même temps aux rentiers l'option de prendre les trois pour cent au même taux ou de garder leur cinq pour cent; dans ce dernier cas, la caisse d'amortissement n'opérerait plus sur les cinq pour cent, mais seulement sur les trois pour cent. De plus, sitôt qu'un *transfert* dans les cinq pour cent aurait lieu, soit par vente ou succession, ladite rente transférée serait forcément convertie en trois pour cent.

Il n'y a rien à dire contre ce projet, sinon qu'il serait illégal et injuste. La caisse d'amortissement n'a point été créée pour éteindre une dette particulière ou pour soutenir un fonds particulier, mais pour agir sur toutes les rentes en général. L'affecter uniquement aux trois pour cent, ce serait créer un privilége aux dépens des cinq pour cent. Qu'ont donc fait ces malheureux rentiers possesseurs des cinq pour cent? De quel crime se sont-ils rendus coupables pour être toujours ainsi menacés par la loi? La caisse d'amortissement, agissant sur une seule espèce de rentes, produirait des hausses énormes et spontanées, suivies de baisses aussi terribles, qui renouvelleraient une partie des accidents du système de Law. Le public ne verrait dans ce projet que la consolation et le dédommagement de la loi sur la réduction des rentes.

Et pourquoi les porteurs des cinq pour cent ne pourraient-ils vendre et acheter, sans être forcés à un rachat d'une espèce particulière?

Qu'ils gardent leurs fonds, dit-on, et ils auront leur cinq pour cent. S'ils veulent jouer, on a le droit alors de leur dire que l'État a besoin de baisser l'intérêt de l'argent.

Voilà une autorité ministérielle bien scrupuleuse : elle ne veut pas que l'on joue, et elle établirait une immense table de jeu! Ce serait donc à son profit seulement? Mais les rentiers, dont une partie ont été dépouillés par des réductions et des banqueroutes, seraient-ils si coupables de chercher à user du crédit public pour retrouver leurs capitaux, sans perdre en même temps leurs intérêts? C'est d'ailleurs une violation manifeste du droit de propriété, que de vouloir forcer le propriétaire a garder cette propriété ou à la vendre dans une forme imposée : c'est aller contre tous les principes des lois.

On pourrait acheter des trois pour cent : on ne pourrait donc plus acheter des cinq, puisque les cinq ne pourraient être vendus sans être convertis en trois? Ou, pour parler plus clairement, les cinq pour cent ne seraient plus transférables; ils s'éteindraient nécessairement dans un temps donné, et c'est ce qui explique pourquoi ils n'auraient plus besoin de l'action de la caisse d'amortissement. Qu'est-ce que tout cela? Pourquoi toutes ces inventions, et qu'ont-elles de commun avec la mesure qui doit réparer une grande injustice?

Quant aux indemnisés, en leur donnant des rentes à trois pour cent, comme cent francs à trois pour cent ne valent que soixante-quinze, selon les idées qui dominaient dans le projet de la réduction des rentes, et qu'elles ne valent que soixante-cinq francs à la Bourse au taux actuel des cinq pour cent, il est évident que l'indemnisé qui recevrait cent mille francs en trois pour cent ne toucherait réellement que les trois quarts ou même que les deux tiers de cette somme.

Si donc le montant des indemnités, défalcation faite des dettes payées par le gouvernement, est de six cents millions, en donnant cette somme en trois pour cent au pair, on ne paie plus aux indemnisés que quatre cents millions. Il y aurait déception manifeste dans ce mode de paiement; la perte du malheureux indemnisé s'accroîtrait encore de sa propre détresse qui l'obligerait à vendre promptement son effet au négociateur assez riche pour le garder.

Et si, d'une autre part, les rentiers devenaient les héritiers forcés des trois pour cent, il arriverait que, par une combinaison au moins singulière, on ne donnerait pas aux expropriés ce qui leur est dû, et on ôterait aux rentiers quelque chose de ce qu'ils ont.

Enfin, par quelle fatalité faudrait-il encore que le sort des expropriés se trouvât lié à celui des rentiers? Quoi! toujours écartant les simples idées de morale et de justice, on s'obstinerait à ne chercher dans la loi des indemnités qu'une double opération, et l'établissement d'un jeu de hasard!

La bonne foi a aussi son habileté et son influence : une loi grave, sincère, lucide, dont tout le monde verrait le fond et pénétrerait la pensée, serait selon moi plus favorable au crédit que les combinaisons les plus déliées de l'agiotage.

Deux idées fixes, mon noble ami, dominent aujourd'hui notre système de finances : ne pas toucher à la caisse d'amortissement; créer des valeurs au dessous des cinq pour cent, pour faire baisser le taux de l'intérêt dans le commerce.

Idées également erronées : la caisse d'amortissement est trop forte; et ce n'est pas l'État qui peut agir sur la réduction de l'intérêt de l'argent dans le commerce, mais le commerce qui doit amener l'abaissement du taux de l'intérêt pour l'État.

J'ignore ce que fera l'administration; je ne la cherche point dans les ténèbres : je serai charmé qu'elle dise, quand j'attaque de fausses théories, que tels ne sont point ses projets, et que j'ai poursuivi des fantômes : que la loi soit bonne, voilà tout! Mais pourtant il faut bien admettre que l'on fera un emprunt, ou que l'on aura recours à la caisse d'amortissement pour les indemnités, car il n'y a que ces deux manières de procéder.

Et c'est ici qu'un vrai Français doit déplorer la position fâcheuse où la précipitation a placé le pouvoir administratif. Si ce pouvoir fait un emprunt, les objections les plus graves s'élèvent de toutes parts. S'il puise à la caisse d'amortissement, il se soumet donc à toutes les idées qu'il a si obstinément combattues? Combien de fois n'a-t-il pas déclaré que toucher à la caisse d'amortissement serait toucher à l'arche sainte? Et il commettrait le sacrilége! Alors pourquoi le fracas de l'année dernière? Pourquoi ces cris contre les ennemis, ces séparations violentes des amis, si l'on était réduit à faire ce que l'on refusait d'entendre? Jadis on a prononcé les plus beaux discours contre la censure, et l'on a établi la censure; naguère on a tout brisé pour repousser un système de finance qu'on admettrait aujourd'hui. Mais qu'importe que l'on se contredise, pourvu que les contradictions soient au profit de la liberté et de la prospérité de la France!

En jetant un regard sur la partie financière du projet de loi, telle qu'on peut la concevoir sans recourir à des combinaisons extraordinaires, on trouve d'abord que M. le duc de Tarente avait proposé, article 4 de sa résolution :
« Que la quotité de rentes à créer en faveur des anciens propriétaires fût éva-
« luée, ou sur le tiers du revenu (valeur de 1790) des biens aliénés, et, dans
« ce cas, les créanciers des propriétaires desdits biens seraient réduits au
« tiers; ou sur le pied de deux et demi pour cent du capital desdits biens, à la
« même époque de 1790, et, dans ce cas, les créanciers non liquidés con-
« serveraient leurs droits; bien entendu que dans les deux hypothèses, il
« serait fait sur la valeur desdits biens défalcation des créances éteintes par la
« liquidation. »

Quoi qu'il en soit, la loi, mon noble ami, devra d'abord stipuler que les propriétaires dépossédés seront, si la chose est possible, dédommagés intégralement de la perte de leurs biens; autrement, elle ne remplirait son objet qu'à moitié. L'homme d'État doit considérer beaucoup moins le but d'une justice particulière, le soulagement accordé au malheur et à la fidélité, que la consécration du principe de l'inviolabilité de la propriété.

Considérez que, même avec l'indemnité intégrale (dans les cas où elle ne dépassât pas les bornes du possible), vous auriez fait suffisante et bonne justice, mais vous n'auriez pas tout rendu; vous n'auriez rendu ni l'usage de l'immeuble ni les fruits de la terre; vous n'auriez rendu au propriétaire ni son berceau ni sa tombe. Ce champ, dont il tirait sa considération, qui fournissait à ses modestes besoins comme à ses honnêtes plaisirs; ce toit où s'attachaient les traditions de sa famille et de son enfance, les souvenirs du passé, les espérances de l'avenir, seront-ils remplacés pour lui par une rente sur le grand-livre? C'est bien assez qu'il perde tout cela sans lui retenir encore une portion de son capital; c'est bien assez qu'il cesse d'être un paisible cultivateur pour devenir un joueur à la Bourse.

Il n'est pas donné à l'homme de réparer ce qui est irréparable, mais il est en son pouvoir d'être juste, autant qu'une inflexible nécessité peut le permettre. Pour quelques millions de plus, on ne doit pas mutiler une opération qui, si elle ne ferme pas la dernière plaie de la révolution, pourrait les raviver toutes. Qu'on y songe sérieusement, il y va peut-être du salut de la France !

L'indemnité intégrale (que j'aime à supposer possible) étant arrêtée, la manière la plus franche, la plus claire, la plus morale de payer cette indemnité, est de transporter au propriétaire dépouillé des rentes rachetées par la caisse d'amortissement.

Dans ce projet, point d'émission d'un nouveau papier, point d'impôt, point d'emprunt, par conséquent point de compagnie de banquiers entre l'État et les propriétaires indemnisés, point de traités secrets, point de ces conditions qui dévoreraient une partie des fruits de la mesure; rien de mystérieux, de menaçant, de louche dans ce grand acte de la justice royale et nationale. Ce n'est pas ici une opération de banque, c'est une mesure législative, c'est pour ainsi dire la reconstruction des bases de la société.

Maintenant, si l'on suppose que l'indemnité s'élève à trente millions de rentes, il en resterait encore dans la caisse plus qu'il n'en faut pour un fonds d'amortissement, et on pourrait encore ôter à cette caisse quelques millions de rentes, en diminution des contributions directes.

Il y a quelque chose d'étrange dans l'idée de créer de nouvelles rentes, au lieu de faire usage de celles acquises par la caisse d'amortissement. C'est comme si un particulier, après avoir fait des économies sur son revenu, et se trouvant avoir besoin d'une somme d'argent, aimait mieux charger sa terre d'une nouvelle hypothèque que de recourir à ses économies.

Prétendra-t-on que l'État emploie ses économies, puisqu'il les applique à l'amortissement de ses anciennes dettes ? N'est-ce pas chercher à se tromper soi-même que d'avoir la prétention d'acquitter d'anciennes dettes, quand on en contracte de nouvelles ?

En outre, l'État est dans une plus mauvaise situation que ne serait un particulier qui agirait de la sorte : un particulier ne rend jamais que la somme qu'il a empruntée, avec les intérêts échus; mais, par le système de l'amortissement, l'État doit toujours racheter la dette publique à un taux plus élevé que celui auquel elle a été livrée.

Si le gouvernement a besoin de trente millions de rentes, en supposant qu'il fasse une création d'autant de rentes, et qu'il les rachète au même prix qu'il les a émises, il est évident qu'il ferait aussi bien de les prendre dans la caisse d'amortissement, puisqu'il éviterait les frais d'un double emploi.

Et si, comme cela ne manquera guère d'arriver, il rachète les nouvelles rentes avec la caisse d'amortissement à dix ou vingt pour cent au-dessus du prix de leur création, il est clair qu'il perd la différence entre les deux prix.

L'objection contre le système de diminuer le fonds d'amortissement, en y puisant les rentes nécessaires aux indemnités, est que cette réduction de la caisse occasionnerait une baisse dans la rente, et qu'ainsi le gain que l'État paraîtrait avoir fait, serait illusoire.

D'abord une assertion n'est pas une chose prouvée, et la vraisemblance

MALESHERBES

d'une baisse considérable n'est pas démontrée. Maintenant que le gouvernement français est aussi solidement établi qu'aucun autre en Europe, et que son crédit est égal à sa force, peut-on croire qu'il faille une caisse d'amortissement dotée de près de quatre-vingts millions pour soutenir cent quarante millions de rentes à cinq pour cent, au pair, ou un peu au-dessus, et cela quand les trois pour cent en Angleterre sont à quatre-vingt-seize.

Mais quelque hasardée que soit cette opinion, la question n'est pas là; il s'agit de savoir si une création de trente millions de rentes nouvelles, avec la caisse d'amortissement actuelle, ne ferait pas baisser le taux de la rente autant que si, sans aucune création nouvelle, on diminuait de trente millions la dotation de la caisse, et qu'on les donnât pour l'indemnité. L'expérience prouve que le crédit public ne suit pas nécessairement le mouvement de la dette nationale. C'est depuis que nos voisins ont diminué de moitié la dotation de leur caisse d'amortissement, que les trois pour cent ont monté si prodigieusement en Angleterre.

Mais, dira-t-on, non-seulement vous diminuez la caisse d'amortissement de trente millions, mais vous remettez en circulation trente millions de rentes rachetées. En couvrant la place d'une aussi grande quantité d'effets de même valeur que ceux qui s'y négocient, comment espérez-vous éviter une baisse?

Les trente millions de rentes ne seront pas jetés à la fois sur la place, puisqu'ils ne peuvent être émis qu'au fur et à mesure des liquidations. Supposez que vous preniez sept ans pour écouler ces trente millions; en les divisant en portions égales, cela vous donnera à peu près, pour chaque année, une émission de quatre millions deux cent quatre-vingt-cinq mille sept cent quatorze francs, émission que les fonds peuvent très-bien porter sans en être matériellement affectés.

Mais ceci nous fait voir que la quotité successive et régulière de l'émission de rentes doit être déterminée par la loi, dût-elle être dans l'année au-dessus ou au-dessous des liquidations épurées. Dans l'un ou l'autre cas, ou l'argent dormirait à la caisse des consignations, ou le propriétaire, dont la liquidation serait établie, attendrait à l'année suivante. Je dirai bientôt comment les intérêts de ce propriétaire devraient être ménagés.

Rien ne serait plus dangereux qu'une émission de rentes spontanée, menaçant toujours la Bourse, et qui dépendrait de la volonté d'un homme. Quelle que fût la pureté de cet homme, il saurait d'avance la quantité de rentes nouvelles qui doivent venir chaque matin ou chaque mois au marché, et par conséquent il lui serait aisé de calculer le prix auquel elles se vendraient. Comme cet homme ne pourrait pas être seul dans le secret, on peut juger quel parti pourraient tirer de ce secret ceux qui en auraient connaissance.

Il faut donc que la loi brise ce levier de puissance et d'agiotage, sans quoi la fortune de l'État et celle des particuliers seraient à la merci de cette probité humaine qui n'est pas toujours un sûr rempart contre les tentations.

Toutefois, quoique la liquidation ne puisse et ne doive être que successive, il serait juste que les intérêts de ces liquidations présumées courussent à dater de la promulgation de la loi. Au trement, il arriverait qu'il y aurait une différence de pertes et de bénéfices considérable entre le propriétaire qui serait indemnisé la première année de la liquidation et celui qui ne le serait que la dernière.

Il faut aussi que la rente soit donnée aux indemnisés à un taux fixe, au pair, quel que soit celui de la Bourse ; sans cela un indemnisé recevrait plus ou moins qu'un autre, selon l'époque où sa créance serait liquidée.

Une fois que la loi aura déclaré que les trente millions pris dans les rentes rachetées par la caisse de liquidation sont destinés aux indemnités, ils n'appartiennent plus à cette caisse. Ils doivent en être séquestrés et déposés à la caisse des consignations. Cette caisse en recevra les valeurs ; et l'État, devenu le tuteur de l'indemnisé, lui tiendra compte, au jour de la liquidation, de sa créance.

Une loi dont l'exécution sera successive, amènera des accidents qu'il faut prévoir : il arrivera, par exemple, que le droit d'une famille s'éteindra avant que cette famille ait été liquidée par la mort de l'héritier placé au degré de successibilité admis. Il arrivera que tel immeuble sans réclamants retrouvera tout à coup un propriétaire. Ces bonifications ou ces déchets doivent trouver un emploi ou une ressource : la loi doit y pourvoir.

Si l'ordre des liquidations doit être fixé, un terme fatal doit être prescrit. La France doit mesurer sa générosité à sa force ; on ne peut pas la tenir éternellement sur le bord d'une dette sans fond.

Il ne peut pas être question de faire une confusion des dettes liquidées sur le prix des immeubles vendus ; chaque indemnisé doit supporter le poids de sa dette personnelle, et ne pas s'en décharger sur son voisin, qui ne devait rien.

Mais enfin, malgré tout ce que j'ai allégué de contraire, voudrait-on, dans la loi des indemnités (sous prétexte d'empêcher une chute de fonds), avoir recours à ces opérations compliquées, à ces revirements de parties, à ces concurrences de valeurs, à ces espèces d'escamotages qui trompent la foule ébahie ? Soutiendrait-on toujours que les cinq pour cent seraient affectés en baisse par la remise en circulation dans l'espace de quelques années de trente millions de ces cinq pour cent ? Il y a un moyen honnête d'en faire hausser le prix, et ce moyen je le présente en toute confiance.

L'année dernière on avait mêlé l'idée d'une indemnité en faveur des propriétaires dépouillés au projet de la réduction de la rente : faites le contraire aujourd'hui : en même temps que vous demandez l'indemnité, déclarez que vous n'agiterez point la question de la rente avant l'expiration du nombre d'années nécessaires à la liquidation de l'indemnité : à l'instant même les fonds publics s'élèveront, et vous ferez bénir le roi, et vous aurez un crédit immense.

On a été un peu vite dans la solution des problèmes de finances les plus ardus : c'est ainsi qu'on a décidé avec une grande hauteur que la rente était remboursable. L'article du Code qui déclare que toute rente établie à perpétuité est essentiellement remboursable pourrait fort bien être combattu par l'article de la Charte qui déclare que la propriété est inviolable, et par celui qui établit (art. 70) que *la dette publique est garantie, et que toute espèce d'engagement pris par l'État avec ses créanciers est inviolable.* En Angleterre les intérêts commerciaux règlent communément ces matières : en France peut-on partir du même principe ?

La rente, parmi nous, est moins un bien-meuble qu'un immeuble. Elle représente aussi souvent le revenu d'un champ ou le fonds de ce champ vendu et converti en argent, qu'elle représente les profits de l'industrie : son origine la rattache aux lois qui gouvernent la propriété territoriale.

Si la rente est un bien-meuble, que signifie l'article de la Charte déjà cité sur la garantie de la dette publique ? L'établissement des majorats en rentes ne prouve-t-il pas que, du moins dans certains cas, la rente est considérée comme immeuble ? Remarquons ensuite que toutes les rentes constituées avant le seizième siècle n'étaient jamais remboursables : la portion de rentes qui reste de cette espèce est donc de droit non remboursable.

Au commencement du seizième siècle, le Parlement décida que, dans certains cas particuliers, les rentes seraient remboursables ; mais il prononça sur l'espèce et non sur le genre, lequel resta soumis au même principe, en vertu de la maxime de droit. Aussi voyons-nous, sous Louis XV, qu'un emprunt fut déclaré *remboursable*, ce qui suppose que les autres ne l'étaient pas.

On a voulu que le mot *consolidé*, emprunté des Anglais, signifiât *confusion*, *agglomération*. Il est pourtant certain qu'on ne l'entendit point ainsi dans l'origine. Nos cinq pour cent, appelés par Buonaparte *les cinq pour cent consolidés*, s'appelaient auparavant le *tiers consolidé* ; et certes on ne pouvait pas dire qu'il y avait agglomération de fonds dans une propriété dont on volait les deux tiers. Il est évident que ce mot *consolidé* était employé pour rassurer le rentier, et lui persuader qu'on ne lui ferait pas banqueroute du reste. Mais voici des documents qui tranchent la question, et qui auraient produit une grande sensation s'ils eussent été fournis au moment de la discussion sur la réduction de la rente.

Le 8 vendémiaire an vi (29 septembre 1797), M. Crétet, chargé du rapport sur le projet de loi de finances, après la banqueroute, s'exprima ainsi dans le Conseil des Anciens :

« C'est une vérité sentie par tous ceux qui connaissent les allures du crédit
« public, que la portion de la dette *bien consolidée* pourrait un jour se vendre
« beaucoup au delà du pair, parce qu'elle est la mieux fondée de toutes celles
« qui existent en Europe. »

Il est d'abord évident que l'idée de la rente *remboursable* ne s'offrait même pas au rapporteur, et qu'il s'adressait à des législateurs également persuadés qu'elle ne l'était point.

Quatre ans après, lors de la présentation de la loi du 21 floréal an x, qui donne le nom de *cinq pour cent consolidés* à la partie de la dette perpétuelle, le même M. Crétet prononça ces paroles devant le Corps législatif :

« L'individu qui confie sa fortune au gouvernement compte sur deux choses :
« la stabilité de sa créance, et le paiement exact des intérêts... Cette définition
« est justifiée par le projet de loi qui, en affectant les produits de la contribu-
« tion foncière au paiement des intérêts de la dette perpétuelle, en consacre
« *la consolidation* par une délégation immuable. »

Ces paroles sont-elles équivoques?

Enfin, le même orateur, soutenant le projet de loi dans la séance du 21 floréal, s'énonça encore avec plus de clarté, et dit :

« La dette perpétuelle se compose de la fortune du créancier et de celle de sa
« postérité ; elle admet l'emploi des deniers dotaux et pupillaires, de ceux des
« établissements publics et des communes ; caractères qui la placent dans l'ordre
« des choses le plus à surveiller par la loi et par le gouvernement. Cette dette
« N'ÉTANT POINT REMBOURSABLE, elle serait une richesse inactive si les créan-
« ciers ne pouvaient la transmettre qu'avec un désavantage ; autre circon-
« stance qui commande à la loi d'en protéger la valeur vénale. »

Telle a été la doctrine à l'égard de la dette publique sous la république et sous l'empire. Cette dette était tenue NON-REMBOURSABLE. C'est le même orateur qui, parlant au nom du gouvernement, proclame trois fois le même principe. Par quel malheur, par quelle déplorable fatalité, ce principe serait-il abandonné sous la monarchie légitime!

Je dois remercier ici, mon noble ami, un de nos collègues : il avait rassemblé ces documents pour soutenir un amendement qu'il comptait proposer lui-même dans cette discussion financière qui a fait un si grand honneur à la Chambre des pairs, et il a bien voulu me les communiquer. Son discours, qui n'a point été prononcé, et dont j'ai le manuscrit sous les yeux, renferme cette apostrophe remarquable :

« Que dites-vous, messieurs, de cette doctrine (la doctrine énoncée au
« Corps législatif et au Tribunat)? Que dites-vous de ces expressions? sont-
« elles assez positives, assez formelles, assez explicatives en faveur de ces
« malheureux rentiers qui, ayant subi la réduction de la moitié de leur créance,
« lorsqu'elle ne se montait qu'au-dessous de six cents francs de rente, et des
« deux tiers lorsqu'elle était au-dessus, recevaient, par la dénomination même
« conservée dans la nouvelle loi, la confirmation consolante d'un principe
« qui ne leur permettait plus de craindre à l'avenir des dispositions semblables
« à celles que nous discutons aujourd'hui? »

Voilà, mon noble ami, des faits qui peuvent conduire à de graves réflexions; maintenant il faut convenir avec candeur qu'ils n'étaient pas généralement connus l'année dernière. Au milieu d'une discussion animée, on n'avait pas eu le temps d'approfondir la matière ; les esprits les plus sains, les hommes de la meilleure foi du monde purent hésiter, ou même avoir une opinion différente de celle qu'ils manifesteraient aujourd'hui. Lorsque le péril a été passé, et qu'on a regardé en arrière, l'étude et la réflexion ont fait voir des choses dont on ne s'était pas même douté. Puisse l'expérience nous corriger à jamais de ces improvisations de lois, qui peuvent avoir les conséquences les plus funestes! Ce n'est pas à la tribune que l'on tranche ces importantes questions de droit, qui embarrassent les jurisconsultes les plus habiles.

A mon tour je ne décide rien ; mais je crois mettre les choses dans une voie salutaire en demandant que le projet de loi soit précédé d'une déclaration, en vertu de laquelle la question de la réduction et du remboursement de la rente sera ajournée à dix ans.

On pourrait même soutenir que la rente (et c'est mon opinion) ne doit être réduite que par l'effet de la caisse d'amortissement et par la dépréciation annuelle des espèces d'or et d'argent ; dépréciation qui se précipiterait de plus de trente pour cent en peu d'années, si les mines du Mexique et du Pérou venaient à être exploitées par des compagnies européennes.

Tel est à peu près, mon noble ami, ce que j'avais d'important à vous dire sur le grand sujet des indemnités. Les détails demanderaient des volumes ; j'ai choisi ce qu'il y a de plus solide dans la matière, et les bases que j'ai proposées peuvent, ce me semble, porter le monument.

1° Rembourser, autant que possible, intégralement les propriétaires dépossédés ;

2° Mettre la loi en rapport avec le Code civil, et entrer dans les plus grands développements ;

3° Ne point faire d'emprunt ;

4° Payer les indemnités avec les rentes acquises par le fonds d'amortissement ;

5° Fixer, année par année, l'ordre et la quotité des liquidations ;

6° Déclarer qu'on ne s'occupera ni de la réduction ni du remboursement des cinq pour cent (et j'espère qu'on ne s'en occupera jamais) avant le terme de dix ans ;

7° Ne laisser rien, ou ne laisser que le moins possible à l'arbitraire dans la loi et dans l'exécution de la loi.

Or, pour arriver à cette heureuse fin, voici ce qui me paraîtrait le plus expédient :

Dans une affaire où il s'agit de la propriété presque entière du royaume, je ne connais aucun homme assez élevé en dignité, science et vertu pour la diriger : des ministres qui passent avec leur système ne sont point en rapport avec les intérêts permanents de la France.

Il n'y a que le père commun des familles, il n'y a que le chef d'une race antique qui a vu naître l'ancienne propriété, et qui voit se former la nouvelle ; d'une race qui veilla au berceau de la monarchie et qui présidera à ses dernières destinées, il n'y a que le roi, en un mot, dont l'autorité soit assez sacrée, le caractère assez impassible, l'esprit assez éclairé, le cœur assez haut, la parole assez sûre pour que les Français remettent avec joie le sort de leur fortune aux mains de ce souverain arbitre. Investi de tout pouvoir, qu'il exécute la loi qu'il aura lui-même conçue ; qu'il descende dans nos propriétés ; qu'il vienne replacer la borne des héritages, et que, comme ses pères, il rende la justice à ses sujets au pied d'un chêne.

Mais il faut qu'il soit assisté dans cette tâche royale : son conseil privé paraît naturellement appelé à cet honneur ; ne pourrait-on y adjoindre un certain nombre de prélats, de pairs, de députés, de magistrats et de conseillers d'État ?

Le roi, assisté de M. le Dauphin, et ayant sous lui le chancelier de France, présiderait les séances générales.

Le conseil privé, qui n'est presque d'aucun usage, trouverait ainsi une immense et noble occupation.

Dans le ressort de chaque cour royale, ne serait-il pas possible de former un comité composé du président et de quelques conseillers de la cour? Des membres des conseils généraux des départements, sur lesquels s'étendrait la juridiction de cette cour, ne pourraient-ils leur être adjoints? Les papiers et pièces relatifs aux liquidations ouvertes dans ces départements ne pourraient-ils être transmis à ce comité? Le travail se ferait ainsi sous les yeux des parties intéressées, et chaque comité enverrait son travail à la section du conseil privé chargée de la correspondance.

La solennité de cette administration annoncerait la solennité de la mesure, et fixerait les regards des peuples, comme nous intéressés au maintien de la propriété.

Tant qu'il n'existera point de loi sur la responsabilité ministérielle, et que la responsabilité morale sera méprisée comme elle l'est aujourd'hui, puisqu'on se fait gloire de braver l'opinion, ce ne serait qu'avec une défiance fort naturelle que les intérêts majeurs de la société se verraient à la merci d'un pouvoir sans contrôle. Tout serait sincère, tout serait monarchique dans le projet que j'ai osé esquisser : il rattacherait par de nouveaux liens la France au roi, et le roi à la France.

C'est ainsi que le feu roi de Sardaigne, Victor-Emmanuel, avait nommé, par son édit d'indemnité, des commissions provinciales dans ses villes de Chambéry et de Nice, correspondant avec une délégation placée auprès de lui à Turin. Le roi régnant a conservé ces dispositions. Vingt et un articles composent l'édit royal, d'où l'on peut tirer d'excellentes choses. Ces princes de Savoie, dont le sang, mêlé à celui de Henri IV, coule dans les veines de M. le Dauphin, ont la gloire singulière de dédaigner le trône s'ils n'y trouvent l'honneur, d'arrêter les révolutions en refusant d'être leurs complices, et de conserver des couronnes en les abdiquant.

Autant, mon noble ami, la loi projetée serait pernicieuse, fatale, pleine de divisions et d'alarmes, si elle est mal faite, autant elle sera salutaire, heureuse, conciliatrice, si un esprit d'équité et de franchise préside à sa rédaction. Elle rétablira l'harmonie entre les citoyens; elle effacera les dernières traces révolutionnaires; elle ôtera aux esprits turbulents tout prétexte de troubles, tout moyen d'agir sur les intérêts et les passions.

La légitimité du trône se fortifiera des légitimités qu'elle aura fondées, et cessera d'être isolée dans la France de la république et de l'empire. On verra tarir à la fois la source et s'arrêter les conséquences des révolutions; car ce sont les spoliations de la propriété qui tentent les novateurs et éternisent les discordes.

N'apercevoir dans la loi attendue que des bannis et une affaire de finances, la repousser ou l'admettre par esprit de parti, c'est ne pas se placer assez haut pour la juger, c'est n'y rien comprendre.

Que les propriétaires dépouillés, que leurs enfants et leurs familles souffrent encore de la confiscation, ou qu'ils en aient reçu une sorte de dédommagement par des pensions et des honneurs; que ces propriétaires se trouvent aujourd'hui dans des places que les anciennes mœurs leur auraient autrefois interdites; qu'ils restent mécontents ou satisfaits de l'indemnité que l'État pourra leur accorder; on doit les plaindre s'ils sont infortunés, les congratuler s'ils sont heureux; mais la loi s'occupe d'un tout autre objet.

Elle n'est point une loi de reconnaissance de la couronne, de grâce de l'État; elle n'est point une loi que des passions repoussent, que des passions appellent : elle n'est point une loi de système, une loi de démocratie ou d'aristocratie; elle est loi de justice, loi de propriété.

Si un roi seul, ou un roi avec un corps politique, ou des corps politiques sans un roi, peuvent, dans un temps quelconque, spolier les propriétés de presque tout un État, ils pourront demain ce qu'ils ont pu hier.

Ne vous assurez point dans votre position sociale; une assemblée plébéienne a-t-elle ravi les héritages patriciens, une assemblée patricienne s'emparera des champs plébéiens.

Vous voulez que l'on garde le bien d'autrui, et qu'on n'en restitue pas la valeur dans une proportion possible? Attendez ma fortune : à mon tour je vous dépouillerai, et je vous refuserai l'indemnité légale, et je m'autoriserai de votre exemple et de vos principes. Qu'aurez-vous à me dire, sinon qu'il fut un temps où vous étiez le plus fort, et que je le suis aujourd'hui?

Qu'on y prenne garde : si le droit de propriété n'est pas sacré, la liberté est violée, car c'est la propriété qui est le rempart de la liberté. La liberté défend à son tour la propriété; mais avec la propriété on peut refaire la liberté, et avec la liberté seule on ne refait pas la propriété.

Si celui qui possède quelque chose ce matin peut ce soir ne posséder rien, et retomber dans la dépendance qui s'attache au prolétaire, alors plus de mœurs nationales, car les mœurs ne se forment que par la permanence des choses; or, il n'y a point de mœurs là où l'habitant de la campagne n'est pas sûr de laisser son héritage à son fils; alors plus de famille, car il n'est point de famille là où le foyer paternel peut être envahi, là où le chêne planté par les aïeux peut tomber sous la cognée du premier bûcheron.

Et non-seulement il n'y a plus de société durable, mais dans les courts intervalles qui sépareraient les confiscations politiques, cette société chancelante, toujours attendant une révolution, cette société, n'osant semer que la moisson de l'année, n'osant planter que l'arbre qui dure quelques jours; cette société serait encore troublée par des haines. La propriété mobilière peut disparaître sans laisser de souvenirs; il n'en est pas ainsi de la propriété immobilière; les pas de l'homme sont ineffaçables sur la poussière qu'il a foulée; il mêle son nom à la terre comme ses cendres. Inutilement la charrue étrangère bouleverse le champ usurpé; vainement le hoyau le déchire; le nom de l'antique possesseur repousse avec le nouvel épi, et il se trouve comme une vérité importune au fond de la coupe de vin qui devait réjouir le banquet du vendangeur légitime.

Répétons-le mille fois : presque toujours dans l'ordre politique les vertus politiques tiennent au sol, et elles croulent si le sol tremble sous les pieds du propriétaire. C'était une forte conception de nos pères barbares, que d'avoir attribué des qualités à la terre, chose que l'antiquité a ignorée, et qui n'est pas moins prodigieuse; la noblesse était pour eux l'indépendance, et ils avaient fait des terres nobles. Supposez qu'ils eussent entendu la liberté comme nous la comprenons aujourd'hui, ils auraient, en l'attachant au sillon, établi une société libre dont le principe ne se fût pas détruit comme dans les cités ordinaires, parce qu'un sillon ne devient pas esclave comme un homme, parce qu'on peut tuer un propriétaire, et qu'on ne tue pas une propriété. Ces seigneuries républicaines auraient fait et perpétué des citoyens, comme les seigneuries féodales ont fait et perpétué pendant neuf siècles des ducs, des marquis et des comtes.

L'esprit de la loi d'indemnité est donc d'apprendre aux propriétaires, pour leur sûreté mutuelle, qu'ils sont solidaires, tant ceux qui ont profité de la vente des domaines nationaux, que ceux qui n'en ont pas profité. Il faut qu'on sache qu'un gouvernement qui ne serait pas arrêté par des idées de morale et d'équité doit l'être du moins par un intérêt matériel; il faut qu'on sache qu'on ne doit pas s'emparer du patrimoine des particuliers, parce qu'il faut tôt ou tard qu'on en fournisse une indemnité équivalente. Or, comme le contribuable qui paie n'est pas le pouvoir qui a pris, il en résultera ou que les confiscations dans la suite ne trouveront plus d'acquéreurs, ou que les propriétaires s'opposeront à une spoliation qui serait un jour rachetée aux dépens de leur innocente postérité.

Le roi aura ordonné le plus grand acte de justice qui ait jamais été fait sur la terre, et la France, digne de son roi, aura fourni le moyen de l'accomplir. Louis XVI a porté sa tête sur l'échafaud, et Louis XVIII a prononcé le pardon : les propriétés ont été envahies, et Charles X en aura fait restituer la valeur. Comme la clémence a surpassé le crime, la réparation égalera le désastre.

Il faudrait plaindre des hommes infidèles à leurs doctrines comme à leurs amis, qui s'obstineraient à troubler tant d'éléments de prospérité, et qui seuls resteraient étrangers dans la France à ces miracles de gloire et de miséricorde, de liberté et de justice.

Cette lettre, mon noble ami, s'est fort étendue sous ma plume. J'ai été au moment de la diviser en deux lettres, parce qu'elle a deux fois la longueur de la première : mais, après mûre réflexion, j'ai pensé qu'il était plus utile de vous présenter dans son ensemble l'important sujet de la loi des indemnités. A présent, sans être Cicéron, je vous dirai comme lui : *Tum ad quos dies rediturus sim, scribam ad te.*

DE LA LIBERTÉ DE LA PRESSE.

PRÉFACE.
1828.

Si l'on réunit aux ecrits ci-après ce que j'ai dit de la liberté de la presse dans *la Monarchie selon la Charte*, dans mes anciens *Discours et Opinions*, et jusque dans ma *Polémique*, on sera forcé de convenir qu'aucun homme n'a plus souvent et plus constamment que moi réclamé la liberté sur laquelle repose le gouvernement constitutionnel. J'ai quelque droit à m'en regarder comme un des fondateurs parmi nous, car je ne l'ai trahie dans aucun temps. Je l'ai demandée dans les premiers jours de la restauration, je l'ai voulue à Gand[1] comme à Paris; prêchée par un royaliste, elle cessait d'être suspecte à des yeux qui s'en effrayaient, à des esprits qui n'en voulaient pas, à un parti qui ne l'aimait guère. Que ce parti la répudie de nouveau aujourd'hui, cela peut être; mais il ne la détruira plus. Quand je n'aurais rendu que ce service à mon pays, je n'aurais pas été tout à fait inutile dans mon passage sur la terre.

La liberté de la presse a été presque l'unique affaire de ma vie politique; j'y ai sacrifié tout ce que je pouvais y sacrifier: temps, travail ou repos. J'ai toujours considéré cette liberté comme une constitution entière; les infractions à la Charte m'ont paru peu de chose tant que nous conservions la faculté d'écrire. Si la Charte était perdue, la liberté de la presse la retrouverait et nous la rendrait; si la censure existait, c'est en vain qu'il y aurait une Charte. N'allons pas chicaner sur le plus ou moins de perfection de la loi qu'on doit soumettre aux Chambres; elle abolit, dit-on, la censure : eh bien! tout est là. C'est par la liberté de la presse que les droits des citoyens sont conservés, que justice est faite à chacun selon son mérite; c'est la liberté de la presse, quoi qu'on en puisse dire, qui, à l'époque de la société où nous vivons, est le plus ferme appui du trône et de l'autel. Charles X nous délivra de la censure en prenant la couronne; pour affermir cette couronne, il ne veut pas même que les ministres à venir trouvent dans la loi un moyen de violer la plus *vitale de nos libertés*[2]. Cette noble et salutaire résolution doit rendre tous les cœurs profondément reconnaissants; elle suffirait seule pour immortaliser le règne d'un prince aussi loyal que généreux.

Si donc le gouvernement se détermine, comme il y a tout lieu de le croire, à apporter une loi pour l'abolition de la censure facultative, pour la suppression de la poursuite en tendance, et pour l'établissement des journaux sans autorisation préalable, je verrai s'accomplir ce que je n'ai cessé de solliciter depuis quatorze ans.

Sous l'empire, j'ai cherché, par le *Génie du Christianisme*, à contribuer au rétablissement des principes religieux; lors de la restauration, j'ai promulgué dans *la Monarchie selon la Charte* les vérités qui doivent désormais servir de fondement à notre croyance politique. J'ose quelquefois me flatter que ce double effort n'a pas été vain, puisque les doctrines que j'ai déduites ont été peu à peu adoptées: descendues dans la nation, elles sont remontées au pouvoir. Les obstacles que j'avais signalés dans les hommes et dans les choses ont été graduellement écartés; mes prévisions funestes, réalisées comme mes espérances, ont montré qu'en mal et en bien je ne m'étais pas tout à fait trompé sur les caractères, les préjugés, les passions et les vertus de l'ancienne et de la nouvelle France. Ainsi mon rôle, comme défenseur de nos libertés publiques, touche à son terme; la censure va disparaître pour toujours; un triomphe fécond en résultats heureux se trouve placé au bout de ma carrière constitution-

---

[1] Voyez, ci-dessus, le *Rapport fait au roi, dans son conseil à Gand*.
[2] Belle expression de M. Villemain.

nelle ; je n'en réclame pas les palmes ; *tulit alter honores :* peu importe ; il ne s'agit pas de moi, mais de la France.

Toutefois un retour sur le passé me sera-t-il un moment permis? Que de haines et de calomnies entassées sur ma tête depuis quatorze années, pour en venir à faire ce qui m'a attiré ces haines et ces calomnies? S'évanouiront-elles? je le souhaite plus que je ne l'espère ; ou m'en voudra peut-être en secret d'avoir eu raison si longtemps contre des autorités successives. D'un autre côté, de quelles prospérités nous jouirions aujourd'hui si, dès le point de départ, on eût marché dans les voies de la Charte comme je ne cessais d'y inviter ! Mais apparemment qu'il en est des vérités comme des fruits : ceux-ci ne tombent que quand ils sont mûrs.

Mille cris s'élevèrent lorsque j'entrai une dernière fois dans les rangs de l'opposition ; on aurait trouvé plus prudent et plus sage que j'eusse attendu à l'écart et en silence l'occasion de me glisser de nouveau au ministère. Sans doute, comme calcul d'ambition personnelle, cela eût valu beaucoup mieux ; mais les libertés publiques, que deviendraient-elles, si chacun pour les défendre ne consultait que son intérêt? Dans une monarchie représentative, les convenances des salons et la politique des courtisans sont-elles admissibles? Que celui qui ne peut rien quand il est tombé se taise ; qu'il se mette en embuscade dans une antichambre, et qu'il guette le pouvoir au passage pour le reprendre par une intrigue, à la bonne heure ; mais que celui dont la voix a été quelquefois entendue avec bienveillance se range parmi les muets, rien de plus absurde dans un gouvernement constitutionnel. N'est-il pas clair aujourd'hui que j'ai suivi la vraie route pour arriver à ce qui me paraissait être le bien de mon pays?

DE LA CENSURE

QUE L'ON VIENT D'ÉTABLIR EN VERTU DE L'ARTICLE 4 DE LA LOI DU 17 MARS 1822.

AVERTISSEMENT DE LA PREMIÈRE ÉDITION.

La censure n'a pas permis qu'on annonçât cette brochure dans les journaux ; cependant le titre de ce petit écrit n'a rien de séditieux : *De la censure que l'on vient d'établir.* Y a-t-il là quelque chose contre le roi et la loi? Ce titre même fait-il connaître si l'auteur de l'ouvrage est pour ou contre la censure? Quel instinct dans les censeurs ! quelle merveilleuse sagacité ! Mais je ne dis pas tout : mon nom est imprimé en tête de la brochure ! pourrait-on croire que nous en soyons là sous le ministère de MM. Corbière et de Villèle?

AVERTISSEMENT DE LA SECONDE ÉDITION.

Le public a enlevé la première édition de cette brochure plus rapidement encore que je ne l'ai écrite, bien que la censure n'ait pas permis de l'annoncer, et qu'à la poste on ait refusé d'expédier les exemplaires destinés aux départements. Cela ne prouve rien pour le mérite de l'ouvrage, mais cela montre à quel point l'opinion s'est prononcée en faveur des tribunaux, avec quelle ardeur elle réclame les libertés publiques et repousse le système ministériel.

J'ai à peine eu le temps de faire disparaître quelques incorrections de style, échappées à ce que je pourrais appeler une improvisation écrite. J'ai ajouté peu de chose au texte, mais je veux consigner ici un nouveau fait de la censure actuelle.

La censure avait mutilé, dans le *Journal des Débats*, un article relatif à monseigneur le duc d'Orléans : elle a été plus rigoureuse envers le *Constitutionnel*, qui s'est avisé de parler de monseigneur le duc d'Angoulême.

La chose m'avait paru si improbable que, pour le croire, j'ai voulu voir l'article supprimé, supposant qu'il y avait au moins à cette témérité censoriale une ombre, une apparence de prétexte. On en va juger ; voici l'article :

« Nous publions avec un vrai plaisir l'avis suivant, qui nous est adressé du cabinet de S. A. R. le duc d'Angoulême :

« Messieurs les membres de la Société royale des prisons sont invités à se
« trouver jeudi, 19 de ce mois, à une heure, à la séance de la Société, présidée
« par Son Altesse Royale, et qui se réunira chez Monseigneur. »

« Puissent tous les abus qui sont si malheureusement enracinés dans le régime des prisons, et qui excitent depuis si longtemps la sollicitude de tous les vrais amis de l'humanité et de la religion, être connus du prince ! Puisse l'administration, docile à sa voix, réformer des scandales affligeants pour toutes les âmes sensibles ! Puisse-t-elle purifier le séjour infect où tant de victimes diverses sont si malheureusement confondues ! Ce que nous désirons surtout, c'est que l'intéressant ouvrage que vient de publier M. Appert soit mis sous les yeux du prince, et qu'on ne lui cache aucun de ceux qui sont de nature à l'éclairer sur un objet si digne de sa bienfaisance et de son humanité. »

Il ne s'agit pas des doctrines du *Constitutionnel*, qui sous tant de rapports ne sont pas les miennes ; cette feuille d'ailleurs m'épargne trop peu pour qu'on puisse me soupçonner d'avoir un grand penchant pour elle ; mais il s'agit de la raison, de la bonne foi, de l'équité des principes. Y a-t-il rien dans l'article précité qui ait pu mériter la colère des rogneurs de phrases ? Il ne sera donc plus permis de parler d'humanité, ni même de *religion*, car le mot se trouve dans l'article ; ainsi le nom d'un prince restaurateur de notre armée, ce nom que l'Europe respecte, que la France a inscrit dans les fastes de sa gloire, est rayé par quelques censeurs obscurs dans un bureau de la police ! Il est vrai que ce prince, tout chrétien qu'il est, est soupçonné d'aimer la Charte ; il est vrai qu'en Espagne tous les partis ont trouvé un abri derrière son épée ; qu'il a prêché la concorde au milieu des divisions ; qu'il a réprimé les écarts de la liberté comme les fantaisies de l'arbitraire ; qu'il s'est opposé aux réactions et aux vengeances; qu'il n'a pas souffert que des proscriptions déshonorassent ses armes, et que les bûchers de l'inquisition devinssent les autels élevés à ses victoires.

Paris, le 20 août 1824.

AVERTISSEMENT DE LA TROISIÈME ÉDITION.

Je voulais laisser passer cette troisième édition sans un nouvel avertissement. J'avais vu, il est vrai, dans un journal, une espèce d'amende honorable, une explication par laquelle un écrivain officieux prétendait prouver que ses maîtres, en établissant la censure, n'avaient pas voulu attaquer les tribunaux : ce misérable désaveu d'un fait patent ne peut inspirer que de la pitié [1].

Je n'aurais donc pas songé à grossir ce petit ouvrage de quelques lignes, si un autre article, d'une tout autre gravité, n'avait attiré mon attention.

Lorsque j'ai dit que les ministres seraient obligés, pour prolonger leur existence politique, de pousser leurs systèmes jusqu'aux dernières conséquences; lorsque j'ai demandé quel serait le parti qu'ils prendraient en cas d'opposition de la part des Chambres législatives, je n'ai rien exagéré, et l'on ne m'a pas fait attendre longtemps la réponse à mes questions.

Un article inséré dans le *Drapeau blanc* a été répété par l'*Étoile* : la censure, en le laissant passer dans d'autres journaux, a achevé de lui donner un caractère semi-officiel : il mérite la peine d'être transcrit et commenté, le voici :

« Les conseils généraux de département s'assemblent; appelés par la loi
« fondamentale à donner leur avis sur tout ce qui intéresse la prospérité du com-
« merce et de l'agriculture, vue à la vérité d'une manière locale, *il ne leur est*
« *pas interdit pour cela de traiter les plus hautes considérations législatives*
« *lorsqu'elles se rattachent aux besoins particuliers des subdivisions terri-*
« *toriales. Ne sont-ce pas les cahiers des conseils généraux qui, les premiers,*
« *ont indiqué la nécessité d'une loi sur la voirie vicinale, et qui ont posé le*
« *principe de la double prestation ?* Les modifications apportées aux tarifs de
« l'enregistrement n'avaient-elles pas été invoquées par les mêmes organes ?
« La plupart des grandes améliorations n'ont-elles pas pris leur source dans ces
« assemblées qui, par la manière dont elles ont été composées depuis la res-
« tauration, offrent toutes les garanties désirables de dévouement, de sagesse,
« de lumières, d'indépendance et de bonne foi ?

« Aux yeux du gouvernement, comme pour tous les hommes éclairés, les vrais

---

[1] On m'écrit de toutes parts pour me signaler de nouvelles vexations de la censure. Le *Courrier français*, par exemple, avait annoncé que M. Michaud, qui vient de perdre sa place à l'Imprimerie royale, était frère de M. Michaud, rédacteur de la *Quotidienne*. La censure a rayé cette annonce factieuse, disant qu'elle avait permis au *Journal des Débats* de dire que M. Michaud le renvoyé était frère de M. Michaud de l'*Académie française*. On sent tout ce qu'il y a d'ingénieux et de profond dans cette distinction faite par la censure entre M. Michaud de l'*Académie* et M. Michaud de la *Quotidienne*.

Dans un petit journal littéraire, on a retranché un passage du sermon de Bossuet sur *l'Honneur* : on ignore quel est le docteur de Sorbonne à la police qui a mis à l'*index* le dernier Père de l'Église. Je suis honteux de descendre dans le détail de ces platitudes ; mais il est nécessaire de livrer la censure à l'opinion, afin qu'elle soit méprisée comme elle mérite de l'être. Quand voudra-t-on se persuader enfin que nous vivons au dix-neuvième siècle?

« organes de l'opinion publique sont les conseillers choisis par le roi sous le
« titre de *pairs*, et ceux envoyés devers lui par la nation, sous le nom de *dépu-*
« *tés*. Mais, dans une circonstance aussi, où l'une des Chambres a cru de-
« voir rejeter ce qu'une autre avait adopté, où même celle qui a voté négati-
« vement a offert un partage à peu près égal d'opinions, où enfin le rejet n'a
« été qu'une sorte de *plus ample informé*, il nous paraît non-seulement con-
« venable, mais encore de toute justice, que le ministère accueille ce que les
« conseils d'arrondissement et de département croiront devoir exprimer au
« sujet de la loi des rentes. Ces conseils, composés de propriétaires, de négo-
« ciants, de magistrats, enfin de ce que nos provinces ont de plus honorable, ne
« peuvent que jeter une grande lumière sur un objet qui touche aussi essentiel-
« lement à la fortune publique. C'est sous de tels auspices que la grande ques-
« tion débattue pendant la dernière session pourra se représenter, forte d'un
« assentiment presque unanime; ou bien, si elle est proscrite dans le sein de
« ces assemblées, le gouvernement sera autorisé à mettre fin à une incertitude
« qui ne saurait se prolonger sans inconvénient. »

Examinons cette pièce curieuse.

Comparer d'abord les conseils généraux d'aujourd'hui aux bailliages, aux sénéchaussées d'autrefois, aux anciennes communes des villes et des campagnes, à tout ce qui formait le régime municipal de la France, c'est une étrange ignorance, ou une bizarre aberration d'esprit.

Quand on nous parle de *cahiers des conseils généraux*, ne s'aperçoit-on pas de la confusion des mots, des idées et des doctrines, qui se trouve dans cette seule phrase? Des cahiers! Il y a donc des *mandataires?* Sont-ce les membres des conseils généraux qui sont *les mandataires du peuple*, lequel pourtant ne les a pas nommés? Sont-ce les députés qui doivent être regardés comme les mandataires des conseils généraux, quoiqu'ils ne soient élus par ces conseils? Enfin seraient-ce les ministres qui se trouveraient chargés des pleins pouvoirs de ces conseils? Et néanmoins tous les jours, à la tribune, le ministère s'élève contre le système des *mandataires*, et soutient qu'il n'y a point de *représentants*. Quelle tour de Babel! Je ne parle pas des députés, dont on ne fait plus que des *conseillers* de la couronne : singuliers conseillers qui peuvent voter ou refuser l'impôt, mettre les ministres en accusation, etc. On voit bien où tout cela tend, et où l'on en veut venir. Mais, sans trop nous arrêter, tâchons de trouver ce qui sort des ténèbres de l'article.

Ce qui en sort, c'est la loi sur la réduction des rentes. Tout ce galimatias est pour nous dire qu'on n'a point abandonné l'ancien projet; que les cent trente boules noires de la Chambre des députés, que la majorité de vingt-trois voix contre la loi dans la Chambre des pairs, que les nombreux écrits publiés contre cette loi, que l'opinion presque générale des hommes instruits dans la matière, n'ont pu ébranler l'obstination d'un ministre; qu'on se tienne pour averti qu'un seul homme en France a le privilége d'avoir toujours raison.

Et comment un esprit si sûr de son fait semble-t-il avoir besoin de se faire appuyer? On nous parle des vœux que les conseils généraux pourront émettre : mais lorsque les Chambres ont rejeté, ou qu'une des Chambres a refusé l'adoption d'une loi, à quoi titre les conseils généraux interviendraient-ils? Aurait-on le dessein de les faire sortir du cercle de leurs attributions? Voudrait-on créer dans l'État un nouveau pouvoir politique? Aurait-on déjà quelques inquiétudes sur la disposition de la Chambre élective : et, pour la rendre favorable à la loi renouvelée, le ministère viendrait-il présenter cette loi, non plus comme son ouvrage, mais comme le vœu des départements? La sagesse des conseils généraux nous rassure; mais l'imprudence des hommes qui pourraient agir sur eux nous effraie.

On a souvent fait entendre dans les discussions de la loi que si Paris repoussait le projet, les départements le désiraient, bien qu'on ait cent fois prouvé que cette réduction de la rente, loin de faire refluer les capitaux dans les provinces, les attirerait à Paris. Est-ce l'œuvre d'un bon Français de chercher à rappeler dans des articles censurés, la prétendue différence d'intérêts que l'on suppose faussement devoir exister entre Paris et le reste de la France?

Venons au dernier paragraphe de l'article :

« Ces conseils (les conseils généraux), composés de propriétaires, de négo-
« ciants, de magistrats, enfin de ce que nos provinces ont de plus honorable,
« ne peuvent que jeter une grande lumière sur un objet qui touche aussi essen-
« tiellement à la fortune publique. C'est sous de tels auspices que la grande
« question débattue pendant la dernière session pourra se présenter, forte
« d'un assentiment presque unanime; ou bien, si elle est proscrite dans le
« sein de ces assemblées, le gouvernement sera autorisé à mettre fin à une
« incertitude qui ne saurait se prolonger sans inconvénient. »

Qu'est-ce que cela signifie?

Cela veut-il dire que si les conseils généraux sont d'avis du projet de loi, on le présentera de nouveau aux Chambres, sans égard au changement d'opinion qui pourrait être survenu dans la Chambre élective, sans considération pour le vote négatif de la Chambre héréditaire? Mais les Chambres, tout en respectant l'opinion des conseils généraux, ont une volonté; elles écoutent leurs consciences, elles consultent leurs lumières, et ne règlent point le vote d'après des délibérations étrangères à leurs séances.

On nous fait entrevoir que les conseils généraux pourraient bien être unanimes dans leur opinion. Aurait-on fait menacer de destitution les membres de ces conseils qui occupent des places dans le gouvernement, s'ils n'opinaient pas pour la loi des rentes? M. le ministre de l'intérieur nous a fait connaître ses principes sur la liberté des votes; et comme les membres des conseils généraux sont révocables, il ne peut manquer d'avoir action sur des corps qu'il peut faire composer, décomposer et recomposer, selon l'inspiration de son patriotisme.

Mais si les conseils généraux sont d'un avis, et les Chambres d'un autre, comment arrivera-t-il, selon la phrase ministérielle, *que le gouvernement sera autorisé à mettre fin à une incertitude qui ne saurait se prolonger sans inconvénient?* Qu'entend-on par là, et de quelle manière mettra-t-on fin à cette incertitude?

Comment y sera-t-on encore autorisé, si la *grande question débattue pen-*

dant la dernière session est proscrite dans le sein de ces assemblées, c'est-à-dire dans le sein des *conseils généraux*, en supposant que l'on parle français? Ou ces phrases sont de purs *non-sens*, ou elles renferment une menace. Quand on considère tout ce que l'on a déjà entrepris contre nos libertés, on est trop disposé à penser que le ministère tenterait les choses les plus étranges, plutôt que d'abandonner son système. Un pareil article n'a pu être publié que sous le régime de la censure; il n'a d'importance que parce que les journaux sont censurés; autrement la liberté de la presse périodique en aurait fait bonne justice.

Puisque ma voix est encore entendue malgré ce qu'on fait pour l'étouffer, sentinelle vigilante, je ne cesserai d'avertir du danger. Je suis loin d'être tranquille sur nos institutions : non que je croie que les mains qui les menacent soient capables de les renverser; mais elles peuvent faire beaucoup de mal au trône et à la patrie, parce que le mal est une chose facile, à l'usage des intelligences communes : le bien seul, qui vient de Dieu, a besoin des talents qui viennent du ciel pour être mis en œuvre.

Paris, le 26 août 1824.

Dans la séance de la Chambre des pairs du 13 mars 1823, je disais, en répondant à un orateur :

« Un noble baron a présenté, pour résultat de l'expédition d'Espagne, la
« France envahie, toutes nos libertés détruites. Quant à l'invasion de la
« France et à la perte de nos libertés publiques, une chose servira du moins
« à me consoler : c'est qu'elles n'auront jamais lieu tandis que moi et mes
« collègues serons ministres. Le noble baron qui professe avec talent des sen-
« timents généreux me pardonnera cette assertion : elle sort de la conscience
« d'un Français. »

Ces paroles et l'établissement de la censure expliquent assez les raisons pour lesquelles j'ai cessé d'être ministre, et les causes du traitement que j'ai éprouvé de mes collègues. Je les avais associés à mes sentiments; ils les renient aujourd'hui. Il a donc fallu qu'ils se séparassent de moi, quand ils ont médité de suspendre la plus importante de nos libertés.

Laissons ma personne : parlons de la France.

Je ne répéterai pas ce que j'ai dit cent fois à la tribune dans mes discours, ce que j'ai imprimé cent fois dans mes ouvrages : point de gouvernement représentatif sans la liberté de la presse.

Avec la censure des journaux, la monarchie constitutionnelle devient ou beaucoup plus faible ou beaucoup plus violente que la monarchie absolue : c'est une languissante machine, ou une machine désordonnée, qui s'arrête par l'embrouillement des roues, ou se brise par l'énergie de son mouvement. Je ne dis rien de ce commerce de mensonges qui s'établit au profit de quelques hommes dans les feuilles sans liberté, et des diverses espèces de turpitudes, suite inévitable de la censure.

Pourquoi m'étendrais-je sur tout cela? Il s'agit bien de principes! On n'en est pas à ces niaiseries. On reconnaît sans doute qu'on a dépensé en vain des sommes considérables pour s'emparer de l'opinion des journaux : il faut donc achever par la violence ce qu'on avait commencé par la corruption. On prend l'entêtement pour du caractère, l'irritation de l'amour-propre pour de la grandeur d'esprit, sans songer que l'homme le plus débile peut, dans un accès de fièvre, mettre le feu à sa maison. Cet état de démence est-il une preuve de force?

L'article 4 de la loi du 17 mars 1822 est ainsi conçu :

« Si dans l'intervalle des sessions des Chambres, des circonstances *graves*
« rendaient momentanément insuffisantes les mesures de garanties et de ré-
« pression établies, les lois du 31 mars 1820 et 26 juillet 1821 pourront
« être remises en vigueur, en vertu d'une ordonnance du roi, délibérée en
« conseil et contre-signée par trois ministres. »

Je demande si le cas prévu par la loi est arrivé. Des armées étrangères sont-elles à nos portes? Quelque complot dans l'intérieur a-t-il éclaté. La fortune publique est-elle ébranlée? Le ciel a-t-il déchaîné quelques-uns de ses fléaux sur la France? Le trône est-il menacé? Un de nos princes chéris est-il tombé sous le fer d'un nouveau Louvel? Non! heureusement non!

Qu'est-il donc advenu? Que le ministère a fait des fautes; qu'il a perdu la majorité dans la Chambre des pairs; qu'il s'est vu mettre en scène devant les tribunaux, pour avoir été mêlé à de honteuses négociations dont le but était d'acheter des opinions; qu'il a gâté la plupart des résultats de l'expédition d'Espagne; qu'il s'est séparé des royalistes; en un mot, qu'il paraît peu capable, et qu'on le lui dit. Voilà les *circonstances graves* qui l'obligent à nous ravir la liberté fondamentale des institutions que nous devons à la sagesse du roi! Si les circonstances étaient graves, il les aurait faites; c'est donc contre lui-même qu'il aurait établi la censure.

L'expédition d'Espagne a été commencée, poursuivie, achevée en présence de la liberté de la presse : une fausse nouvelle pouvait compromettre l'existence de monseigneur le duc d'Angoulême et le salut de son armée; elle pouvait occasionner la chute des fonds publics, exciter des troubles dans quelques départements, faire faire un mouvement aux puissances de l'Europe : ces circonstances n'étaient pas assez *graves* pour motiver la suppression de la liberté de la presse périodique. Mais on ose dire la vérité à des ministres; le Français, né moqueur, se permet quelquefois de rire de ses ministres : vite la censure, ou la France est perdue? Quelle pitié!

Il ne manquait au couronnement de l'œuvre que la raison alléguée pour l'établissement de la censure. On aurait pu avoir recours aux lieux communs contre la liberté de la presse, parler de ses excès, de ses dangers, en affectant de la confondre avec la licence; on aurait pu dire que les lois actuelles de répression ne suffisent pas, bien qu'elles soient extrêmement dures, bien qu'elles aient obligé par le fait tous les journaux à se renfermer dans de justes limites. Ce n'est pas cela : on ne se plaint pas des *journaux*, on se plaint des *tribunaux!* La censure est nécessaire parce que de vrais, de dignes magistrats ont défendu la liberté de la presse, parce qu'ils ont rendu un arrêt dans l'intégrité de leur conscience et l'indépendance de leur caractère, parce qu'ils ont admis pour les journaux une existence de *droit*, indépendante de leur existence de *fait*. Et le moyen du droit paraît peu pertinent sous la monarchie légitime, après le fait de la révolution, après le fait des Cent-Jours! Un ministre de la justice s'expose à blâmer par sa signature la sentence d'un tribunal! il se prononce indirectement contre la *chose jugée!* Quel exemple donné aux peuples! Trois ministres osent mettre, pour ainsi dire, en accusation devant l'opinion publique les deux premières cours du royaume, la cour de cassation, la cour royale et le tribunal de première instance; car ces trois tribunaux ont prononcé tous trois dans la même cause! On attaque ainsi le monde judiciaire tout entier, depuis le sommet jusqu'à la base : même le ministère public à la cour de cassation a opiné dans le sens de l'arrêt de cette cour.

Tous les ministres étaient-ils présents au conseil lorsque cette dangereuse résolution a été prise? Si l'un d'eux était absent, comme on le dit, il doit bien se repentir d'avoir été privé de l'honneur de se retirer.

Les cours de justice, direz-vous, se sont trompées! Qui vous le prouve? Êtes-vous plus sages, plus éclairés qu'elles? Y a-t-il eu à peu près partage égal des voix entre les magistrats dans ces cours! Je n'en sais rien. On assure toutefois que la cour de cassation, dont le savoir est si connu, a prononcé à la presque unanimité dans l'affaire de l'*Aristarque*.

Mais la résurrection de ce journal allait faire renaître plusieurs autres journaux. Pourquoi pas, s'ils ont réellement le droit de reparaître? Pourquoi la loi, pourquoi la justice, ne seraient-elles pas égales pour tous? Les faits ne sont pas même exacts : il est douteux qu'il y ait d'autres journaux dans le cas précis de l'*Aristarque*.

N'existe-t-il pas, d'ailleurs, une loi redoutable qui a suffi pour réprimer les excès de la presse? Les tribunaux, dont on blâme la jurisprudence, n'ont-ils pas souvent porté des sentences de condamnation contre des journalistes! Si l'on additionnait les sommes exigées pour les amendes, les jours, les mois et les années fixés pour les emprisonnements, on trouverait un total de peines qui satisferait les esprits les plus sévères. La rigueur que les magistrats ont déployée dans leurs premiers jugements prouve que la douceur de leurs derniers arrêts est l'œuvre de la plus impartiale justice.

Et pouvaient-ils, par exemple, sans se déshonorer, ces magistrats, ne pas juger comme ils ont jugé dans l'affaire de la *Quotidienne?* Pourquoi le ministère ne s'est-il pas opposé à ce que cette cause, où il jouait un rôle, fût portée devant les cours de justice? Inconcevable imprévoyance! car on ne doit pas supposer qu'on se fît illusion sur des choses honteuses ou sur la conscience des juges.

On dit que la jurisprudence des cours fournit un moyen d'éluder la suspension, la suppression des journaux. Ainsi, ce n'était pas la *répression* des délits qu'on cherchait; c'était la *suspension*, la *suppression* des journaux, c'est-à-dire la suppression de la liberté de la presse périodique. Votre secret vous échappe. Voilà ce que vous voyez dans la loi; voilà comme vous comprenez le gouvernement constitutionnel. Nous savions déjà ce que vous en pensiez; nous avions lu votre brochure.

La justice est le pain du peuple : il en est affamé, surtout en France. Les corps politiques avaient depuis longtemps disparu dans ce pays ; ils avaient été remplacés par les corps judiciaires, leurs contemporains, et presque leurs devanciers. Nos cours souveraines se rattachaient, par les liens de la civilisation, par les besoins de la société, par la tradition de la sagesse des âges, par l'étude des codes de l'antiquité, se rattachaient, dis-je, au berceau du monde La nation, vivement frappée des vertus de nos magistrats, s'était accoutumée à les aimer comme l'ordre, à les respecter comme la loi vivante. Les Harlay, les Lamoignon, les Molé, les Séguier, dominent encore nos souvenirs : nous les voyons toujours protecteurs comme le trône, incorruptibles comme la religion, sévères comme la liberté, probes comme l'honneur, dont ils étaient les appuis, les défenseurs et les organes.

Et ce sont les successeurs de ces magistrats immortels que des hommes d'un jour osent attaquer! des hommes soumis à toutes les chances de la fortune, des hommes qui rentreront demain dans leur néant si la faveur royale se retire ; ces hommes viennent gourmander des juges inamovibles qui parcourent honorablement une carrière fermée à toute ambition, et consacrée aux plus pénibles travaux !

Vous vous tenez pour offensés lorsque les Chambres n'accueillent pas vos lois ; vous vous irritez quand les tribunaux jugent d'après leurs lumières. Vous ne voulez donc rien dans l'État que votre volonté, que vous seuls, que vos personnes?

Mais si vous parveniez à ébranler chez les peuples la confiance qu'ils doivent avoir dans leurs juges ; si vous déclariez, comme vous le faites réellement, que la jurisprudence des tribunaux est dangereuse sur un point, n'en résulte-t-il pas qu'elle peut l'être sur d'autres ? Dites-nous alors que deviendrait la société, où vous auriez semé de pareils soupçons, vous autorité, vous pouvoir ministériel ? Tous les jours ces tribunaux prononcent sur la fortune et la vie des citoyens ; vous m'exposez donc à soupçonner tous les jours qu'un bien a peut-être été injustement ravi, qu'un innocent a peut-être péri sur l'échafaud ?

Imprudents, qui ne voyez pas le désordre que vous jetez dans les esprits par de pareils actes ! et quelle est votre valeur morale pour condamner d'un trait de plume des cours entières, pour substituer vos ignorances ministérielles à la science des magistrats qui tiennent de l'auteur de toute justice la balance pour peser, le glaive pour punir?

Pourquoi tant d'humeur contre l'*Aristarque?* serait-ce qu'il a pou propriétaires trois députés de l'opposition? Le ministère est plus riche que cela. n'a-t-il pas pour lui tous ces journaux achetés sur la place, plus ou moins cher, selon la hausse ou la baisse du prix des consciences?

Mais est-il permis à des ministres de n'avoir pas étudié les lois qu'ils sont chargés de faire exécuter? S'ils s'étaient un peu plus occupés de celles qui doivent réprimer les délits de la presse, ils auraient vu que la censure n'était placée qu'éventuellement pour un cas si rare, pour un cas si grave, qu, dans tous les cas ordinaires, l'exercice de cette censure rendait impraticables quelques articles de ces mêmes lois : tant il avait été loin de la pensée du législateur de faire de cette censure l'ordre commun, le droit coutumier !

Aux termes de l'article 2 de la loi du 25 mars 1822, j'ai le droit de répondre à tout ce qu'on peut me dire dans un journal : mais si le censeur a permis l'attaque et s'il ne permet pas la défense; s'il trouve dans ma réponse quelque chose qui mérite d'être marqué du signe de sa proscription, de son encre rouge, voilà donc un article de la loi qui ne sera pas exécuté? Que ferai-je? poursuivrai-je l'éditeur responsable? L'éditeur me renverra au censeur, et le censeur au gouvernement. Je ne puis mettre un ministre en cause que par un arrêté du conseil d'État. Il résulte de tout cela que je suis calomnié sans pouvoir confondre la calomnie, que la loi est violée, que je ne puis avoir recours aux tribunaux, lesquels eux-mêmes se trouvent paralysés par l'exercice d'un pouvoir extra-légal en matière judiciaire.

Le fait de la censure est par lui-même destructif de tout gouvernement constitutionnel. Mais outre le *fond*, il y a la *forme;* et la forme est quelque chose entre gens bien élevés, quoiqu'on sache que nous n'y tenons pas beaucoup.

Comme on a été vite, on n'avait pas le temps de nommer une commission; et comme une vérité pouvait échapper dans vingt-quatre heures, au grand péril de la monarchie; il a fallu envoyer provisoirement à la police tous les journaux pris en flagrant délit de liberté.

Jugez quel malheur si on les avait laissés écrire un seul mot contre la mesure de la censure! Ils ont donc été mystérieusement censurés à l'hôtel de la direction de la police : une main invisible, peut-être celle d'un valet de chambre, Caton inconnu, a mutilé le soir la pensée du maître qu'il avait servi le matin, et cela pour la plus grande sûreté des ministres. On ignorera à jamais comment était provisoirement composé ce saint-office d'espions, chargé de décider de l'orthodoxie des doctrines constitutionnelles.

Mais encore ici les choses sont-elles légales?

L'article 1er du Code civil porte : « Les lois seront exécutées dans chaque partie du royaume, du moment où la promulgation pourra en être connue.

« La promulgation faite par le roi sera réputée connue dans le département de la résidence royale, un jour après celui de la promulgation. »

Or, les journaux ont reçu l'ordre de se soumettre à la censure, douze heures seulement après la publication de l'ordonnance dans le *Moniteur*.

Et ce censeur qui a signé les premières censures était-il légalement connu lorsqu'il a exercé ses fonctions? L'ordonnance qui le nommait avait-elle été communiquée aux journalistes? Tout cela est très-attaquable devant les tribunaux; et il n'est pas permis, lorsqu'on est ministre, et surtout lorsqu'on a appartenu à des corps judiciaires, de se montrer aussi despote, aussi ignorant.

Une commission est maintenant ordonnée, sous la présidence du directeur de la police, à l'honneur des lumières et des lettres. On avait été jusqu'à dire que des hommes choisis dans les deux Chambres législatives composeraient le conseil de censure. Nous eussions plaint la faiblesse de ces hommes honorables : les pairs et les députés sont faits pour être les gardiens et non les geôliers des libertés publiques.

La censure, depuis la restauration, n'a sauvé personne : tous les anciens ministres qui ont voulu l'établir ont péri; et pourtant ils avaient une sorte d'excuse, ils étaient plus près de l'événement des Cent-Jours ; il y avait des troubles et des conspirations dans l'État : le duc de Berry avait succombé.

De plus, ces ministres avaient une certaine force ; ils appartenaient à un parti ; ils ne s'étaient pas mis en guerre avec toute la société ; ils ne s'étaient pas élevés contre l'autorité des tribunaux. On connaissait moins le gouvernement représentatif, et par cette raison il était plus facile de s'en écarter.

Le ministère actuel ne peut argumenter ni d'une grande catastrophe, ni de l'ignorance des principes de la Charte, mis aujourd'hui à la portée de tous. Il est sans puissance, car il lui a plu de s'isoler de toutes les opinions. Il a renié ses propres doctrines ; et aujourd'hui qu'il établit la censure, pourrait-il relire sans rougir les discours qu'il prononçait contre la même censure à la tribune ? Sorti des rangs royalistes, il a cessé d'être royaliste. Il n'a pas mieux traité l'antique honneur que la liberté nouvelle : il s'est placé entre deux Frances, dans une troisième France, composée des déserteurs des deux autres, et qui ne durera pas plus que lui.

Pour vivre, il sera forcé de pousser ses systèmes à leurs dernières conséquences. C'est une vérité triviale, qu'une erreur en entraîne une autre. Une vérité moins connue, c'est que le ministère se trompe sur deux qualités de force ; il prend la force physique pour la force morale : or, dans la société, la première détruit, la seconde édifie.

Voyez l'enchaînement des choses :

On veut acheter des journaux ; on n'y réussit pas complétement. S'arrête-t-on, ce qui valait mieux ? Non : il faut aller devant les tribunaux, où l'on est condamné.

On apporte une loi relative à la fortune publique ; elle est rejetée. S'arrête-t-on, ce qui était incontestablement plus sage ? Avec de la modération, tout pouvait encore se réparer. L'irritation de la vanité l'emporte : on cherche des victimes, on frappe au hasard, sans s'inquiéter des résultats, sans prévoir l'effet de cette violence sur l'opinion.

L'opinion se prononce. S'arrête-t-on ? Non : il faut une nouvelle violence, il faut la censure.

Que le ministère trouve maintenant d'autres résistances, comme il en trouvera indubitablement, il sera contraint de devenir persécuteur. Quand il aura destitué ses adversaires, comblé de faveurs ses créatures, il n'aura rien fait ; il faudra qu'il trouve un moyen d'empêcher les écrits périodiques de paraître, de modifier la jurisprudence des tribunaux, puisqu'il s'en plaint ; de ces tribunaux si puissants aujourd'hui par l'injure même qu'on leur a faite, si populaires en devenant les défenseurs de nos libertés.

Qu'imaginera le ministère pour ces cours de justice, dans le cas où elles continuent, comme elles le feront, à maintenir leur doctrine indépendante ? Ces cours sont établies par des lois ; sans doute on ne songe pas à violer ces lois, et le temps des jugements par commission est passé.

Et à l'égard des Chambres, quel parti prendra-t-on ? Comment viendrait-on leur déclarer qu'on a établi la censure, n'ayant d'autre raison à leur donner que celle dont on a eu l'inconcevable naïveté de nous faire part ! Oserait-on leur dire : « Nous avons supprimé la liberté de la presse périodique, parce que les « magistrats ont rendu un arrêt qu'ils avaient le droit de rendre? »

On fera des pairs, soit : mais ces pairs seront-ils soumis aux caprices des ministres? Cette première magistrature n'est-elle pas aussi indépendante que l'autre? Ces nouveaux pairs viendraient-ils prendre leur siége uniquement pour approuver la censure, ou voter la loi des rentes renouvelée? Je ne vous dis pas que ces créations multipliées dans un intérêt personnel tueraient à la longue l'institution de la pairie; mais songez au moins à votre chute que précipitent tant de mesures funestes.

Et la Chambre des députés, qu'en fera-t-on? Cette Chambre excellente n'a besoin que d'un peu d'expérience : elle peut revenir formidable pour les ministres : en demandera-t-on la dissolution? Voyez où cela mène, et frémissez, car je veux bien supposer que vous n'avez pas vu tout cela, que vous aimez encore votre patrie.

La censure, considérée dans ses rapports avec l'état de notre société et de nos institutions, ne peut convenir à personne. Tout au plus charmera-t-elle l'antichambre et des valets qui daigneront nous transmettre dans leurs journaux les ordres de leurs maîtres. Eux seuls jouiront de la liberté, parce qu'on est sûr de leur servitude. Un journal du soir a déjà des priviléges : on lui accorde la faveur, qu'on refuse à d'autres, de partir par la poste du jour où il paraît. Si l'on veut prendre quelques nouvelles dans ce journal, on ne le peut pas sans les avoir envoyées à la censure, quoiqu'il faille bien supposer que ces nouvelles aient déjà passé sous les yeux du censeur. Mais l'on permet à l'un ce que l'on ne permet pas à l'autre : ce qui est légal dans l'*Étoile* deviendrait illégal dans les *Débats* ou la *Quotidienne*, dans le *Constitutionnel* ou le *Courrier*. L'impudence de ces petites tyrannies s'explique pourtant : la puissance n'a rien de blessant quand elle marche avec le génie; elle en est, pour ainsi dire, une qualité naturelle; mais quand la médiocrité arrive aux premières places, le pouvoir qui l'accompagne a toute l'insolence d'un parvenu.

La liberté que l'on veut comprimer échappera aux mains débiles qui essaieront de la retenir; elle leur échappe déjà. Voilà les *blancs*[1] revenus dans les journaux; vous verrez qu'il faudra sévir contre les *blancs :* le délit des pages blanches serait singulier à porter devant les tribunaux ! Les vexations aux messageries et à la poste ne réussiront pas davantage; quand l'opinion a pris son parti, rien ne l'arrête. La capitale, les provinces, vont être inondées de brochures. Le silence même deviendra une attaque, et le ministère sera accusé par la chose qu'on ne lui dira pas. Eh ! grand Dieu! en étions-nous là à l'ouverture de la session?

---

[1] Je me suis enquis des articles retranchés dans le *Journal des Débats* du mardi 17 août; ce sont : 1° Un second article de la revue de la session, terminant les travaux de la Chambre des députés;

2° L'annonce de la présente brochure;

3° Quelques lignes sur monseigneur le duc d'Orléans, parlant de la sensibilité de ce prince lors de la distribution des *accessit* obtenus par M. le duc de Chartres : voilà les premiers exploits de la censure.

Lorsque Buonaparte pouvait faire fusiller en vingt-quatre heures un écrivain, on conçoit qu'il y avait *répression*. La Terreur aussi était répressive; mais le ministère, qui le craint?

Ceux qui bravaient si fièrement l'opinion, pourquoi fuient-ils devant elle? Pourquoi cette censure, si ce n'est la peur de cette opinion qu'ils affectent de mépriser?

Je ne sais si l'on est frappé comme moi; mais il me semble que tout ce que je vois est inexplicable, que cela tient à une espèce de folie. Je conçois des actes, tout bizarres qu'ils puissent être, lorsqu'ils tendent au même but, lorsqu'ils doivent amener un résultat dans l'intérêt de ceux qui les font; mais il m'est impossible de concevoir des hommes qui veulent se sauver et qui font évidemment ce qui les perdra. A quoi bon, je le demande, ces inutiles violences dont nous sommes les témoins depuis quelques mois, cette agitation au milieu du repos, cette soif de la dictature ministérielle quand personne ne dispute le pouvoir? Pourquoi corrompre les journaux, et ensuite les enchaîner lorsque la victoire d'un héritier du trône et la prospérité de la France avaient détruit toutes les oppositions révolutionnaires? Ce que le roi avait annoncé en ouvrant la session de 1823, la Providence l'avait permis, et l'armée l'avait fait. Qui ne sentait le sol de la patrie raffermi sous ses pas? Qui ne jouissait de voir la France remonter à son rang parmi les puissances de l'Europe?

Quelque chose d'inconnu vient nous enlever soudain nos plus douces espérances. Nous rétrogradons tout à coup de huit années; nous nous replaçons au commencement de la restauration; nous nous armons de nouveau contre les libertés publiques; nous revenons à la censure, en aggravant le mal par un acte sans précédent à l'égard des tribunaux. Nous imitons une conduite que nous avons stigmatisée; nous faisons des circulaires pour les élections : il nous faudrait des pairs pour briser une majorité; nous repoussons les royalistes, et cependant nous nous disons royalistes. Tout allait au pouvoir ministériel; tout s'en retire: il reste isolé, en butte à mille ennemis, supporté seulement par une opinion qu'il dicte, par des journaux qu'il paie, et des flatteurs qu'il méprise.

Quelquefois on serait tenté de croire, pour s'expliquer des choses inexplicables, ce que disent des esprits chagrins, savoir, que des sociétés mystérieuses poussent à la destruction de l'ordre établi. Et que mettrait-on à sa place? L'arbitraire ministériel, le joug de quelques commis? Et c'est avec cela qu'on prétendrait mener la France, contrarier le mouvement de la société et du siècle!

Non, cela ne serait pas possible; mais en repoussant ces craintes, il reste toujours celles qu'inspirent les fautes dont nous sommes les témoins et les victimes. En exagérant tout, en forçant tout, en abusant de tout, en gâtant d'avance les institutions, en compromettant les choses les plus sacrées, on détruit pour l'avenir tout moyen de gouvernement, on fatigue les caractères les plus forts, on dégoûte les honnêtes gens, et entre un despotisme impossible et une liberté impraticable, on se retranche dans cette indifférence politique qui amène la mort de la société, comme l'indifférence religieuse conduit au néant.

Qui produit tant de mal? Quel génie funeste, mais puissant, a maîtrisé la fortune de la patrie? Ce n'est point un génie : rien de plus triste que ce qui nous arrive; c'est le triomphe d'un je ne sais quoi indéfinissable, le succès de petits savoir-faire réunis. Deux hommes se collent au pouvoir, et, pour y rester deux jours de plus, ils jouent la longue destinée de la France contre leur avenir d'un moment : voilà tout.

Il faut sortir promptement de la route où l'on s'est jeté, si l'on ne veut arriver à un abîme. On peut disposer de soi, on peut se perdre si on le juge convenable; mais on ne doit jamais compromettre son pays; or le ministère ébranle par son système la monarchie légitime : peu importe ses intentions; elles ne répareront pas ses actes.

Le remède est facile si la maladie est prise à temps; en la laissant aller, elle deviendra incurable. Je ne puis développer toute ma pensée dans ce petit écrit, rapide ouvrage de quelques heures, que je publie à la hâte pour l'intérêt de la circonstance. Il m'est dur, déjà avancé dans ma carrière, de rentrer dans les combats qui ont consumé ma vie; mais pair de France, mais investi d'une magistrature, je n'ai pu voir périr une liberté publique, je n'ai pu voir attaquer les tribunaux sans élever la voix, sans prêter mon secours, tout faible qu'il puisse être, à nos institutions menacées. Que le trône de notre sage monarque reste inébranlable ! Que la France soit heureuse et libre ! Et quant à ma destinée, comme il plaira à Dieu !

DE L'ABOLITION DE LA CENSURE.

Je comptais publier quelques autres écrits faisant suite à ma brochure contre la censure, brochure que cette même censure n'avait pas permis d'annoncer dans les journaux. Combien je me trouve heureux de voir les armes brisées dans ma main, de changer mes remontrances, importunes aux ministres, en cantiques de louanges pour le roi !

Nous devions tout attendre du principe de la vieille monarchie, de cet honneur assis sur le trône avec Charles X : notre espérance n'a point été vaine. La censure est abolie : l'honneur nous rend la liberté.

Puisse-t-il être récompensé du bonheur dont il nous fait jouir, notre excellent monarque ! Mettons aussi nos vœux aux pieds du Dauphin, dont nous reconnaissons et la puissante influence et les sentiments généreux : c'est toujours le prince libérateur !

La Charte est ce qu'il nous fallait; la Charte est ce que nous pouvions avoir de meilleur au moment de la restauration. Une fois admise, il se faut bien persuader qu'elle est inexécutable avec la censure : il y a plus, la censure mêlée à la Charte produirait tôt ou tard une révolution. Voici pourquoi :

Le gouvernement représentatif sans la liberté de la presse est le pire de tous : mieux vaudrait le divan de Constantinople. Lâche moquerie de ce qu'il y a de plus sacré parmi les hommes, ce gouvernement n'est alors qu'un gouvernement traître qui vous appelle à la liberté pour vous perdre, et qui fait de cette liberté un moyen terrible d'oppression.

Supposez, ce qui n'est pas impossible, qu'un ministère parvienne à corrompre les Chambres législatives; ces deux énormes machines broieront tout dans leur mouvement, attirant sous leurs roues et vos enfants et vos fortunes. Et ne pensez pas qu'il faille un ministère de génie pour s'emparer ainsi des Chambres : il ne faut que le silence de la presse et la corruption que ce silence amène.

Dans l'ancienne monarchie absolue, les corps privilégiés et la haute magistrature arrêtaient et pouvaient renverser un ministère dangereux. Avez-vous ces ressources dans la monarchie représentative? Si la presse se tait, qui fera justice d'un ministère appuyé sur la majorité des deux Chambres? Il opprimera également et le roi, et les tribunaux, et la nation : sous le régime de la censure, il y a deux manières de vous perdre; il peut, selon le penchant de son système, vous entraîner à la démocratie ou au despotisme.

Avec la liberté de la presse, ce péril n'existe pas : cette liberté forme en dehors une opinion nationale qui remet bientôt les choses dans l'ordre. Si cette liberté avait existé sous nos premières assemblées, Louis XVI n'aurait pas péri ; mais alors les écrivains révolutionnaires parlaient seuls, et on envoyait à l'échafaud les écrivains royalistes. J'ai lu, il est vrai, dans une brochure en réponse à la mienne, que Sélim, Mustapha et Tippoo Saëb étaient tombés victimes de la liberté de la presse; à cela je ne sais que répondre.

La liberté de la presse est donc le seul contre-poids des inconvénients du gouvernement représentatif; car ce gouvernement a ses imperfections comme tous les autres. Par la liberté de la presse, il faut entendre ici la liberté de la presse périodique, puisqu'il est prouvé que quand les journaux sont enchaînés, la presse est dépouillée de cette influence de tous les moments qui lui est nécessaire pour éclairer. Elle n'a jamais fait de mal à la probité et au talent ; elle n'est redoutable qu'aux médiocrités et aux mauvaises consciences : or, on ne voit pas trop pourquoi celles-ci exigeraient des ménagements, et quel droit exclusif elles auraient à la conduite de l'État.

Cette nécessité de la liberté de la presse est d'autant plus grande parmi nous, que nous commençons la carrière constitutionnelle, que nous n'avons point encore d'existences sociales très-décidées, qu'il y a encore beaucoup de chercheurs de fortune, et que les ministres arrivent encore un peu au hasard. Il faut donc surveiller de près, pour le salut de la couronne, les hommes inconnus qui pourraient surgir au pouvoir, par un mouvement non encore régularisé.

On dit que la censure est favorable aux écrivains, qu'elle les décharge de la responsabilité, qu'elle les met à l'abri d'une loi sévère. Est-ce de l'intérêt particulier des écrivains qu'il s'agit, relativement à la liberté de la presse dans l'ordre politique? Cette liberté doit être considérée dans cet ordre par rapport aux intérêts généraux, par rapport aux citoyens, par rapport à la société tout entière : c'est une liberté qui assure toutes les autres dans les gouvernements constitutionnels. Quand donc vous venez nous entretenir d'ouvrages et d'auteurs, vous confondez la littérature et la politique, la critique et la censure, et vous ne comprenez pas un mot de la chose dont vous parlez.

D'autres soulevés contre la manière brutale dont on exerçait la censure, n'en admettaient pas moins le principe; ils auraient établi seulement une oppression douce et tempérée. On avait mis la liberté de la presse au carcan; ils ne voulaient que l'étrangler avec un cordon de soie.

D'autres, cherchant des motifs à la censure, et n'en trouvant pas de raisonnables, prétendaient qu'ayant peut-être à examiner, à la session prochaine, les moyens propres à cicatriser les dernières plaies de l'État, la censure serait nécessaire pour empêcher la voix des passions étrangères de se mêler à la discussion de la tribune.

Et moi, je demanderai comment on pourrait agiter de telles questions sans la liberté de la presse : faut-il se cacher pour être juste? Votre cause ne deviendrait-elle pas suspecte, ne calomnierait-on pas vos intentions, si vous croyiez devoir traiter dans l'ombre, et comme à huis clos, des affaires qui sont de la France entière? Ouvrez, au contraire, toutes les portes; appelez le public comme un grand jury, à la connaissance du procès; vous verrez si nous rougirons de plaider la cause de la fidélité malheureuse, nous qui parlons franchement de liberté, sans que ce mot nous blesse la bouche. Et depuis quand la religion et la justice auraient-elles cessé d'être les deux bases de la véritable liberté? Soyons francs sur les principes de la Charte, et nous pourrons réclamer, sans qu'on nous suppose d'arrière-pensée, ce que l'ordre moral et religieux exige impérieusement d'une société qui veut vivre.

Le dernier essai que l'on vient de faire a heureusement prouvé qu'il n'était plus possible d'établir la censure parmi nous; nous avons fait de tels progrès dans les institutions constitutionnelles que les censeurs même n'ont pas osé se nommer. D'un bout de la France à l'autre, toutes les opinions ont réclamé la liberté de la presse; par la raison qu'on en avait joui paisiblement deux années, et qu'il était démontré, d'après l'expérience tentée pendant la guerre d'Espagne, que cette liberté, ne nuisant à rien, était propre à tout : c'était un droit acquis dont on ne sentait pas le prix tandis qu'on le possédait, mais dont on a connu la valeur aussitôt qu'on l'a perdu.

Désormais nos institutions sont à l'abri : nous allons marcher d'un pas ferme dans des routes battues. Dix années ont amené de grands changements dans les esprits : des préjugés se sont effacés, des haines se sont éteintes; le temps a emporté des hommes, tandis que des générations nouvelles se sont formées sous nos nouvelles institutions. Chacun prend peu à peu sa place, et l'on détourne les yeux d'un passé affligeant pour les porter sur un riant avenir.

L'abolition de la censure a dans ce moment surtout un avantage qu'il est essentiel de signaler. Nous pouvons louer nos princes sans entraves; nous pouvons déclarer notre pensée, sans que l'on puisse dire que la manifestation de cette pensée n'est que l'expression des ordres de la police. Il faut que l'Europe sache que tout est vrai dans les sentiments de la France, que les opinions sont unanimes, que les oppositions même se rencontrent au pied du trône pour l'appuyer et le bénir. Louis XVIII étend ses bienfaits sur nous au delà de sa vie : il termina la révolution par la charte; il reprit le pouvoir par la guerre d'Espagne; et sa mort, objet de si justes regrets, a pourtant consolidé la res tauration, en mettant un règne entre les temps de l'usurpation et l'avénement de Charles X.

Depuis un mois cette restauration a avancé d'un siècle ; la monarchie a fait un pas de géant. Quel triomphe complet de la légitimité, et de ce qu'il y a d'excellent dans ce système ! Un roi meurt, le premier roi légitime qui s'était assis sur le trône après une révolution de trente années. Ce roi gouverne avec sagesse ; mais ceux qui ne comprenaient pas la force de la légitimité, mais les passions comprimées, mais les vanités déçues, mais les ambitions secrètes, mais les intérêts, les jalousies politiques murmuraient tout bas : « Cet état de « choses pourra durer pendant la vie de Louis XVIII ; mais vous verrez au changement de règne ! »

Hé bien ! *nous avons vu !* nous avons vu un frère succéder à un frère, de même qu'un fils remplace un père dans le plus tranquille héritage. A peine s'aperçoit-on qu'on a changé de souverain. Un des plus grands événements dans les circonstances actuelles s'accomplit avec la plus grande simplicité. Comme dans une succession ordinaire, on lève les scellés : ce n'est rien ; ce n'est que la couronne de la France qui passe d'une tête à une autre ! ce n'est que le sceptre de saint Louis que Charles X prend au foyer de Louis XVIII.

Entend-on parler de quelque réclamation ? Où sont les prétendants de la république et de l'empire ? Est-il dans le monde une puissance qui ait envie de contester le trône au nouveau roi ? A-t-il fallu des hérauts d'armes, des bruits de tambours et de trompettes, des parades et des jongleries, un développement imposant de la force militaire, pour dérober à la foule ébahie ce que le droit d'un usurpateur a de douteux ? Nullement. LE ROI EST MORT : VIVE LE ROI ! Voilà tout, et chacun vaque à ses affaires, l'esprit libre, le cœur content, sans craindre l'avenir, sans demander : « Qu'arrivera-t-il demain ? » Le pouvoir protecteur, la puissance politique n'a point péri, la société est en sûreté ; et la succession légitime de la famille royale garantit à chaque famille, en particulier, sa succession légitime.

Que sont devenues toutes ces allusions, pour le moins téméraires, au sort d'un prince étranger ? Où trouver la moindre ressemblance dans les choses, les temps et les souverains ? Ces mouvements d'humeur que l'on prenait pour des intuitions de la vérité, pour des enseignements historiques, s'évanouissent devant les faits et les vertus ; et jamais les vertus ne furent plus évidentes et les faits plus décisifs.

Si la royauté triomphe, le roi ne triomphe pas moins. Charles X s'est élevé au niveau de sa fortune ; il a montré qu'il connaissait les mœurs de son siècle, qu'il prenait la monarchie telle que le temps et les révolutions l'ont faite. Il a dit aux magistrats de continuer à être justes et à prononcer avec impartialité ; il a dit aux pairs et aux députés qu'il maintiendrait comme roi la Charte qu'il avait jurée comme sujet, et il a tenu sa parole, et il nous a rendu la plus précieuse de nos libertés ; il a dit aux Français de la confession protestante que sa bienfaisance s'étendait également sur tous ses sujets ; il a dit aux ministres du culte catholique qu'il protégerait de tout son pouvoir la religion de l'État, la religion, fondement de toute société humaine : il a recommandé cette même religion comme base de l'éducation publique. Toutes ces paroles, qui sont de véritables actes politiques, ont enchanté la nation. Charles X peut se vanter d'être aujourd'hui aussi puissant que Louis XIV, d'être obéi avec autant de zèle et de rapidité que le souverain le plus absolu de l'Europe.

Pour savoir où nous en sommes de la monarchie, il faut avoir vu le monarque se rendant à Notre-Dame; tout un grand peuple, malgré l'inclémence du temps, saluant avec transport ce *roi à cheval*, qui s'avançait lui-même au-devant de ses plus pauvres sujets pour prendre de leurs mains leurs pétitions avec cet air qui n'appartient qu'à lui seul; il faut l'avoir vu au Champ de Mars au milieu de la garde nationale, de la garde royale et de trois cent mille spectateurs : jour de puissance et de liberté qui montrait la couronne dans toute sa force, et qui rendait à l'opinion ses organes et son indépendance. Un roi est bien placé au milieu de ses soldats quand il départ à ses peuples tout ce qui contribue à la dignité de l'homme ! l'épée est pour lui : elle pourrait tout détruire, et il ne s'en sert que pour conserver! Aussi l'enthousiasme n'était pas feint : ce n'étaient pas de ces cris qui expirent sur les lèvres du mendiant payé, chargé sous les tyrans d'exprimer la joie ou plutôt la tristesse publique ; c'étaient des cris qui sortent du fond de la poitrine, de cet endroit où bat le cœur avec force, quand il est ému par l'amour et la reconnaissance.

Ceux qui ont connu d'autres temps se rappelaient une fête bien différente au Champ de Mars : la monarchie finissait alors ; aujourd'hui elle recommence. Est-ce bien là le même peuple? Oui, c'est le même; mais le peuple guéri, le peuple désabusé. Il avait cherché la liberté à travers des calamités inouïes, et il n'avait rencontré que la gloire : ses princes légitimes devaient seuls lui donner le bien, que des tribuns factieux et un despote militaire lui avaient dérisoirement promis.

Si les bénédictions du peuple, comme il n'en faut pas douter, attirent celles du ciel, elles ont descendu sur la tête du souverain et de la famille royale. Jamais la France n'a été plus heureuse, plus glorieuse et plus libre que dans ce jour mémorable. Mais à la vue de cette famille en deuil au milieu de tant d'allégresse, la pensée se tournait avec attendrissement vers cet autre monarque qui n'est pas encore descendu dans la tombe ; l'aspect d'une multitude affranchie de tout esclavage, et protégée par de généreuses institutions, rappelait encore le souvenir de l'auguste auteur de la Charte. Quel pays que cette France ! les villes apportent leurs clefs au lit funèbre de ses généraux, et les peuples rendent hommage de leur liberté au cercueil de ses rois !

LETTRE

A M. LE RÉDACTEUR DU *JOURNAL DES DÉBATS*,

SUR LE PROJET DE LOI RELATIF A LA POLICE DE LA PRESSE.

4 JANVIER 1827.

Monsieur,

Permettez-moi de répondre, par l'entremise de votre journal, à diverses lettres que des personnes, qui me sont pour la plupart inconnues, m'ont fait l'honneur de m'adresser ces jours-ci. Ces personnes me demandent si je ne ferai rien paraître sur le nouveau projet de loi relatif à la liberté de la presse ; elles veulent bien se souvenir que, dans d'autres circonstances, je n'ai pas manqué d'élever la voix en faveur de la plus précieuse de nos libertés.

En effet, monsieur, lorsqu'en 1824 la censure facultative fut établie, je publiai un petit écrit contre cette mesure ministérielle. La raison qui me détermina à prendre ce parti était simple : il m'était impossible de parler à la tribune, puisque la session était close ; je ne pouvais recourir à la presse périodique, puisque les journaux étaient censurés ; je n'avais donc pour toute ressource que la presse non périodique, qui n'était point encore opprimée comme elle est menacée de l'être.

Aujourd'hui, monsieur, je ne balancerais pas à attaquer la loi vandale dont le projet vient d'être présenté à la Chambre des députés, si la session législative n'était ouverte : c'est à la tribune de la Chambre des pairs que mon devoir m'appelle à combattre ; mais les lettres que j'ai reçues m'ont fait sentir la nécessité d'une explication préalable. Le projet de loi ne peut être examiné à la Chambre héréditaire avant six semaines ou deux mois : il m'importe que mon silence jusqu'à cette époque, puisqu'on veut bien me demander compte de mon silence, ne soit pas exposé à de fausses interprétations. Dans tous les âges et dans toutes les positions de ma vie, j'ai défendu la liberté de la presse ; je ne reculerai pas quand on me somme de dire hautement mon opinion sur un projet que nous auraient envié les jours les plus florissants de la barbarie.

J'espère démontrer en temps et lieu que ce projet, converti en loi, serait aussi fatal aux lettres qu'aux libertés publiques ; qu'il tendrait à étouffer les lumières ; qu'il déclarerait la guerre au talent ; qu'il violerait toutes les lois de propriété ; qu'il altérerait même la loi de succession, puisque la fille ne pourrait hériter de son père dans la propriété d'un journal ; que, par un vice de rétroactivité, ce projet de loi, voté tel qu'il est, annulerait les clauses des traités passés, blesserait les droits des tiers, favoriserait le dol et la fraude, troublerait et bouleverserait toute une partie du Code civil et du Code de commerce ; qu'il anéantirait une branche d'industrie alimentée d'un capital de plus de cinquante millions ; qu'il ruinerait à la fois les imprimeurs, les libraires, les fondeurs, les graveurs, les possesseurs de papeteries, etc. ; qu'il frapperait comme de mort une population de cinq à six cent mille âmes, et qu'il jetterait sur le pavé une multitude d'ouvriers sans ouvrage et sans pain.

Ce projet, monsieur, a été forgé dans la plus complète ignorance de la matière. L'article 4 dit, par exemple :

« Tout déplacement ou transport d'une partie quelconque de l'édition hors « des ateliers de l'imprimeur, et avant l'expiration du délai fixé par l'article « premier, sera considéré comme tentative de publication. La tentative du délit « de publication sera poursuivie et punie, dans ce cas, de la même manière « que le délit. »

Ainsi l'on pourrait considérer comme tentative de publication le transport des feuilles d'impression de chez l'imprimeur chez le libraire ; de chez le libraire chez la brocheuse ou chez le relieur, ou à l'atelier du *satinage*. Sur les quatre-vingts imprimeurs de Paris, il n'y en a pas deux qui aient des établissements assez vastes pour procéder chez eux au *séchage* et à l'*assemblage*.

Qu'est-ce que c'est que des *caractères* (art. 1er) conformes aux *règles* de la librairie, et quelle intention est cachée au fond de cet apparent *non-sens?*

Pour une simple contravention à un règlement de police, comment détruirez-vous (art. 1er) une édition entière ou un volume, qui interromprait une collection plus ou moins coûteuse, plus ou moins avancée, sans donner recours aux souscripteurs, aux artistes, aux fournisseurs de papier, aux divers bailleurs de fonds?

Et quelle dérision! on prétend qu'on ne punira le délit qu'après qu'il aura été commis, lorsqu'on ordonne un dépôt dont la durée doit précéder de cinq ou six jours la publication! Les alguazils de la police ne seront-ils pas en embuscade à la porte du libraire, pour sauter sur le premier paquet de l'ouvrage que l'autorité croira devoir arrêter? *La Monarchie selon la Charte* n'a-t-elle pas été saisie, moi présent, dans la cour même de mon libraire? et pourtant quelle différence entre les lois de la presse qui existaient alors et celles qui nous régissent aujourd'hui!

Mais quel mal, dira-t-on, qu'un ouvrage, s'il est mauvais, soit saisi avant d'être publié?

Et comment pouvez-vous savoir s'il est mauvais, avant qu'il soit publié? Soumettez-vous d'avance votre jugement à celui d'un procureur du roi, quel qu'il puisse être? Dans les temps de passion politique, chaque parti ne soutient-il pas que tel ouvrage est dangereux, que tel ouvrage est salutaire? Un ministère fera poursuivre tous les livres religieux, un autre, tous les livres philosophiques. Le dépôt de cinq et de dix jours est évidemment la censure, et une censure qui, non satisfaite de vous imposer son joug, vous enveloppe encore dans des procès ruineux. La censure devrait au moins dispenser d'aller devant les tribunaux.

Comment, pour la presse périodique, comment réduira-t-on à cinq membres (art. 15) des compagnies déjà formées et composées d'un bien plus grand nombre de propriétaires?

Que veut dire ce nombre mystérieux de cinq? Il est facile de dégager l'*inconnue*. Si sur douze propriétaires il y en a sept qui refusent de vendre leur part aux cinq autres, ou cinq qui ne peuvent acheter cette part, la condition de la loi n'étant pas remplie, il n'y aura plus de journal. Il y a plus, la condition de la loi dans ce cas même ne pourra pas être remplie, puisque cette loi déclare que toutes stipulations seront nulles, *même entre les parties contractantes* (art. 16). Cela n'est-il pas tout à fait digne du génie d'un clerc du onzième siècle?

Les cinq propriétaires seront condamnés en masse pour un article incriminé, encore que la minorité de ces propriétaires se soit opposée à la publication de l'article, ou que quelques-uns de ces propriétaires aient été absents au moment de cette publication.

Une femme ne pourra être copropriétaire d'un journal, quoique sa dot ou une portion de l'héritage paternel ait été assise sur cette propriété. Il faudra alors que le bien de ce mineur par la loi soit vendu dans les formes prescrites au

Code civil : l'autorité ministérielle se portera pour dernier enchérisseur, et introduira ainsi un levain de servitude dans une association libre : c'est l'esprit de l'article 9.

Pour être propriétaire d'un journal, il faudra prouver à un préfet ou au directeur général de la librairie qu'on a les *qualités* exigées par l'article 980 du Code (art. 9). Si ces autorités administratives vous font de mauvaises chicanes sur ces qualités, comme on en fait aux électeurs sur les droits ; si elles renvoient la partie devant les tribunaux, la décision de ces autorités administratives *n'en recevra pas moins provisoirement son exécution* (art. 9). Cela veut dire que le journal sera supprimé pendant trois, quatre, cinq, ou six mois, selon la durée du procès.

Or un journal qui cesserait de paraître pendant un mois serait un journal *détruit*.

Remarquez, monsieur, que ce mot *détruit* revient sans cesse dans le projet de la loi, comme renfermant tout l'esprit du projet. Il n'y a pas de raison pour qu'avec un tel projet tous les journaux, excepté les journaux ministériels, ne soient en effet successivement *détruits* : c'est ce que l'on veut.

Sous le rapport fiscal, le projet applique le timbre aux brochures : on a calculé que le plus mince vaudeville imprimé coûterait à l'auteur de quinze à dix-huit cents francs. D'un autre côté, les journaux littéraires se trouvent soumis au cautionnement (art. 12). Ne croit-on pas voir les Welches brisant les monuments des arts, ou les Arabes brûlant la bibliothèque d'Alexandrie ? Ne pensez pas que l'on soit touché de ce reproche ; on s'en fait gloire. Le commerce de la librairie de la France passera en Belgique ; tant mieux ! Ne sont-ce pas les livres qui font tout le mal ? Depuis le savant qui étudie le cours des astres, jusqu'au paysan qui épelle la Croix de par Dieu, tout ce qui sait lire ou apprend à lire est suspect.

Je comprends bien que le timbre est ici principalement le cachet de la barbarie ; c'est le *veto* suspensif mis sur la publication de la pensée ; mais pourtant ce timbre est la levée d'un impôt : je voudrais savoir, monsieur, la destination des sommes qui proviendront de cet impôt. Iront-elles à ces censeurs invisibles que j'ai jadis appelés un saint-office d'espions ? Seront-elles tenues en réserve *pour acheter des procès ?* Serviront-elles à augmenter les gages de la livrée ministérielle ? ou bien (ce qui serait plus juste) seront-elles employées à payer des soupes économiques pour nourrir les auteurs et les libraires que le projet de loi, admis, aura réduits à la mendicité ?

Les imprimeurs seront responsables des *amendes, dommages et intérêts, et des frais portés par les jugements de condamnation des auteurs* (art. 22), le tout afin que les imprimeurs deviennent les *censeurs* officieux des auteurs, tant ce nom de censeur plaît au cœur et charme l'oreille !

On conçoit qu'un libraire pouvait être enveloppé dans une condamnation pour un ouvrage obscène, impie ou calomniateur, pour un ouvrage où le délit flagrant frappe tous les yeux : mais quoi ! l'imprimeur sera juge d'un ouvrage de science, de philosophie, de littérature ? Si cet ouvrage est condamné par es tribunaux, l'imprimeur, qui n'y aura rien compris, portera la peine du délit dont il sera innocent? Il y a telle maison d'imprimeur-libraire qui compte quelque cent mille publications : vous voulez que l'imprimeur ait lu et compris ces cent mille ouvrages longs ou courts! Mais ne nous récrions pas trop contre cette palpable absurdité : elle a son dessein. On exige l'impossible de l'imprimeur : et pourquoi? Pour qu'il ne puisse paraître aucun ouvrage qui n'ait obtenu d'avance la sanction de la coterie qui nous opprime. Quel libraire en effet oserait se charger sans garantie de l'impression d'un manuscrit, sous la menace d'un pareil projet de loi?

Le projet, dit-on, est conçu dans l'intention de mettre à l'abri les autels, de défendre la religion contre les productions scandaleuses de l'impiété.

Le projet, loin de protéger la religion, l'expose; loin d'arrêter le débit des ouvrages qu'on veut proscrire, il fera vendre toutes ces éditions rivales qui, par leur multiplication, restaient ensevelies dans les magasins. La France est fournie des œuvres de Voltaire et de Rousseau pour deux siècles, et le projet de loi actuel n'aura pas une aussi longue durée. A moins d'ordonner la saisie des éditions publiées, on n'aura rien obtenu. Chose remarquable! on prétend venir au secours de la religion par le présent projet de loi, et l'on n'a pas même dans ce projet osé écrire le nom de religion! D'où vient cette réticence? Est-ce vraiment la religion que vous voulez défendre? Dites-le donc tout haut; apportez un projet qui ne blesse ni la propriété, ni les lois existantes, ni les libertés, ni les lettres, ni les talents, ni la civilisation. Ce projet sera examiné dans les deux Chambres; et s'il n'a visiblement pour but que le maintien des mœurs et la protection de la foi de nos pères, vous ne trouverez pas un vote pour le repousser.

Le projet de loi, dit-on encore, est calculé pour le châtiment des calomnies répandues sur la vie privée d'un citoyen. D'abord, monsieur, il ne me paraît pas bien prouvé que ces petites biographies dont on a tant raison de se plaindre, et dont les tribunaux ont fait justice ; il ne m'est pas bien prouvé, dis-je, que ces biographies n'aient pas été fabriquées à l'instigation d'un certain parti ennemi de la liberté de la presse, afin de rendre cette liberté odieuse et d'avoir un prétexte de la *détruire*.

Ensuite, il ne faut pas que les intérêts particuliers blessent les intérêts généraux. En prétendant venir au secours d'un honneur qui ne se plaint pas, prenons garde de nous interdire la censure des actes de l'autorité. Il y a des outrages d'une nature mixte, qui s'appliquent également à l'homme public et à l'homme privé : tâchons de ne pas venger la famille aux dépens de la société.

Quant à moi, monsieur, dans la crainte de l'intérêt qu'un défenseur d'office voudrait bien prendre à ma personne, je me hâte de profiter du bénéfice du dernier paragraphe de l'article 20 du projet de loi ; je déclare autoriser par la présente toute publication contre ou sur mes actes; je me range du côté de mon calomniateur, et je lui livre sans restriction ma vie publique et ma vie privée.

Je n'ai guère, monsieur, touché dans cette lettre qu'à la partie matérielle d'un projet de loi qui ajoute des amendes nouvelles à d'anciennes amendes, sans faire grâce des emprisonnements, sans révoquer le pouvoir abusif de supprimer le brevet du libraire, sans renoncer à la censure facultative, sans abolir la procédure en tendance, sans dispenser de la permission nécessaire pour établir une feuille périodique; permission qui réduit de fait la liberté de la presse à un simple privilége.

Mais lorsque, à la Chambre des pairs, je parlerai du rapport moral du projet de loi, je montrerai que ce projet décèle une horreur profonde des lumières, de la raison et de la liberté; qu'il manifeste une violente antipathie contre l'ordre de choses établi par la Charte; je prouverai qu'il est en opposition directe avec les mœurs, les progrès de la civilisation, l'esprit du temps et la franchise du caractère national; qu'il respire la haine contre l'intelligence humaine; que toutes ses dispositions tendent à faire considérer la pensée comme un mal, comme une plaie, comme un fléau. On sent que les partisans de ce projet anéantiraient l'imprimerie s'ils le pouvaient, qu'ils briseraient les presses, dresseraient des gibets, et élèveraient des bûchers pour les écrivains; ne pouvant rétablir le despotisme de l'homme, ils appellent de tous leurs vœux le despotisme de la loi.

Voilà, monsieur, ce que j'avais à exprimer aux personnes qui ont bien voulu m'écrire, et qui m'ont fait l'honneur d'attacher à mon opinion une importance que je suis loin de lui reconnaître. Je ne pouvais adresser à chacune de ces personnes une réponse particulière : je les prie de vouloir bien agréer en commun cette réponse publique.

Je ne puis, monsieur, en finissant cette lettre, me défendre d'un sentiment douloureux. N'avons-nous voté, dans l'adresse en réponse au discours de la couronne, les libertés du Portugal que pour voir attaquer les libertés de la France? Ces dernières étaient-elles promises en expiation des premières? Quelle tendresse pour la Charte de don Pèdre! quelle indifférence pour la Charte de Louis XVIII!

Je crains qu'il n'y ait dans tout cela bien de l'aveuglement :

Ibant obscuri sola sub nocte per umbram.

Quelques souvenirs, quelques ambitions, quelques rêveries particulières à des esprits faux, fermentent dans un coin de la France; n'allons pas prendre ces souvenirs, ces ambitions, ces rêveries pour une opinion réelle, pour une opinion qu'il faut satisfaire; n'allons pas donner à la nation la crainte d'un système opposé à ses libertés. Les hommes qui ont souffert ensemble de nos discordes, également fatigués, se résignent à achever en paix leurs vieux jours; mais nos enfants, ces enfants qui n'auront pas comme nous besoin de repos, n'entreront point dans ce compromis de lassitude: ils marcheront, et revendiqueront, la Charte à la main, le prix du sang et des larmes de leurs pères. On ne fait point reculer les générations qui s'avancent en leur jetant à la tête des fragments de ruines et des débris de tombeaux. Les insensés qui prétendent mener le passé au combat contre l'avenir sont les victimes de leur témérité : les siècles, en s'abordant, les écrasent.

DU RÉTABLISSEMENT DE LA CENSURE.

AU 24 JUIN 1827.

AVERTISSEMENT.

La presse non périodique doit venir au secours de la presse périodique : je ne puis pas plus me taire sur la censure que M. Wilberforce sur la traite des nègres. Des écrivains courageux se sont associés pour donner une suite de brochures; on compte parmi eux des pairs, des députés, des magistrats. Tout sera dit, aucune vérité ne restera cachée. Si certains hommes ne se lassent pas de nous opprimer, d'autres ne se fatigueront pas de les combattre. Je remercie mes concitoyens de la confiance qu'ils me témoignent dans ce moment. J'ai reçu toutes leurs lettres, tous leurs renseignements, tous leurs avis : j'en ai fait et j'en ferai encore usage. Beaucoup d'ouvrages se préparent. M. Salvandy, dont le talent énergique est si connu, fera paraître le mois prochain une brochure sur l'état actuel des affaires. M. Alexis de Jussieu publiera dans quelques jours un écrit sur le même sujet. Ils m'ont prié d'annoncer leurs travaux : je m'en fais un devoir, car il est probable que les feuilles périodiques n'auront pas même la permission de citer *l'intitulé* des ouvrages. Cependant, un titre conçu d'une manière générale constitue-t-il un délit? Voilà comment la censure sur les journaux est exercée, et comment elle nuit au commerce de la librairie : un livre non annoncé est exposé à rester dans les magasins : aussi la librairie est-elle menacée d'une nouvelle crise. Mais qu'importe tout cela à nos hommes d'État et à la stupide et violente faction qui désole la France?

Si les propriétaires des journaux ont d'autres plaintes à porter contre la censure, s'ils jugent que je puisse faire entendre ces plaintes, ils me trouveront prêt à tout. Espérons que les lecteurs soutiendront plus que jamais les feuilles indépendantes de leur patronage : ils ne se laisseront pas décourager si la censure empêche pendant quelque temps les journaux non salariés de réfléchir aussi vivement qu'ils le faisaient. Le *silence politique*, les *blancs*, les *suspensions*, les *procès*, sont des preuves de constance et de zèle qui seront appréciées des amis du trône et de la Charte. Rallions-nous d'un bout de la France à l'autre contre les ennemis de nos libertés : patience et esprit public remporteront la victoire.

ÉPIGRAPHES.

On réclama hautement la liberté d'écrire et de publier ses pensées par la voie de l'impression; et la liberté illimitée de penser et d'écrire devint un axiome du droit public de l'Europe, un article fondamental de toutes les constitutions, un principe enfin de l'ordre social.

(Vicomte DE BONALD, *séance des députés*, 28 *janvier* 1817.)

Aujourd'hui que le gouvernement peut tout contre le citoyen, ne doit-il pas laisser au citoyen quelque abri contre un pouvoir si illimité ?   (*Id.*, *ibid.*)

Les gens habiles ne sont pas tous dans les conseils ; et ceux-ci, placés à une juste distance des objets, ni trop haut, ni trop bas, peuvent savoir bien des choses qui échappent à l'attention ou à la préoccupation des hommes en autorité, et leur dire par la voix des journaux d'utiles vérités qu'ils ne voudraient pas enfouir dans les cartons d'un bureau, ni soumettre à la censure d'un commis.

Peut-être, au premier instant d'une explosion, les déclamations des journaux ne seraient pas sans quelque danger ; mais à la longue, et lorsqu'on a à lutter contre des causes secrètes de désordre, leur silence ne serait-il pas plus dangereux encore ? l'État, si l'on veut, peut être troublé par ce que peuvent dire les journaux, mais il peut périr par ce qu'ils ne disent pas. Il existe un remède très-efficace contre leurs exagérations ou leurs impostures ; il n'y en a point contre leur silence.

L'Angleterre a vu le danger et a voulu s'en préserver en posant en loi la libre circulation des journaux comme la sauvegarde de l'État ; elle n'a pas cru que ce fût trop du public tout entier dont les journaux sont les sentinelles, pour servir de contre-poids au pouvoir immense d'un ministère responsable.

(Vicomte DE BONALD, *séance des députés*, *28 janvier 1817.*)

L'intérêt de la nation étant que les ministres soient éclairés, ils ne doivent pas fermer eux-mêmes la seule voie par laquelle l'opinion véritablement générale peut arriver jusqu'à eux. Y a-t-il beaucoup à craindre des journaux, aujourd'hui qu'ils sont devenus presque la seule lecture des honnêtes gens, et que les écrivains les plus estimables ne dédaignent pas d'y travailler? Sans doute ils écrivent les uns et les autres dans des principes différents : c'est un malheur inévitable, et qui a sa source dans l'opinion des deux principes, monarchique et républicain, du gouvernement représentatif, que chacun, suivant votre opinion, cherche à entraîner de son côté. Heureuse la nation, dans de telles circonstances, où ce combat n'a pour champ de bataille que les journaux ! L'opposition armée n'a cessé en Angleterre que depuis qu'elle est devenue littéraire. L'opposition des journaux amuse les partis et trompe les haines.

(*Id.*, *ibid.*)

« Que les représentants d'une nation, chargés de stipuler les droits et les
« garanties de la liberté civile et politique, confèrent, par une loi, à des
« hommes déjà armés du terrible droit d'emprisonner à volonté tout citoyen
« qui leur sera suspect, le droit plus étendu et plus dangereux d'étouffer toute
« pensée qui leur sera odieuse, et qu'ainsi les ministres, au droit qu'ils ont d'a-
« gir seuls ajoutent le droit de parler tout seuls, c'est en vérité ce que tout
« législateur tremblerait d'accorder, même lorsqu'il croirait, comme citoyen,
« la mesure utile. Ne serait-ce pas compromettre, par ce dangereux exemple,
« la sûreté générale et future de l'État, en voulant lui ménager une tran-
« quillité locale et temporaire? Et ce roi, que la Fable représente tenant tous
« les vents à ses ordres, pouvait exciter moins de tempêtes qu'un ministère
« investi de tout pouvoir sur les corps et sur les esprits. »   (*Id.*, *ibid.*)

Il est digne de remarque que tous les journaux employés à grands frais par tous les gouvernements qui se sont succédé, n'ont pu, malgré leur influence, en soutenir aucun; et que les journaux opposés, que la tyrannie a contrariés, tantôt à force ouverte, tantôt plus sérieusement, ont vu, ont fait à la fois triompher la cause qu'ils ont constamment défendue...

Les gens les plus distingués dans les lettres n'ont pas dédaigné d'écrire dans les journaux, et y ont défendu avec courage les principes conservateurs des sociétés... Dès lors, une succession non interrompue de journaux amis de l'ordre a entretenu le feu sacré; ils l'ont entretenu par ce qu'ils disaient, et même par ce qu'ils ne disaient pas, lorsque, forcés de se taire, ou même de parler, ils laissaient apercevoir leurs opinions particulières sous la transparence des opinions commandées. C'est cette opposition constante qui a conservé toutes les bonnes doctrines qui ont à la fois prévalu : car il faut remarquer, à l'honneur de l'esprit national, que ces journaux sont les seuls qui aient joui d'une vogue constante, tandis que les autres n'ont pu se soutenir même avec les secours du gouvernement; en sorte que l'on peut dire que le public a fait ces journaux, plus encore que les journaux n'ont formé le public, *parce que les journaux expriment l'opinion et ne la font pas*. Réflexion juste et profonde de M. de Brigode, et qui suffirait à décider la question.

(Vicomte DE BONALD, *séance des députés*, 28 *janvier* 1817.)

Avant que la presse fût libre, les chances en étaient moins assurées, parce que le pouvoir qui laissait une libre carrière aux mauvaises doctrines avait soin d'enchaîner les bonnes. Vainement les royalistes avaient-ils réclamé, dans l'intérêt public, cette liberté dont ils sentaient le prix : il leur a fallu du temps, beaucoup de temps, pour la posséder, parce que leurs adversaires en redoutaient l'effet. Enfin, la faculté d'écrire, arrachée plutôt qu'obtenue, a muni les amis de la royauté d'armes égales à celles des ennemis qui veulent la détruire, et bientôt le nombre des lecteurs de chaque opinion a montré l'étendue de leurs forces relatives.

(M. le marquis D'HERBOUVILLE, *Conservateur*, t. VI, p. 62, 63.)

N'a-t-on pas vu naguère que les journaux tombés sous le joug du despotisme étaient devenus des instruments d'oppression et de servitude? C'est la meilleure preuve du danger de subjuguer les journaux.

(M. CORBIÈRE, *séance des députés*, 29 *janvier* 1817.)

Supprimer un journal, c'est ruiner le propriétaire; et cependant on se joue avec une cruelle indifférence de cette propriété. Le propriétaire est ruiné, sans même qu'on puisse lui imputer le plus souvent une faute réelle. (*Id.*, *ibid.*)

« Si le ministre obtient le droit de donner ou de refuser arbitrairement l'au-
« torisation aux journaux de paraître, il pourra la rendre onéreuse aux uns, la
« donner gratuitement aux autres, en favoriser quelques-uns, pour les mettre
« en mesure de se soutenir contre l'opinion; il pourra user des moyens les
« plus contraires aux droits garantis à tous les Français par les articles 1 et 2 de
« la Charte. »

(M. DE VILLÈLE, *séance des députés*, 27 *janvier* 1817.)

Paris, 30 juin 1827.

Mon pays n'aura rien à me reprocher : resté le dernier sur la brèche, j'ai fait à la Chambre héréditaire le devoir d'un loyal pair de France; je remplis maintenant celui d'un simple citoyen. Il m'en coûte : déjà rentré dans mes paisibles travaux, je revoyais mes vieux manuscrits, je voyageais en Amérique : *Desertas quærere terras*. Rappelé subitement de la terre de la liberté, je reviens défendre cette liberté dans ma patrie, comme jadis, j'accourus de cette même terre pour me ranger sous le drapeau blanc.

En quittant la tribune de la Chambre des pairs, le 18 de ce mois, je prononçai ces mots :

« Je vous dirai, messieurs, que ceux dont l'esprit d'imprudence inspira le
« projet de loi contre la liberté de la presse, n'ont pas perdu courage. Re-
« poussés sur un point, ils dirigent leur attaque sur un autre; ils ne craignent
« pas de déclarer à qui veut les entendre que la censure sera établie après la
« clôture de la présente session.

« Mais comme une censure, qui cesserait de droit un mois après l'ouver-
« ture de la session de 1828, serait moins utile que funeste aux fauteurs du sys-
« tème, ils songeraient déjà au moyen de parer à cet inconvénient : ils s'occu-
« peraient, pour l'an prochain, d'une loi qui prolongerait la censure, ou d'une
« loi à peu près semblable à celle dont la couronne nous a délivrés.

« La difficulté, messieurs, serait de vous faire voter un travail de cette na-
« ture, si d'ailleurs il était possible de déterminer les ministres eux-mêmes à
« l'accepter. Vous n'avez pas de complaisances contre les libertés publiques :
« quel moyen aurait-on alors de changer votre majorité? Un bien simple,
« selon les hommes que je désigne : obtenir une nombreuse création de pairs.

« Avant de toucher ce point essentiel, jetons un regard sur la censure.

« Les auteurs des projets que j'examine en ont-ils bien calculé les résultats?
« Quand on établirait la censure entre les deux sessions, si cette censure, dé-
« criée par les ministres eux-mêmes, ne produisait rien de ce que l'on veut
« qu'elle produise; si elle n'avait fait que multiplier les brochures; si le mi-
« nistère avait brisé le grand ressort du gouvernement représentatif, sans
« avoir amélioré les finances, sans avoir calmé l'effervescence des esprits;
« si, au contraire, les haines, les divisions, les défiances s'étaient augmentées;
« si le malaise était devenu plus général; si l'on avait donné une force de plus
« à l'opposition, en lui fournissant l'occasion de revendiquer une liberté pu-
« blique, comment viendrait-on demander aux Chambres la continuation de
« cette censure? On conçoit que, du sein de la liberté de la presse, on réclame
« la censure sous prétexte de mettre un frein à la licence; mais on ne conçoit
« pas que, tout chargé des chaînes de la censure, on sollicite la censure lors-
« qu'on n'a plus à présenter pour argument que les flétrissures de cette op-
« pression.

« L'abolition de la censure, le retrait de la loi contre la liberté de la presse,
« sont des bienfaits de Charles X; rien ne serait plus téméraire que d'effacer
« par une mesure contradictoire le souvenir si populaire de ces bienfaits. Et

« quelle pitié d'établir au profit de quelques intérêts particuliers une censure
« qu'on n'a pas cru devoir imposer pendant la guerre d'Espagne, lorsque le
« sort de la France dépendait peut-être d'une victoire! Nous nous sommes
« confiés à la gloire de monseigneur le Dauphin; il n'est pas aussi sûr, j'en
« conviens, de s'abandonner à toute autre gloire; mais, enfin, que MM. les mi-
« nistres aient foi en eux-mêmes; qu'ils nous épargnent la répétition des
« ignobles scènes dont nous avons trop souffert. Reverrons-nous ces censeurs
« proscrivant jusqu'aux noms de tels ou tels hommes, rayant du même trait
« de plume et les éloges donnés aux vertus de l'héritier du trône, et la critique
« adressée à l'agent du pouvoir?

« Après avoir été témoins des transports populaires du 17 avril, on ne peut
« plus nier l'amour de la France pour la liberté de la presse. Dans quels rangs
« pourriez-vous donc trouver aujourd'hui des oppresseurs de la pensée? Parmi
« des fanatiques qui couraient à la honte comme au martyre, et parmi des
« hommes vils qui mettraient du zèle à gagner en conscience le mépris public. »

Me trompais-je dans les projets que j'annonçais? Mes frayeurs étaient-elles vaines? La haine ou la vérité dictaient-elles mes paroles?

Du moins un avantage me reste sur mes adversaires : point n'ai renié mes opinions; je suis ce que j'ai été; je vais à la procession de la Fête-Dieu avec le *Génie du Christianisme*, et à la tribune avec *la Monarchie selon la Charte*. Comme pair, j'ai prononcé plusieurs discours en défense de la liberté de la presse : j'ai écrit cent fois pour cette liberté dans le *Conservateur* et dans d'autres ouvrages. Pourquoi cette énumération? Pour me vanter, pour me citer avec complaisance? Non : pour répondre à des hommes qui, ayant trahi leur premier sentiment, veulent mettre leurs variations sur le compte des autres; à ces hommes qui s'écrient : « Vous marchez! » quand vous êtes immobile, ne s'apercevant pas que ce sont eux qui passent, et qui se figurent en changeant de place que l'objet offert à leurs regards s'est déplacé.

La liberté de la presse est devenue un des premiers intérêts de ma vie politique : j'en ai fait l'objet de mes travaux parlementaires. J'ose dire que ma position sociale, les opinions royalistes et religieuses que je professe, donnent à mes paroles quelque crédit, lorsque je réclame cette liberté : on ne peut pas dire que je suis un révolutionnaire, un impie : on le dit, il est vrai, aujourd'hui; mais ce qu'il y a de plus curieux, c'est que ces obligeants propos sont tenus par les jacobins à la solde de ce prétendu parti religieux et royaliste, lequel j'ai poussé au pouvoir, en lui apprenant à bégayer contre nature la Charte et la liberté.

Il ne peut plus être question de poser les principes de la liberté de la presse, leur substance se trouve dans les épigraphes que j'ai mises à la tête de cet écrit. La monarchie représentative sans la liberté de la presse est un corps privé de vie, une machine sans ressort. Au commencement de l'empire, des pièces d'argent avaient d'un côté ces mots : *Napoléon empereur*, et de l'autre côté : *République française*. Buonaparte frappait ses monnaies au coin de la gloire, et elles avaient cours. Sous un gouvernement constitutionnel régi par la censure, on pourrait graver des médailles portant dans l'exergue : *Liberté*, et au revers : *Police*. Qui voudrait prendre ce faux billon à l'effigie du ministère ?

Laissons donc des principes avoués même par ceux qui les violent, et examinons les ordonnances du 24 de ce mois.

Elles sont sans préambule : l'ordonnance de la première censure était précédée d'un considérant accusateur des tribunaux. Les sycophantes du ministère firent entendre ensuite que cette insulte à la magistrature n'était que *pour rire*, et que l'approche de la mort du vénérable auteur de la Charte avait été la vraie cause de l'établissement de la censure. On plaça la perte de la première des libertés publiques entre une offense et une douleur.

De quel considérant aurait-on pu accompagner les nouvelles ordonnances ?

Des illuminations avaient brillé dans toute la France pour le retrait du projet de loi sur la liberté de la presse : aurait-on pu dire que cette *circonstance grave* obligeait de les éteindre avec la censure ?

La garde nationale crie : *Vive le roi !* Quelques voix isolées élèvent un cri inconvenant contre les agents du pouvoir : la garde nationale est licenciée ; on reçoit à Meaux la monnaie de ce licenciement. Aurait-il été convenable de faire de ces faits la raison du rétablissement de la censure ?

Un déficit se rencontrait dans les recettes des premiers mois de l'année : était-ce là un bon prétexte pour suspendre la liberté de la presse ?

Enfin, aurait-on pu déclarer qu'il fallait une ordonnance de censure, parce que les ministres ne peuvent marcher avec la liberté de la presse ? Des ordonnances sans considérant étaient donc ce qu'il y avait de mieux.

La première remet en vigueur les lois du 31 mars 1820 et du 26 juillet 1821.

Le ministère est investi de ce droit par l'art. 4 de la loi du 17 mars 1822, ainsi conçu : « Si dans l'intervalle des sessions des Chambres, des circons« tances graves rendaient momentanément insuffisantes les mesures de ga« rantie et de répression établies, les lois des 31 mars 1820 et 26 juillet 1821 « pourront être remises immédiatement en vigueur, en vertu d'une ordon« nance du roi délibérée en conseil et contresignée par trois ministres.

« Cette disposition cessera de plein droit un mois après l'ouverture de la « session des Chambres, si pendant ce délai elle n'a pas été convertie en loi.

« Elle cessera pareillement de plein droit le jour où serait publiée une or« donnance qui prononcerait la dissolution de la Chambre des députés. »

Ainsi, pour imposer la censure il faut des *circonstances graves* qui rendent *momentanément insuffisantes les mesures de garantie et de répression établies*.

Et où sont-elles, les *circonstances graves ?* Des troubles ont-ils éclaté ? l'impôt ne se perçoit-il plus ? des provinces se sont-elles soulevées ? a-t-on découvert quelque conspiration contre le trône ? sommes-nous menacés d'une guerre étrangère, bien qu'il soit prouvé que monseigneur le Dauphin n'a pas besoin de censure pour obtenir des triomphes ? Si ces *circonstances graves* sont advenues, elles ne se sont pas déclarées tout à coup le lendemain de la clôture de la session ; elles existaient sans doute lorsque les pairs et les députés étaient encore assemblés : pourquoi n'en a-t-on pas parlé aux Chambres ? les ministres n'ont-ils pas été interpellés sur leurs projets ? pourquoi n'ont-ils pas répondu ? Si leurs desseins ne pouvaient supporter l'épreuve d'une discussion parlemenfaire, les circonstances n'étaient donc pas assez *graves* pour justifier la censure? Nous parlera-t-on du trône, de la religion, des insultes personnelles? les tribunaux sont là.

Le trône est trop élevé pour craindre les insultes : il s'agit bien moins de le mettre à l'abri que de rendre la royauté aussi douce, aussi populaire qu'elle l'est en effet : je ne connais rien qui s'entende mieux dans ce monde qu'un roi de France et son peuple, quand des ministres insensés ne viennent pas troubler cette union.

Il ne s'agit pas d'empêcher qu'on parle légèrement du clergé : il faut nourrir les prêtres, les secourir quand ils sont vieux et malades, les mettre à même de déployer leurs vertus, de faire aimer une religion de miséricorde et de charité.

Il ne s'agit pas de prévenir les attaques personnelles : on ne diffame que ce qui peut être diffamé. Un honnête homme se défend par son propre nom, et accepte la responsabilité de sa vie. Si le vice impudent émousse l'action de la presse, il serait étrange que la vertu patiente n'eût pas le même pouvoir.

Vous avez détruit la liberté de la presse : multipliez les espions. La censure est aujourd'hui, dans tous les sens, une véritable conspiration contre le trône.

Pour quiconque a la moindre bonne foi, il est évident que la censure a été rétablie dans le seul intérêt d'une incapacité colérique ; c'est pour une si noble nécessité que l'on attaque la Charte dans ses fondements, que l'on retire à la France des droits déjà confirmés par une possession paisible : il est dur d'en être là, après treize années de restauration.

Je n'insiste pas davantage : il est trop aisé d'ergoter sur la *gravité* des circonstances : chacun la voit dans la chose qui le touche.

Un censeur soutient que les *circonstances sont graves*, parce qu'il veut que l'on mette les libertés publiques en régie; l'espion trouve que les *circonstances sont graves*, lorsque tout se dit publiquement et qu'il n'a plus rien à dénoncer; les *circonstances sont graves* aux yeux du sot dont on rit, de l'hypocrite qu'on démasque, de l'homme déshonoré qui redoute la lumière. Faut-il pour les assouvir leur livrer l'indépendance nationale? De quoi vivent les nations? de liberté et d'honneur: ne jetons pas aux chiens le pain des peuples et des rois.

Disons pourtant que tout le monde est frappé d'une certaine crainte de l'avenir, dans laquelle on pourrait voir une gravité des circonstances. Mais qui cause cette crainte? l'administration : l'inquiétude tient uniquement à ses actes. Toujours menaçant nos libertés, on se figure qu'elle les veut faire disparaître; on se demande ce que l'on deviendrait si nos institutions étaient renversées; on tremble également de l'idée des attaques et des résistances. Pour guérir un mal qui est en elle, que fait l'administration? elle impose la censure : c'est diriger le vent sur un incendie.

Passons à la seconde ordonnance.

Je ne m'arrête pas aux deux noms propres placés dans une ordonnance réglementaire. Des erreurs de cette nature sont si fréquentes au ministère de l'intérieur, que cela ne vaut pas la peine d'en parler.

La censure facultative est dans l'article 4 de la loi du 17 mars 1822; le ministère a donc eu le droit, si les circonstances sont graves, de mettre la censure par la première ordonnance, et conséquemment de nommer des censeurs. Mais la seconde ordonnance rétablit le conseil de surveillance autorisé par une loi abolie : cela se peut-il? Je ne le nie ni ne l'affirme : il y a matière à contestation.

Veut-on que ce conseil, né d'une ordonnance, et non d'une loi, ne soit qu'une commission chargée de surveiller les censeurs eux-mêmes? Comment alors cette commission connaît-elle avec autorité compétente de la suppression provisoire d'un journal?

Voici quelque chose de plus étrange : l'article 9 de l'ordonnance dit : « Quand « il y aura lieu, en exécution de l'article 6 de la loi du 31 mars 1820, à la « suppression provisoire d'un journal ou écrit périodique, elle sera prononcée « par *nous* sur le rapport de notre garde des sceaux. »

Quoi! c'est le roi qui ordonnera la suppression provisoire d'un journal! c'est la royauté que l'on fera descendre à un pareil rôle! c'est la couronne qui s'abaissera à des fonctions de cette nature! c'est le pouvoir suprême qui luttera corps à corps avec la première de nos libertés! Ministres, y avez-vous bien pensé?

Que dit l'article 6 de la loi du 31 mars 1820? Il dit : « Lorsqu'un proprié- « taire ou éditeur responsable sera poursuivi, en vertu de l'article précédent, « le *gouvernement* pourra prononcer la suspension du journal ou écrit pério- « dique jusqu'au jugement. »

Que faut-il entendre par ce mot *gouvernement?* Il faut entendre la couronne, les deux Chambres, les juges inamovibles : pourrait-on jamais soutenir que le *gouvernement est la personne royale toute seule?* En Turquie, peut-être. Cette personne sacrée est-elle un juge qui prononce dans des cas infimes, en police correctionnelle? La couronne exécutant les propositions de sentence élaborées dans un tripot de censeurs! la couronne, qui seule a le droit de faire grâce, ajoutant par la suspension d'un journal aux rigueurs d'une loi d'exception! Et si les tribunaux venaient ensuite à absoudre la feuille incriminée, le roi serait donc condamné? Ministres, encore une fois, y avez-vous bien pensé? On se sent comme oppressé par un mauvais songe.

Une troisième ordonnance nomme les membres du conseil de surveillance.

Ce n'est pas sans le plus profond étonnement et la plus profonde douleur qu'on y lit les noms de trois pairs et de trois députés.

Je soutiens, sans hésiter, que des pairs et des députés ne peuvent pas être investis de pareilles fonctions sans y être formellement contraints en vertu d'un acte législatif. Ceux qui discutent et votent les lois, ceux qui sont les défenseurs naturels des libertés publiques, les gardiens de la constitution, ne sont pas aptes et idoines à composer une commission administrative de censure, uniquement établie par ordonnance. En prêtant leur serment comme pairs et comme députés, ils ont juré de maintenir la Charte ; il leur est donc moralement interdit de faire partie d'un conseil créé pour la mise en vigueur d'une mesure qui suspend le plus sacré des droits accordés par cette Charte.

Les opinions particulières ne font rien à la question. Des pairs et des députés peuvent manifester à la tribune et dans leurs écrits ce qu'ils pensent contre la liberté de la presse; mais prendre une part active contre cette liberté, voilà ce qui ne leur est pas permis. Ce serait bien pis dans le cas où leurs fonctions ne seraient pas gratuites, et où ils recevraient le prix d'une liberté : on assure que la France n'aura pas à rougir de ce dernier scandale. Si la presse pouvait être enchaînée en Angleterre, je ne doute point que des lords et des membres des Communes, volontairement ravalés jusqu'à des fonctions de censeurs, ne fussent admonestés par leurs Chambres respectives à l'ouverture de la session : il y a des bienséances qui ont force de devoir.

Dans la position des pairs et des députés membres du conseil de surveillance, tout est inconvénient et péril. Qu'un journal imprime, par exemple, les passages de discours servant d'*épigraphes* à cette brochure : les censeurs subalternes, ne reconnaissant pas l'ouvrage de leurs supérieurs, croiraient ne pas avoir assez d'encre pour effacer ces effroyables lignes. Leur travail serait porté au conseil de surveillance : que dirait le conseil ?

Il y a toutefois des consolations à ces choses affligeantes : MM. Caïx et Rio ont donné leur démission.

Le premier est un jeune professeur d'histoire, de beaucoup de savoir, d'un esprit très-distingué, et qui a plus de mérite que de fortune. Il a joué sa place contre l'estime publique : c'est risquer peu pour gagner beaucoup.

Le second est pareillement un jeune professeur plein de talent. Une illustration toute particulière le distingue. Pendant les Cent-Jours, dans la terre du royalisme, apparut tout à coup une armée d'enfants : les vieux avaient vingt ans, les jeunes en avaient quinze.

Tout ce qui se trouvait entre ces deux âges, parmi les élèves du collége de Vannes, échangea ce qu'on peut posséder au collége de quelque valeur contre des armes, et courut au combat. Quinze ou vingt élèves furent tués : les mères apprirent le danger en apprenant la mort et la gloire.

Une ordonnance royale constate ces faits : cette gloire de l'enfance est rappelée chaque année, selon le dispositif de cette ordonnance, dans une enceinte où l'on ne célèbre ordinairement que des triomphes paisibles : ce n'est pas loin du monument de Quiberon. Les trois officiers de cette singulière armée ont reçu la croix de la Légion d'honneur. M. Rio est un de ces trois officiers. C'est à un pareil homme que le ministère a proposé la honte : il l'a refusée.

La conduite de ce jeune professeur est une preuve de plus qu'on peut être fidèle à son prince, royaliste jusqu'au plus grand dévouement, religieux jusqu'au martyre, sans cesser d'aimer les libertés publiques.

On assure encore que M. Cuvier n'a pas accepté la place dans le conseil de surveillance. M. Cuvier a respecté sa renommée ; il a voulu la garder tout entière. Gloire aux lettres et aux sciences qui n'ont point trahi leur propre cause, qui se sont senties trop nobles pour porter la livrée d'un ministère, pour exécuter ses hautes œuvres [1] !

---

[1] J'apprends, à l'instant, en corrigeant mes épreuves, que MM. Fouqué et de Broë, et M. le marquis d'Herbouville, ont imité les nobles exemples qui leur avaient été donnés. L'esprit de la pairie et de la magistrature française devait se retrouver tout entier. Il n'y a donc plus que trois censeurs et sept membres du conseil de surveillance. Espérons dans la contagion

Je ne parle point des autres censeurs, ils ne sont plus que quatre. Quatre opérateurs suffisent-ils pour expédier tant de patients? Il y aurait donc des garçons censeurs, des adjoints secrets, des amateurs de police dont la récompense est dans le secret promis à leur nom. Ce syndicat anonyme aurait bien de la peine à soutenir le crédit de la censure, et à escompter le mépris public.

Maintenant examinons l'esprit et la marche de la nouvelle censure.

Cette censure se montre sous un jour nouveau, son caractère est doucereux, mielleux, patelin; elle a l'air d'être la fille du bon M. Tartufe. « Eh! mon « Dieu! vous direz tout ce que vous voudrez; on ne s'opposera qu'à ce qui « pourrait blesser la religion, le trône et les mœurs. Nous aimons tant la « religion et le trône, que nous n'avons jamais trahis! Nos mœurs sont si « pures! faites de l'opposition tant qu'il vous plaira, vous êtes entièrement « libres sur la politique; attaquez les ministres avec leur permission; nous « savons qu'il n'y a point de gouvernement représentatif sans la liberté de la « presse, et c'est pourquoi nous établissons la censure. La censure est l'âge « d'or de la liberté de la presse. »

Tel est l'esprit de cette nouvelle censure : la naïve insolence de l'article du *Moniteur* du 26 juin prouve que nous restons même en deçà de la vérité.

Je remarque d'abord une date singulière. Le manifeste ministériel, ou le vrai considérant des ordonnances du 24 juin de cette année, fait remonter ce qu'il appelle *la licence de la presse* au mois de juin 1824. Il revient plusieurs fois sur cette date; il parle de la *presse opposante* depuis 1824; il dit que depuis *trois ans* la presse a jeté des *nuages fantasmagoriques;* il redit en finissant le mal causé depuis *trois ans* par la licence de la presse

Frappé de cette date précise, de cette extrême insistance, je me suis demandé ce qui était arrivé de si extraordinaire au mois de juin 1824, ce qui pouvait causer la préoccupation évidente de l'interprète des ministres. En me creusant la tête, et ne trouvant rien du tout dans ce mois de juin 1824, j'ai été obligé de me souvenir d'un événement fort ordinaire, fort peu digne d'occuper le public, ma sortie du ministère.

Si par hasard le jour de la Pentecôte, 6 juin 1824, avait obsédé la mémoire de l'écrivain semi-officiel, c'est donc moi qui depuis trois ans serais la cause de *la licence de la presse?*

En rassemblant mes idées, je me souviens en effet qu'au moment de l'imposition de la censure, en 1824, *on déclara qu'on ne pouvait aller ni avec moi ni sans moi.* Que faudrait-il conclure de ces dires? que je faisais la paix de la presse quand j'étais auprès du gouvernement; que je ralliais à la couronne les diverses opinions par mon côté religieux et royaliste, et par mon côté constitutionnel?

Hors du conseil du roi j'aurais donc été suivi par tout ce qui s'attache aux doctrines de légitimité, de religion et de liberté que je professe invariable-

---

du bien : elle se propage facilement en France. Le *Précurseur,* journal de Lyon, annonce qu'on n'avait pu trouver encore de citoyens réunissant les qualités nécessaires pour exercer les fonctions de censeur. A Troyes, les ordonnances du 24 juin étaient sans exécution le 27.

ment. J'aurais donc tout brouillé, tout détaché de l'autorité; j'aurais donc excité les tempêtes, et ne pouvant m'attacher l'opinion que je soulève, force est de la bâillonner encore une fois.

Si tout cela était véritable, on eût été bien mal avisé de méconnaître et de reconnaître à la fois mon *pouvoir;* ou on aurait commis une grande faute en me précipitant du ministère aussi grossièrement qu'on eût chassé le dernier des humains. Telles sont les conséquences que mon amour-propre pourrait tirer des aveux de mes adversaires; grâces à Dieu, je ne suis pas assez fat pour me supposer une telle puissance. Si j'ai quelque force, je ne la tire que de la fixité de mes opinions, et surtout des fautes de ces hommes qui compromettent tous les jours le trône, l'autel et la patrie.

Après avoir fixé la date de la licence, le *Moniteur* déclare que les écrivains de l'opposition prévoyaient depuis un mois la censure parce que le mot de censure *était écrit dans leur conscience*.

Tout le monde, non pas depuis un *mois*, mais depuis plus de *deux années*, annonçait la perte de la plus *vitale de nos libertés*, parce qu'on n'ignorait pas que M. le président du conseil avait écrit un ouvrage en faveur du rétablissement de l'ancien régime, parce que l'on savait que le ministère était trop faible pour marcher avec les libertés publiques, et parce qu'en multipliant les fautes et les projets, il avait besoin de silence et de voile.

Le *Moniteur* nous dit *que pendant cinq années de liberté de la presse l'autorité s'est refusée constamment à désespérer du bon sens national*.

Et c'est parce que *le bon sens national* a approuvé pendant cinq années la liberté de la presse que *l'autorité a désespéré de ce bon sens*, et qu'elle a fini par mettre ce fou dans la *chemise de force* de la censure! Et c'est ainsi que le *bon sens* des ministres traite le *bon sens national!* C'est la misère même en délire : Buonaparte dans toute sa puissance n'aurait pas osé insulter ainsi la nation.

Pendant cinq années, *des travaux ont été laborieusement suivis à travers les difficultés que la licence des écrits suscitait sans cesse autour des projets les plus éclairés!* (Moniteur.)

Les projets les plus éclairés! Quels projets? le trois pour cent, le syndicat, la cession de Saint-Domingue par ordonnance et sans garantie de paiement, les avortons des lois? Mais ce ne sont pas les journaux qui ont rejeté ou refait les projets des lois, ce sont les Chambres à qui le *Moniteur* donne des éloges, offrant en exemple l'*ordre admirable qui règne dans les discussions parlementaires*.

Les gazettes prétendraient-elles au privilége d'être moins constitutionnelles, moins légales que les Chambres? (Moniteur.)

Qu'est-ce qu'il y a de commun, dans les principes de la matière, entre les gazettes et les Chambres? Rien, si ce n'est la liberté de la parole, garantie à tous par la Charte. Or, met-on la censure sur la parole des orateurs? Il me semble cependant qu'on a dit aux ministres dans les Chambres, tout aussi énergiquement que dans les journaux, qu'ils perdaient la France, qu'ils méritaient d'être mis en accusation. Les feuilles périodiques ont-elles témoigné plus de mépris aux agents du pouvoir que n'en a répandu sur eux cette phrase

d'un éloquent député! « Conseillers de la couronne, auteurs de la loi, connus
« ou inconnus, q l'il nous soit permis de vous le demander : Qu'avez-vous fait
« jusqu'ici qui vous élève à ce point au-dessus de vos concitoyens, que vous
« soyez en état de leur imposer la tyrannie?

« Dites-nous quel jour vous êtes entrés en possession de la gloire, quelles
« sont vos batailles gagnées, quels sont les immortels services que vous avez
« rendus au roi et à la patrie. Obscurs et médiocres comme nous, il nous
« semble que vous ne nous surpassez qu'en témérité. La tyrannie ne saurait
« résider dans vos faibles mains; votre conscience vous le dit encore plus haut
« que nous [1]. »

Un peu plus loin le *Moniteur* appelle l'administration un *pouvoir constitutionnel*. Le mot est curieux : il prouve comment les publicistes du ministère entendent la Charte.

Les résultats de la censure telle que la voilà... paraissent si peu incertains aux vrais amis de la liberté de la presse, que pour eux le triomphe de celle-ci ne date que de ce jour... La censure ne *laissera subsister que des réalités*. (Moniteur.)

Ainsi, c'est la *censure* qui est la *liberté de la presse*. A merveille! N'est-ce pas là le *pieux guet-apens* de Pascal?

La censure ne laissera subsister que les réalités; ajoutez *ministérielles*, et le sens de la phrase sera complet.

Le *Moniteur* porte ensuite un défi à l'opposition : il l'appelle en champ clos, bien entendu qu'il combattra cuirassé de la censure, et que l'opposition toute nue aura menacée des ciseaux des censeurs.

Les ministres, par l'organe de leur champion, qui se promène bravement dans la solitude du *Moniteur* en attendant les passants, s'étendent sur la garantie qu'offre la composition du conseil de surveillance. Tout en respectant le caractère des hommes, en rendant hommage à leurs vertus privées, ce ne sont pas des partisans avoués du pouvoir absolu qui pensent rassurer les citoyens sur les libertés publiques.

Si le conseil de surveillance n'est pas rempli des créatures des ministres, il l'est et le doit être de leurs amis; il est naturel que l'autorité choisisse des hommes dans ses opinions.

En dernier résultat, le ministère est tout dans cette affaire, puisqu'il peut nommer et changer à son gré les membres d'un conseil dont les places ne sont pas inamovibles. N'est-ce pas un ministre? n'est-ce pas M. le garde des sceaux qui instrumente dans les cas graves, après avoir pris seulement l'*avis* du conseil de surveillance? Ce conseil n'est au fond qu'une imitation de la commission de la liberté de la presse, placée par Buonaparte auprès du Sénat : il produira le même bien; on écrira tout aussi librement que dans le bon temps de M. Fouché.

Le Montesquieu du *Moniteur* termine son apologie par cette phrase digne du reste : « *Les amis véritables de la liberté de la presse se croient affranchis,*
« *par les ordonnances du 24 juin, d'une insupportable tyrannie qui pesait sur*

---

[1] Discours de M. Royer-Collard sur le projet de loi de la presse, 14 février 1827.

« le pays, et ils ne voient que l'émancipation de la liberté dans la censure
« de la licence. »

Rien de si commun dans l'histoire de la politique que les consolations dérisoires offertes à la victime : c'est toujours pour leur plus grand bien que l'on a opprimé les hommes.

Un député ministériel, argumentant contre une proposition faite par un membre de l'opposition, disait que cette proposition était renouvelée de Robespierre. Puisque les hommes qui nous combattent se permettent ces comparaisons odieuses, qu'il soit permis de dire, avec plus de justesse, que l'article du *Moniteur* ressemble à ces fameux récits d'un rhétoricien tout aimable, tout sensible, tout doux, qui prenait les malheurs du beau côté, récits que ses contemporains appelaient, à ce que je crois, d'un nom propre assez ridicule.

Il fallait répondre au manifeste du ministère : à présent je conseille à chacun de laisser en paix le *Moniteur*; le citer, c'est le tirer de son obscurité. Le chevalier de la censure serait charmé qu'on voulût jouter avec lui ; ne nous chargeons pas de mettre au jour les pauvretés officielles.

Au surplus, à travers le langage de l'écrivain confit en politique, le but où il veut aller est visible.

> Un citoyen du Mans, chapon de son métier,
> Était sommé de comparaître
> Par-devant les lares du maître,
> Au pied d'un tribunal que nous nommons foyer.
> Tous les gens lui criaient, pour déguiser la chose,
> Petit, petit, petit....

Mais, avant de montrer comment, si l'on donne dans le piège, la censure passagère et accommodante de Tartufe pourrait engendrer la censure perpétuelle et fanatique de la faction, il est bon de s'arrêter un moment : apprenons d'abord au public ce qu'il doit croire de la bénigne censure.

Je suis fâché de descendre à des détails peu dignes; mais qui les racontera si je ne les révèle? Ce n'est pas, sans doute les journaux. Au moment où les institutions de la Charte sont en péril, il ne s'agit ni de moi ni de personne; il s'agit de la France : il faut qu'elle sache ce que c'est que cette *honorable* censure, cette *impartiale* inquisition établie pour la plus grande gloire de la liberté.

Premièrement, il est convenu, autant que possible, entre les recors de la pensée, que les *blancs* n'auront pas lieu. En effet, les *blancs*, qui annoncent les *suppressions*, mettent le lecteur sur ses gardes; c'est comme s'il lisait le nom de la *censure* écrit au haut du journal. On craint l'effet de ce nom honteux. Esclaves, soyez mutilés, mais cachez la marque du fer; subissez la torture, mais donnez-vous garde de paraître disloqués; portez des chaînes avec l'air de la liberté. Dans ces injonctions machiavéliques la censure a au moins la conscience de son ignominie; c'est quelque chose.

Comment peut-on forcer les feuilles périodiques à remplir les *blancs* que laissent les retranchements de nos seigneurs? elles ne peuvent y être contraintes au nom de la loi. — D'accord; mais voici ce qui arrive :

On dit à un journal : « Si vous laissez des *blancs*, on vous mettra des en-
« traves qui rendront impossible la publication du journal pour le lendemain. »

On dit à un second journal : « Si vous laissez des *blancs*, nous accorderons
« à une autre feuille la permission de donner une nouvelle que nous retran-
« cherons dans la vôtre. »

On dit à un troisième journal : « Si vous laissez des *blancs*, nous exerce-
« rons sur vous la censure dans toute sa rigueur ; nous ne vous passerons
« pas un mot ; nous vous réduirons au néant. »

Les journaux menacés couvrent leurs plaies. Aux *Débats*, à la *Quotidienne*, des passages ont été supprimés : comme ils les ont immédiatement remplacés, le public ne s'est aperçu de rien. La *France chrétienne*, la *Pandore*, et quelques autres feuilles, ont paru avec la robe d'innocence de la censure [1].

On a rayé dans le *Journal des Débats* un article de la *Gazette d'Augsbourg* qu'on a laissé dans le *Constitutionnel*. Demain ce sera le tour de celui-ci ; on lui défendra ce qu'on aura permis aux *Débats*, si les *Débats* sont dociles.

Dans un article du *Journal des Débats*, où l'on proposait M. Delalot comme candidat aux électeurs d'Angoulême, la censure a barré ces lignes : « Si la car-
« rière législative de M. Delalot fut courte, on n'a point oublié ce qu'il fallut
« de manœuvres pour l'abréger. Nous espérons sincèrement revoir bientôt à
« la tribune M. Delalot vouer à la défense du trône et des libertés publiques
« tout ce qu'elles ont droit d'attendre de son éloquence et de son inébranlable
« fermeté. Son nom est l'effroi des ministres ennemis de la Charte, et qui
« trahissent les doctrines qui les portèrent au pouvoir. »

On a rayé l'annonce de la démission de MM. Caïx et Rio. On se venge du courage de ces hommes d'honneur, en les laissant sous la flétrissure de la faveur ministérielle [2].

Enfin, il s'agissait d'annoncer la présente brochure de cette manière modeste : *On assure que M. de Chateaubriand va faire paraître un écrit sur le rétablissement de la censure.*

Je savais que l'avertissement serait refusé ; il l'a été. Ainsi des professeurs honorables ne sont pas libres de faire connaître qu'ils n'acceptent pas une place ; un *pair de France* ne peut pas faire dire qu'il va publier quelques pensées sur une question qui touche aux lois politiques, à l'existence même de la Charte : voilà l'*impartiale* censure !

Pourra-t-on croire que c'est sous un conseil de surveillance composé de pairs, de députés et de magistrats que les droits les plus légitimes sont ainsi

---

[1] La petite pièce vient après le drame : on a rayé sur le *Figaro* la vignette représentant Figaro et Basile. Un petit journal avait annoncé le mélodrame des *Natchez*, tiré, disait-il, d'un *admirable* poëme ; on a rayé le mot *admirable*, et on a bien fait. Le censeur a eu raison comme critique, mais tort comme censeur, etc.

[2] A mesure que j'écris, les renseignements m'arrivent de toutes parts. Le rédacteur en chef du *Journal du Commerce* me donne connaissance de ses colonnes condamnées. J'y vois des suppressions étranges, et un manque complet de bonne foi, puisqu'on a retranché jusqu'à des réponses faites à des assertions qui se trouvaient dans les journaux ministériels ; remarquez qu'aux termes de la loi on aurait le droit de forcer les feuilles ministérielles à imprimer la réponse. Ce cas peut souvent se présenter : les censeurs auraient-ils le droit d'effacer ce que la loi ordonne positivement ?

méconnus? M. le vicomte de Bonald, que j'appelais encore, il y a quelques jours, à la tribune, mon illustre ami, peut-il consentir à couvrir de son noble nom de pareilles lâchetés, de telles turpitudes, lui dont les ouvrages ont aussi été proscrits, et qui a subi, comme moi, les outrages de la censure?

Nous verrons s'il en sera de ma brochure nouvelle comme de *la Monarchie selon la Charte;* si défense sera faite aux journaux d'en parler; si la poste refusera de la porter; si les commis qui la liront seront destitués; si les préfets la poursuivront dans les provinces et menaceront les libraires qui s'aviseraient de la vendre, si, enfin, M. le président du conseil, qui a tant à se louer de *la Monarchie selon la Charte,* et qui m'en a fait des remercîments si obligeants, agira aujourd'hui comme le ministre dont il était alors le violent adversaire.

Ces précautions ministérielles devraient me donner beaucoup d'orgueil, n'eussé-je à déplorer tant de misères. La religion est bien malade, si elle peut craindre l'auteur du *Génie du Christianisme;* la légitimité est en péril, si elle redoute l'homme qui a donné la brochure *de Buonaparte et des Bourbons,* rédigé le *Rapport fait au roi, dans son conseil à Gand,* et publié le petit écrit : *Le Roi est mort : vive le Roi!*

Mais ce que je viens dire par rapport à mon nouvel opuscule n'est déjà plus d'une vérité rigoureuse; le sol est mouvant sous nos pas. Ce que l'on a refusé au *Journal des Débats,* à la *Quotidienne,* au *Courrier,* on l'a permis encore au *Constitutionnel.* On lit ces deux lignes dans sa feuille du 28 : *On annonce l'apparition prochaine d'un nouvel écrit de M. de Chateaubriand.*

Quel *écrit?* la censure n'aura pas sans doute laissé ajouter : *sur la censure.* Libre aux lecteurs de penser qu'il s'agit d'une nouvelle livraison de mes *OEuvres Complètes.* Le lendemain 29, il a été loisible à la *Quotidienne* et au *Courrier* de répéter la petite escobarderie.

Encore quelques jours, et vous serez témoin de ce qui adviendra. On ne commande point aux passions; ceux qui jouissent du pouvoir absolu ont beau se promettre de s'en servir avec sobriété, le despotisme les emporte; ils s'irritent des résistances : bientôt ils trouvent que c'est une duperie d'avoir en main l'arbitraire, et de ne pas en user largement.

D'un autre côté, le parti qui domine le ministère prétend dire ce qui lui plaira. Si la censure veut l'enchaîner, il menacera; il faudra lui obéir, et l'extrême licence des feuilles périodiques se placera auprès de l'extrême esclavage.

Voulez-vous juger jusqu'à quel point la presse est libre sous la censure, que la *Quotidienne* essaie de rappeler la violence exercée sur M. Hyde de Neuville; qu'elle parle des services méconnus, de l'ingratitude dont on use envers les royalistes; qu'elle déclare qu'on n'aurait jamais dû reconnaître une république de nègres révoltés; qu'elle demande si Boyer paiera ce qu'il doit; qu'elle invite les électeurs à ne nommer que des royalistes opposés aux volontés du ministère, et vous verrez si la gracieuse censure laissera passer deux mots de tout cela.

Que les *Débats,* le *Constitutionnel,* le *Courrier,* la *France chrétienne,* le *Journal du Commerce,* fassent tour à tour, chacun dans la nuance de son opinion, des articles comme ils en faisaient il y a seulement quatre ou cinq jours; qu'ils passent en revue les fautes du ministère, qu'ils signalent ses erreurs, qu'ils rappellent et le trois pour cent, et le syndicat, et le droit d'aînesse, et la loi sur la presse, et les funérailles du duc de Liancourt, et le licenciement de la garde nationale; qu'ils répètent ce qu'ils ont dit mille fois sur l'incapacité du ministère, sur le mal qu'il fait à la France; enfin, que, réclamant toutes nos libertés, ils s'élèvent avec chaleur contre la censure, et vous verrez si la censure leur laissera cette indépendance.

La prétendue douceur de la censure est donc pure jonglerie. Il ne s'agit d'ailleurs ni de douceur, ni de rigueur; la liberté de la presse est un principe, principe vivant du gouvernement représentatif. Ce gouvernement ne peut exister avec la censure, modérément ou violemment exercée. La liberté de la presse n'est point la propriété d'un ministère; il ne doit point en user à son gré et selon son tempérament. Aujourd'hui le ministère sera bénévole; demain il aura de l'humeur, et la liberté de la presse suivra l'inconstance de ses caprices. Un ministère peut changer; un autre ministère peut survenir, avec un système tout contraire aux intérêts que l'on prétend protéger aujourd'hui, et il emploiera la censure à ses fins. Que chacun fasse ce raisonnement dans son opinion particulière et l'on demeurera convaincu que la censure blesse les intérêts divers, pour n'en favoriser qu'un, variable selon la variation du pouvoir.

Si la censure facultative et momentanée est déjà une si grande peste, quel fléau ne deviendrait-elle pas, changée en censure perpétuelle ou centenaire ! Tous les ménagements disparaîtraient : on se moquerait des dupes et du cri des opprimés, lorsqu'on aurait rivé leurs chaînes. Dans le silence de l'opinion, la faction essaierait de renverser l'ouvrage de Louis XVIII, d'annuler le contrat entre la vieille et la nouvelle génération, de déchirer le traité réconciliateur du passé et de l'avenir.

C'est ici qu'il faut montrer le but caché de ceux qui ont si imprudemment poussé les ministres à rétablir la censure. Mon opinion (puissé-je me tromper!) est que cette censure provisoire pourrait devenir le type d'un projet de loi que l'on espérerait obtenir pour la session prochaine. On se flatterait que de nouveaux pairs, introduits dans la Chambre héréditaire, aplaniraient les difficultés. Tout changerait alors, si l'on obtenait la victoire. La pensée serait enchaînée jusqu'au jour des révolutions. Le silence ne sauve point les empires : Buonaparte, avec la censure, a péri au milieu de ses armées.

J'ai la conviction qu'on échappera au malheur que je redoute, en évitant ce qui peut nous perdre.

Si les feuilles périodiques acceptaient la liberté dérisoire qu'on leur offre; si, sous la verge des commandeurs, elles consentaient à faire une demi-opposition, elles s'exposeraient au plus grand péril. On viendrait à la session prochaine entonner dans les Chambres les louanges d'une censure destructive de la *licence* et conservatrice de la *liberté;* on apporterait en preuve les articles mêmes des journaux; on lirait d'une voix retentissante ce qu'on leur aurait laissé dire dans le sens de leurs opinions diverses. Si, par malheur, on avait réellement présenté une loi de censure, l'argument tiré de la liberté censurée des journaux paraîtrait irrésistible. Avec des larmes d'attendrissement et d'admiration pour de si magnanimes ministres, serait-ce trop que de leur faire, à eux et à leurs successeurs, présent à toujours de la liberté de la presse? Des entraves méritées enchaîneraient des mains trop obéissantes.

Quant à moi, je ne consentirai jamais à faire de la liberté *avec licence des supérieurs*[1] : on n'entre aux bagnes à aucune condition. Rompre des lances pour des libertés publiques, sous les yeux des hérauts de la censure : danser la pyrrhique en présence des gardes chiourmes, qui applaudissent à la dextérité des coups, à la grâce des acteurs, serait imiter ces esclaves qui faisaient des tours d'escrime et des sauts périlleux pour le divertissement de leurs maîtres. Passaient-ils la borne prescrite, le fouet les avertissait qu'ils n'étaient que des baladins ou des gladiateurs.

Les principes les plus utiles perdent leur efficacité quand ils sont timbrés du bureau d'un inspecteur aux pensées. On ne croit point à un journal censuré : le bon sens enseigne que si l'on permet à tel journal de dire telle chose, c'est que le ministère y a un intérêt secret : la vérité devient mensonge en passant par la censure.

Les mêmes hommes que l'on traitait si rudement il y a quelques jours sont-ils devenus des saints parce qu'ils ont mis la censure? ont-ils une vertu de plus parce qu'ils ont fait un mal de plus? leurs fautes sont-elles effacées parce qu'ils ont ordonné le silence? si hier ils perdaient la France, la sauvent-ils aujourd'hui? On leur faisait de grands reproches : ou ils ne mériteraient plus ces reproches, s'ils consentaient à se les laisser adresser; ou ils mépriseraient assez leurs adversaires pour leur permettre des arguments de rodomont, visés à la police; ou l'on aurait l'air de remplir un rôle de compère avec eux.

Ce qu'ils veulent surtout, les ministres, c'est produire une illusion de gouvernement représentatif. Marionnettes dont les fils seraient tirés par la censure, nous ferions une mascarade d'opposition; la France deviendrait une espèce de polichinelle de liberté, parlant fièrement d'indépendance; et puis quand la farce serait jouée, un espion de police laisserait retomber le sale rideau.

Lâcherons-nous la réalité pour l'ombre? sommes-nous des vieillards tombés en enfance, qu'on amuse avec des hochets politiques? et pour peu qu'appuyés sur notre béquille, nous donnions l'essor à nos vaines paroles, aurons-nous de la Charte tout ce que nous en désirons? une nation qui, renonçant à la seule surveillance digne d'elle, la surveillance des lois, contreferait une nation libre sous la tutelle d'un gardien payé, serait-elle assez dégradée?

Je n'ai point la prétention de tracer une marche aux amis des libertés publiques, et l'on me contesterait à bon droit mon autorité. Je pense que si l'opposition suit diverses routes, elle a comme moi l'horreur de la censure, qu'elle cherche comme moi le moyen le plus sûr de briser cet infâme joug. J'expose seulement mes idées, mes craintes; on peut voir mieux que moi, mais je dois compte aux gens de bien de ma manière de comprendre la question du moment.

Si le *Conservateur* existait encore; si je dirigeais encore cette feuille avec

---

[1] Une gazette ministérielle a avancé qu'excepté le *Courrier français*, les journaux de l'opposition se sont prononcés pour la censure. Cette feuille ment, mais on voit sa pensée.

MM. de Villèle, Frénilly, de Bonald, d'Herbouville et mes autres nobles et honorables amis, voici ce que je leur proposerais : Continuer d'écrire comme si la censure n'existait pas.

On supprimerait les articles : nous laisserions des *blancs* pour protester contre la violence.

Le journal serait exposé à toutes sortes de vexations, il ne paraîtrait pas à jour fixe; il serait retardé de vingt-quatre heures : tant mieux! ces persécutions rendraient la censure plus odieuse. Une page blanche est un article que les abonnés lisent à merveille, et dont ils sentent tout le prix.

On nous ferait peut-être des procès pour *crime de blancs*, comme on condamnait jadis les aristocrates taciturnes : tant mieux! Nous ferions des procès à notre tour; nous appellerions le conseil de surveillance et les censeurs devant les tribunaux. Il faudrait plaider; nous traînerions au grand jour les ennemis ténébreux de nos libertés, et nous ne *vendrions pas nos procès* aux marchands de conscience.

Enfin, nous réimprimerions à part tous les huit jours, en forme de brochure, les articles supprimés; car, chose remarquable! et qui explique toute la censure! les articles incriminés par elle seraient innocents devant les tribunaux : le censeur condamne ce que le magistrat acquitterait.

Enfin, jamais nous n'engagerions le combat avec les écrivains ministériels dans la lice de la censure; et quand nous ne pourrions pas parler de politique en pleine et entière liberté, nous parlerions littérature [1].

En ma qualité de pair de France, je ne puis me défendre d'une réflexion pénible. Une censure facultative, accordée pour le besoin de la couronne dans des circonstances graves, n'a paru au législateur qu'une prévoyance utile. Hé bien! que résulte-t-il aujourd'hui de cette malheureuse facilité à livrer au pouvoir les libertés publiques? Avec quelle circonspection, avec quelle prudence ne faut-il donc pas discuter et voter des lois?

Il n'est plus temps de se le dissimuler : la marche que suit le ministère peut conduire à une catastrophe. Se suspendre un moment aux parois des abîmes est chose possible, mais il faut finir par y tomber. On sent que l'embarras est grand pour des hommes qui se préfèrent à leur patrie. Hors du pouvoir, que seraient-ils? Écrasé du fardeau des responsabilités qui pèsent sur sa tête, tantôt en voulant corrompre les journaux, tantôt en essayant de faire passer un projet de loi détestable, tantôt en recourant à la censure, tantôt en menaçant les rentiers d'une conversion, tantôt en licenciant la garde nationale de Paris, le ministère a créé une immense impopularité. Il a mis de toutes parts des haines en réserve; il a cherché la force dans la police et dans les médiocrités : autant demander la vie au néant.

Les choses humaines ne sont pas stationnaires : les années, les jours, les heures, amènent les événements, le temps moissonne plus d'hommes dans une

---

[1] La littérature n'est pas plus épargnée que la politique. Le *Journal des Débats* a paru avec deux colonnes blanches, au risque de redoubler l'humeur censoriale : c'est un article littéraire qui a été supprimé.

minute que le faucheur n'abat d'herbes dans la même minute. Le terme de la septennalité approche : que fera-t-on? des élections? Qui sera élu?

Les royalistes dispersés, persécutés, reniés, ne sont plus réunis comme au temps du *Conservateur*. Ceux d'entre eux qui ont porté le poids des ruines de l'ancienne monarchie sont au bord de leur tombe : ils feraient bien un effort pour aller mourir aux pieds du roi, mais c'est tout ce qu'ils pourraient faire.

Les partisans de l'usurpation ou de la république, s'il en est encore, se réjouissent de ce qu'ils voient.

La France nouvelle, la France constitutionnelle et monarchique est blessée; elle croit que le ministère veut lui ôter ce que le roi lui a donné : au moment où l'on a parlé de tant de projets funestes, la censure lui semble être le moyen que la coterie s'est réservé pour les accomplir.

La France raisonnable et éclairée ne peut concevoir une administration qui choque tous les intérêts, qui traite les amis de la royauté comme les ennemis de la couronne; une administration qui, dans l'espace de trois années, met, ôte et remet la censure, qui fait des lois et les retire, qui s'en prend aux tribunaux, qui ne daigne pas même répondre lorsqu'on lui dit qu'elle sera entraînée à violer le principe de la pairie; une administration qui traite une capitale de sept cent mille habitants où le roi réside, comme elle traiterait une province de l'Auvergne et du Berry; une administration qui frappe brutalement avec un bras débile. et qui, n'étant capable de rien, se laisse soupçonner de tout.

Dans ce siècle, on ne tient point devant l'opinion : les idées sont aujourd'hui des intérêts, des puissances ; mettez-les de votre côté. Prenez-y garde; si les journaux ont fait tout le mal, il faut maintenant que tout aille bien sous la censure : si le mal continue, il est de vous.

On se demande en vain ce que feront les ministres. Essaieront-ils de changer la loi des élections avant une époque fatale? il n'y a point de loi d'élections, à moins qu'elle ne nomme des députés d'office qui donnent aux ministres une majorité. Loin de calmer l'opinion, le silence imposé par la censure ne fera que l'irriter.

Se porterait-on à des mesures sortant des limites de la Charte, l'impôt ne rentrerait plus.

L'affectation que les parasites du pouvoir mettent à parler de soldats et d'armée fait sourire un peuple militaire qui a vu la garde impériale au retour d'Austerlitz et de Marengo, qui a vu les rois de l'Europe expier à la porte des Tuileries l'inhospitalité dont ils s'étaient rendus coupables envers le véritable maître de ce palais : c'est avec les arts et les libertés constitutionnelles qu'on pouvait faire oublier la gloire. Que nous donnent les antichartistes en place de celle-ci? La censure et le ministère : c'est bien peu.

Hé quoi! le plus pur sang de la France aurait coulé pendant trente années; le trône aurait été brisé, nous aurions vu nos biens, nos amis, nos parents, et jusqu'aux tombeaux de nos familles s'abîmer dans le gouffre révolutionnaire; nous aurions combattu l'Europe conjurée. et tout cela pour conquérir la censure que nous avions en 1789? A force de malheurs et de victoires, quand, sur la poussière des générations immolées, nous sommes parvenus à relever le trône légitime, le résultat de tant d'efforts serait de confier à des êtres obscurs, dont le nom n'a pas dépassé le seuil de leur porte, la dictature de l'intelligence humaine?

Non! il y a des choses impossibles. Vous établissez, dites-vous, la censure, aux termes de la loi, pour des *circonstances graves*. C'est la censure qui fera naître ces circonstances; elles renverseront le pouvoir ministériel : puissent-elles n'ébranler que lui!

Je réclame la liberté de la presse avec la conscience d'un sujet fidèle, fermement convaincu qu'il combat pour la sûreté du trône. Ne nous y trompons pas : la liberté de la presse est aujourd'hui toute la constitution. Nous ne sommes pas assez nourris au gouvernement représentatif; ce gouvernement n'a pas encore jeté parmi nous des racines assez profondes pour qu'il existe de lui-même : c'est la liberté de la presse qui le fait. Ce n'est pas la Charte qui nous donne cette liberté, c'est cette liberté qui nous donne la Charte. Elle seule, cette liberté, est le contre-poids d'un impôt énorme, d'un recrutement que l'on peut accroître à volonté, d'une administration despotique laissée par la puissance impériale; elle seule fait prendre patience contre des abus de l'ancien régime, qui renaissent avec les hommes d'autrefois: elle seule fait oublier les scandaleuses fortunes gagnées dans la domesticité, et qui surpassent celles que les maréchaux ont trouvées sur les champs de bataille. Elle console des disgrâces, elle retient par la crainte les oppresseurs ; elle est le contrôle des mœurs, la surveillante des injustices. Rien n'est perdu tant qu'elle existe ; elle conserve tout pour l'avenir; elle est le grand, l'inestimable bienfait de la restauration. Qu'avaient nos rois à nous offrir en arrivant de l'exil? Leur droit, les souvenirs de l'histoire, l'adversité et la vertu : ils y ont ajouté la liberté de la pensée, et cette France pleine de génie est tombée à leurs pieds.

La patrie invoque aujourd'hui la déclaration de Saint-Ouen, la Charte, les serments de Reims. Charles X n'a pas juré en vain sur le sceptre de saint Louis : la liberté sera plus belle quand elle nous sera rendue par la religion de l'honneur.

POST-SCRIPTUM.

Dimanche, 1er juillet 1827.

J'écrirais aussi longtemps que durera la censure, que je ne pourrais suffire à noter toutes ses persécutions. Voici quelques nouveaux faits que j'ai encore le temps de rapporter.

Le *Journal des Débats* donne le 27 juin un article littéraire ; la censure y trouve quelques mots, quelques phrases à reprendre; elle barre l'article entier, et rend le reste approuvé du journal à onze heures du soir.

Le lendemain, 30 juin, qu'arrive-t-il? On envoie comme de coutume la double épreuve exigée à la censure. Le porteur de l'épreuve attend jusqu'à dix heures du soir, et demande l'épreuve qui doit être rendue avec le *visa* de la censure : on lui remet une des deux épreuves non visée, en lui disant que les censeurs se sont retirés.

Le *Journal des Débats* avait par hasard le reste d'une ancienne épreuve approuvée, il s'en sert pour que ses feuilles ne soient pas entièrement blanches, et le journal paraît dans l'état où la France a pu le voir.

N'est-il pas évident qu'en adoptant ce système de *non-censure*, on peut, par le fait, supprimer un journal? Car si toutes les colonnes du journal sont *non censurées*, ou le journal paraîtra tout en blanc, ou il ne paraîtra pas du tout; ou s'il paraît avec des articles *non censurés*, aux termes de la loi, il sera suspendu.

Peut-on voir une plus odieuse, une plus abominable persécution de la presse? Y a-t-il des termes assez forts, des expressions assez vives, pour rendre l'indignation qu'elle inspire? Quoi! vous faites une loi de censure; j'y obéis, et vous refusez même de m'appliquer votre loi oppressive! Vous me déniez la justice, vous me déniez l'esclavage, pour m'étouffer.

Quel est l'homme qui dirige un pareil système? Si le conseil de surveillance est *réellement* quelque chose, ne doit-il pas faire chasser à l'instant un pareil homme? Ainsi c'est l'esprit de vengeance contre les *blancs*, c'est la fureur contre les *blancs* accusateurs des mutilations de la censure, c'est cette fureur qui amène ce dévergondage de despotisme : on veut tuer ceux que l'on a blessés, de peur de laisser des témoins de sa violence, de peur d'être reconnu, d'être jugé et condamné au tribunal de l'opinion. Et c'est là ce qu'on veut nous faire passer pour de la liberté! c'est là ce qu'on appelle une censure *contre la licence!* Les petites tyrannies subalternes prennent le caractère de la bassesse dans laquelle elles sont engendrées.

Il y a pourtant une ressource contre une telle déloyauté : c'est de faire paraître le journal non censuré, après avoir fait constater légalement, autant que possible, le refus de la censure. Le journal sera suspendu : il y aura procès. Nous verrons si les tribunaux condamneront un journal pour avoir transgressé une loi à laquelle il s'était soumis, et dont on lui a refusé le triste bénéfice. Car enfin ce journal s'est trouvé, par ce déni, dans la position de paraître non censuré, ou de cesser d'exister. En principe de droit, on ne peut forcer ni un homme ni une chose à s'anéantir volontairement.

Un article du *Courrier anglais*, journal ministériel, dévoué à M. Canning, m'arrive : je m'empresse de faire connaître cet article; car désormais la France ignorera ce qu'on pense de nous en Europe. C'est encore un des bienfaits de la censure.

« Les journaux de Paris de dimanche et de lundi nous sont parvenus hier
« soir. Le *Moniteur* du 25 contient une ordonnance royale qui établit une
« rigide censure de la presse. Cet exercice de la prérogative royale nous pa-
« raît être le résultat du retrait de la loi sur la presse, présentée aux Cham-
« bres dans la dernière session. Le but de cette mesure est d'enchaîner en
« France l'impression de l'opinion publique. La manière dont elle sera exercée
« dépendra de la discrétion et de l'humeur des personnes chargées de la sur-
« veiller. Nous ne pouvons pas découvrir le motif précis d'une telle ordon-
« nance dans le moment actuel. Nous lisons avec attention les journaux de
« Paris, et nous avouons que nous n'y trouvons pas ce langage séditieux et
« incendiaire qui pourrait demander une surveillance aussi sévère de la presse;

« d'ailleurs il y a des preuves suffisantes que les tribunaux du pays ont le
« pouvoir d'en punir les excès Un gouvernement doit être bien faible, ou le
« peuple qu'il régit bien porté à la désaffection, pour qu'on croie nécessaire
« d'établir une censure. Mais c'est une grande erreur de supposer que cette
« ressource soit aussi utile dans l'un ou l'autre cas. Un gouvernement n'ac-
« quiert aucune force en trahissant ses craintes, et un peuple mécontent ne re-
« devient pas affectionné sous le poids de nouvelles entraves. »

(*Courrier anglais* du 27 juin 1827.)

OPINION

SUR LE PROJET DE LOI RELATIF A LA POLICE DE LA PRESSE [1].

PRÉFACE DE LA SECONDE ÉDITION.

Paris, ce 8 mai 1827.

Le public a bien voulu recevoir avec quelque faveur le Discours que je devais prononcer à la Chambre des pairs, sur la loi relative à la police de la

---

[1] Dans la lettre que j'adressai le 3 janvier de cette année à M. le rédacteur du *Journal des Débats*, sur le projet de loi relatif à la police de la presse, je disais :
« Lorsque, à la Chambre des pairs, je parlerai du rapport moral du projet de loi, je mon-
« trerai que ce projet décèle une horreur profonde des lumières, de la raison et de la li-
« berté ; qu'il manifeste une violente antipathie contre l'ordre de choses établi par la Charte :
« je prouverai qu'il est en opposition directe avec les mœurs, les progrès de la civilisation,
« l'esprit du temps et la franchise du caractère national ; qu'il respire la haine contre l'intelli-
« gence humaine ; que toutes ses dispositions tendent à considérer la pensée comme un mal,
« comme une plaie, comme un fléau. »
Le roi, en augmentant sa gloire ainsi que l'amour et la vénération dont les peuples environnent sa personne auguste, vient, par un acte éclatant de sa justice, de nous délivrer une
seconde fois. La mesure salutaire qui attire tant de bénédictions sur la tête de notre monarque m'a mis dans l'heureuse impossibilité de prononcer le discours que j'avais préparé pour
satisfaire à ma conscience et pour remplir les devoirs de la pairie. Cependant après le retrait
même du projet de loi, on m'avait pressé de publier ce discours : j'hésitais à prendre ce
parti, lorsque l'adoption d'une proposition qui semblait un corollaire de l'ancien projet a mis
fin à mes incertitudes. Cette affaire d'arrière-garde, dans laquelle un ministre a combattu trois
fois au premier rang, prouve que les agents du pouvoir n'ont ni abandonné leur doctrine ni
leurs projets sur la liberté de la presse : je publie donc mon discours.
Au surplus, ce discours ne répète qu'un très petit nombre des arguments dont on s'est
servi. Comme je réservais les objections de détail pour la discussion des articles, il en résulte que mon discours général, traitant des principes de la matière, embrasse une sphère
d'idées indépendantes du sort avenu au projet de loi. Ce discours frappe peu sur le *cadavre*
du projet, mais beaucoup sur son *esprit* tout vivant encore dans les ennemis de la liberté de
la presse.
J'aurais pu à la rigueur retrancher aujourd'hui de mon travail ce que je dis de la multitude de nos lois, du nombre des jugements des tribunaux, de la quantité des ouvrages imprimés ; une raison majeure m'a déterminé à conserver ces calculs. D'abord ils n'ont jamais été
présentés dans leur ensemble, quelques-uns même n'avaient pas encore été faits ; ensuite il y
a des personnes timides qui s'imaginent que le retrait du projet de loi nous laisse sans moyens
de répression, et d'autres qui se figurent que les tribunaux n'ont pas employé ces moyens :
en lisant mon discours, si elles le lisent, elles se pourront rassurer. Ces calculs subsisteront
en outre comme le témoignage d'une respectueuse reconnaissance pour une magistrature qui
défend avec tant de gravité les droits du trône et les intérêts des citoyens.

presse. Les vérités contenues dans les trois dernières parties de ce Discours sont encore applicables à notre position politique.

J'ose me flatter que tout homme de bonne foi, après avoir lu la seconde partie de cette espèce de traité sur la presse, ne croira plus au crime de cette presse.

Néanmoins je n'ai pas tout dit sur les siècles où la presse était inconnue et sur les temps où elle était opprimée [1].

Dans le détail de la Jacquerie et des troubles sous Charles VI, j'ai passé sous silence bien des atrocités. Je n'ai point fouillé les chroniques de Louis XI; j'ai parlé des crimes des catholiques à la Saint-Barthélemy et sous la Ligue; j'aurais pu mettre en contre-poids les crimes des protestants, qui n'étaient pas plus éclairés que leurs persécuteurs. Cinq ans avant la Saint-Barthélemy, les protestants de Nîmes précipitèrent quatre-vingts catholiques notables de cette ville dans le puits de l'archevêché. Ils renouvelèrent de semblables assassinats en 1569.

On a voulu nous persuader que le suicide et l'infanticide étaient plus communs de nos jours qu'autrefois. Qu'on ouvre le journal de Pierre de L'Estoile, et l'on y trouvera à toutes les pages le suicide, même parmi les enfants.

Quant à l'infanticide, nous citerons ce passage de Guy-Patin : « Les vicaires « généraux et les pénitenciers se sont allés plaindre à M. le premier président « que depuis un an (1660) six cents femmes, de compte fait, se sont confessées « d'avoir tué et étouffé leur fruit. »

Remarquons que la science administrative était ignorée dans les siècles barbares; presque personne ne savait lire, très-peu d'hommes savaient écrire; il n'y avait point de journaux, point de chemins, point de communications : combien de forfaits devaient donc rester dans l'oubli! Nous connaissons maintenant, heure par heure, tous les délits qui se commettent sur la surface de la France. Malgré cette différence de renseignements, nous trouvons dans les chroniques et les mémoires, année par année, des crimes plus fréquents et d'un caractère infiniment plus horrible que ceux qui se commettent aujourd'hui.

Il y a un fait que je n'ai pu dire, et qui était l'objet de la douleur et de la consternation de tous les curés de campagne, dans les parties de l'Europe les plus ignorantes et les plus sauvages.

Quant à la troisième et surtout à la quatrième partie de mon Discours, le retrait du projet de loi ne lui a rien ôté; notre mal présent vient de la résistance

---

Dans tout ce qui concerne la partie historique de la presse et de la liberté de la presse, dans l'examen des rapports de cette liberté avec le christianisme en général, et l'Église gallicane en particulier, dans la déduction des affinités de cette même liberté avec l'état social moderne, je touche à des sujets que les débats législatifs sont loin d'avoir épuisés. Heureux si en éclairant quelques points restés obscurs, si en complétant les vérités sorties d'une discussion mémorable, je pouvais contribuer à prévenir toute nouvelle tentative contre nos institutions politiques! Plus heureux si l'on trouvait dans les faits que j'expose de nouvelles sources de gratitude pour l'ordonnance du 17 avril, de nouvelles raisons d'admirer un monarque qui juge si bien des besoins de ses peuples, de nouveaux motifs de chérir un prince digne en tout de l'illustre race à qui nous devons la gloire de l'ancienne monarchie et la liberté de la monarchie nouvelle!

[1] Dans ma revue de la liberté de la presse sous le Directoire, je ne suis pas encore allé assez loin. Avant même le 18 fructidor, l'imprimerie de Dupont (de Nemours) fut détruite, et bientôt M. Barbé de Marbois, qui avait donné quelques articles à la feuille publiée par Dupont, fut déporté à la Guiane.

d'une poignée d'hommes aux changements produits par les siècles. Des calculs fournis dernièrement par M. le baron Dupin viennent à l'appui de mon assertion, et sont comme les éloquentes pièces justificatives de mon Discours. « Hâtons-
« nous, dit-il, d'indiquer les vastes changements survenus dans la population
« française, dans ses mœurs, ses idées et ses intérêts, depuis la fin de l'em-
« pire. Durant treize années seulement, douze millions quatre cent mille Fran-
« çais sont venus au monde, et neuf millions sept mille sont descendus dans la
« tombe... Déjà près du quart de la population qui vivait sous l'empire n'existe
« plus. Les deux tiers de la population actuelle n'étaient pas nés en 1789, à
« l'époque où fut convoquée l'assemblée constituante ; les hommes qui comp-
« taient alors l'âge de vingt ans ne forment plus aujourd'hui qu'un neuvième
« de la population totale; ils représentent les grands-pères et grand'mères de
« nos familles; enfin la totalité des hommes qui comptaient vingt ans lors de la
« mort de Louis XV ne forme plus que la quarante-neuvième partie de cette
« population; ils représentent les bisaïeuls et les bisaïeules de nos familles.
« . . . .
« . . . .
« Une révolution plus grande encore s'est opérée sur le continent européen.
« En Europe, depuis 1814, la génération nouvelle est fortifiée par quatre-
« vingts millions d'hommes venus au monde, et l'ancienne est affaiblie par
« soixante millions d'hommes descendus dans la tombe. Sur deux cent vingt
« millions d'individus, l'ancienne génération n'en compte plus que vingt-trois
« subsistants encore, ou plutôt qui meurent chaque jour. Quelle moisson ter-
« rible de peuples et de rois ! Ainsi les hommes qui comptaient vingt ans lors
« de la mort de Louis XV ne forment plus que la quarante-neuvième partie
« de la population totale de la France; ceux qui comptaient vingt ans en 1789
« n'en forment plus que la neuvième, et les deux tiers de la population ac-
« tuelle n'étaient pas nés au commencement de la révolution. »

Maintenant, si vous retranchez du petit nombre d'hommes qui ont connu l'ancien régime ceux qui ont embrassé le régime nouveau, à combien peu se réduiront *ces hommes d'autrefois qui, toujours les yeux attachés sur le passé, le dos tourné à l'avenir, marchent à reculons vers cet avenir !*

C'est pourtant ces *demeurants d'un autre âge* qu'on écoute : les passions ministérielles s'emparent de cette raison décrépite ; ou plutôt, lorsque ces passions agissent, le radotage d'une sagesse surannée se charge de prouver que les passions n'ont pas tort. Chaque jour nous fournit une preuve nouvelle des anachronismes où tombe, relativement à la société, la faction du passé qui nous tourmente. Sur quel motif a-t-on fondé, par exemple, l'ordonnance qui licencie la garde nationale? sur des cris inconvenants, lesquels auraient été poussés au Champ de Mars.

Voilà bien les personnages que je signale ! la monarchie représentative est toujours pour eux la monarchie absolue; les faits sont toujours pour eux non avenus; rien n'a changé depuis 1789 dans les choses et dans les hommes; personne n'est mort; une révolution qui a bouleversé le monde ancien et émancipé le nouveau monde, trente-huit années écoulées ne sont rien ! La garde nationale en 1827 est toujours la garde nationale de la première fédération; le roi est toujours en présence du peuple; il n'y a entre lui et ce peuple ni deux Chambres législatives, ni une Charte constitutionnelle; *à bas les ministres* est un cri répréhensible dans un pays où les ministres sont responsables et où la liberté de parler et d'écrire est établie par la loi.

En Angleterre, non-seulement on crie *à bas les ministres*, mais on casse leurs vitres; il les font tranquillement remettre : le roi n'est pour rien dans tout cela, pas plus qu'en France le roi n'entre pour quelque chose dans les inimitiés soulevées par les dépositaires de son pouvoir. On s'obstine à voir sédition et révolution là où il n'y a qu'antipathie pour les ministres. Ceux-ci violent l'esprit de la constitution en demeurant au pouvoir lorsque l'opinion les repousse; il en résulte que cette opinion saisit les occasions favorables d'éclater : c'est l'effet qui sort de la cause; la couronne est parfaitement étrangère à cette position.

Autre méprise : les partisans des ministres applaudissent surtout au coup porté, parce qu'il n'en est résulté aucun mouvement; ils attribuent à la fermeté de ce coup l'immobilité du public.

« Voilà ce que c'est, s'écrient-ils, que d'agir avec vigueur! encore quelques
« mesures de cette espèce, et tout rentrera dans l'ordre! »

Dans l'ordre! qui songe à sortir de l'ordre? N'allez-vous pas vous persuader que la mesure ministérielle a répandu la terreur? Elle a excité la pitié des indifférents, elle a réjoui les ennemis, elle a profondément affligé les amis de la royauté; elle n'a fait peur à personne.

Pourquoi cette folle mesure n'a-t-elle été suivie d'aucun mouvement? Par une raison simple qui tient à la nature même de ce gouvernement représentatif que vous détestez, alors même qu'il vous sauve de vos propres erreurs.

Le pouvoir de la couronne, employé par les ministres, n'est pas sorti de son droit légitime en licenciant la garde nationale. Le coup a été violent, mais il n'a pas été inconstitutionnel; aucune partie du pacte fondamental n'a été lésée, aucune liberté n'a péri, aucun intérêt politique ni même municipal n'a succombé. Il importe peu à nos institutions prises dans leur ensemble qu'un citoyen de Paris soit vêtu d'un uniforme ou d'un habit bourgeois; une garde paisible et fidèle, qui a rendu tant de services à la restauration, peut sans doute s'attrister d'en être si étrangement récompensée par des ministres, mais elle ne se révolte pas contre son roi. Changez la question; supposez qu'une mesure ministérielle viole ouvertement un article de la Charte, et vous verrez alors l'impression produite par cette mesure.

Ainsi, ces hommes qui sont tout étonnés de leur courage, qui pensent devoir à leur héroïsme de bureau le repos dont ils jouissent, ne s'aperçoivent pas qu'ils sont redevables de ce repos aux institutions même dont la forme les irrite, à ce gouvernement représentatif qui donne de la modération et de la raison à tous, à cet esprit constitutionnel que l'attaque aux principes pourrait seule pousser à la sédition. Tant que l'on ne portera pas la main sur les Chambres et sur les libertés publiques, il n'y aura point de mouvement dangereux en France. Les libertés publiques sont patientes; elles attendent très-bien la fin des générations, et les nations qui en jouissent n'ont rien d'essentiel à demander.

Dans les gouvernements absolus, au contraire, le peuple, comme les flots de la mer, se soulève au moindre vent : le premier ambitieux le trouble; quelques pièces d'argent le remuent; une taxe nouvelle le précipite dans les crimes; il se jette sur les ministres, massacre les favoris et renverse quelquefois les trônes.

Dans les gouvernements représentatifs, le peuple n'a jamais ni ces passions, ni cette allure; rien ne l'émeut profondément quand la loi fondamentale est respectée. Pourquoi se soulèverait-il? Pour ses libertés? il les a; pour l'établissement d'un impôt? cet impôt est voté par ses mandataires. Vient-on chez le pauvre lui enlever arbitrairement son dernier fils pour l'armée, son dernier écu pour le trésor? Nul ne peut être arrêté que d'après la loi; chacun est libre de parler et d'écrire; tous peuvent, selon leur bon plaisir, faire ce qu'ils veulent, aller où il leur plaît, user et abuser de leur propriété. La monarchie représentative fait ainsi disparaître les principales causes des commotions populaires; il n'en reste qu'une seule pour cette monarchie : c'est, on ne saurait trop le répéter, l'atteinte aux libertés publiques.

Et alors même ce gouvernement est-il sans défense? Non. L'histoire de l'Angleterre nous apprend avec quelle simplicité se résout encore cette difficulté : les Chambres repoussent la loi de finances; et si, cette loi n'étant pas votée, le gouvernement veut lever irrégulièrement l'impôt, le peuple refuse de le payer.

Heureusement nous n'en viendrons jamais là en France; mais ces explications font sentir combien serait vain et téméraire le projet de procéder de violences en violences à la suppression de la liberté; elles font voir combien sont données de justesse les raisons par lesquelles on a voulu faire de quelques cris isolés une sédition commune, digne d'être punie d'un licenciement général. Laissons des médiocrités colériques applaudir à l'emportement de l'impuissance comme à la preuve de la force; les vrais amis du roi en gémissent. Quant à moi, depuis le jour où je vis à Saint-Denis passer un homme trop fameux pour aller mettre ses mains entre les mains du frère de Louis XVI, je n'ai jamais été si profondément affligé.

Eh! comment les conseillers de la couronne ne se sont-ils pas souvenus qu'un monarque paternel vivait au milieu de ses peuples, que le temps était passé où les princes se renfermaient dans le donjon de Vincennes ou dans les galeries de Versailles? Comment n'ont-ils pas compris que cette mesure précipitée porterait le deuil au fond des cœurs? que la fidélité et l'amour, craignant de devenir suspects, oseraient à peine faire entendre sur le passage d'un prince chéri, d'un prince si longtemps éprouvé par la fortune, le cri du salut de la France? N'y avait-il pas d'autres moyens de punir quelques exclamations inconvenantes? Le mode même du licenciement général était-il raisonnable? Licencie-t-on trente mille hommes qui restent de fait dans la même ville, presque sous le même toit, avec leurs armes? En Angleterre, d'après l'ordonnance du licenciement, on s'est figuré que de grands troubles avaient éclaté parmi nous; le reste de l'Europe le croira de même. N'est-ce rien que d'avoir fait naître dans l'esprit des étrangers une telle idée de la situation de la France?

Si l'on pouvait croire à un dessein suivi, à un enchaînement de principes dans un système qui jusqu'à présent n'a marché que par bonds, et n'a su donner que des saccades, on devrait s'attendre à une série de mesures corrélatives au licenciement de la garde nationale de Paris. Conséquents ou inconséquents, les agents du pouvoir ne peuvent faire sortir que des maux de cette mesure déplorable. L'humeur de ceux qui approuvent cette mesure prouve qu'intérieurement ils en sentent les graves inconvénients.

Il serait à désirer toutefois qu'ils modérassent leur zèle. Que pensent-ils imposer en parlant de casser la Chambre des pairs? comme si on pouvait casser la Chambre des pairs! En attendant le jour où ces fanfarons de fidélité qui s'étouffaient dans les salles des Tuileries le 16 mars 1815, et qui disparurent le 20; en attendant le jour où ils se cacheraient de nouveau, le jour où ils nous laisseraient défendre encore la monarchie, si la monarchie était attaquée, qu'ils cessent d'animer le soldat contre le citoyen, de vouloir tripler la garnison de Paris, de faire marcher en pensée des troupes sur la capitale. Il serait curieux de rassembler l'armée, de compromettre la tranquillité de la France pour assurer le portefeuille de deux ou trois ministres et la pitance des familiers de ces ministres! Cette petite agitation d'antichambre dans le grand repos du royaume serait risible, si elle n'avait un côté dangereux. Les rodomontades amènent quelquefois des rixes. Dieu sait ce que pourrait produire une goutte de sang répandue sur une terre également disposée à porter des moissons ou des soldats. Lorsque dans les troubles des empires on en est venu à l'emploi de la force, il ne s'agit plus de la première attaque, mais de la dernière victoire.

La police prendrait-elle pour une conspiration contre le trône les propos qu'elle peut entendre contre une administration brouillonne et sauvage? Ses rapports seraient-ils dans ce sens? Voudrait-elle qu'on fît parader des gendarmes, qu'on doublât les postes? Contre qui? contre les *complaintes?* Il ne manquerait plus que de couronner la violence par le ridicule.

La retraite d'un ministre estimé est venue mettre le sceau de la réprobation à un acte d'amour-propre en démence. Ce ministre honorable et honoré n'a pas cru pouvoir s'asseoir plus longtemps auprès des hommes qui font de leur intérêt personnel la cause de la monarchie. Mais au milieu des consciences muettes, une conscience qui parle est séditieuse; la vertu qui se réveille importune le devoir qui dort; une bonne action est une leçon insolente pour ceux qui n'ont pas le courage de la faire : je ne serais donc pas étonné qu'un La Rochefoucauld, qu'un royaliste dévoué, qu'un esprit aussi conciliant que modéré, qu'un chrétien pieux et sincère, ne passât aujourd'hui parmi la tourbe servile pour un démocrate, un révolutionnaire, un furibond, un impie.

N'en sommes-nous pas là, tous tant que nous sommes? Qui n'a pas dans sa poche son brevet de jacobin, expédié en bonne forme par des royalistes de métier? Ne viens-je pas d'ajouter à tous mes crimes celui d'avoir publié (à l'exemple de nombre de pairs et de députés) un discours qui n'a pas été prononcé? Si on ne le lit pas, quel mal fait-il? Si on le lit, on y trouve donc autre chose que le projet de loi retiré? La vérité est que plus l'administration commet de fautes, plus elle désire le silence. Il faudrait renoncer à la parole, afin que l'incapacité perpétuée au pouvoir se vantât d'avoir subjugué ses adversaires par la force de son génie. Ne nous laissons pas prendre à ce grossier artifice ; nous ne sauverions rien en nous taisant. Toute alliance est impossible entre le mal et le bien : on ne se réunit pas à l'abîme ; on s'y engloutit.

NOBLES PAIRS,

Dans les longues recherches auxquelles je me suis livré, et dont j'ai l'honneur de soumettre aujourd'hui le résultat à la Chambre, j'ai nécessairement isolé ma pensée du travail de votre commission. Je savais tout ce que l'on devait attendre de la conscience et du talent des nobles pairs chargés de vous faire un rapport sur le projet de loi ; mais je devais raisonner dans l'hypothèse que ce projet restait tel que vous l'avaient présenté les ministres.

En effet, messieurs, des amendements proposés ne sont pas des amendements votés ; et quand j'aurais eu, comme je l'ai, la conviction morale de leur adoption, cela ne dérangerait rien au plan que je m'étais tracé. Mon discours, dans la supposition d'une suite d'amendements capitaux, deviendrait un double plaidoyer : plaidoyer contre l'ouvrage des ministres, partout où cet ouvrage ne serait pas amendé ; plaidoyer pour l'ouvrage de votre commission partout où elle aurait porté ses lumières. Ce point éclairci, j'aborde le sujet :

Voici, messieurs, ce que l'on trouve dans l'ouvrage posthume du quatorzième siècle :

Censure avant publication, et jugement après publication, comme s'il n'y avait pas eu censure ; rétroactivité, annulation ou violation des contrats ; atteinte au droit commun ; proscription de la presse non périodique ; accaparement ou destruction de la presse périodique ; voies ouvertes à la fraude, amorces offertes à la cupidité, invitation aux trahisons particulières, appel et encouragement à la chicane, intervention de l'arbitraire, haine des lumières, antipathie des libertés publiques, embrouillements, entortillements, ténèbres.

Mais, chose déplorable, messieurs, plus vous démontrez à certains esprits que cet instrument de mort pour l'intelligence humaine détruit non-seulement la liberté de la presse, mais la presse elle-même, plus vous les persuadez de l'excellence de l'ouvrage.

« Comment ! vous nous dites que tout périra, livres, brochures, journaux ?
« A merveille ! nous ne croyions pas le projet si bon ; vos objections nous dé-
« montrent ce qu'il a d'admirable. »

Suit un débordement d'injures contre les lettres, et surtout contre les gens de lettres, contre les folliculaires, les pamphlétaires, les chiffonniers et les académiciens.

C'est être en vérité fort libéral de mépris. Il faut en avoir beaucoup recueilli pour en avoir tant à donner. Ces enfants prodigues feraient mieux d'être plus économes de leur bien.

Hélas ! messieurs, ces diatribes contre la presse n'ont pas même le mérite de la nouveauté; renouvelées des temps révolutionnaires, elles auraient dû rester dans l'oubli. Il est triste sous la légitimité de s'approprier un pareil langage, surtout lorsqu'il se peut appliquer à ces mêmes publicistes justement soupçonnés sous le Directoire de travailler au rétablissement de la royauté, et qui continuent d'écrire pour elle.

Quelques personnes trouvent un motif de sécurité dans l'excès même du mal : « Le projet de loi est si vicieux, disent-elles, qu'on ne pourra l'exé-« cuter. » Ne nous fions, messieurs, ni à l'espérance du mal, ni à l'impuissance de l'incapacité : elles nous tromperaient toutes deux. Maintes fois les gouvernements ont laissé périr les bonnes lois, et ont fait un long usage des mauvaises. C'est cette même faiblesse des hommes qui les asservit souvent à une tyrannie vulgaire, et qui les porte à briser une autorité éclatante : les parlementaires souffrirent Buckingham et tuèrent Strafford ; on pardonne à la puissance, rarement au génie.

La meilleure manière de vous occuper du projet de loi, ce n'est pas, selon moi, de vous en énumérer à présent les vices particuliers (ils se présenteront assez d'eux-mêmes dans la discussion des articles); il me paraît plus utile de vous faire remarquer d'où le projet est sorti, ce qu'il veut dire, quelle lumière il jette à la fois sur le passé et sur l'avenir.

Oui, nobles pairs, le projet de loi est un phare élevé aux limites d'un monde qui finit et d'un monde qui commence; il vous éclaire sur la plus importante des vérités politiques; il vous indique le point juste où la société est parvenue, et conséquemment il vous apprend ce que demande cette société : d'un côté, il vous montre des ruines irréparables ; de l'autre, un nouvel univers qui se dégage peu à peu du chaos d'une révolution.

Permettez-moi de développer mes idées : la matière est grave, le sujet immense. Si je mets votre patience à l'épreuve, vous me le voudrez bien pardonner, en songeant que j'abuse rarement de votre temps à cette tribune. J'y parais aujourd'hui appelé par des devoirs sacrés, devoirs que je n'hésiterai jamais à remplir, mais dont le temps commence néanmoins à me faire sentir le poids; les vétérans souffrent quelquefois de leurs vieilles blessures.

En sortant du chemin battu, en plaçant la question où je la placerai, surtout dans la dernière partie de ce discours, j'ai plus compté sur la haute intelligence de cette assemblée que sur mes propres forces.

Voici, messieurs, les quatre vérités que je vais essayer de démontrer :

1° La loi n'est pas nécessaire, parce que nous avons surabondance de lois répressives des abus de la presse : les tribunaux ont fait leur devoir.

2° Les crimes et les délits que l'on impute à l'usage de la presse et à la liberté de la presse n'ont point été commis par la presse, et sous le régime de la liberté de la presse.

3° La religion n'est point intéressée au projet de loi; elle n'y trouve aucun secours : l'esprit du christianisme et le caractère de l'Église gallicane sont en opposition directe avec l'esprit du projet de loi.

4° La loi n'est point de ce siècle, elle n'est point applicable à l'état actuel de la société.

J'entre dans l'examen de la première question.

Nous avons, messieurs, depuis la restauration, six ordonnances et quinze lois et fragments de lois concernant la librairie, la presse périodique et la presse non périodique.

A ces lois viennent se réunir l'arrêt du conseil d'État sur la librairie du 28 février 1723, le décret de l'assemblée nationale du 27 août 1789, celui du 17 mars 1791, le décret de la Convention du 19 juillet 1793, la loi du 25 décembre 1796, les décrets du 22 mars 1805, du 28 mars 1805, du 5 juin 1806, du 5 février 1810, du 14 octobre 1811, enfin une partie du livre III du Code pénal; tous arrêts, lois et décrets dont divers articles sont encore en vigueur.

Le *maximum* des amendes pour les délits et les crimes de la presse non périodique est, dans le cas le plus grave, de dix mille francs, et dans le cas le moins grave, de cinq cents francs.

Le *maximum* de la prison pour les mêmes délits et crimes de la presse non périodique est de cinq ans pour le cas le plus grave, et d'un an pour le cas le moins grave.

La récidive entraîne l'application des articles 56, 57 et 58 du Code pénal, c'est-à-dire qu'il peut y avoir carcan, travaux forcés, et mort; que la peine peut être élevée au double, savoir : dix ans d'emprisonnement, suivis de cinq à dix années sous la surveillance de la police.

Le *maximum* de la prison et des amendes pour les délits et les crimes de la presse périodique est le même que pour les délits et les crimes de la presse non périodique; mais les amendes peuvent être élevées au double, et, en cas de récidive, au quadruple (quarante mille francs d'amende, vingt ans de prison), sans préjudice des peines de la récidive, prononcées par le Code pénal.

Si un libraire a été convaincu de contravention aux lois et règlements, il est loisible de lui retirer son brevet; c'est-à-dire que l'administration peut intervenir dans les jugements des tribunaux; qu'elle peut, autorité suprême, altérer l'arrêt de ces tribunaux, non comme la couronne, en faisant grâce, mais en aggravant la peine.

La contravention d'un libraire n'aura pas paru aux magistrats mériter une amende au-dessus de quelques centaines de francs, et l'administration ajoutera à cette amende la suppression du brevet; ce qui n'est rien moins que la ruine d'une famille entière. Je ne dirai pas, pour achever de caractériser ces rigueurs, qu'elles ont lieu malgré plusieurs arrêts des cours, qui ont déclaré que la loi de 1791 conservait sa force, et que la librairie n'était pas plus assujettie à exister par brevet que toute autre profession.

Les journaux politiques sont obligés de fournir un cautionnement de deux cent mille francs, sans préjudice de la solidarité des propriétaires ou actionnaires.

Un journal peut être suspendu par une première et par une seconde condamnation en tendance; après une troisième condamnation, il peut être supprimé.

Les Chambres, pendant les sessions, sont investies du pouvoir de se faire elles-mêmes justice de la presse périodique.

Dans l'intervalle des sessions, le ministère est maître d'établir la censure.

Enfin, la liberté de la presse périodique n'existe que par privilége, tout en faveur des ministres, puisque aucun nouveau journal ne saurait s'établir sans une autorisation du gouvernement.

Etes-vous satisfaits, messieurs, et trouvez-vous que nous manquions de lois répressives? J'ai négligé de mentionner, parmi toutes ces peines, celle que le chef de la magistrature a rappelée, et que prononce l'article 21 du Code pénal. Il y a dans cette Chambre plusieurs nobles pairs qui ont le malheur d'aimer les lettres, et le plus grand malheur de faire jouir quelquefois le public du fruit de leurs veilles. Si jamais ils tombaient dans quelques-unes de ces erreurs où nous entraîne la fragilité humaine; si l'on trouvait que leur dignité ne les place pas dans ce cas en dehors des tribunaux communs, je sollicite d'avance, pour eux et pour moi, l'indulgence de l'administration. Je désirerais que mon compagnon de chaînes fût au moins exempt de maladies contagieuses, et je suis bien vieux pour apprendre un métier.

Ici se présente l'imprudente accusation hasardée contre les tribunaux; ici se découvre la cause de cet esprit rancunier contre ces mêmes tribunaux, lequel domine dans le texte du nouveau projet de loi, projet qui tend à transporter à la police tout ce qu'il peut ôter à la justice.

Il y a des lois, dit-on; mais les tribunaux ne font point ou font très-peu usage de ces lois.

D'abord, quand vous entasseriez sans fin peines sur peines, est-il un moyen d'obliger le magistrat à appliquer ces peines, lorsque l'écrivain ne lui semblera pas coupable de ce dont il est accusé? A quoi donc vous servira la nouvelle loi?

Une réponse plus tranchante et plus nette encore peut être faite à l'accusation.

Les calculs que je vais mettre sous vos yeux ont été recueillis non sans quelques difficultés. Les sources de ces calculs, qui devraient être accessibles à tout le monde, ne le sont pas toujours; les jugements des tribunaux, qui pourraient être publiés aussitôt qu'ils sont rendus, ne paraissent quelquefois dans le *Moniteur* qu'assez longtemps après leur date. La presse a surtout été malheureuse sous ce rapport, et il est arrivé que ce qu'on aimerait le mieux à connaître est le plus difficile à trouver. Néanmoins, je crois pouvoir dire que si quelque erreur s'est glissée dans mes calculs, elle est peu considérable, et qu'elle n'altère en rien le fond de la vérité, résultat de ces calculs.

J'ai renfermé mes recherches dans les arrêts rendus par la cour royale de Paris dans l'espace de cinq années. Si l'on était curieux de connaître les jugements en première instance, un document irrécusable en fournirait le total approximatif.

M. le garde des sceaux a publié le compte général de la justice criminelle pour l'année 1825. On y remarque deux accusations pour délits littéraires dans les départements, et vingt-cinq devant le tribunal de police correctionnelle de la Seine. Si l'on en suppose un nombre égal chaque année depuis le commencement de l'année 1822, époque du rétablissement de la liberté de la presse, jusqu'à l'année 1827, vingt-sept actions en police correctionnelle, multipliées par cinq années, nous donneraient cent trente-cinq actions. Vous allez voir que je trouve quatre-vingt-trois procès portés devant la cour royale de Paris : il y aurait donc cent trente-cinq causes de plus pour les tribunaux correctionnels de toute la France à ajouter aux quatre-vingt-trois causes jugées par la cour royale de Paris.

Mais, dans ce cas, ma concession est infiniment trop large, puisque j'admettrais qu'il n'y a pas eu un seul appel à des juridictions supérieures, ce qui est tout l'opposé de la vérité ; compter à la fois les jugements en première instance et les jugements aux cours royales, c'est compter presque double. Il est singulier qu'on ait eu le temps de nous donner en 1827 pour 1825, les jugements du tribunal correctionnel de la Seine, et qu'on n'ait pas eu le temps de nous donner les jugements de la cour royale de Paris dans la même année 1825.

Qu'importe? nous aurons tout cela en temps utile, après le vote du projet de loi.

Je dis donc, messieurs, que depuis le 27 avril 1822 jusqu'au 6 mars 1827, quatre-vingt-trois causes pour délits de la presse ont été portées devant la cour royale de Paris. Sur ces quatre-vingt-trois causes, on trouve trois causes non jugées, onze acquittements, et soixante-neuf condamnations.

Peut-on soutenir que sur quatre-vingts causes jugées, lorsqu'il y a eu soixante-neuf condamnations, et seulement onze acquittements, peut-on soutenir que les tribunaux n'ont pas fait usage des lois, qu'ils ont manqué d'une salutaire sévérité?

Répondra-t-on que les peines prononcées ont été trop légères?

Mais voulez-vous donc substituer votre conscience à celle du juge? Voulez-vous qu'il voie absolument comme vous, qu'il pèse les délits au même poids que vous ; ou que ne trouvant pas ces délits aussi graves qu'ils vous le paraissent, il n'en applique pas moins des châtiments disproportionnés, selon lui, à l'offense? Est-ce comme cela que vous entendez la justice? D'ailleurs, messieurs, il y a ici nouvelle erreur.

Dans l'énumération des peines prononcées par la cour royale, en ne s'arrêtant qu'aux condamnations qui stipulent plus d'un mois d'emprisonnement, je note une condamnation à quarante jours de prison, onze à trois mois, une à quatre mois, sept à six mois, trois à neuf mois, deux à treize mois, et une à dix-huit mois.

Quant aux amendes, en négligeant celles au-dessous de cinq cents francs, j'en compte quatorze à cinq cents francs, sept à mille francs, cinq à deux mille francs, et deux à trois mille francs.

Il faut remarquer que l'amende est presque toujours unie à l'incarcération, de sorte que le châtiment est double. On n'est donc pas plus fondé à soutenir que les peines prononcées ont été trop légères, qu'on ne l'était à dire que les condamnations n'avaient pas été assez fréquentes. Il ne faut pas croire qu'une détention de trois mois à dix-huit mois, qu'une amende de cinq cents francs à trois mille francs ne soient pas des répressions très-graves en France. En Angleterre on a l'habitude des longues réclusions pour dettes, et les fortunes permettent de supporter de gros prélèvements pécuniaires : cinq cents francs sont plus pesants pour telle fortune française que mille livres sterling pour telle fortune anglaise. La mobilité et l'indépendance de notre caractère, jointes au souvenir des temps révolutionnaires, nous rendent la prison odieuse. Nos magistrats, dans la pondération de leurs sentences, ont donc montré une connaissance profonde de nos mœurs.

Ainsi, messieurs, disparaissent devant des calculs positifs les accusations vagues des ennemis de la presse. Les peines portées par les anciennes lois sont considérables, et les magistrats ont accompli leur devoir. Nous verrons plus loin la nature des délits compris dans ces causes littéraires portées dans l'espace de cinq années devant la cour royale de Paris, causes qui ont produit tant de condamnations.

A ceux qui désireraient des arrêts encore plus sévères, je dirai qu'il y a moyen d'obtenir ces jugements : c'est de mettre les magistrats à l'aise, en rendant la liberté complète à la presse. Si un nouveau journal n'avait pas besoin d'autorisation pour paraître, s'il était tenu seulement à remplir les conditions très-onéreuses de son existence, il est certain que les juges se pourraient montrer plus rigoureux. Mais quand ils voient l'opinion réduite à n'avoir pour organe à Paris que cinq ou six feuilles indépendantes, dont l'existence est sans cesse menacée, ils craignent d'aller au delà du but : placés entre la loi civile et la loi politique, si d'un côté leur sentence peut atteindre un délit particulier, de l'autre elle peut tuer une liberté publique ; entre deux dangers, on choisit le moindre.

Voyez, messieurs, s'il vous convient d'ajouter à tant de lois une loi qui consommerait la ruine de la presse non périodique, une loi dont la tendance secrète est d'amener les auteurs, les imprimeurs et les libraires, par corruption ou terreur, à ne plus rien publier.

Quant à la presse périodique, elle est évidemment l'objet principal de l'animadversion du projet de loi. Il est impossible qu'au moyen des conditions mises à la propriété, le pouvoir administratif n'arrive pas à s'emparer du peu de journaux qui restent libres. Il s'en emparera, soit en intervenant comme acheteur aux enchères consenties ou forcées, soit en produisant, à l'aide de mille chicanes cachées dans le projet de loi, la dissolution des sociétés de propriétaires. Et alors, comme on ne peut établir un nouveau journal sans une autorisation, il est évident que l'administration obtiendra le monopole complet de la presse périodique.

La censure, messieurs, est infiniment moins dangereuse que ce système-là. La censure est une mesure odieuse, mais transitoire, une mesure qui par son nom même annonce l'état de servitude dans lequel est plongée l'opinion : le bruit de la chaîne avertit de la présence de l'esclave. Mais où trouver le remède, lorsque le pouvoir deviendra à perpétuité possesseur légal des feuilles périodiques ; lorsqu'on pourra s'écrier que la presse est libre, au moment même où elle ne sera plus que la vassale d'un ministère ? Se représente-t-on bien ou la France muette, privée des organes libres qui lui restent, ou la police écrivant, sous différents noms, dans les *Débats* et la *Quotidienne*, dans le *Constitutionnel* et le *Courrier*, dans le *Journal du Commerce* et dans la *France chrétienne, politique et littéraire ?*

Que les amis du ministère actuel y songent sérieusement. Les ministres ne sont pas inamovibles : cette Chambre hospitalière doit être particulièrement convaincue de cette vérité. Aujourd'hui vous seriez charmés que la presse périodique fût entre les mains de quelques hommes favorables à vos opinions; demain, à l'arrivée d'un ministère dans d'autres principes, tels d'entre vous éprouveraient d'amers regrets d'avoir remis à l'autorité le monopole de la pensée.

Portons notre vue plus haut : ne peut-il pas se rencontrer dans l'avenir un ministère coupable, un ministère conspirateur contre le souverain légitime? Eh bien! en lui livrant d'avance tous les journaux, vous lui donneriez le moyen le plus actif de corrompre l'opinion, le moyen le plus prompt de se créer sur toute la surface de la France des adhérents et des complices. Vous seriez vous-mêmes complices d'avance des crimes qui pourraient être commis, des révolutions qui pourraient survenir. Dans ce sens, messieurs, la loi qu'on vous propose est une loi véritablement conspiratrice. Voilà pourtant où l'on se précipite, lorsqu'on n'écoute que l'irritation de l'amour-propre : il est difficile que l'équité et la prudence se rencontrent avec la colère.

Si l'on répliquait que le projet de loi a été fait pour les circonstances actuelles, que, si ce projet devient loi, un jour on pourra rapporter cette loi, je dirais que je ne vois rien dans les circonstances qui réclame cette mesure; qu'après treize années de restauration, on n'est plus admis à plaider le provisoire, et qu'enfin il n'y a jamais lieu à faire, même provisoirement, une mauvaise loi. Mais n'allons pas nous laisser leurrer au provisoire; ne croyons pas naïvement que des ministres quelconques, successeurs des présents ministres, trouvant une loi qui les rendrait seigneurs suzerains des journaux, fussent très-empressés de nous débarrasser de cette loi, ne croyons pas qu'ils eussent fort à cœur de rendre la liberté à la presse périodique pour se procurer la satisfaction de voir censurer leurs actes, et d'entendre la voix rude de la critique succéder à l'hymne sans fin de leurs bureaux. Ils n'auraient pas fait la loi, ils n'en auraient pas la honte : ils en auraient le profit. Par dévouement aux ministres présents, ne prostituons pas aux ministres futurs la première des libertés constitutionnelles. Les agents de l'autorité suprême, qui pourraient un jour nous ôter les chaînes que nous aurions nous-mêmes forgées, seraient des anges; or, on ne voit plus guère ici-bas que des hommes. S'il serait plus beau d'attendre son salut de la vertu, il est plus sûr de le placer dans la loi. Nous sommes avertis du péril : l'écueil est connu; rien de plus facile que de l'éviter : pourquoi donc accomplir volontairement le naufrage, dans l'espoir de nous sauver sur un débris?

Et quand vient-on nous demander un pareil sacrifice? Quand la loi sur la responsabilité des ministres n'est pas faite! Les ministres échappent aujourd'hui à toute responsabilité; il n'existe aucun moyen de les atteindre, excepté pour les faits grossiers de concussion et de trahison; ils peuvent à leur gré refuser toute espèce de renseignements aux pairs et aux députés, se débarrasser des amendements faits par les Chambres, en les inscrivant en dehors des projets de loi; ils peuvent fausser nos institutions, ensevelir dans leurs bureaux les pétitions de la France, et il faudrait leur livrer la liberté de la presse, seule garantie qui nous reste, seul supplément moral à la loi sur la responsabilité des ministres!

Quelque malheur inouï, soudain, imprévu, exige-t-il qu'on immole immédiatement cette liberté à la sûreté publique? Non, messieurs, la France est souffrante [1], mais paisible; elle attendait avec patience l'amélioration de son sort. Pour un impôt d'un milliard ponctuellement payé, elle se contentait du droit de faire entendre quelques plaintes, que d'ailleurs les ministres n'écoutaient pas, et qu'elle n'avait plus même la prétention de leur faire écouter; et voici qu'on veut punir jusqu'à ses inutiles paroles!

Voici que du sein de la plus profonde paix sort une loi de discorde et de destruction, une loi qui ressemble à ces lois nommées d'*urgence* dans nos temps de calamités, alors que les passions prenaient le prétexte des périls pour créer des malheurs.

Ce qu'il y avait à faire, nobles pairs, c'était de refondre dans une seule loi toutes nos lois relatives à la presse, d'établir dans cette loi unique la liberté pleine et entière; conformément à l'esprit et à la lettre de la Charte : plus de brevet obligé pour le libraire, plus d'autorisation nécessaire pour établir un journal, plus de poursuites en tendance, plus de censure facultative, plus de responsabilité générale de l'imprimeur, plus de gêne pour la propriété littéraire. Cette large base posée, élevez votre édifice : punissez avec la dernière sévérité les abus, les délits et les crimes qui pourraient être commis par la presse. Je ne reculerai devant aucune des conditions et des menaces de cette loi; je suis prêt à voter tout ce qui mettra à l'abri la légitimité et la monarchie, la religion et la morale, tout ce qui s'accordera d'une part avec la liberté, de l'autre avec la justice.

L'*immanis lex*, que j'ai demandée avec la liberté complète de la presse, je la demande encore; car je ne suis pas de ceux qui abandonneraient sans crainte la société sans défense à la licence des passions. Mais, si j'admets une loi forte pour les délits et les crimes susceptibles d'être commis par la voie de la presse, je ne veux pas une loi inique, *iniqua lex, injusta lex*; je repousse une loi qui détruit la liberté, en affectant de frapper le violateur de cette liberté; une loi bien moins dirigée contre l'écrivain coupable que contre les moyens dont il s'est servi pour le devenir; une loi qui ne cherche dans le délinquant que l'objet pour lequel il a délinqué; une loi qui poursuit non le crime, mais ce qui donne matière au crime, c'est-à-dire l'innocence elle-même, victime de l'attentat commis sur elle.

Je n'insiste pas davantage pour vous prouver, messieurs, ce fait avéré, que nous avons suffisance de lois répressives des abus de la liberté de la presse, et que les tribunaux ont fait un équitable et sévère usage de ces lois. Loin de manquer, elles surabondent : par elles il y a possibilité de ruine des écrivains, et longues années de prison; l'arbitraire, venant joindre sa tyrannie à la puissance du juge, peut à son gré imposer la censure, refuser l'autorisation pour établir un journal, et retirer à un libraire le brevet qui le fait vivre.

[1] L'ordonnance royale vient de guérir une de ses principales plaies.

Voilà l'inventaire de nos armes contre la liberté de penser et d'écrire : l'arsenal est assez plein.

Je passe à la seconde question que je me propose d'examiner.

Les crimes et les délits que l'on impute à l'usage de la presse et à la liberté de la presse ont-ils été commis par la presse, et sous le régime de la liberté de la presse?

Tout retentit de déclamations contre la presse : la presse a produit tous les forfaits de la révolution ; la presse a causé tous les malheurs de la monarchie, la presse a gangrené les esprits, corrompu les mœurs, ruiné la religion. Si on la laissait faire, elle nous replongerait dans le chaos dont nous sommes à peine sortis. Avant la liberté de la presse tout était paisible et heureux en France ; on n'entendait presque jamais parler d'un crime ; les autels étaient respectés, les familles présentaient le spectacle touchant de la fidélité conjugale : l'enfance, protégée par une éducation chrétienne, conservait toute sa pureté ; enfin, messieurs, voulez-vous connaître les maux qui vous travaillent, lisez ces monitoires avant-coureurs du projet de loi sur lequel vous délibérez, feuilletez ces *factum* intitulés *crimes de la presse*, et osez soutenir qu'il ne soit pas temps de conjurer un fléau.

Je descends dans l'arène historique, puisqu'on nous y veut bien appeler, je relève le gant que l'innocente oppression de la presse jette à la presse criminelle.

La monarchie française a commencé sous Clovis, comme chacun sait, vers l'an 486, en vous faisant grâce, messieurs, du règne de Pharamond, si Pharamond il y a, et de ses trois premiers successeurs.

Depuis la première année du règne de Clovis jusqu'à l'année 1438, qui vit, sous Charles VII, la découverte de l'imprimerie, posons neuf cent cinquante-deux ans.

De l'année 1438 à l'année 1789, sous le règne de Louis XVI, dans un espace de trois cent cinquante et un ans, la presse n'a jamais cessé d'être contenue ou par la terrible loi romaine, ou par les violents édits de nos rois, ou par la censure.

Le 27 août 1789 la presse devint libre pour la première fois en France ; elle perdit bientôt de fait, sinon de droit, cette liberté. Le 17 août 1792 amena l'établissement d'un premier tribunal criminel extra-légal, remplacé en 1793 par le tribunal révolutionnaire. Sous le Directoire, la presse retrouva pendant trois ans sa liberté, pour la perdre après dans une nouvelle proscription ; l'esclavage de la presse fut continué sous le consulat et sous l'empire.

Louis XVIII, en 1814, mit le principe de la liberté de la presse dans la Charte : divers ministères crurent devoir demander la censure. Celle-ci fut abolie en 1819, rétablie en 1820, prolongée jusqu'en 1822, et enfin levée à cette époque, bien qu'elle conserve dans la loi une existence facultative.

De compte fait, nous trouvons donc dans la monarchie neuf cent cinquante-deux années de temps barbares avant la découverte de l'imprimerie ; trois cent cinquante et une années depuis cette découverte, sous le régime varié de l'oppression ou de la censure de la presse ; trois années de liberté de cette presse, depuis le 27 août 1789 jusqu'au 17 août 1792 ; trois ans de cette même liberté sous le Directoire, jusqu'au 18 fructidor ; six ans sous la restauration :

somme totale, à peu près douze années de liberté de la presse dans une monarchie de près de quatorze siècles : sommes-nous déjà fatigués de cette liberté?

Cela posé, on est forcé de convenir que tous les crimes, que toutes les corruptions dont on accuse la liberté de la presse, ne sont point le fait de cette liberté. Rien n'est mortel aux déclamations comme les chiffres : de ces chiffres il résulte que la liberté de la presse est l'exception à la règle dans nos lois. Et quelle exception! une exception de douze années dans des institutions qui embrassent une période historique de quatorze cent trente et un ans!

Parcourons maintenant les époques. Lorsqu'en 1358 les paysans brûlaient les châteaux des gentilshommes, comme en 1789; lorsqu'ils faisaient rôtir ces gentilshommes et s'asseyaient à un festin de cannibales, en contraignant des épouses et des filles outragées à le partager avec eux, était-ce l'imprimerie, non encore découverte, qui avait endoctriné ces vassaux félons?

Lorsque, le 12 juillet 1418, le peuple de Paris donna dans les prisons la première représentation des 2, 4 et 6 septembre 1792; lorsque, obligeant les prisonniers de sortir un à un, il les massacrait à mesure qu'ils sortaient; lorsqu'il éventrait les femmes, pendait les grands seigneurs et les évêques, l'imprimerie était inconnue, l'esprit humain reposait encore dans une vertueuse ignorance.

Recueilli à sa naissance par la Sorbonne et ensuite par Louis XI, qui la mit apparemment dans une cage de fer, l'imprimerie était trop faible à la fin du seizième siècle et au commencement du dix-septième, pour être accusée de toutes les calamités advenues sous les règnes qui précédèrent ceux de la maison de Valois.

Les massacreurs de la Saint-Barthélemy voulaient-ils l'indépendance de l'opinion? Ce nommé Thomas, qui se vantait d'avoir tué de sa main quatre-vingts huguenots dans un seul jour; cet autre assassin qui, par son récit, épouvanta Charles IX lui-même; ce Coconnas qui racheta des mains du peuple trente huguenots pour les tuer à petits coups de poignard, après leur avoir fait abjurer leur foi, sous promesse de la vie, ces brigands de 1572 ne ressemblaient-ils pas assez bien aux septembriseurs de 1792? Je ne sache pas néanmoins qu'ils fussent grands partisans de la liberté de la presse.

Jacques Clément, Ravaillac, Damiens, avaient été régicides avant les régicides de 1793; et le parlement de Paris avait commencé à instruire le procès de Henri III avant que la Convention mît Louis XVI en jugement.

Eh! messieurs, les horreurs mêmes de la révolution ont-elles eu lieu en face de la liberté de la presse? La presse devenue libre en 1789, cessa de l'être le 17 août 1792; alors s'établit, je l'ai déjà dit, un tribunal prévôtal. Quelles furent les premières victimes immolées? des gens de lettres, défenseurs du monarque et de la monarchie. Durosoy, jugé à cinq heures du soir, et conduit au supplice à huit heures et demie, remit au président du tribunal un billet qui ne contenait que ces mots : *Un royaliste comme moi devait mourir un jour de Saint-Louis.* Il précéda son roi que tant d'autres devaient suivre : il eut la tête tranchée le 25 août 1792.

Les *écrivassiers,* les vils *folliculaires* que poursuit le présent projet de loi ne se découragèrent point; ils ne s'effrayèrent point de marcher dans un peu de sang sorti de leurs veines : tous les royalistes prirent la plume ; les journaux devinrent un périlleux champ de bataille ; l'intelligence humaine eu` ses grenadiers et ses gardes d'honneur, qui se faisaient tuer au pied du trône. Et que faisaient alors les prédicateurs de l'ignorance? Plusieurs se cachaient devant les échafauds, et quelques-uns jusque dans les crimes révolutionnaires, afin sans doute d'être plus à l'abri.

Au moment du procès de Louis XVI, les écrivains mêlèrent leur voix à celle des trois défenseurs de la grande victime ; mais elles étaient étouffées par la faction régicide. A cette faction seule était laissée la liberté entière de tout exprimer : la mort, qui présidait à ce tribunal de sang, retirait la parole à quiconque voulait défendre l'innocence et la vertu ; témoin ce grand citoyen, ce magistrat courageux, l'immortel Malesherbes.

Et vous, mon illustre collègue [1], vous qui avez l'insigne honneur d'être nommé dans l'Évangile de la royauté, j'en appelle à votre déposition : appuyé par la liberté complète de la presse, votre triomphe n'aurait-il pas été assuré? Si la France avait pu hautement se faire entendre, vous auriez brisé les fers du martyr, et nous pourrions aujourd'hui vous féliciter de votre gloire, sans répandre des larmes. Mais votre éloquence fut un baume inutile appliqué sur les blessures du juste ; votre auguste maître aurait pu dire de vous ce que le Christ dit à la femme charitable : *En répandant ce parfum sur mon corps, elle l'a fait en vue de ma sépulture* : Ad sepeliendum me fecit.

Un nouveau tribunal criminel extraordinaire avec jurés fut érigé le 10 mars 1793, et mis en activité le 27 du même mois ; le 29, on prononça la peine de mort contre ceux qui provoquaient le rétablissement de la royauté, c'est-à-dire contre les écrivains.

Le 17 septembre de la même année, vint le décret contre les suspects : la reine périt le 16 octobre. Le 28 du même mois, le tribunal criminel extraordinaire prit le nom fameux de tribunal révolutionnaire.

Le premier numéro du Bulletin de ces lois, où sera inscrite la loi actuelle, si vous l'adoptez, contient la loi qui réprima les abus de la liberté de la presse pendant le règne de la Terreur. Cette loi portait :

« Article 1ᵉʳ. Il y aura un tribunal révolutionnaire.

« Art. 4. Le tribunal révolutionnaire est institué pour punir les ennemis du « peuple.

« Art. 5. Les ennemis du peuple sont (suit la catégorie des ennemis du « peuple : on y trouve) ceux qui auront provoqué le rétablissement de la « royauté. . . . . ceux qui auront cherché à égarer l'opinion, « à altérer l'énergie et la pureté des principes révolutionnaires et républicains, « ou à en arrêter les progrès par *des écrits contre-révolutionnaires ou insidieux.*

« Art. 7. La peine portée contre tous les délits dont la connaissance appar- « tient au tribunal révolutionnaire est *la mort.*

« Art. 9. Tout citoyen a le droit de saisir et de conduire devant les magis- « trats les conspirateurs et les contre-révolutionnaires. »

---

[1] M. Desèze.

L'article 13 dispense de la preuve testimoniale, et l'article 16 prive de défenseur les *conspirateurs*.

Voilà, messieurs, de la haine contre la liberté de la presse sur une grande échelle. Couthon s'entendait à réprimer les abus de cette liberté. Au moins on ne soumettait pas les gens de lettres à une loi d'exception ; la justice et l'égalité de ces temps promenaient sur eux le niveau révolutionnaire : la mort était alors le droit commun français. Les écrivains frappés avec tous les gens d'honneur étaient attachés, en allant au supplice, non avec des galériens, mais avec Malesherbes, avec Madame Élisabeth. Pour comité de censure on avait le club des Jacobins ; pour gazette du matin, le procès-verbal des exécutions de la veille ; le bourreau était le seul journaliste quotidien qui fût en pleine possession de la liberté de la presse. On n'exigeait pas des autres écrivains le dépôt de leurs ouvrages, mais celui de leurs têtes : c'était plus logique ; car s'il est vrai que les morts ne reviennent pas, il est aussi certain qu'ils n'écrivent plus.

Cependant, messieurs, sous la Terreur on se plaignait aussi de la liberté de la presse ; on arrêtait les journaux à la poste comme rendant un compte infidèle des séances de la Convention. Thuriot assurait que *l'esprit public était corrompu par des écrits pernicieux ; il demandait que l'on empêchât la circulation de ces journaux qui infectaient tous les jours la France entière de leur poison :* ce sont ses propres paroles. Les rédacteurs du *Moniteur* se virent dans le plus grand péril pour avoir cité un discours prononcé à la société des Jacobins, et inséré dans le journal de cette horde. Le comité de salut public envoyait chercher les épreuves du *Moniteur* et effaçait apparemment les calomnies contre les crimes. Robespierre s'élevait contre la licence des écrits ; il donnait à entendre qu'il était impossible de gouverner avec la liberté de la presse ; il incriminait quelques numéros du *Vieux Cordelier*, journal de Camille Desmoulins ; il voulait qu'on le brûlât, et Camille Desmoulins lui disait fort bien que *brûler n'était pas répondre*.

Vous jugez facilement, messieurs, de l'état de la liberté de la presse en France à l'époque où le *Vieux Cordelier* passait pour le journal de l'opposition, pour le journal royaliste. Dans la solitude du Temple, lorsque le roi-orphelin était déjà appelé au ciel par son père, on n'entendait que le bruit de la machine de mort et les acclamations des furies révolutionnaires. Qui dans la France désolée chantait encore un *Domine, salvum fac regem* pour le royal enfant délaissé ? Quelques écrivains cachés au fond des forêts, des cavernes et des tombeaux.

Après la Terreur, la liberté de la presse reparut : son effet fut tel qu'on se crut au moment de voir rentrer le roi. Il fallut du canon et le génie de Buonaparte pour réduire la liberté de la presse. Celui qui devait remporter de plus nobles victoires foudroya les écrivains. A la tête d'une des sections de Paris, il rencontra un homme d'honneur et de talent armé pour les chefs de cette vieille monarchie dont il devait écrire l'histoire ; personnages illustres auxquels il est trop heureux d'avoir pu donner dernièrement un nouveau gage de sa fidélité[1],

[1] M. Ch. Lacretelle.

A cette même époque du 13 vendémiaire, un autre homme fut arrêté à Chartres et amené à Paris par des gendarmes, lesquels avaient ordre de l'attacher à la queue de leurs chevaux. L'enceinte où l'Académie tient aujourd'hui ses séances était alors une prison : on y renferma l'homme arrêté à Chartres. Les gendarmes venaient le prendre chaque matin; ils le conduisaient à une commission militaire. Au bout de cinq jours, on le condamna à être fusillé. De quel crime fut-il atteint et convaincu? D'avoir usé dans son journal de la liberté de la presse en faveur du roi légitime. Cet homme, aujourd'hui membre de l'Académie, a été frappé avec deux de ses confrères, frappé dans le lieu même qui fut jadis son cachot, frappé pour avoir réclamé une seconde fois cette liberté de la presse dont il avait fait un si loyal emploi [1]. Convenons, messieurs, que ce sont là de bizarres destinées, de singuliers rapprochements et d'utiles leçons.

Dispersés un moment par le canon du 13 vendémiaire, quand ce censeur eut fini de gronder, les amis de la liberté de la presse revinrent à la charge pour la famille exilée. Le Directoire proposa de les déporter en masse. Les propriétaires, entrepreneurs, directeurs, auteurs, rédacteurs et collaborateurs de cinquante-quatre journaux furent proscrits. Quelques orateurs voulurent les défendre dans le conseil des Cinq-Cents; ils firent observer que par le vague de la rédaction, les innocents couraient le danger d'être confondus avec les coupables; on cria : *Tant mieux!* Le représentant du peuple soutint que *les écrivains étaient des conspirateurs, que leur existence accusait la nature et compromettait l'espèce humaine; qu'ils corrompaient la morale publique, qu'ils flétrissaient les réputations les mieux méritées.* L'assemblée déclara que tous les journalistes étaient des *coquins*, et en répétant *aux voix! aux voix!* on proscrivit quatre-vingts citoyens en haine de la liberté de la presse et de la légitimité.

Et quels étaient ces vils folliculaires, ces méprisables journalistes? C'étaient les hommes les plus distingués par leurs talents, les Fontanes, les Suard, les Bertin, les Fiévée, les Michaud, les Royou, les Lacretelle, et tant d'autres. Ici, messieurs, une remarque importante doit être faite.

La liberté de la presse a commencé en France en 1789, précisément avec la révolution : de là il est arrivé que les premiers rédacteurs des premiers journaux libres n'ont été que des citoyens de tous les rangs, de toutes les conditions, de toutes les fortunes, qui s'emparèrent de cette nouvelle arme pour défendre, chacun selon son opinion, les intérêts de leur pays. Le noble et le plébéien, l'homme de cour et l'habitant de la ville, le prêtre et le laïque, le ministre et le député, le juge et le soldat, déposèrent leur pensée dans les feuilles périodiques. Au moment où les plus grandes questions étaient soulevées, au moment où l'ancien ordre de choses disparaissait, on ne s'occupa pas *théoriquement* de la liberté de la presse; on se hâta de la mettre en *pratique*; on n'usa pas de la liberté de la presse dans son intérêt propre, mais dans l'intérêt des existences personnelles en péril. Ainsi les journalistes politiques, à leur naissance, n'ont

---

[1] M. Michaud.

point été chez nous, comme partout ailleurs, de simples raconteurs de nouvelles. Voilà pourquoi il est si injuste d'oublier leur noble origine, de les insulter d'un ton superbe. Vous leur demandez des garanties de leurs principes, ils vous exhiberont les arrêts d'emprisonnement, d'exil, de déportation et de mort dont ils ont été frappés. Contesterez-vous la validité de leurs titres? N'accepterez-vous pas ces cautionnements qui sont bien à eux, et qu'ils n'ont pas empruntés!

Le consulat et l'usurpation impériale ne purent s'établir par la servitude de la presse; mais du moins Buonaparte donna la gloire pour censeur à la liberté : c'était l'esclavage, moins la honte.

Sous le poids de ces chaînes brillantes, les écrivains conservèrent seuls le souvenir des Bourbons : on était distrait et enivré dans les camps par la victoire : les gens de lettres, en fouillant dans les caveaux de Saint-Denis, en rappelant l'antique religion, réveillaient des regrets, faisaient naître des espérances; jamais race de rois n'a tant eu à se louer de la presse que la race de saint Louis. Je le dirai sans crainte d'être démenti, c'est principalement aux gens de lettres que nous sommes redevables du retour de la légitimité : ils la cachèrent dans le sanctuaire des muses aux jours de la persécution, comme les lévites conservèrent dans le temple la dernière goutte du sang de David. Leur fidélité et leur dévouement au malheur ne méritaient pas le projet de loi qui les menace.

Sur les treize années de la monarchie constitutionnelle, on compte sept années de censure : dans ces sept années se trouvent placés le retour de Buonaparte et cinq ou six conspirations. Nous n'avons, messieurs, été tranquilles, les conspirations n'ont cessé que depuis qu'on nous a rendu la liberté de la presse. Singulière inadvertance! on met sur le compte de la liberté de la presse, à peine établie depuis quelques années, tous les désordres, tous les malheurs qui appartiennent à des temps où la presse a été opprimée par la violence des édits, le joug de la censure, et la terreur de la révolution.

Si, m'abandonnant les crimes pour ainsi dire politiques, on se rabattait sur les crimes de l'ordre moral et civil, on n'aurait pas meilleur marché de l'histoire.

On nous épouvante de la monomanie cruelle d'une servante, et nous voyons, en 1555, un misérable, appartenant à une profession sacrée, se jeter, par amour du sang, sur une petite fille âgée de six ans et l'égorger! Aux empoisonnements tentés de nos jours j'opposerai ceux de la veuve Merle, en 1782; de Desrues, en 1776; de la Brinvilliers, en 1674; enfin du parfumeur de Catherine de Médicis, en 1572 : « Homme confit en toutes sortes de cruautés et de mes« chancetés, dit Pierre de L'Estoile, qui alloit aux prisons poignarder les hu« guenots, et ne vivoit que de meurtres, brigandages et empoisonnements. »

Le crime de Léger est un des plus affreux de notre époque, et un de ceux qui ont le plus prêté aux déclamations contre les effets *immoraux* de la presse: il se reproduit néanmoins plusieurs fois dans l'histoire de la monarchie absolue. On le retrouve sous le règne de Charles VII, dans le maréchal de Retz: ses débauches et ses cruautés sont trop connues. En 1610 fut roué et brûlé à Paris un scélérat, pour violences envers ses trois filles en bas âge : les détails du crime étaient si affreux, que le parlement condamna la procédure à être brûlée avec le criminel; *afin*, dit l'historien, *que ce faict tant enorme fust enseveli et esteint à jamais dans les cendres d'oubliance.* Enfin, en 1782, Blaise Ferage Seyé, maçon, âgé de vingt-deux ans, se retire dans un antre sur le sommet d'une des montagnes d'Aure. Vers le déclin du jour, il sortait de sa caverne, enlevait les femmes, poursuivait à coups de fusil celles qui fuyaient, et exerçait sur ces victimes expirantes toutes les fureurs de Léger. Il ne vivait plus de pain, il était devenu anthropophage. Il fut saisi par la justice, et rompu vif le 13 décembre 1782.

La plupart de ces criminels ne savaient ni lire ni écrire.

Mais voici quelque chose de plus concluant : M. le garde des sceaux a fait publier le compte général de l'administration de la justice criminelle en France pendant l'année 1825. Il résulte des tableaux synoptiques de ce compte que les cours d'assises ont jugé cinq mille six cent cinquante-trois accusations.

Eh bien ! messieurs, dans les plus beaux temps du règne de Louis XIV, en 1665, on trouve que douze mille plaintes pour crimes de toutes les espèces furent portées devant les commissaires royaux à ce qu'on appelait *les grands jours d'Auvergne,* c'est-à-dire qu'en 1665 on jugea, dans une seule province de la France, deux fois plus de crimes que l'on n'en a jugé en 1825 dans toute l'étendue de la France. L'historien qui raconte le fait des douze mille plaintes n'est pas suspect de philosophie, c'est Fléchier : il entre dans les détails. Il nous apprend que l'accusateur et les témoins se trouvaient quelquefois plus criminels que l'accusé. « Un de ces terribles châtelains, dit-il, entretenait dans des tours « à Pont du Château douze scélérats dévoués à toutes sortes de crimes, qu'il « appelait ses douze apôtres. » L'abbé Ducreux, éditeur des ouvrages de Fléchier, rapporte à cette occasion l'exécution d'un curé condamné pour des crimes affreux, et il déplore l'état où l'ignorance et la corruption des mœurs avaient fait tomber la société à cette époque : il y eut dans un seul jour plus de trente exécutions en effigie.

Trente-quatre ans plus tard, en 1699, toujours sous le règne du grand roi, une femme, appelée Tiquet, eut la tête tranchée pour tentative d'assassinat sur son mari. Louis XIV, sollicité par le mari même de cette femme, allait accorder des lettres de grâce, lorsque l'archevêque de Paris représenta au roi que les confesseurs avaient *les oreilles rebattues* de projets contre la vie des maris. L'arrêt fut exécuté.

Certes, on ne dira pas que la religion fût sans force, le clergé sans puissance, l'instruction chrétienne sans vigueur sous le règne de Louis XIV : et pourtant les forfaits que je viens de rappeler n'étaient ni prévenus par l'esprit d'un siècle que l'on nous cite comme modèle, ni fomentés par la liberté de la presse qui n'existait pas.

Il m'en a coûté, messieurs, de vous présenter ce triste inventaire des dépravations humaines. C'est bien malgré moi que j'en suis venu à ces affligeantes représailles ; mais tous les jours les détracteurs de nos institutions nous poursuivaient de leurs mensonges : le tableau des prétendus crimes de la presse, incessamment ravivé, fascinait la foule, troublait les esprits faibles, rendait perplexes les caractères les plus fermes. Il fallait en finir ; il fallait faire remonter le mal à sa source en confondant la mauvaise foi ; il était urgent de prouver que les forfaits attribués à la liberté de la presse, afin d'avoir un prétexte de l'étouffer, ne sont point d'elle; que ces forfaits se retrouvent avec plus d'abondance, avec des circonstances plus atroces aux diverses époques de la monarchie absolue. Ignorance et censure, reprenez vos crimes! En maxime de droit, les coupables ne sont reçus ni comme témoins, ni comme accusateurs.

Si l'on me disait que des attentats peuvent être commis sous la liberté de la presse, je ne suis pas assez absurde pour le contester. Mais est-ce la question? Il s'agit de savoir si l'asservissement de la presse prévient les actions coupables : or, c'est ce que je nie. Par les exemples que j'ai cités, j'ai le droit de soutenir que les crimes sont plus nombreux plus faciles à exécuter dans l'absence de la liberté de la presse qu'en présence de cette liberté.

Reste à examiner l'article des mœurs. J'en suis fâché pour les partisans du projet de loi, pour les admirateurs du bon vieux temps auquel ce projet ne manquera pas de nous ramener : les abominables jours de la liberté de la presse, ces jours où nous avons le malheur de vivre, vont encore gagner leur procès.

A quelle époque de la monarchie absolue veut-on que je me place? sous la première ou sous la seconde race? Ouvrirons-nous Grégoire de Tours, Frédégaire, Éginhart, les Annales de Fuldes ou les Chroniques des Normands? Nous y verrions de bien belles choses sur les bonnes mœurs de ces temps où l'invention de l'imprimerie n'était point encore sortie de l'enfer. Passerons-nous tout de suite aux Croisades? Les chevaliers, sans doute, étaient des héros ; mais étaient-ils des saints? qu'on lise les sermons de saint Bernard ; on verra ce qu'il reprochait à son siècle. Après le règne de saint Louis, nous ne rencontrons guère que des cours corrompues, le brigandage des guerres civiles se mêle à des dévotions déshonorées par tous les genres d'excès.

Il est affreux de le dire, mais il ne faut rien laisser d'inconnu sur ces temps dont on a le courage de regretter l'ignorance : la religion, messieurs, subissait les outrages de cette ignorance. C'était l'hostie sur les lèvres, c'était après avoir juré à la sainte table l'oubli de toute inimitié qu'on enfonçait le poignard dans le sein de celui avec lequel on venait de se réconcilier. On ne se servait de l'absolution du prêtre que pour commettre le crime avec innocence. La conscience retrouvait la paix dans le sacrilége, et Louis XI expirait sans remords, sinon sans terreur.

Isabelle de Bavière mourut en 1435, trois années seulement avant la découverte de l'imprimerie : apparemment que l'approche de ce fléau se fit sentir dans le règne de cette reine, à en juger par la dépravation des mœurs.

A la cour de ces ducs de Bourgogne, qu'un de nos nobles collègues [1] a peinte avec le charme des anciennes chroniques et la raison de l'histoire moderne, les grands seigneurs se *gaudissaient* à table dans des contes trop naïfs, qui sont devenus *les Cent Nouvelles nouvelles*. Qu'on ne dise pas que ces déviations morales n'avaient lieu que dans les cercles des grands : elles se faisaient remarquer partout. Les plaintes contre la dissolution des religieux et des prélats étaient générales. Le peuple se laissait emporter à des débordements effroyables : qui

[1] M. de Barante.

n'a entendu parler de la *vaudoisie* d'Arras? Les hommes et les femmes se retiraient la nuit dans les bois, où, après avoir trouvé un certain démon, ils se livraient pêle-mêle à une prostitution générale.

Les lois voulurent réprimer ces excès; elles furent atroces : elles punirent par une espèce de débauche de barbarie la débauche des mœurs.

Regretterons-nous ces temps où des populations entières étaient ainsi abruties? D'un côté l'ignorance des lettres humaines, de l'autre côté l'enseignement de la religion et l'exercice du pouvoir absolu, n'étaient-ils pas impuissants contre ces horreurs? Aujourd'hui de pareilles choses seraient-elles possibles? N'est-ce pas le progrès de la civilisation et des lumières, n'est-ce pas l'usage que les hommes ont fait de la faculté de penser et d'écrire, n'est-ce pas l'accroissement des libertés publiques qui a délivré le monde de ces prodigieuses corruptions?

Je ne m'imagine pas que le règne de François Ier fût précisément un règne de vertu, bien que ce grand roi eût eu l'intention, pendant quelques mois, de faire briser toutes les presses de son royaume. Rabelais et Brantôme ne manquent ni de saletés, ni d'impiétés : on brûlait cependant de leur temps les hérétiques. Il est probable que Charles IX n'eût pas permis qu'on volât la vaisselle d'argent de son hôte, le sieur de Nantouillet, chez lequel il avait dîné, si l'on avait joui d'un peu plus de liberté de la presse. Henri III, habillé en femme, un collier de perles au cou, ne fait pas beaucoup d'honneur aux mœurs de ces temps, où l'on défendait d'écrire *à peine de la hart*. Villequier tue sa femme parce qu'elle ne veut pas se prostituer à Henri III; Cimier tue son frère, chevalier de Malte, parce que ce frère avait entretenu un commerce criminel avec sa belle-sœur; Vermandet est décapité pour inceste; Dadon, régent de classe, est brûlé comme corrupteur de l'enfance; la duchesse de Guise se livre à un moine pour obtenir l'assassinat d'un roi; et Marguerite de Valois va cacher dans le château d'Usson les désordres de sa vie.

Le sentiment religieux n'était pas moins altéré que le sentiment moral. Ceux-ci, catholiques sincères, le chapelet à la main, s'enfonçaient dans tous les vices; ceux-là, abandonnés aux mêmes vices, tuaient les réformés sans être persuadés de la religion au nom de laquelle ils les persécutaient. Maugiron et Saint-Mégrin moururent le blasphème à la bouche. Les athées étaient fort communs. Il y avait des hommes, disent plaisamment les Mémoires du temps, *qui ne croyaient à Dieu que sous bénéfice d'inventaire*[1].

En nous rapprochant de notre siècle, serons-nous plus édifiés des mœurs de la Fronde? Le cardinal de Retz nous les a trop fait connaître.

Par respect, admiration et reconnaissance, jetons un voile sur certaine partie du règne de Louis le Grand.

Enfin, à l'abri de la censure, fleurirent dans toute leur innocence l'âge d'or de la régence et les jours purs qui l'ont suivie. Ces temps sont trop près de nous pour descendre à des particularités qui deviendraient des satires. Il suffira de noter quelques faits généraux à l'appui de la thèse que je soutiens.

A cette époque, messieurs, les diverses classes de la société se ressemblaient :

---

[1] Voyez, pour le complément de ce tableau, la préface de la deuxième édition.

les Mémoires de Lauzun et de Bezenval ne contiennent pas plus de turpitudes que les Mémoires de Grimm et de madame d'Épinay, que les Confessions de Rousseau et les Mémoires des secrétaires de Voltaire.

Par une dérision dont l'histoire offre plusieurs exemples, on ne croyait pas en Dieu, et l'on fulminait des arrêts contre l'impiété; les hommes les moins chastes prononçaient des châtiments contre les publications obscènes; les Édits de 1728 et de 1757 condamnaient au bannissement, aux galères, au pilori, à la marque, à la potence, les auteurs, imprimeurs et distributeurs des livres contre l'ordre religieux, moral et politique. Le gouvernement n'avait plus l'air d'être celui du peuple sur lequel il dominait. On remarquait, entre les lois et les mœurs, ces contradictions qui annoncent une altération radicale dans le fond des choses, et un prochain changement dans la société.

N'est-ce pas lorsque les colléges étaient gouvernés par des ecclésiastiques que se sont échappés de ces mêmes colléges les destructeurs du trône et de l'autel? Je n'accuse point la science et la piété de ces anciens maîtres, je désire que l'éducation soit fortement chrétienne; je ne fais point la guerre au passé, mais je défends le présent qu'on calomnie : je dis qu'on n'empêche point les générations d'être ce qu'elles doivent être; je dis qu'on n'est pas reçu à charger la liberté de la presse des désordres que l'on croit apercevoir aujourd'hui, lorsque le dix-huitième siècle avec son impiété et sa dépravation s'est écoulé sous la censure, s'est élancé, du sein même de l'enseignement religieux, dans le gouffre de la révolution.

Me dira-t-on que c'est précisément la licence des écrits qui a engendré les malheurs et la corruption du dernier siècle? Alors je demande à quoi bon les mesures que vous proposez, puisque le gibet, le carcan, les galères, le donjon de Vincennes, la Bastille, la censure et le pouvoir absolu n'ont pu arrêter l'essor de la pensée; puisqu'en condamnant au feu le chevalier de La Barre vous n'avez point épouvanté l'impiété? Essayez donc de la liberté de la presse, ne fût-ce que comme un remède, l'inefficacité de l'oppression pour étouffer l'indépendance de l'esprit de l'homme étant reconnue.

Cessons, messieurs, de flétrir le siècle qui commence : nos enfants valent mieux que nous. On s'écrie que la France est impie et corrompue, et quand on jette les yeux autour de soi, on n'aperçoit que des familles plus régulières dans leurs mœurs qu'elles ne l'ont jamais été; on ne voit que des temples où se presse une multitude attentive, qui écoute avec respect les instructions de son pasteur. Une jeunesse pleine de talent et de savoir, une jeunesse sérieuse, trop sérieuse peut-être, n'affiche ni l'irréligion ni la débauche. Son penchant l'entraîne aux études graves et à la recherche des choses positives. Les déclamations ne la touchent point; elle demande qu'on l'entretienne de la raison, comme l'ancienne jeunesse voulait qu'on lui parlât de plaisirs. On l'accuserait injustement de se nourrir d'ouvrages qu'elle méprise, ou qui sont si loin de ses idées qu'elle ne les comprend même plus. Il y a très-peu d'hommes de mon âge et au delà qui n'aient la mémoire souillée d'un poëme doublement coupable : vous ne trouveriez pas dix jeunes gens qui sussent aujourd'hui dix vers de ce poëme que nous savions tous par cœur au collége.

Que prétendez-vous donc? Vous vous créez des chimères, et, pour les combattre, vous imaginez de rétablir précisément la législation qui a produit les mauvais livres dont vous vous plaignez. Voulez-vous faire des impies et des hypocrites, montrez-vous fanatiques et intolérants. La morale n'admet point de lois somptuaires : ce n'est que par les bons exemples et par la charité que l'on peut diminuer le luxe des vices.

Mais observez, je vous prie, messieurs, que cette jeunesse, si tranquille maintenant avec la liberté de la presse, était tumultueuse au temps de la censure. Elle s'agitait sous les chaînes dont on chargeait la pensée. Par une réaction naturelle, plus on la refoulait vers l'arbitraire, plus elle devenait républicaine; elle nous poussait hors de la scène, nous autres générations vieillissantes, et dans son exaspération elle nous eût peut-être écrasés tous. Bannie du présent, étrangère au passé, elle se croyait permis de disposer de l'avenir : ne pouvant écrire, elle s'insurgeait; son instinct la portait à chercher à travers le péril quelque chose de grand, fait pour elle, et qui lui était inconnu : on ne la contenait qu'avec des gendarmes. Aujourd'hui, docile jusque dans l'exaltation de la douleur, si elle fait quelque résistance, ce n'est que pour accomplir un pieux devoir, que pour obtenir l'honneur de porter un cercueil : un regard, un signe l'arrête. Sous la menace d'une nouvelle loi de servitude, cette jeunesse donne un rare exemple de modération; à la voix d'un maître qu'elle aime, elle comprime ces sentiments que la candeur de l'âge ne sait ni repousser ni taire : plus de mille disciples (délicatesse toute française!) cachent dans leur admiration leur reconnaissance : ils remplacent par des applaudissements dus au plus beau talent ceux qu'ils brûlaient de prodiguer à la noblesse d'un sacrifice [1].

Je ne sépare point, messieurs, de ces éloges donnés à la jeunesse, les fils des guerriers renommés, des savants illustres, des administrateurs habiles, des grands citoyens, qui représentent au milieu de cette noble Chambre les différentes gloires de leurs pères. Instruits aux libertés publiques sans les avoir achetées par des malheurs, ils apprendront de vous, nobles pairs, l'art difficile de ces discussions où la connaissance de la matière se joint à la clarté des idées et à l'éloquence du langage; de ces discussions où toutes les convenances sont gardées, où les passions ne viennent jamais obscurcir les vérités, où l'on parle avec sincérité, où l'on écoute avec conscience. Pénétrés de la plus profonde reconnaissance pour la mémoire d'un roi magnanime qui voulut bien donner à leur sang une portion de souveraineté héréditaire, nos enfants seront prêts, comme nous, à verser pour nos princes légitimes la dernière goutte de ce sang: ils leur feront, s'il le faut, un sacrifice plus pénible : ils oseront signaler les erreurs échappées peut-être aux conseillers de la couronne, et par qui la France aurait à souffrir dans son repos, sa dignité ou son honneur. Ils se souviendront des belles paroles de l'ordonnance qui institue l'hérédité de la pairie · « Vou-
« lant donner à nos peuples, dit Louis XVIII, un nouveau gage du prix que
« nous mettons à fonder de la manière la plus stable les institutions sur les-
« quelles repose le gouvernement que nous leur avons donné, ET QUE NOUS
« REGARDONS COMME LE SEUL PROPRE A FAIRE LEUR BONHEUR. »

[1] M. Villemain.

Telles sont, messieurs, les générations qui vivent sous la liberté de la presse, et telles furent celles qui ont passé sous l'asservissement de la presse. C'est un fait incontestable que partout où la liberté de la presse s'est établie, elle a adouci et épuré les mœurs, en éclairant les esprits. Quand a cessé ce long massacre de rois, ces atroces guerres civiles qui ont désolé l'Angleterre? Quand la liberté de la presse a été fixée. Deux fois l'incrédulité a voulu se montrer dans la Grande-Bretagne sous la bannière de Toland et de Hume, deux fois la liberté de la presse l'a repoussée. Jetez les yeux sur le reste de l'Europe, vous reconnaîtrez que la corruption des mœurs est précisément en raison du plus ou moins d'entraves que les gouvernements mettent à l'expression de la pensée. Un écrivain qui consacre ses veilles à des travaux utiles vous a prouvé que jusque dans Paris les quartiers où il y a plus d'instruction sont ceux où il y a moins de désordre [1]. On vous a parlé de la multitude des mauvais livres : un de vos savants collègues, à la fois homme d'État et homme de lettres supérieur [2], a démontré, par des calculs sans réplique, que les ouvrages sur la religion, l'histoire et les sciences, c'est-à-dire tous les ouvrages sérieux, ont augmenté depuis les années de la liberté de la presse dans une proportion qui fait honneur à l'esprit public.

La véritable censure, messieurs, est celle que la liberté de la presse exerce sur les mœurs. Il y a des choses honteuses qu'on se permettrait avec le silence des journaux, et qu'on n'oserait hasarder sous la surveillance de la presse. Les grands scandales, les grands forfaits dont notre histoire est remplie dans les plus hauts rangs de la société, seraient aujourd'hui impossibles avec la liberté de la presse. N'est-ce donc rien qu'une liberté qui peut prévenir l'accomplissement d'un crime, ou qui force les chefs des empires à joindre la décence à leurs autres vertus?

Tel est, messieurs, le tableau complet des mœurs de ces siècles, où la presse et la liberté de la presse étaient ignorées. Écrasé par les faits, accablé par les preuves historiques, on est obligé de reconnaître que toutes les accusations contre la liberté de la presse n'ont pas le plus léger fondement; on reste convaincu qu'il faut chercher non dans des intérêts généraux, mais dans de misérables intérêts particuliers, la cause d'un déchaînement qui autrement serait inexplicable. Il est en effet facile d'établir les catégories des ennemis de la liberté de la presse, et c'est par là que je vais terminer cette seconde partie de mon discours.

Les ennemis (je ne dis pas les adversaires) de la liberté de la presse sont d'abord les hommes qui ont quelque chose à cacher dans leur vie, ensuite ceux qui désirent dérober au public leurs œuvres et leurs manœuvres, les hypocrites, les administrateurs incapables, les auteurs sifflés, les provinciaux dont on rit, les niais dont on se moque, les intrigants et les valets de toutes les espèces.

La foule des médiocrités est en révolte contre la liberté de la presse : comment, un sot ne sera pas en sûreté! Cette Charte est véritablement un fléau! Les petites tyrannies qui ne peuvent s'exercer à l'aise, les abus qui n'ont pas

---

[1] M. Dupin.
[2] M. Daru.

les coudées franches, les sociétés secrètes qui ne peuvent parler sans qu'on les entende, la police qui n'a plus rien à faire, jettent les hauts cris contre cette maudite liberté de la presse. Enfin, les censeurs en espérance s'indignent contre un ordre de choses qui les affame; ils battent des mains à un projet de loi qui leur promet des ouvrages à mettre au pilon, comme les entrepreneurs de funérailles se réjouissent à l'approche d'une grande mortalité.

Restent après tous ceux-ci quelques hommes extrêmement honorables que des préventions, des théories, peut-être le souvenir de quelques outrages non mérités, rendent antipathiques à la liberté de la presse. Je vous parlerai bientôt, messieurs, d'une classe d'hommes qui ne veut pas non plus de cette liberté, parce qu'elle ne veut pas de la monarchie constitutionnelle.

Mais, dira-t-on, vous ne nierez pas l'existence des petites biographies? Non! je rappellerai seulement à votre mémoire que ces espèces de pamphlets ont existé de tout temps. Si la monarchie avait pu être renversée par des chansons et des satires, il y a longtemps qu'elle n'existerait plus. Allons-nous rendre des arrêts contre la conspiration des épigrammes, et ajouter gravement au code criminel le titre *des bons mots et des quolibets?* Ce serait une grande misère que de voir l'irréligion dans un calembour, et la calomnie dans un logogriphe.

Chez nos pères, les *sirventes* n'étaient, messieurs, que des satires personnelles les plus amères. Qui ignore les écrits de la Ligue? La satire *Ménippée* est la biographie des députés aux états généraux de Paris de 1593. La Fronde eut ses *Mazarinades;* les épouvantables *Philippiques* furent noblement méprisées par le Régent.

Enfin n'avions-nous pas avant la révolution, sous la protection de la censure, ces noëls scandaleux, ces chansons calomnieuses, que répétait toute la France? N'avions-nous pas les gazettes à la main, cette *Gazette ecclésiastique* qui déjouait toutes les recherches de la police? N'avions-nous pas ces *Mémoires secrets de Bachaumont,* « amas d'absurdités, dit La Harpe, ramassées dans les ruis« seaux, où les plus honnêtes gens et les hommes les plus célèbres en tous « genres sont outragés et calomniés avec l'impudence et la grossièreté des beaux « esprits d'antichambre? »

N'est-ce pas là, messieurs, ces biographies dont on a voulu faire tant de bruit, et qui auraient été oubliées vingt-quatre heures après leur publication, si les tribunaux n'en avaient prolongé l'existence par leur justice?

De pareils libelles sont coupables: on les doit poursuivre avec rigueur; mais il ne faut pas confondre l'ordre politique et l'ordre civil, il ne faut pas détruire une liberté publique pour venger l'injure d'un particulier. Je pourrais, messieurs, déposer sur ce bureau cinq ou six gros volumes imprimés contre moi, sans compter autant de volumes d'articles de journaux. Viendrai-je, moi chétif, pour l'amour de ma petite personne, vous demander en larmoyant la proscription de la première de nos libertés? On m'aura dit que je suis un méchant écrivain, et que j'étais un mauvais ministre : si cela est vrai, quel droit aurais-je de me plaindre? Le public est-il obligé de partager la bonne opinion que je puis avoir de moi? Arrière ces susceptibilités d'amour-propre! fi de toutes ces vanités! Autrement, tous les personnages de Molière viendraient nous

SHAKESPEARE

présenter des pétitions contre la liberté de la presse, depuis Trissotin jusqu'à Pourceaugnac, depuis le bon M. Tartufe jusqu'au pauvre Georges Dandin.

Messieurs, vous n'êtes point des guérisseurs d'amour-propre en souffrance, des emmaillotteurs de vanités blessées, des Pères de la Merci, des Frères de la Miséricorde ; vous êtes des législateurs. Pour quelques plaintes d'une gloriole choquée, pour quelques intérêts de coterie, vous ne sacrifierez point les droits de l'intelligence humaine ; pour venger quelques hommes attaqués dans de méprisables biographies, vous ne violerez pas la Charte, vous ne briserez pas le grand ressort du gouvernement représentatif.

Ce n'est jamais au profit de la société tout entière qu'on nous présente des lois, c'est toujours au profit de quelques individus. On nous parle toujours des intérêts de la religion et du trône ; et quand on va au fond de la question, on trouve toujours que la religion et le trône n'y sont pour rien.

Messieurs, quand nos arrière-neveux compteront quatorze cents ans de lumières et de liberté de la presse avec douze années de censure, comme nous comptons aujourd'hui quatorze siècles d'ignorance et de censure, avec deux années de liberté de la presse, le procès se pourra juger. En attendant, il est bon d'essayer si, avec la liberté de la presse, nos enfants pourront éviter la Jacquerie, les meurtres des Armagnacs et des Bourguignons, les massacres de la Saint-Barthélemy, les assassinats de Henri III, de Henri IV et de Louis XV, la corruption de la régence et du siècle qui l'a suivie, enfin les crimes révolutionnaires, crimes qui auraient été prévenus ou arrêtés si les écrivains n'eussent été condamnés à l'échafaud, ou déportés à la Guiane.

Je n'aurais jamais osé, messieurs, entrer dans d'aussi longs développements, si je n'avais espéré de vous en abréger un peu l'ennui par l'intérêt historique. Il est plus que temps d'en venir aux autres vérités importantes dont j'ai réservé la démonstration pour la troisième partie de ce discours.

Les vérités dont je me propose maintenant, messieurs, de vous entretenir, sont celles-ci :

La religion n'est point intéressée au projet de loi ; elle n'y trouve aucun secours. L'esprit du christianisme et le caractère de l'Église gallicane sont en opposition directe avec la loi.

J'entre avec une sorte de regret dans l'examen d'un sujet religieux. Nous autres hommes du siècle, nous pouvons faire tort à une cause sainte en la mêlant à nos discours : trop souvent les faiblesses de notre vie exposent à la risée la force de nos doctrines.

Mais les circonstances me ramènent malgré moi sur un champ de bataille où j'ai jadis combattu presque seul au milieu des ruines : les ennemis de la liberté de la presse proclament des périls, et, se portant défenseurs officieux des intérêts de l'autel, ils sollicitent des lois qu'ils disent nécessaires : nobles pairs, vous prononcerez entre nous.

Quelle est la position de la religion relativement à l'esprit public et relativement aux lois existantes ? Examinons.

La presse a pu nuire à la religion de deux manières : ou par l'impression d'ouvrages nouveaux, ou par la réimpression d'anciens ouvrages.

Quant aux ouvrages nouveaux l'enquête sera bientôt terminée : depuis l'établissement de la liberté de la presse, il n'a pas été publié un seul livre contre les principes essentiels de la religion. Fut-il jamais de réponse plus péremptoire à des accusations plus hasardées?

Quant aux réimpressions des anciens livres, le projet de loi les prévient-il? Non. Les lois existantes suffisaient-elles pour punir ces réimpressions! Oui.

Une jurisprudence très-sage s'est établie sur ce point; des condamnations ont été prononcées contre de vieilles impiétés reproduites, comme si ces impiétés en étaient à leur première édition. Le projet de loi que nous discutons ne stipule rien de plus : il n'ajoute par conséquent rien à la législation actuelle.

On se plaint de la réimpression des mauvais livres, et l'on ne fait pas attention que ces livres ont tous été écrits sous le régime de la censure. Et c'est par la censure, plus ou moins déguisée, que l'on veut prévenir ce que la censure n'a pu arrêter !

Que peuvent, au surplus, toutes les mesures répressives, tous les règlements de la police contre la circulation des anciens ouvrages? Les bibliothèques sont saturées, les magasins de librairie encombrés de Rousseau et de Voltaire, le royaume en est fourni pour plus d'un demi-siècle, et, au défaut de la France, la Belgique ne vous en laisserait pas chômer. Le projet de loi n'aura d'autre effet que d'élever la valeur de ces ouvrages. Il est si bien calculé, qu'en appauvrissant les libraires par les bons livres, il les enrichirait par les mauvais : l'esprit en est odieux, les résultats en seraient absurdes.

On ne cesse de nous citer des ouvrages dangereux, tirés à des milliers d'exemplaires, formant des millions de feuilles d'impression. Mais d'abord tous ces ouvrages se sont-ils vendus ? Ils ont ruiné la plupart des éditeurs. Si une colère puérile contre la presse n'était venue réveiller la cupidité des marchands, tout demeurait enseveli dans la poussière. Parcourez les provinces : vous aurez de la peine à trouver quelques exemplaires de ces écrits, dont on prétend que la France est inondée.

Et parmi ces milliers de mauvais livres, tout est-il mauvais? Dans les œuvres complètes de Voltaire, par exemple, quand vous aurez retranché une douzaine de volumes, et c'est beaucoup, le reste ne pourrait-il pas être mis entre les mains de tout le monde?

Enfin, ces milliers de mauvais livres n'ont-ils pas leur contre-poids dans des milliers de bons livres? Nos temps ont vu imprimer les œuvres complètes des Bossuet, des Fénelon, des Massillon, des Bourdaloue, qui n'avaient jamais été totalement recueillies. Mais venons encore aux chiffres.

Dans les tableaux présentés par un noble pair dont j'ai déjà cité la puissante autorité, vous trouverez que depuis le 1er novembre 1811 jusqu'au 31 décembre 1825, la librairie française a publié en textes sacrés, traductions, commentaires, liturgie, livres de prières, catéchisme mystique, ascétique, etc., cent cinquante-neuf millions cinq cent quatre-vingt six mille six cent quarante-deux feuilles imprimées.

Les nombres compris sous les années de liberté de la presse, c'est-à-dire depuis 1822 jusqu'à 1825, ont été toujours croissant, de manière qu'en 1821 vous trouverez sept millions neuf cent quatre-vingt-dix-huit mille huit cent cinquante-sept feuilles; en 1822 neuf millions vingt et un mille huit cent cinquante-deux; en 1823, dix millions trois cent soixante et un mille deux cent quatre-vingt-dix-sept; en 1824, dix millions, neuf cent soixante-seize mille cent soixante dix-neuf; et en 1825, treize millions deux cent trente-huit mille six cent vingt feuilles. Est-ce là, messieurs, un siècle impie? et la liberté de la presse a-t-elle arrêté le mouvement de l'esprit religieux? Passons à d'autres calculs.

Depuis le 27 avril 1822 jusqu'au 6 mars 1827, quatre-vingt-trois causes pour délits de la presse, comme je l'ai déjà dit, ont été portées devant la cour royale de Paris; de ces quatre-vingt-trois causes il faut retrancher treize acquittements et trois causes non jugées; ce qui réduit le tout à soixante-sept délits réels, lesquels ont amené soixante-sept condamnations. Si l'on contestait l'exactitude rigoureuse de ce chiffre, deux ou trois causes de plus ou de moins ne font rien à l'affaire. Divisez maintenant ces soixante-sept condamnations par les années où elles ont eu lieu, c'est-à-dire par cinq, depuis le mois d'avril 1822 jusqu'au mois de mars 1827, vous trouverez à peu près quatorze délits par année. Ce résultat vous force d'abord à convenir que les délits littéraires se réduisent à bien peu de chose; que ces désordres sont bien peu nombreux, comparés aux autres désordres réprimés par les tribunaux.

Par exemple, dans le compte général déjà cité de l'administration de la justice criminelle pendant l'année 1825 on trouve que les cours d'assises ont jugé cinq mille six cent cinquante-trois accusations; sous le titre de diffamations et injures, on remarque trois mille cent quarante prévenus, et le travail de M. le ministre de la justice ne donne pour toute la France, dans cette année 1825, que vingt-sept délits de la presse, deux dans les départements, vingt-cinq à Paris. Ainsi, sur trois mille cent quarante prévenus de diffamations et injures commises par toutes sortes de voies, vingt-sept délinquants seulement ce sont servis du moyen de la presse, en supposant encore que les vingt-sept causes relatives à la presse fussent toutes des causes de diffamations et d'injures. Or, comme en 1825, d'après les calculs de M. le comte Daru, on a tiré douze millions huit cent dix mille quatre cent quatre-vingt-trois feuilles d'ouvrages, et vingt et un millions six cent soixante mille feuilles de journaux, il en résulte qu'il n'y a eu que vingt-sept délits produits par cent quarante neuf millions six cent soixante-dix mille quatre cent quatre-vingt-trois feuilles d'impression.

Maintenant si vous remarquez que sur une population de trente millions cinq cent quatre mille âmes il y a eu, en 1825, quatre mille cinq cent quatre-vingt-quatorze sentenciés par les cours d'assises, cela fait un coupable sur à peu près six mille individus, tandis que les vingt-sept publications répréhensibles, sur les cent quarante-neuf millions six cent soixante-dix mille quatre cent quatre-vingt-trois feuilles imprimées dans l'année 1825, n'arrivent qu'à la proportion d'environ un écrit condamné sur cinq cents millions cinq cent quarante-trois mille trois cent cinquante et une feuilles publiées.

Quand vous ajouteriez la répression des contraventions et délits par les tribunaux correctionnels et les tribunaux de simple police, vous multiplieriez le nombre des repris de justice pour toutes sortes de faits, sans augmenter celui des accusés pour délits de la presse; mon argument n'en serait que plus concluant.

Dans ce peu de délits commis par la presse en général, cherchons à présent la part de la religion. Sur soixante-neuf condamnations pour affaires de la presse, à la cour royale de Paris, dans les cinq dernières années, treize seulement sont relatives à des outrages envers la religion et ses ministres. Il est essentiel d'observer que pas une seule de ces condamnations n'a été prononcée en récidive.

Treize divisés par cinq ne donnent pas un quotient de trois condamnations pour délits religieux, et voilà néanmoins ce qu'on appelle un débordement d'impiété!

Les adversaires de la liberté de la presse en seraient-ils réduits, pour justifier leur système, à désirer que les preuves judiciaires d'une impiété prétendue fussent plus multipliées? Quels seraient les meilleurs chrétiens, de ceux qui se réjouiraient de trouver si peu de coupables, ou de ceux qui s'affligeraient de rencontrer tant d'innocents? Quand l'orgueil de l'homme est soulevé, il devient impitoyable: s'il a placé son triomphe dans la supposition de la dépravation des mœurs, il ne voudra pas en avoir le démenti; on l'a vu quelquefois, lorsqu'il y avait disette de mauvaises actions, inventer des prévaricateurs avec des lois, en donnant le nom de crime à la vertu.

Ainsi, messieurs, depuis l'établissement de la liberté de la presse, pas un seul nouveau livre n'a été écrit contre les principes fondamentaux de notre foi; ainsi, depuis le règne de cette liberté, les ouvrages pieux se sont multipliés à l'infini; ainsi la cour royale de Paris n'a eu à juger par an que trois délits peu graves en matière religieuse; elle n'a fait grâce à aucun, et elle les a sévèrement punis.

Les faits rétablis, la position de la religion reconnue, voyons, puisque cette religion n'a réellement à se plaindre ni de l'esprit public, ni de la faiblesse des anciennes lois, ni de la justice des tribunaux, voyons si elle a à se louer du nouveau projet de loi.

Je demande d'abord si ce projet peut être approuvé par la morale chrétienne. Ne favorise-t-il pas la fraude? Ne détruit-il pas des engagements contractés sous l'empire d'une autre loi, sous la garantie des autorités compétentes, sous la sauvegarde de la bonne foi publique? N'envahit-il pas la propriété, en imposant à cette propriété des conditions autres que celles qui furent d'abord prescrites? L'effet de ce projet n'est-il pas rétroactif? Dans ce cas, le premier principe de la justice n'est-il pas ouvertement méconnu? Que ce projet, s'il doit devenir loi, s'applique à la propriété littéraire à naître, au moins la probité naturelle n'en sera pas blessée; mais qu'il soit exécutoire pour la propriété littéraire déjà existante en vertu d'autres lois, c'est renverser les fondements du droit, c'est violer patemment l'article 9 de la Charte qui dit : *Toutes les propriétés sont inviolables sans aucune exception.*

Si un homme se présentait au tribunal de la pénitence, en manifestant ce penchant au dol et à la fraude que l'on trouve dans les articles du projet, la main qui lie et délie se lèverait-elle pour l'absoudre? Je crois trop aux vertus de nos prêtres pour penser jamais qu'ils puissent approuver dans le sanctuaire des lois humaines ce qu'ils repousseraient au tribunal des lois divines.

Cette loi, d'ailleurs, atteint-elle le but auquel le clergé pouvait aspirer? Met-elle à l'abri la religion, cette loi où le mot de *religion* n'est pas même prononcé? Attaque-t-elle l'impiété dans sa source? Ose-t-elle dire franchement que telle chose est défendue, cette loi de ruse et d'astuce, qui n'ose être forte parce qu'elle se sent injuste? Que prévient-elle, qu'empêche-t-elle? Rien. Elle ne tue, elle n'immole que la liberté de la presse, et ne met aucun frein à la licence.

Et depuis quand le clergé serait-il l'ennemi des libertés publiques? N'est-ce pas au sein de ces libertés, souvent par lui protégées, qu'il a jadis trouvé son pouvoir? Si dans cette noble Chambre, on voyait de respectables prélats élever la voix contre une loi antisociale; s'ils la repoussaient en vertu du même principe qui détermina leurs prédécesseurs à sauver les lettres et les arts du naufrage de la barbarie, on ne saurait dire à quel degré de force et de vénération le clergé parviendrait en France : toutes les calomnies tomberaient. Eh! qu'y aurait-il de plus beau que la parole de Dieu réclamant la liberté de la parole humaine?

Il existe, messieurs, un monument précieux de la raison de la France ; ce sont les cahiers des députés des trois ordres aux états généraux, en 1789. Ces cahiers forment un recueil de soixante-six volumes in-folio, dont l'impression serait bien à désirer pour l'honneur de notre pays. Là se trouvent consignés, avec une connaissance profonde des choses, tous les besoins de la France; de sorte que, si l'on avait exactement suivi les instructions des cahiers, on aurait obtenu ce que nous avons acquis par la révolution, moins les crimes révolutionnaires.

Le clergé se distingue principalement par ses institutions : celles qui ont pour objet la législation criminelle, civile, administrative, sont des chefs-d'œuvre. Il provoque l'établissement des états provinciaux ; il désire la réintégration des villes et des communes dans le droit de choisir librement leurs préposés municipaux; il sollicite la création des justices de paix, l'abolition des tribunaux d'exception, et l'amélioration du régime des prisons, « afin, dit-il, « que ces prisons ne soient plus un séjour d'horreur et d'infection. »

En grande politique, le clergé ne montre pas moins d'élévation et de génie : ce fut lui qui pressa la convocation des états généraux de 1789. Le clergé de Reims, l'archevêque à sa tête, demanda un code national contenant les lois fondamentales, le retour périodique des états généraux, le vote libre de l'impôt, la liberté de chaque citoyen, l'inviolabilité de la propriété, la responsabilité des ministres, la faculté, pour tous les citoyens, de parvenir aux emplois, la rédaction d'un nouveau code civil et militaire, l'uniformité des poids et mesures, et enfin une loi contre la traite des nègres. Les autres cahiers du clergé sont plus ou moins conformes à ces sentiments.

Dans la question de la liberté de la presse, la noblesse et le tiers état sont unanimes; ils réclament cette liberté avec des lois restrictives. Quant au clergé, il expose d'abord les dangers de la licence des écrits; puis, venant à la question de fait, sur cent soixante-quinze sénéchaussées, duchés, bailliages, villes, provinces, vicomtés, principautés, prévôtés, diocèses et évêchés, formant deux cent quarante-quatre réunions ecclésiastiques, cent trente-quatre se déclarent pour la liberté entière de la presse, une centaine signale les abus qu'on peut faire de cette liberté sans indiquer de moyens précis de répression, et quelques-unes demandent la censure. Il est utile d'entendre le clergé s'exprimer lui-même sur cette matière.

Le clergé du bailliage de Villiers la Montagne dit : « Que la liberté indé-
« finie de la presse soit autorisée, à la charge par l'imprimeur d'apposer son nom
« à tous les ouvrages qu'il imprimera. »

Le clergé du bailliage principal de Dijon dit : « Le droit de tout citoyen
« est de conserver le libre exercice de sa pensée, de sorte que tout écrit puisse
« être librement publié par la voie de l'impression, en exceptant néanmoins
« tout ce qui pourrait troubler l'ordre public dans tous ses rapports, et en ob-
« servant les formalités qui seront jugées nécessaires pour assurer la punition
« d'un délit en pareil cas. »

Le clergé de la province d'Angoumois dit : « L'ordre du clergé ne s'oppose
« pas à la liberté de la presse, pourvu qu'elle soit modifiée, que les écrits ne
« soient point anonymes, et qu'on interdise l'impression des livres obscènes et
« contraires au dogme de la foi et aux principes du gouvernement. »

Le clergé du bailliage d'Autun dit : « La liberté d'écrire ne peut différer de
« celle de parler; elle aura donc les mêmes étendues et les mêmes limites;
« elle sera donc assurée, hors les cas où la religion, les mœurs et les droits
« d'autrui seraient blessés; surtout elle sera entière dans la discussion des af-
« faires publiques; car les affaires publiques sont les affaires de chacun. »

Le clergé de Paris *intra muros* demande aussi la liberté de la presse avec des lois répressives. La sénéchaussée de Rodez fait la même demande. Le clergé de Melun et de Moret prononce ces paroles mémorables : « La liberté
« morale et des facultés intellectuelles étant encore plus précieuse à l'homme
« que celle du corps et des facultés physiques, il sera libre de faire imprimer
« et publier tout ouvrage, sans avoir besoin préalablement de censure et de
« permission quelconques; mais les peines les plus sévères seront portées
« contre ceux qui écriraient contre la religion, les mœurs, la personne du
« roi, la paix publique, et contre tout particulier. Le nom de l'auteur et de
« l'imprimeur se trouvera en tête du livre. »

Ceux qui s'opposent aujourd'hui avec le plus de vivacité au projet de loi du ministère, parlent-ils de la liberté dans des termes plus forts, plus expli-cites que ceux du clergé en 1789? Cependant, à l'époque où le clergé mon-trait tant d'indépendance et de générosité, n'avait-il pas été insulté, calomnié, pendant cinquante ans, par les encyclopédistes! N'avait-il pas été accablé des plaisanteries de Voltaire, au point qu'on n'osait plus paraître religieux, de peur de paraître ridicule? Qui, plus que les prêtres, avait le droit de s'élever alors contre la presse, de se plaindre de l'ingratitude de ces lettres dont ils avaient été les nourriciers et les protecteurs? Hé bien! que fait le clergé? il se venge; et comment? en demandant la liberté de la presse, en opposant cette liberté à la licence ! Il ne craint rien pour les vérités religieuses, parce qu'elles sont impérissables ; il ne craint point une lutte publique entre la religion et l'impiété. Quant aux membres du sacerdoce, il semble leur dire : « Défendez-vous par votre vertu ; les imputations de vos ennemis se détruiront d'elles-mêmes si elles sont fausses ; si elles sont véritables, il n'est pas bon que tout un peuple soit privé de la plus précieuse de ses libertés pour dissimuler vos fautes et pour cacher vos erreurs. »

Et l'on voudrait nous dire aujourd'hui que le clergé demande l'anéantissement de cette liberté, lorsque les écrits dont il avait tant à gémir en 1789 ont perdu leur vogue et leur puissance, lorsque l'impiété n'est plus de mode, lorsque tout le monde sent la nécessité d'une religion aussi tolérante dans sa morale qu'elle est sublime dans ses dogmes, lorsqu'un siècle sérieux a succédé à un siècle frivole ! Le clergé actuel, sous la sauvegarde des persécutions qu'il a éprouvées, se croirait-il plus vulnérable aux coups de la liberté de la presse que dans les temps où il demandait cette liberté, que dans les temps où sa prospérité et ses richesses le rendaient un objet de convoitise et d'envie? Rajeunie par l'adversité, l'Église a retrouvé sa force en touchant le sein de sa mère. Les livres ont pu quelque chose contre des dignitaires ecclésiastiques possesseurs d'immenses revenus; ils ne peuvent rien contre des vicaires à deux cent cinquante francs de salaire, contre des hommes nus qui, pour toute réponse aux insultes, peuvent montrer les cicatrices de leur martyre.

Le christianisme, messieurs, est au-dessus de la calomnie ; il ne cherche point l'obscurité ; il n'a pas besoin de pactiser avec l'ignorance. Craindre pour lui la liberté de la presse, c'est lui faire injure, c'est n'avoir aucune idée juste de sa grandeur, c'est méconnaître sa divine puissance. Il a civilisé la terre, il a détruit l'esclavage ; il ne prétend point faire rétrograder aujourd'hui la société ; il ne tombe point dans une contradiction si déplorable. Notre religion a été fondée et défendue par le libre exercice de la pensée et de la parole. Quand les apôtres envoyaient aux gentils leurs épîtres, n'usaient-ils pas de la liberté d'écrire contre le culte romain, et en violant même la loi romaine? Paul ne fut-il pas traduit au tribunal de Félix et de Festus pour rendre compte de ses discours? Festus ne s'écria-t-il pas : « Vous êtes un insensé, Paul ! votre grand savoir vous met hors de sens. »

Dans les fastes de la société chrétienne, c'est là le premier jugement rendu contre la liberté de la pensée; Paul était insensé parce qu'il annonçait à Athènes le Dieu inconnu, parce qu'il prêchait contre ces hommes *qui retiennent la vérité de Dieu dans l'injustice*. Les Actes des martyrs ne sont que le recueil des procès intentés au ciel par la terre, le catalogue des condamnations prononcées contre la liberté de la pensée et de la conscience.

Plus tard le christianisme brilla au sein des académies de l'antiquité : ce fut par ses ouvrages qu'il vainquit les sophismes dans les écoles d'Alexandrie, d'Antioche et d'Athènes. L'Église a dû ses victoires autant à la plume de ses docteurs qu'à la palme de ses martyrs. La religion, obéissant à l'ordre du maître, *docete omnes gentes ;* la religion, qui a fondé presque tous les collèges, les universités et les bibliothèques de l'Europe, repousse naturellement des lois qui renverseraient son ouvrage. Rome chrétienne, qui recueillit les savants fugitifs, qui acheta au poids de l'or les manuscrits des anciens, ne demande pas la proscription de la pensée.

Le christianisme est la raison universelle : il s'est accru avec les lumières ; il continuera à verser aux générations futures des vérités intarissables. De tout ce qui a existé dans l'ancienne société, lui seul n'a point péri ; il n'a aucun intérêt à ressusciter ce qui n'est plus ; sa vie est l'espérance ; ses mœurs ne sont ni d'un siècle ni d'un autre ; elles sont de tous les siècles. Il parle toutes les langues ; il est simple avec les peuples sauvages ; il est savant et éclairé avec les peuples policés ; il a converti le pâtre armé de la Scythie, et couronné le Tasse au Capitole. Il marche en portant deux livres, l'un, qui nous raconte notre origine immortelle ; l'autre, qui nous révèle nos fins également immortelles. Il sait tout, il comprend tout ; il se soumet à toutes les autorités établies. Il n'appartient de préférence à aucune politique, parce qu'il est pour toutes les sociétés : républicain en Amérique, monarchique en France, ne ranime-t-il pas aujourd'hui même la poussière de Sparte et d'Athènes ? Il a soufflé sur des ossements arides : d'illustres morts se sont levés. Ce serait au nom de la religion que l'on prétendrait opprimer la France au moment où cette religion brise avec sa croix les chaînes des églises de saint Paul, au moment où ses mains divines déterrent dans les champs de Marathon la statue de la Liberté, pour transformer en patronne chrétienne l'ancienne idole de la Grèce !

J'aurai le courage de le dire au clergé, parce qu'en combattant pour lui j'ai acquis des droits à lui parler avec sincérité. Avec la Charte, les ministres de l'autel peuvent tout ; sans la Charte, ils ne peuvent rien. Défenseurs des libertés publiques, ils sont les plus forts des hommes, car ils réunissent la double autorité de la terre et du ciel, ennemis des libertés publiques, ils sont les plus faibles des hommes : s'il était jamais possible que les temples se refermassent, ils ne se rouvriraient plus.

Je viens enfin, messieurs, à la dernière partie de ce discours.

La quatrième vérité que je me propose de prouver est celle-ci : La loi n'est point de ce siècle ; elle n'est point applicable à l'état actuel de la société.

Les sociétés, messieurs, sont soumises à une marche graduelle : cette vérité de fait peut irriter, mais elle n'en est pas moins incontestable.

Les peuples, par les progrès de la civilisation, ont maintenant un lien commun, et influent les uns sur les autres.

Il y a deux mouvements dans les sociétés : le mouvement particulier d'une société particulière, et le mouvement général des sociétés générales, lequel mouvement commun entraîne chaque société séparée. Ainsi le monde moral reproduit une des lois du monde physique : l'homme ne se peut plaindre de retrouver quelque chose de ses destinées dans ce bel ordre de l'univers arrangé par la main de Dieu !

Il faut beaucoup de siècles pour mûrir les choses, pour amener un changement essentiel dans les sociétés. Quatre ou cinq grandes révolutions intellectuelles composent jusqu'à présent l'histoire tout entière du genre humain. Nous étions destinés, messieurs, à assister à l'une de ces révolutions. Cette

Chambre renferme plusieurs hommes de mon âge : nous sommes nés précisément à l'époque où le travail lent et graduel des siècles s'est manifesté. Les premiers troubles de l'Amérique septentrionale éclatèrent en 1765 ; de 1765 à 1827 il y a soixante-deux ans. J'ai vu Washington et Louis XVIII : la république représentative est restée à l'Amérique avec le nom de Washington, la monarchie représentative à l'Europe continentale avec le nom de Louis XVIII. Entre Washington et Louis XVIII se viennent placer Robespierre et Buonaparte, les deux termes exorbitants, dans l'anarchie et le despotisme, d'une révolution dont le terme juste devait fixer la société ; car les sérieuses discordes chez un peuple prennent leur source dans une vérité quelconque qui survit à ces discordes : souvent cette vérité est enveloppée à son apparition dans des paroles sauvages et des actions atroces ; mais le fait politique ou moral qui reste d'une révolution est toute cette révolution.

Quel est ce fait dévolu aux deux mondes après cinquante ans de guerres civiles et étrangères ? Ce fait est la liberté, républicaine pour l'Amérique, monarchique pour l'Europe continentale. On sait aujourd'hui que la liberté peut exister dans toutes les formes de gouvernement. La liberté ne vient point du peuple, ne vient point du roi ; elle ne sort point du droit politique, mais du droit de nature, ou plutôt du droit divin : elle émane de Dieu qui livra l'homme à son franc arbitre ; de Dieu qui ne mit point de condition à la parole lorsqu'il donna la parole à l'homme, laissant aux lois le pouvoir de punir cette parole quand elle faillit, mais non le droit de l'étouffer.

A peine un demi-siècle a suffi pour établir dans le nouveau et dans l'ancien monde ce principe de liberté. Le passé a lutté contre l'avenir ; les intérêts divers, en se combattant, ont multiplié les ruines ; le passé a succombé. Il n'est plus au pouvoir de personne de relever ce qui gît maintenant dans la poudre. Si la liberté avait pu périr en France, elle eût été ensevelie dans l'anarchie démocratique ou dans le despotisme militaire. Mais le temps ne se laisse enchaîner ni aux échafauds des révolutionnaires, ni aux chars des triomphateurs ; il brise les uns et les autres ; il ne s'assied point aux spectacles du crime ; il ne s'arrête pas davantage pour admirer la gloire ; il s'en sert et passe outre.

Pourquoi la république française ne s'est-elle pas constituée ? C'est qu'elle a trahi le principe de la révolution générale, la liberté. Pourquoi l'empire a-t-il été détruit ? C'est qu'il n'a pas voulu lui-même cette liberté. Pourquoi la monarchie légitime s'est-elle rétablie ? C'est qu'elle s'est portée, avec tous ses autres droits pour héritière de cette liberté.

Dans les révolutions dont le principe doit subsister, il naît presque toujours un individu de la capacité et du génie nécessaires à l'accomplissement de ces révolutions, un personnage qui représente les choses, et qui est l'exécuteur de l'arrêt des siècles. Il se montre d'abord invincible, comme les idées nouvelles dont il est le champion ; mais l'ambition lui est menée par la victoire. Il réussit à s'emparer du pouvoir, et tout à coup il est étonné de ne plus retrouver sa force : c'est qu'il s'est séparé de son principe. Ce géant qui ébranlait le monde succombe, au fond de son palais, dans des frayeurs pusillanimes ; ou bien, captif de ceux qu'il avait vaincus, il expire sur un rocher au bout du monde. Telles furent les destinées de Cromwell et de Buonaparte, pour avoir renié la liberté dont ils étaient sortis. Louis XVIII, après vingt ans d'exil, est rentré dans la demeure de ses pères : objet de la vénération publique, il est mort en paix, plein de gloire et de jours, pour avoir recueilli cette liberté à laquelle il ne devait rien, mais qu'il vous a laissée généreusement, comme la fille adoptive de sa sagesse, et la réparatrice de vos malheurs.

Le principe pour lequel depuis soixante ans les hommes ont été agités dans les deux mondes s'étant enfin fixé, il en est résulté que la société s'est coordonnée à ce principe : il a pénétré dans toutes nos institutions. Les lois, les mœurs, les usages ont graduellement changé : on n'a plus considéré les objets de la même manière, parce que le point de vue n'était plus le même. Des préjugés se sont évanouis, des besoins jusqu'alors inconnus se sont fait sentir, des idées d'une autre espèce se sont développées : il s'est établi d'autres rapports entre les membres de la famille privée et les membres de la famille générale. Les gouvernants et les gouvernés ont passé un autre contrat; il a fallu créer un nouveau langage pour plusieurs parties de l'économie sociale. Nos enfants n'ont plus nos sentiments, nos goûts, nos habitudes : leurs pensées prennent ailleurs leurs racines.

Toutefois, messieurs, les générations contemporaines ne meurent pas exactement le même jour : au milieu de la race nouvelle, il reste des hommes du siècle écoulé qui crient que tout est perdu, parce que la société à laquelle ils appartenaient a fini autour d'eux, sans qu'ils s'en soient aperçus. Ils s'obstinent à ne pas croire à cette disparition; toujours jugeant le présent par le passé, ils appliquent à ce présent des maximes d'un autre âge, se persuadant toujours qu'on peut faire renaître ce qui n'est plus.

A ces hommes qui surnagent sur l'abîme du temps, viennent se réunir (avec les adversaires de la liberté de la presse dont je vous ai déjà parlé) quelques individus de diverses sortes : des ambitieux qui s'imaginent découvrir dans les institutions tombées en vétusté un pouvoir nouveau près d'éclore; des jeunes gens simples ou zélés qui croient défendre, en rétrogradant, l'antique religion et les vénérables traditions de leurs pères; des personnes encore effrayées des souvenirs de la révolution; enfin des ennemis secrets du pouvoir existant, qui, témoins joyeux des fautes commises, abondent dans le sens de ces fautes pour amener une catastrophe.

Quelquefois des chefs se présentent pour conduire ces demeurants d'un autre âge : ce sont des hommes de talent, mais qui aiment à sortir de la foule; ils se mettent à prêcher le passé à la tête d'un petit troupeau de survivanciers; le paradoxe les amuse. Ces esprits distingués qui arrivent trop tard, et après le siècle où ils auraient dû paraître, n'entraînent point les générations nouvelles; ils ne pourraient être compris que des morts; or, ce public est silencieux, et l'on n'applaudit point dans la tombe.

Si un gouvernement a le malheur de prêter l'oreille à ces solitaires, s'il a le plus grand malheur de les regarder comme la nation, de prendre pour la voix d'un public vivant la voix d'une société expirante, il tombera dans les plus étranges erreurs. C'est, messieurs, ce qui est arrivé à l'égard du projet de loi que j'examine; il est dicté par un esprit qui n'est point l'esprit du siècle. Ces hommes d'autrefois, qui, toujours les yeux attachés sur le passé et le dos tourné à l'avenir, marchent à reculons vers cet avenir, ces hommes voient tout dans une illusion complète. Écoutez-les parler des anciens livres : ils y aperçoivent toujours les dangers qu'on y pouvait trouver il y a quarante ans.

Et qu'importent cependant les plaisanteries de Voltaire contre les couvents de religieux, dans un pays qui n'admet plus de communautés d'hommes? Elles ne rendront aujourd'hui personne impie, parce que le siècle n'en est plus à l'impiété. Qu'importe la politique libérale de Rousseau dans une monarchie constitutionnelle? Voulez-vous mieux vous convaincre, messieurs, à quel point tout est changé? Les principes mêmes que je développe à cette tribune auraient été des blasphèmes, légalement sinon justement punis, dans l'ancienne monarchie : si un auteur se fût avisé de publier la Charte comme un rêve de son cerveau, il eût été décrété de prise de corps, et son procès lui aurait été fait et parfait. Apprenons donc à connaître le temps où nous vivons; ne jugeons pas du péril des livres d'après les anciennes idées et les vieilles institutions; ne réglons pas la liberté de la presse par des maximes qui ne sont plus applicables; si vous ressuscitiez aujourd'hui le code romain tout entier et les lois féodales, n'est-il pas évident que vous ne sauriez que faire des dispositions relatives aux empereurs ou aux esclaves, ou des droits de champart, de capsoos et d'ostises?

Une autre manie de ces hommes qui ont inspiré le projet de loi est de parler d'un coup d'État. A les entendre, il suffit de monter à cheval et d'enfoncer son chapeau; ils oublient encore que le coup d'État n'est point de l'ordre actuel, et qu'il n'appartient qu'à la monarchie absolue. A dater du règne de Louis XIV, où l'ancienne constitution du royaume acheva de périr, la couronne, en exerçant le pouvoir dictatorial, ne faisait, avant l'année 1789, qu'user de la plénitude de sa puissance. Il n'y avait pas révolution dans l'État par le coup d'État, parce qu'en fait le roi était chef de l'armée, législateur suprême, juge et exécuteur de ses propres arrêts; il réunissait aux pouvoirs militaire et politique les attributions de la justice civile et criminelle.

Tout subsistait donc dans l'État, après le coup d'État, parce que le roi était là, et que tout était dans le roi; mais dans la monarchie constitutionnelle, la liberté de la presse et la liberté individuelle entrent dans la composition de la loi politique qui garantit ces libertés. Les juges inamovibles ne peuvent être destitués; les Chambres, partie intégrante du pouvoir législatif, ne peuvent être abolies. Le coup d'État, dans une monarchie constitutionnelle, serait une révolution ; car après ce coup d'État, qui porterait sur les individus, les tribunaux et les Chambres, il ne resterait plus que la couronne, laquelle ne représenterait plus, comme dans la monarchie de Louis XIV, tout ce qui aurait péri.

Entendrait-on par un coup d'État un mouvement renfermé dans les limites constitutionnelles, la dissolution de la Chambre des députés, l'accroissement de la Chambre des pairs? Ce ne serait pas un coup d'État; ce serait une mesure qui ne produirait rien dans le sens du pouvoir absolu.

Il est pourtant vrai, messieurs, que la tyrannie a un moyen d'intervenir dans la monarchie représentative; voici comment les trois pouvoirs pourraient s'entendre pour détruire toutes les libertés; un ministère conspirateur contre ces libertés, deux Chambres vénales et corrompues, votant tout ce que voudrait ce ministère, plongeraient indubitablement la nation dans l'esclavage. On serait écrasé sous le triple joug du despotisme monarchique, aristocratique et démocratique. Alors le gouvernement représentatif deviendrait la plus formidable machine de servitude qui fut jamais inventée par les hommes. Heureusement, par la nature même de la coalition des trois pouvoirs, cette coalition serait de courte durée : quelle explosion extérieure, quelle réaction, même dans les Chambres, au moment du réveil !

Voilà pourtant, messieurs, les méprises où tombent ceux dont l'esprit a inspiré le présent projet de loi : ils rêvent la monarchie absolue sans ses illusions; le despotisme militaire, sans sa gloire ; la monarchie représentative, sans ses libertés. Espérons que, pour la sûreté du royaume, le pouvoir ne sera jamais remis entre de pareilles mains. Si ces insensés essayaient seulement de lever l'impôt dans un de leurs trois systèmes, le premier Hampden qui se croirait le droit de refuser cet impôt mettrait le feu aux quatre coins de la France.

En vain on s'irrite contre les développements de l'intelligence humaine. Les idées, qui étaient autrefois un mouvement de l'esprit hors de la sphère populaire, sont devenues des intérêts sociaux; elles s'appliquent à l'économie entière des gouvernements. Tel est le motif de la résistance que l'on trouve lorsqu'on veut aujourd'hui repousser les idées. Nous sommes arrivés à l'âge de la *raison politique :* cette raison éprouve le combat que la *raison morale* éprouva lorsque Jésus-Christ apporta celle-ci sur la terre avec la loi divine. Tout ce qui reste de la vieille société politique est en armes contre la raison politique, comme tout ce qui restait de la vieille société morale s'insurgea contre la raison morale de l'Évangile. Inutiles efforts! les monarchies n'on plus les conditions du despotisme, les hommes n'ont plus les conditions d'ignorance nécessaires pour le souffrir. Si les monarchies modernes ne voulaient pas s'arrêter dans la monarchie représentative, après de vains essais d'arbitraire elles tomberaient dans la république représentative. C'est donc nous pousser à l'abîme que de nous présenter une loi qui, en détruisant la liberté de la presse, brise le grand ressort de la monarchie représentative. Ce ne sont point là de vaines théories, ce sont des faits qui, pour être d'une haute nature, n'en sont pas moins des faits, par lesquels toute la matière est dominée. Vous y ferez, messieurs, une attention sérieuse quand vous discuterez les articles du projet de loi.

Ce projet sur lequel il vous reste à conclure est donc, selon moi, l'ouvrage de ces étrangers dans le nouveau siècle, de ces voyageurs qui n'ont rien regardé, de ces hommes qui font le monde selon leurs mœurs, et non selon la vérité. Ils ont l'horreur des lettres : craignent-ils d'être dénoncés par elles à la postérité? C'est une véritable terreur panique : pourquoi avoir peur d'un tribunal où ils ne comparaîtront pas?

Les ministres sont-ils eux-mêmes les hommes d'autrefois? Le projet de loi est-il l'ouvrage de leurs intérêts, de leurs préjugés, de leurs souvenirs, de leurs mœurs? N'ont-ils fait que céder à des influences étrangères? Ont-ils été trompés par le bruit que l'on a fait autour d'eux, bruit qu'ils auraient pris pour les réclamations de la France? N'ont-ils simplement cherché que la sûreté de leurs places? Tout ce que nous savons, c'est que le projet de loi est devant nous. Il était difficile de rendre palpable aux générations présentes ce songe du passé. En évoquant cette idée morte, il fallait l'envelopper de quelque chose de matériel, afin qu'elle pût nous apparaître : ou l'a donc revêtue d'une loi; on a pourvu ce corps des organes propres à exécuter tout le mal que l'esprit pensait. Il est résulté de cette création on ne sait quel fantôme : c'est l'ignorance personnifiée dans toute sa laideur, revenant au combat contre les lumières, pour faire rétrograder les sociétés, pour les refouler dans la nuit des temps et dans l'empire des ténèbres.

Mais cette ignorance, messieurs, a compté trop tôt sur la victoire. Elle va vous rencontrer sur son chemin, et ce n'est pas chose facile pour elle que de subjuguer tant d'esprits éclairés.

Messieurs, c'est peut-être ici mon dernier combat pour des libertés que j'ai proclamées dans ma jeunesse comme dans les derniers jours de ma vie. J'ai soutenu vingt fois devant vous à cette tribune les mêmes doctrines. Le peu de temps que j'ai passé au pouvoir n'a point ébranlé ma croyance; on n'est point venu vous demander, pour favoriser les victoires de M. le Dauphin pendant la dangereuse guerre d'Espagne, le sacrifice qu'on sollicite aujourd'hui pour amener des triomphes que j'ignore. Avant le ministère, pendant le ministère, et après le ministère, je suis resté dans mes doctrines : mon opinion tire du moins quelque force de sa constance.

Si l'indépendance m'avait jamais manqué pour exprimer ce qui me paraît utile, je trouverais aujourd'hui cette indépendance dans mon âge : je suis arrivé à cette époque de la vie où l'espérance ne manque pas à l'homme, mais où le temps manque à l'espérance. Aucun intérêt particulier ne me fait donc ni parler ni agir; que m'importent les ministres présents et futurs? Les hommes ne me peuvent plus rien, et je n'ai besoin de personne. Dans cette position, j'oserai dire, en finissant, quelques vérités que d'autres craindraient peut-être de faire entendre : c'est mon devoir comme citoyen, comme pair de France et comme sujet fidèle.

Messieurs, on ne peut se le dissimuler, le gouvernement représentatif est attaqué dans sa base : on cherche à enlever la publicité à ces débats; les aveux que l'on a faits, la haine qu'un certain parti a manifestée contre la Charte, tout annonce qu'une fois plongé dans le silence, on s'efforcerait de détruire ce que l'on déclare ne pas aimer. On ne réussirait pas, je le sais, mais on préparerait de grandes douleurs à la France.

Quel que soit le sort du projet de loi, ce projet, par sa seule apparition, a fait un mal qu'une longue administration dans le sens de la Charte pourrait seule maintenant effacer. Il a démontré qu'il existait des hommes ennemis décidés de nos institutions, des hommes déterminés à les briser aussitôt qu'ils en trouveraient l'occasion. Jusqu'ici, on avait soupçonné ce fait, mais on n'en avait pas acquis la preuve. Aujourd'hui, tout est à découvert; le projet a tout révélé.

Non, messieurs, on ne veut point de la Charte lorsqu'on prétend violer le principe même du gouvernement représentatif. Jetant tous les masques, déchirant tous les voiles, les partisans du projet de loi ont montré le fond de leur pensée; ils n'ont fait aucun mystère de leur opinion. Cette certitude acquise de l'existence d'un parti qui a horreur de l'ouvrage de Louis XVIII; d'un parti qui, d'un moment à l'autre, peut se faire illusion au point d'entreprendre tout contre nos libertés; cette certitude, dis-je, attriste profondément les hommes dévoués au monarque et à la monarchie.

Les désaveux ne rassureront personne. En vain on voudra faire passer pour le cri des intérêts privés le cri de réprobation qui s'est élevé contre le projet de loi, d'un bout de la France à l'autre.

Ou il faut compter la Charte pour rien, le gouvernement représentatif comme une chose transitoire, les changements arrivés dans la société comme non avenus, ou il faut maintenir la liberté de la presse; sans elle il n'y a plus rien qu'une moquerie politique. Combien de temps les choses pourraient-elles aller de la sorte? Tout juste le temps que la corruption met à se dissoudre, et la violence à se briser.

La légitimité, ainsi que la religion, est toute-puissante; elle peut, de même que la religion, tout braver dans la monarchie constitutionnelle; mais avec ses conditions nécessaires, c'est-à-dire avec les autres légitimités, et au premier rang de celles-ci se trouve la liberté de la presse.

Sous la république, sous l'empire, aurait-on pu vendre publiquement dans les rues les bustes de Louis XVIII et celui de son héritier, comme on vend au milieu de nous, sans dommage pour la race royale, le portrait de Buonaparte et de son fils? Non sans doute : les deux usurpations auraient péri. Pour se mettre à l'abri, elles tuaient les distributeurs de tout ce qui rappelait le pouvoir légitime; elles égorgeaient ou déportaient les écrivains et établissaient la censure.

Le fils de Cromwell passa tranquillement ses jours en Angleterre, sous le règne des deux fils de Charles Ier. Le jeune homme de Vienne viendrait aujourd'hui s'établir en France, qu'il ne serait qu'un triomphe de plus pour le trône légitime. qu'une preuve de plus de la force du droit dans la couronne, et de la magnanimité dans le souverain.

Mais il en serait tout autrement si vous violiez les conditions naturelles de la monarchie représentative. Détruisez la liberté de la presse, faites que des défenseurs indépendants ne puissent plaider la cause de la légitimité, qu'ils ne puissent surveiller, dénoncer par l'opinion publique les manœuvres des partis; alors les conseillers mal habiles de la légitimité se trouvent dans une condition de soupçon, de tyrannie, de faiblesse, pareille à celle des conseillers de l'usurpation. Un ministre qui croirait avoir besoin de silence, qui semblerait avoir des raisons de cacher la légitimité, reconnaîtrait la nature de cette puissance.

Une gloire immense, des malheurs presque aussi grands que cette gloire, le bien rendu pour le mal, voilà ce qu'offre l'histoire de notre famille royale : et cette triple légitimité pourrait être troublée par quelques misérables pamphlets qui n'atteindraient pas même les existences les plus obscures!

Il y a une France admirable en prospérité et en gloire avec nos institutions. Il y a une France pleine de troubles, privée de nos institutions.

Pour arriver à la première, il suffit de suivre le mouvement naturel de l'esprit de la Charte; chose d'autant plus facile aujourd'hui que toutes les préventions personnelles ont disparu, que toutes les capacités, dans quelque opinion qu'elles aient été placées, se réunissent dans des principes communs.

Pour arriver à la seconde France, à la France troublée, il faut apporter chaque année des mesures en opposition aux mœurs, aux intérêts, aux libertés du pays. Après s'être rendu bien malheureux soi-même par des efforts si déraisonnables, on gâterait tout, et les imprudents promoteurs d'un système funeste achèveraient leurs jours dans de douloureux, mais d'inutiles regrets.

Il me semble, messieurs, entendre votre réponse : « Le roi, me direz-vous, n'est-il pas là pour nous sauver, si jamais quelque danger menaçait la France? La Charte périrait que le souverain resterait encore. On retrouverait en lui non tous les pouvoirs comme dans la monarchie absolue, mais quelque chose de mieux et de plus, toutes les libertés. »

Je le sais, un prince religieux n'a pas en vain juré de maintenir l'œuvre de son auguste frère; il aurait bientôt puni quiconque oserait y porter la main. Mais s'il est facile à ce monarque, modèle de loyauté, de franchise et d'honneur, s'il lui est facile de calmer les orages, j'aime encore mieux qu'il vive en paix, heureux du bonheur qu'il donne à ses peuples, dans la région pure et sereine où sont placées ses royales vertus.

En donnant mon vote contre la loi en général, je ne renonce point au droit d'en combattre et d'en discuter les articles, puisqu'il faut en venir à cette lamentable discussion. Je vote à présent contre l'ensemble d'un projet de loi qui met la religion en péril, parce qu'il fait calomnier cette religion; je vote contre un projet de loi destructeur des lumières, et attentatoire aux droits de l'intelligence humaine; je vote contre un projet de loi qui proscrit la plus précieuse de nos libertés; je vote contre un projet de loi qui, en attaquant l'ouvrage du vénérable auteur de la Charte, ébranle le trône des Bourbons. Si j'avais mille voes à donner contre ce projet impie, je les donnerais tous, croyant remplir le premier de mes devoirs envers la civilisation, la religion et la légitimité.

MARCHE ET EFFETS DE LA CENSURE.

AVERTISSEMENT.

Lorsqu'en 1820 la censure mit fin au *Conservateur*, je ne m'attendais guère à recommencer sept ans après la même polémique, sous une autre forme et par le moyen d'une autre presse. Les hommes qui combattaient alors avec moi réclamaient, comme moi, la liberté de penser et d'écrire : ils étaient dans l'opposition comme moi, dans la disgrâce comme moi, et ils se disaient mes amis.

Aujourd'hui, arrivés au pouvoir, encore plus par mes travaux que par les leurs, ils sont tous contre la liberté de la presse; de persécutés, ils sont devenus persécuteurs; ils ont cessé d'être et de se dire mes amis. Qui a changé?

Tel que le temps m'a laissé, tel il me retrouve : soutenant les mêmes principes, et n'ayant point rencontré au poste éminent où j'ai passé les lumières qui ont obligé mes ci-devant amis à abandonner leurs doctrines. Il faut même que les ténèbres qui m'environnent se soient étendues sur eux lorsque j'étais ministre, car ils soutiennent que la licence de la presse n'a commencé que le 6 juin 1824.

Leur mémoire est courte : s'ils relisaient les opinions qu'ils ont prononcées, les articles qu'ils ont écrits contre un autre ministère et pour la liberté de la presse, ils seraient obligés de convenir qu'ils étaient au moins, en 1818 et 1819, les sous-chefs de la licence.

D'une autre part, mes anciens adversaires sont revenus au principe de la liberté de la presse; ils se sont rapprochés de moi : cette marche est naturelle; celle de mes premiers compagnons est contre nature. Qu'on se soit éclairé par l'usage même du gouvernement constitutionnel, rien de plus simple; mais que de purs royalistes, sans doute attachés de cœur à l'ancien régime, aient rompu de grandes lances pour la Charte et pour les libertés publiques dans un temps où ces libertés, peu connues, semblaient avoir des périls; qu'aujourd'hui, lorsque tout est calme, et qu'ils sont puissants, ils s'épouvantent en pleine paix de ces mêmes libertés, la chose est étrange. S'élever du mal au bien est ordre; descendre du bien au mal est désordre.

Vieux capitaine d'une armée qui a déserté ses tentes, je continuerai, sous la bannière de la religion, à tenir d'une main l'oriflamme de la monarchie, et de l'autre le drapeau des libertés publiques. Aux antiques cris de la France de saint Louis et de Henri IV, *vive le roi! Montjoie! saint Denis!* je joindrai les cris nouveaux de la France de Louis XVIII et de Charles X, *tolérance, lumières! liberté!* Peut-être rattacherai-je avec plus de fruit au trône et à l'autel les partisans de l'indépendance, que je ne ralliai à la Charte de prétendus serviteurs du trône et de l'autel.

L'honneur et mon pays me rappellent sur le champ de bataille. Je suis arrivé à l'âge où les hommes ont besoin de repos; mais si je jugeais de mes années par la haine toujours croissante que m'inspirent l'oppression et la bassesse, je croirais avoir rajeuni.

LES AMIS DE LA LIBERTÉ DE LA PRESSE.

J'ai publié, le 30 du mois dernier, une brochure intitulée : *Du Rétablissement de la Censure au 24 juin 1827.*

Dans l'Avertissement de cette brochure on lit ce passage : « La presse non « périodique doit venir au secours de la presse périodique : des écrivains cou-

« rageux se sont associés pour donner une suite de brochures. On compte
« parmi eux des pairs, des députés, des magistrats. Tout sera dit; aucune
« vérité ne restera cachée. Si certains hommes ne se lassent point de nous
« opprimer, d'autres ne se fatigueront pas de les combattre. »

En effet, une société d'hommes de bien, également attachés à la religion, au roi, à la patrie, s'est formée dans le dessein de venir au secours de la première de nos libertés.

Les brochures qu'ils vont publier seront répandues *gratis* à Paris et dans les départements : ainsi elles n'auront pas besoin d'être annoncées pour être connues. Le public apprendra par elles et les vérités que la censure enlève aux feuilles indépendantes et les mensonges qu'elle laisse dans les journaux ministériels.

Les amis de la liberté de la presse placent leurs ouvrages sous la sauvegarde et sous la censure des tribunaux. De bons citoyens, des sujets fidèles, de vrais Français, des hommes religieux qui veulent la liberté et non la licence, qui désirent la paix et non le désordre, n'ont rien à redouter des lois. Les uns signeront leurs écrits, les autres garderont l'anonyme. Taire son nom, ce n'est pas le cacher.

Tel est le plan dont les amis de la liberté de la presse commencent l'exécution dès ce moment même. On ne peut s'empêcher de reproduire une réflexion devenue vulgaire : après cinq ans de pleine et entière jouissance de la liberté de la presse, il est triste d'être revenu aux moyens de défense employés dans les premiers temps de la restauration : le pas rétrograde est effrayant. Quand on marche à reculons, il est difficile d'éviter les précipices.

MARCHE ET EFFETS DE LA CENSURE.

L'écrit déjà cité plus haut étant le premier, dans l'ordre des dates, de tous ceux qui ont été publiés jusqu'à ce jour sur l'ordonnance du 24 juin, c'est de cet écrit qu'il faut partir pour continuer l'histoire de la censure.

On a vu que des mutilations avaient été faites aux journaux, que ces journaux avaient été obligés de rejoindre les tronçons des articles coupés, sous peine d'être exposés à toutes sortes de vexations. Le *Journal des Débats* ayant eu l'audace de laisser dans sa feuille un *blanc* accusateur, on le priva le lendemain de l'honneur du *visa*, de manière qu'il se trouva dans la nécessité ou de paraître avec un nouveau blanc, ou de ne pas paraître du tout, ou de paraître non censuré, ce qui entraînait la suspension provisoire. La *France chrétienne* était dans un cas semblable; on lui déniait aussi le bâillon, on lui refusait l'amnistie de la censure, on la mettait hors la loi, pour avoir occasion de la punir comme une esclave révoltée. M. Pagès, dans une *lettre* adressée à M. *Lourdoueix*, fait connaître de hideux détails après lesquels il ajoute :

« M. Deliége déclara à M. Marin, directeur de la *France chrétienne*, qu'on ne

« voulait pas de *blancs;* que le *Constitutionnel*, le *Journal des Débats*, que
« tous les journaux déféraient à cette volonté, et que la *France chrétienne* ne
« serait, à l'avenir ni approuvée ni rejetée. Depuis ce moment les épreuves,
« chaque jour envoyées à deux heures après midi, sont chaque jour ren-
« voyées à minuit, sans approbation et sans rejet.

« Je vis alors que tous les journaux s'étaient laissé prendre au traquenard de
« la police; et il importait, non certes à la prospérité de notre journal, mais
« à la dignité de l'opposition, mais aux libertés publiques, qu'une feuille pro-
« testât contre ces violences illégales, contre ces pièges grossiers ; qu'elle parût
« telle qu'elle était mutilée par vous, et que chaque lecteur pût se dire : *La*
« *censure a passé par là.*

« Or, si vous êtes de mauvais censeurs pour les autres journaux, pour nous
« vous ne voulez pas être censeurs, et il faut que l'autorité vous force à rem-
« plir vos devoirs ou qu'elle nous rende notre liberté.

« Or, votre inertie s'oppose à ce que la *France chrétienne* puisse paraître ;
« elle est donc un attentat à la propriété, une véritable spoliation ; et ce genre
« de confiscation, ce vol véritable, ne peut être sanctionné par une ordonnance. »

Constantinople a-t-il donc d'administration plus despotique que celle de la
censure, de muets plus arbitraires que les censeurs? Ces messieurs vous tuent
en vous appliquant la loi ; ils vous tuent encore mieux en ne vous l'appliquant
pas. Si vous prétendez les poursuivre devant les tribunaux, il faut en obtenir
la permission de l'autorité supérieure administrative, ou les huissiers refusent
de porter vos assignations [1]. Si, de son côté, l'autorité supérieure suspend provisoirement votre feuille, et vous fait elle-même un procès, plusieurs mois s'é-
coulent avant que vous puissiez être jugé; votre journal est perdu. Voilà la
douce censure, l'équitable censure, la libérale censure, la constitutionnelle censure, la censure qui a produit la véritable liberté de la presse !

Lorsque la censure fut établie, en 1814, et dans les années suivantes, il y
avait une sorte d'excuse à cette dérogation de la loi fondamentale : les troupes
alliées occupaient la France; elles demandaient des sommes considérables, des
articles indiscrets pouvaient blesser ces étrangers. Dans l'intérieur du royaume,
la vieille France et la France nouvelle se trouvaient en présence pour la première fois, et elles avaient des comptes à régler ; les partis étaient animés ; les
passions, exaltées par l'aventure des Cent-Jours; des conspirations éclataient de
toutes parts : on pouvait craindre que la parole, si longtemps contenue par le
despotisme de Buonaparte, ne fît explosion en se dégageant tout à coup.

Il était possible encore que sous des institutions nouvelles dont on ignorait le
mécanisme, on abusât d'abord de la presse ; à peine savait-on ce que c'était que
la Charte. Il faut même rendre justice aux ministres de cette époque : en pre-

---

[1] C'est ce qui est arrivé à MM. les membres composant la société du journal la *France chrétienne.* Ils ont voulu constater une infraction à l'ordonnance de censure ; l'huissier a décliné
sa compétence jusqu'à l'obtention de l'autorisation de M. le ministre de l'intérieur, qui, sans
doute, ne laissera pas attaquer son commis et son compère.

Il faut lire le *Mémoire à consulter sur les actes arbitraires de la censure,* signé par
MM. les propriétaires du *Constitutionnel,* et les résolutions du conseil, M. Dupin. Paris,
8 juillet 1827.

nant des précautions contre la licence, ils se soumirent à la liberté de l'opinion, puisqu'ils se retirèrent, et peut-être trop tôt, devant la puissance de cette liberté : c'était un hommage que, dans leur sincérité, ils offraient au principe vital de la Charte.

Enfin, lorsque cette Charte fut donnée, elle déclara par son article 8 que *les Français ont le droit de publier et de faire imprimer leurs opinions, en se conformant aux lois qui doivent réprimer les abus de la liberté de la presse.* Or, ces lois n'étaient pas faites. La censure, à laquelle les Français étaient façonnés, et qui était le droit commun, fut provisoirement maintenue. On ne passait donc pas de la liberté de la presse à la censure, on restait comme on était; on ne détruisait pas un droit acquis, on ajournait seulement un droit accordé. Il n'y avait pas secousse dans les esprits, changement, révolution dans la législation : on pouvait se plaindre qu'une promesse n'était pas remplie, mais on ne pouvait pas dire qu'un bienfait était retiré, en violation de la foi jurée.

Aujourd'hui, existe-t-il une seule des raisons qui servirent au maintien de la censure dans les premières années de la restauration? Toutes les lois de répression sont faites. Habitués à la liberté de la presse, familiarisés même avec ses écarts, nous avons traité de ses principes sous tous les rapports et dans toutes les formes; nous connaissons ses affinités avec le gouvernement représentatif; nous savons qu'elle est le prix et la consolation de tous les sacrifices; nous savons qu'excepté l'honneur, elle remplace tout chez un peuple : nous l'ôter à présent c'est nous enlever une possession prescrite, c'est arrêter violemment le cours de nos idées, le mouvement de nos mœurs. La censure a tellement vieilli pour nous, qu'elle est en effet une loi caduque, ressuscitée du double despotisme féodal et impérial : elle a quelque chose de risible, comme les droits de *queuage* et de *remuage*, et d'odieux comme l'oppression militaire.

Un règne a déjà fini, un règne a commencé sous l'empire de la Charte; des générations entières se sont formées sous cet empire. La liberté de la presse a glorieusement traversé une guerre étrangère et une crise de finances; la paix règne au dehors et au dedans du pays. Il y a si peu de prétexte apparent à la censure, qu'on est forcé de supposer des desseins à ses fauteurs, et de chercher dans l'avenir ce qu'on ne trouve pas dans le présent.

Nous avons pu faire cette apologie de la première censure, parce que nous nous sommes opposé même à cette première censure. Il n'y a jamais, selon nous, une raison suffisante de suspendre la liberté : celle-ci est plus forte que la servitude pour écarter les dangers d'un État.

Mais il ne s'agit pas de tout cela, dira-t-on : c'est pour sauver la religion que l'on a imposé la censure ; c'est pour se délivrer des impiétés des journaux : la censure, dans le cas présent, est une pure affaire de conscience.

D'abord il faudrait être fixé sur ce mot de *religion*, savoir si ceux qui l'emploient ne confondent pas les choses divines, ne cachent pas les intérêts de l'homme dans les intérêts du ciel. Aucun doute que si la religion est véritablement attaquée, il ne faille la défendre à tout risque et à tout prix; mais nous nions la majeure, et nous disons ensuite : les tribunaux sont là pour punir les outrages au culte; les peines sont sévères; elles n'ont jamais manqué d'être appliquées quand le délit a été prouvé. Cette manière de toujours raisonner comme s'il n'existait pas de justice, comme s'il n'y avait pas de magistrats, comme si l'on n'avait d'autre défense que l'arbitraire, montre à quel point la raison est détériorée chez les hommes dont nous subissons le système.

En second lieu, si vous ne cherchez à défendre que la religion, votre censure ne s'exerce sans doute que sur les articles irréligieux, que sur les journaux *impies;* or, elle frappe également tous les genres d'articles et toutes les espèces de journaux : expliquez-nous donc cette *affaire de conscience.*

Enfin, vous prétendez soutenir la religion par la censure, et vous lui faites un tort irréparable. Aujourd'hui on accuse publiquement les ecclésiastiques d'être la première cause de la perte de notre première liberté : on les rend responsables de tout ce qui peut arriver à la Charte; on accumule sur leurs têtes des haines d'autant plus dangereuses, qu'elles semblent appuyées sur un fait réel, et non sur des déclamations vaines. Qu'est-ce que quelques articles de journaux qui n'allaient point au fond de la question, quelques mots sur les missionnaires et sur les jésuites, auprès d'une accusation, calomnieuse sans doute, mais généralement crue, laquelle représente le clergé catholique comme incompatible avec l'existence d'un gouvernement constitutionnel? Voilà pourtant où votre censure a amené les choses. Vous vous réjouissez, parce que rien n'éclate encore; attendez : les générations vont vite. Souvenez-vous que si jamais les autels étaient brisés de nouveau, les ennemis des libertés publiques seraient les véritables auteurs de la catastrophe.

La plus haute des folies pour des hommes aveuglés serait de soutenir que la religion catholique adopte une forme de gouvernement plutôt qu'une autre, qu'elle s'oppose aux vérités de la science et aux progrès de l'esprit humain, lorsqu'elle est, au contraire, l'ordre universel, la raison par excellence, la lumière même : quiconque aujourd'hui prétendra défendre la religion catholique en la séparant de la société, telle que le temps l'a modifiée, conduira les peuples au protestantisme.

La religion catholique fait des progrès rapides aux États-Unis; la cour de Rome se met en communication avec les républiques espagnoles; pourquoi donc, nous autres catholiques de France, ne pourrions-nous vivre sous une monarchie constitutionnelle? Élevez notre jeune clergé dans l'amour des lois du pays, il les défendra et en tirera sa puissance. En sommes-nous toujours aux regrets du passé, aux calomnies du présent?

Dans une brochure de M. de Salvandy, qui vient de paraître, nous lisons cette très-belle page :

« Les générations de l'ancien régime, élevées on sait par qui et comment,
« ont égorgé les nobles et les prêtres, tué Louis XVI, tué Marie-Antoinette, tué
« Madame Élisabeth, tué.... Ce siècle a été une longue orgie commencée dans
« la débauche et finie dans le sang. Les générations nouvelles, nées sur les
« marches des échafauds, grandies à la lueur des incendies et des batailles,
« ont relevé les autels, rétabli le trône, rappelé à ce trône vénéré le vieux sang
« des comtes de Paris, reconstitué l'ordre social, reconnu le légitime empire des

« noms, des richesses, des talents, des vertus, consacré une aristocratie politique
« investie de privilége et d'hérédité [1]. »

Quoi qu'il en soit, si l'administration de la première censure eut des motifs plausibles, elle fut aussi moins capricieuse et moins rude que l'administration de la censure actuelle.

L'ordonnance pour la mise en exécution de la loi de 1820 établissait douze censeurs; cinq étaient nécessaires pour signer l'arrêt.

A cette époque aussi les *blancs* et les *noirs* étaient permis; les journalistes allaient quelquefois jusqu'à mettre le portrait d'une paire de ciseaux dans les endroits supprimés; le noble duc de Richelieu avait trop de franchise pour souffrir que la censure employât les moyens haineux et faux, violents et hypocrites dont elle se sert aujourd'hui.

Plus tard, lorsque la censure fut rétablie avec insulte à la magistrature, on eut des censeurs secrets de la police, *un Saint-Office d'espions;* mais tels qu'ils étaient, ils ne firent point la guerre aux *blancs*, ils ne se crurent jamais le droit de dénier la censure, de refuser leur petit ministère aux journaux qui se présentaient de bonne grâce. Il était réservé à la censure libérale du bon M. Tartufe de se porter en moins d'un mois à des excès jusqu'ici inconnus, tout en nous déclarant *que les résultats de la censure paraissent si peu incertains aux vrais amis de la liberté de la presse, que pour eux le triomphe de celle-ci ne date que de ce jour.*

Aujourd'hui il n'y a que six censeurs; et la signature d'un seul secrétaire, pris en dehors de leur confrérie, suffit pour rendre valide la maraude censoriale. Sur ces six censeurs, deux, on le sait, MM. Caïx et Rio, ont courageusement donné leur démission; un troisième, M. Fouquet, a siégé, dit-on, deux ou trois fois; mais on assure qu'il se retire, après avoir vu et entendu sans doute de belles choses.

Il n'a pas été permis aux journaux d'annoncer la non-acceptation de MM. Caïx et Rio : la censure proscrit un homme pour son honneur comme on proscrivait un Romain pour sa fortune. Et tout cela sous la légitimité! sous le règne de l'honneur et de la vertu!

Une ordonnance du roi, du 4 de ce mois, annonce que M. de Silans et M. Lévêque ont été nommés en *remplacement* de MM. Caïx et Rio. La censure, pour être conséquente, aurait dû biffer l'ordonnance royale, puisqu'elle trahit le secret qu'on voulait garder. Pourquoi ne l'aurait-elle pas biffée, cette ordonnance? Dans un article [2] que le bureau de censure a laissé sans censure, se trouvait l'ordonnance du roi pour la convocation des conseils généraux.

La censure s'arroge aussi le droit de supprimer jusqu'aux actes du gouvernement; elle se permet encore d'altérer les détails judiciaires, comme on le verra dans l'instant.

Remarquons toutefois une chose : le *Moniteur* annonce bien que MM. de Silans et Lévêque ont été nommés en *remplacement* de MM. Caïx et Rio, mais

---

[1] *Lettre à M. le rédacteur du* Journal des Débats *sur l'état des affaires publiques.*
[2] *Journal des Débats.*

il ne dit pas de MM. Caïx et Rio *démissionnaires;* de sorte que d'après le journal officiel on pourrait croire que ces deux honorables professeurs ont été *destitués.* On ne sait ce qu'on doit le plus admirer, ou de la justice que se rend la censure en essayant de cacher les sentimens qu'elle inspire, ou de l'obstination des ministres à laisser sur la victime qu'ils ont touchée la tache de leurs mains.

Il a fallu enfin avouer la retraite de M. de Broé et de M. Cuvier; ils ont été remplacés par MM. de Blair et Olivier [1]. M. de Broé avait, dit-on, motivé son refus sur des raisons tirées de la pureté de la magistrature: M. Cuvier a senti que la science séparée de l'estime perd sa tranquillité naturelle : l'étude ne console que du malheur.

Quant à M. le marquis d'Herbouville, on avait prétendu qu'il s'était retiré; il n'en est rien : nous nous empressons de réparer le tort que ce bruit a pu faire au noble pair.

On a demandé si le conseil de surveillance était rétribué. La pudeur publique a répondu négativement. La calomnie insiste; elle va jusqu'à prétendre que tel membre de ce conseil reçoit pour sa place nouvelle un traitement de quinze cents francs par mois. Un démenti public sera sans doute donné à la calomnie. En effet, quelques membres du conseil de surveillance jouissent de plusieurs pensions à divers titres ; il n'est pas probable qu'ils aient eu besoin de nouveaux secours : il y a d'ailleurs des places où le zèle suffit.

Dans la brochure qui sert de point de départ à celle-ci, j'ai prouvé que des pairs et des députés n'étaient pas aptes à remplir des fonctions de censeurs. J'aurais pu appuyer cette opinion de l'autorité même et du jugement de la Chambre des pairs.

Le 14 février 1820, fut apporté à cette Chambre un projet de loi relatif aux journaux. Les articles 5 et 6 de ce projet, qui devint loi après avoir éprouvé des amendements, étaient ainsi conçus :

« Art. 5. Une commission composée de trois pairs et de trois députés nom-
« més par le roi, sur une liste double de candidats présentés par leur Chambre
« respective, et de trois magistrats inamovibles, également nommés par le roi,
« choisira et révoquera à volonté les censeurs.

« Art. 6. Cette commission sera renouvelée à chaque session des Chambres :
« ses membres pourront être indéfiniment renommés. »

L'art. 8 accordait à la commission le droit de suspendre provisoirement un journal, lorsque ce journal aurait publié un article non communiqué ou non approuvé.

L'art. 11 déclarait que la censure cesserait de plein droit d'avoir son effet au 1er janvier 1825.

On voit combien cette commission légale était supérieure de tous points à la commission de surveillance actuelle : c'étaient les Chambres, et non les ministres, qui devaient en présenter les candidats au choix du roi, sur une liste double. Cette commission devait être renouvelée à chaque session des Chambres. La commission (et non le garde des sceaux, sous la protection du

---

[1] Il paraît certain que cet honorable magistrat a aussi donné sa démission.

fameux *nous*, de l'ordonnance du 24 juin dernier); cette commission seule pouvait suspendre un journal en contravention. Enfin cette loi d'exception avait un terme fixe; elle devait expirer au 1ᵉʳ janvier 1825.

Eh bien! malgré ces apparents avantages, la commission nommée par la Chambre des pairs pour faire un rapport sur le projet de loi, proposa le rejet pur et simple de ce projet. Le rapporteur de la commission était M. le duc de La Rochefoucauld, cet homme des bonnes œuvres dont nous avons vu profaner les cendres. Voici comme il s'exprima sur les articles 5 et 6 du projet de loi; du fond de son cercueil fracassé, ses paroles serviront encore les libertés de la patrie.

« Le projet de loi propose, il est vrai, la formation d'une commission com-
« posée de pairs, de députés et de magistrats pour surveiller la censure. Ce te
« pensée a le caractère de modération de la part du gouvernement; elle a
« sans doute pour intention de porter un remède à la censure et à l'influence
« ministérielle, tant redoutée en fait de censure, et à si juste titre; mais le
« bien qu'elle voudrait promettre n'est qu'illusoire. Qui pourra s'imaginer
« qu'une commission ainsi formée passera des journées entières à recevoir et
« à vérifier les jugements des censeurs, à écouter les plaintes de trente jour-
« nalistes plaidant pour l'insertion de l'intégrité de leurs articles? et si elle ne
« se livre pas à ces longs et fastidieux travaux, elle ne sera qu'un nom. Peut-
« être pourrait-elle, dans quelques cas, empêcher quelque grande injustice [1];
« peut-être pourrait-elle, parfois, donner quelques conseils généraux sur la
« manière d'exercer la censure. Mais le ministère, de son côté, n'aurait-il
« pas son but à remplir, sa tendance à faire prévaloir? Et, disons-le fran-
« chement, de quelque manière qu'une censure soit organisée, il est toujours
« à craindre qu'elle ne soit plus ou moins sous l'influence ministérielle.

« Ce projet de commission est plus qu'illusoire et qu'incomplet, il est évi-
« demment inconstitutionnel. Le projet de loi fait intervenir des pairs et des
« députés, pour leur donner une participation active à l'exécution d'une loi, et
« pour leur faire exercer des fonctions au moins moralement responsables.
« Les Chambres elles-mêmes devraient nommer les pairs et les députés; elles
« prendraient donc part à l'action du gouvernement quand nos principes cons-
« titutionnels s'opposent, dans l'intérêt même du trône, à la confusion des
« pouvoirs. Cette commission serait chargée de prononcer des peines graves,
« de suspendre des journaux, de les interdire même dans certains cas, de pro-
« noncer ainsi des jugements correctionnels frappant sur les biens et sur les
« personnes; elle distrairait ainsi les sujets de l'État de leurs juges naturels :
« elle est inadmissible [2]. »

Les pairs furent frappés de ces hautes considérations, et retranchèrent du projet de loi les articles 5 et 6. A plus forte raison la noble Chambre se fût-elle récriée s'il eût été question d'une simple commission de surveillance à la présentation des ministres.

---

[1] Que n'oblige-t-elle aujourd'hui les censeurs à exécuter leur loi, à *censurer?*
[2] Séance des pairs, 23 février 1820.

Le ministère n'insista pas : M. le baron Pasquier déclara « qu'il savait « tout ce qu'on pouvait dire sur la création d'une commission spéciale pour « l'exercice et la juridiction de la censure; qu'il ne se dissimulait point la force « des objections qu'on avait élevées contre son existence[1]. » Le projet de loi fut voté avec le notable amendement qui rejetait les articles 5 et 6 relatifs à l'établissement d'une commission de censure, et avec un amendement plus notable encore qui bornait à la fin de la session de 1820 la durée de cette loi. Encore le projet amendé ne passa-t-il qu'à la majorité d'une voix.

Il est probable, d'après ces débats, que la même question sera agitée à l'ouverture de la session prochaine, et que messieurs les pairs, membres du conseil de surveillance, seront invités à ne plus faire partie à l'avenir d'une commission de censure. Si les fonctions de préfet ont paru incompatibles avec la dignité de la pairie, à plus forte raison les fonctions de censeur sont-elles une déchéance de cette dignité. La noblesse d'extraction peut dormir sans se perdre; celle de caractère ne peut sommeiller sans périr.

Étrange anomalie! dans la discussion du code militaire à la Chambre haute, on a voulu soustraire les pairs portant les armes à la juridiction des conseils de guerre, tant la dignité de la pairie a semblé respectable! Et un pair pourrait être censeur!

On a soutenu qu'un conseil de surveillance placé hors des attributions de la police, composé de personnes graves et d'un rang élevé dans l'État, était une espèce de tribunal qui témoignait de la considération que l'on avait pour la liberté de la presse, et du désir de rassurer les amis de cette liberté.

Les faits ont mal répondu à cette déclaration. La censure s'est exercée d'une manière intolérable et contre les hommes et contre les choses, en violation même de la loi qui la constitue. D'ailleurs, il est démontré qu'un conseil de surveillance de censure est une chose ou impossible ou illusoire.

Impossible : pour que le conseil de surveillance devînt réellement une magistrature, il faudrait que les membres en fussent inamovibles; or, un tribunal inamovible, maître absolu de l'opinion, serait le *vrai souverain*, il dominerait le roi et le peuple; l'art. 64 de la Charte disparaîtrait; les citoyens distraits de leurs juges naturels; comme le remarquait M. le duc de La Rochefoucauld, seraient traduits, sans appel, devant cette formidable magistrature de l'opinion, qui ne connaîtrait d'autre amovibilité que celle de la mort.

Le conseil de surveillance, avec une autorité indépendante, est donc impossible; il est illusoire si les membres en sont amovibles : ceux-ci, exposés aux violences et aux caresses du pouvoir, ne sont plus dans les mains de ce pouvoir qu'un instrument ministériel. Tout ou rien, trop ou trop peu, tel est le conseil de surveillance, selon qu'il est amovible ou inamovible.

Les pairs et les députés peuvent-ils être les exécuteurs des lois qu'ils votent et surtout des lois d'exception? Des membres de la législature ravalés au rang de censeurs, eux qui, en jurant la Charte, ont nécessairement juré les libertés

---

[1] Séance des pairs, 28 février 1820. L'ordonnance qui fut faite pour l'exécution de cette loi établissait (art. 9) un conseil de neuf *magistrats*, pour surveiller cette censure d'un an de durée, à l'exclusion des *pairs* et des *députés*.

qu'elle renferme! Pourrait-on concevoir que le magistrat qui plaide ou qui juge dans un procès pour délit de la presse devînt le *censeur* sous les yeux duquel seraient altérées le *soir* les paroles que lui ou le défendeur auraient prononcées le *matin* devant le tribunal?

A ce propos, je rappellerai ce qui s'est passé dans l'affaire de M. de Kératry. M. Alèxis de Jussieu, dans une brochure écrite d'un ton ferme, raconte le fait de la manière suivante :

« Aujourd'hui même, au moment de livrer cet écrit à l'impression, j'ap-
« prends que la censure vient de supprimer quelques lignes dans la défense
« de M. de Kératry. » Ce sont celles-ci (il s'agissait du magistrat censeur, M. de Broé) :

« *Pourquoi même ne pas croire qu'à l'exemple d'un savant célèbre en Europe, et de deux estimables professeurs d'histoire, il aura compris que faire taire n'est pas répondre, et qu'attenter aux droits d'une nation, c'est en démériter?* »

La censure viole ainsi l'art. 64 de la Charte, qui dit : « Les débats sont pu-
« blics en matière criminelle; » et elle viole cet article dans l'intérêt de sa propre cause. Si la censure est bonne et honorable, pourquoi tant de précautions afin de cacher que quelques individus ont refusé des places de censeurs?

La censure crée une société factice, substitue la fiction à la réalité. La magistrature, maintenant les franchises nationales, acquitte sans blâme et sans dépens M. de Kératry; elle établit par son arrêt qu'il n'y a rien de répréhensible, rien de contraire aux lois dans le passage incriminé; elle permet devant elle un développement de principe, une plaidoirie grave en faveur de la liberté de la presse, en réprobation des hommes qui ont asservi cette liberté.

Supposez à présent que le passage dénoncé, que la plaidoirie de M. de Kératry et de son défenseur fussent de simples articles envoyés par le *Courrier français* à la censure; la censure en laisserait-elle passer deux lignes? Où se trouve donc le véritable esprit de la France? Est-il représenté par des juges inamovibles, assis sur les fleurs de lis, en présence du public assemblé; ou par des censeurs amovibles, assis sur les escabelles de M. de Corbière; dans un abattoir où l'on assomme à huis clos l'opinion [1]?

Au reste, il paraît évident que six censeurs ne peuvent suffire à l'exécution de tant de journaux : aussi donne-t-on pour certain qu'au-dessous de ces hommes se trouvent au pied de l'échelle des aides d'office. Si ces faits sont exacts, nous aurions à la fois la censure publique et la censure secrète : on ne peut réunir plus d'éclat à plus de modestie.

Les poids et les mesures varient selon les journaux et selon l'humeur de messieurs de la censure. Ainsi le *Journal des Débats* a vu mutiler un article

---

[1] La censure vient de commettre une nouvelle prévarication du genre de celle dont nous nous plaignons en ce moment même. Le *Constitutionnel* et le *Courrier* étaient en appel à la cour royale d'un jugement rendu contre eux en première instance. La cause d'un de ces journaux était défendue par M. Dupin. Son plaidoyer révélait tous les méfaits de la censure ; la censure n'a pas permis, même aux journaux intéressés, de publier la défense de leur avocat.

La censure ne tient aucun compte de la Charte; mais la Charte fera bientôt raison de la censure.

qui proposait M. Delalot aux électeurs d'Angoulême, et il a été permis au *Constitutionnel* de louer et d'offrir M. Chauvelin aux mêmes électeurs : petite ruse facile à pénétrer. Les agents du pouvoir veulent avoir quelque chose à dire à la tribune en faveur et en défense de leur censure ; ils permettent en certains cas un peu de liberté, afin de tuer plus sûrement un jour la liberté. Quelques phrases tolérées sont des arguments ministériels en réserve, et non des franchises laissées au public. Quand on aura obtenu la censure pour un quart de siècle ou pour un demi-siècle, on ne fera pas tant de compliments, et l'on resserrera la muselière.

Heureusement les journaux ministériels sont naïfs; au lieu de dissimuler la pensée de leurs maîtres, ils la dévoilent.

Si vous ne voulez pas croire à la liberté de la presse sous la censure, voyez, nous disent-ils, tel journal citant des passages des journaux anglais pour et contre M. Canning; tel autre s'expliquant sur le Brésil; tel autre parlant des fêtes données à MM. Bourdeau et Gautier, députés de l'opposition.

Le *Moniteur* et les journaux de préfectures éclatent en mêmes jubilations : nous pouvons être sûrs qu'on nous répétera mot pour mot à la tribune les raisonnements des gazettes stipendiées. On aura beau dire que les journaux indépendants ont expliqué leurs pensées, qu'ils ont protesté contre la censure; leur protestation tournera contre eux, comme une preuve de plus de leur *liberté* : c'est même la raison pour laquelle on leur permet de protester. En définitive, puisqu'on proscrit des noms et des ouvrages, puisqu'on interdit les *blancs*, puisqu'on veut le martyre sans stigmates, la prétendue tolérance de la censure n'est qu'un piège et une jonglerie.

Ce que cette censure désire surtout, c'est que l'on ferraille avec elle, que l'on parle de principes, de liberté, de constitution, de Charte. Elle dit avec un touchant intérêt aux journaux qui se sont retranchés dans la littérature : « Vous « vous faites tort, vous ennuierez vos lecteurs, vous perdrez vos abonnés. Qui « vous empêche de publier de vigoureux articles de doctrine? Nous vous les « passerons tous sans en retrancher une seule ligne. »

Que ces messieurs sont bons! *Allons! ferme!* soutenons une thèse sur la liberté, mais cachons bien nos mains, de peur qu'on ne voie les petits anneaux des gendarmes. Les maîtres ès-jeux de la censure nous distribueront des couronnes, et les Pindares de la police célébreront nos victoires.

En politique extérieure, la censure ne nous fait connaître que ce qui convient à l'autorité : elle ne permet pas surtout que l'on traduise les articles des gazettes anglaises, où elle est traitée comme elle le mérite, mais avec des outrages à notre patrie. Ministres, rendez-nous compte de l'honneur français!

Que reste-t-il à la presse périodique pour organe *libre* de l'opinion? les journaux ministériels, qui sans doute ont leur franc-parler : à la vérité, ils sont réduits à deux; car le ministérialisme est une fièvre jaune dont meurent tour à tour les gazettes qui en sont attaquées. Ces deux journaux donnent à leurs maîtres des éloges qui doivent les embarrasser. Dernièrement un ministre n'était rien moins que *Fabius Cunctator*, à l'âme ardente, à la décision froide, se préparant à fondre du haut de la montagne sur les soldats d'Annibal.

Comme il n'était question dans tout cela que de finances, on se demandait si la montagne était l'hôtel Rivoli; la Bourse, le Capitole; la rue Notre-Dame-des-Victoires, le champ de bataille et quelque banquier, le général carthaginois. De terribles défis que personne n'accepte, des monologues que personne ne lit, sont consignés le matin dans une des gazettes de l'autorité, et répétés le soir par l'autre. On n'oserait peut-être pas avouer les principaux écrivains de ces gazettes, jadis rédacteurs des *Correspondances privées* où le prince, aujourd'hui roi, était chaque jour insulté. Voilà les soutiens du trône, les interprètes des doctrines du ministère!

En politique intérieure, la censure interdit ce qui blesserait les projets et les intérêts de sa coterie. Elle sépare les citoyens des lois, les rend étrangers à leur gouvernement, les prive de l'instruction nécessaire à l'exercice de leurs droits, devient une espèce de rouille qui empêche le jeu de la machine, ou plutôt qui ne laisse tourner que les rouages du pouvoir.

Les censeurs, si dangereux, comme on le voit, en politique, deviennent des critiques en littérature : ils ont leurs coteries, leurs haines, leurs amours; ils coupent et tranchent à leur gré, permettent ou refusent d'annoncer les nouveaux et les anciens écrits, effacent certains noms, biffent les éloges de certains ouvrages : ils interdiraient le feu et l'eau à Racine, et accorderaient le droit de cité à Cotin. Peut-on espérer autre chose, lorsqu'on donne à la médiocrité tout pouvoir sur le génie; à l'obscurité, toute autorité sur la gloire? Si vous introduisiez l'envie et la sottise dans le temple de la renommée, n'en briseraient-elles pas les statues?

Ces nouveaux censeurs empruntent à l'administration supérieure l'urbanité qui la distingue. Les journaux politiques n'ont qu'une heure (de sept à huit heures du soir) pour être marqués et fouettés. Avant sept heures il n'y a personne au bureau; après huit heures on n'admet plus rien à la censure du jour : c'est le cercle de Popilius pour l'opinion. Il semble pourtant que des commis à six mille francs de gages pourraient traiter un peu plus poliment le public qui les paie, à la vérité bien malgré lui. Des feuilles périodiques, dont le tirage est considérable, sont cruellement embarrassées lorsqu'on n'a qu'un moment pour remanier une composition mutilée. La haine de l'intelligence humaine et le mépris des lettres se devraient mieux masquer.

On raconte que des fiacres et des gendarmes viennent tous les soirs chercher les censeurs et les reconduisent chez eux : on pense que les gendarmes sont là en guise de gardes d'honneur [1].

Une partie des travaux de la censure a lieu après le coucher du soleil; il y a des ouvrages qui ne se font que de nuit. Cela se passe pourtant assez loin de M. le ministre de l'intérieur pour que son sommeil n'en soit point troublé.

Voyons maintenant dans quel état la presse périodique demeure lorsque les censeurs, ayant achevé leur besogne, ordonnent de *laisser passer leur justice*.

Un étranger a quitté la France depuis une vingtaine de jours; par un hasard quelconque il a ignoré l'imposition de la censure, et il est revenu hier à Paris.

[1] M. A. de Jussieu.

A son départ de cette capitale, il avait lu dans les feuilles indépendantes des articles politiques et littéraires sur les sujets les plus dignes d'occuper l'esprit humain. Accoutumé à ce mouvement de la pensée qui annonce les progrès d'un peuple dans la carrière de la raison et de la liberté, il demande les journaux du matin, il les ouvre avec empressement; il court à ce que les Anglais appellent le *leading article*, l'article principal. Il voit écrit en grosses lettres, dans une feuille, ce titre : LA GIRAFE; une autre feuille contient une annonce de *chien perdu;* une troisième parle d'une scène de *Bobêche* ou d'une *danse de singes;* une quatrième raconte la pêche d'un *énorme esturgeon*.

Notre voyageur cherche en vain dans les matières littéraires les noms qu'il avait coutume d'y trouver; les ouvrages importants dont on lui donnait l'analyse : tout a disparu. Il se frotte les yeux; il ne sait s'il rêve; il se demande si la France n'a pas été frappée tout à coup d'une paralysie à la suite de laquelle elle serait tombée en enfance. Il ne se peut figurer que ce soit là la nation qu'il avait laissée si saine, si grande, si spirituelle, et qu'il retrouve si cacochyme, si petite, si idiote.

Telle est pourtant, dans l'exacte vérité, la dégradation subite où nous a plongés la censure. Un peuple peut-il consentir longtemps à cet amoindrissement forcé, à cet abandon de toutes ses facultés morales et intellectuelles ? S'imagine-t-on que l'on peut passer sans transition des mâles travaux de l'homme aux occupations puériles de l'enfant, des jouissances de la liberté aux plaisirs de l'esclavage, et du spectacle de la gloire aux gambades de Fagotin ?

C'est tenter l'impossible; il serait plus aisé de nous ramener au mode de la régence que de réduire nos esprits à la mesure des censeurs.

Aussi les effets de la censure ne sont pas moins effrayants qu'ils ne sont inévitables; le dégoût, le mépris, la haine s'augmentent au fond de tous les cœurs pour un système d'administration qui exploite au profit de quelques hommes quarante années de révolutions, de victoires et de malheurs. On se demande si c'est pour arriver à l'ovation de tels et tels ministres que la république a brisé le trône et élevé l'échafaud de Louis XVI, que la Vendée a versé son sang, que Buonaparte a vaincu l'Europe, que Louis XVIII a donné la Charte? Sommes-nous punis par où nous avons péché? Devons-nous expier l'extrême grandeur par l'extrême petitesse?

Des nains ministériels, montés sur les débris de nos libertés, ont osé attacher un bandeau sur les yeux de la France, imitant la gloire, qui seule était de taille à atteindre le front de la fille aînée de l'Europe. Prétendent-ils tuer cette France quand elle ne les verra plus? Mais ne pourrait-elle pas étendre son bras dans l'ombre? Malheur à ceux sur qui s'abaisserait sa main!

Chaque jour on nous effraie du bruit de quelques projets sinistres. Les ministres, nous dit-on, n'en resteront pas là : enivrés de la victoire remportée sur Paris par le licenciement de la garde nationale, sur la France entière par la censure, ils songent à de nouveaux triomphes. Leurs créatures sollicitent une nombreuse nomination de pairs, pour obtenir, si elles le peuvent, des mesures selon leurs vœux; elles méditent une nouvelle circonscription des tribunaux, afin de dompter l'esprit indépendant de la magistrature; elles parlent d'une loi de censure perpétuelle, d'une loi d'élections plus flexible, d'une suspension de la Charte, etc., etc.

De quoi les ennemis du roi et de la patrie ne parlent-ils pas! Mais ils comptent sans le temps, sans les événements, sans la force du siècle, sans l'esprit des peuples. Ne confondons pas le génie qui rêve avec la médiocrité qui extravague : quelques idées vieillies, cantonnées dans des têtes étroites et usées, peuvent-elles régir une nation où les lumières sont entrées de toutes parts? Une garnison d'invalides, retranchée dans un donjon délabré, fait-elle la loi aux assiégeants, lorsque la place est prise et le pays occupé?

La France avait montré une joie extrême du retrait du projet de loi contre la presse; si elle ne pouvait supporter ce projet, même en pensée, est-ce pour la satisfaire qu'on lui impose la censure? Est-il sage, est-il politique de narguer ainsi, de fouler aux pieds l'opinion?

Après cinq années de possession de la liberté de la presse, cette liberté n'est plus pour la France un simple principe abstrait, c'est un fait pratique qu'il n'est donné à personne de détruire. La censure, loin de calmer les esprits, n'a fait que les irriter : elle les a confirmés dans l'idée que les ministres cherchaient à ravir à la France les institutions que leur a octroyées Louis XVIII.

Dans l'ancienne monarchie, le pouvoir n'avait pas en lui-même son principe modérateur; il ne rencontrait de résistance que dans ses limites; clergé, noblesse, états provinciaux, droits et priviléges municipaux, lui faisaient obstacle.

Dans la monarchie nouvelle, le pouvoir n'a point de bornes; mais il est retenu par un principe renfermé dans son propre sein, *la publicité*. Détruisez celle-ci, il ne reste qu'un despotisme orageux. « La monarchie légitime, a dit « un esprit profond, la monarchie légitime si nécessaire à la France, cette « monarchie qui est à nous aussi bien qu'à nos adversaires, serait amenée par « leur imprudence au seul risque véritable qu'elle ait à courir, celui d'être re- « gardée comme incompatible avec les libertés qu'elle a promises [1]. »

Ces libertés ont pénétré nos institutions et nos mœurs : attaquer la plus précieuse de toutes, c'est blesser nos intérêts essentiels. Ajoutons que la censure, telle qu'elle existe aujourd'hui, est absurde, parce qu'elle est impuissante.

Lorsqu'à côté d'une presse esclave il existe une presse libre, et que celle-ci raconte ce que l'autre est obligée de taire, le pouvoir tombe dans la désaffection et dans l'impopularité, sans arriver au but qu'il se propose : il se donne à la fois les embarras de la liberté de la presse et les inconvénients de la censure.

Nous avons maintenant les chansons et les noëls satiriques de la vieille monarchie, et les brochures politiques de la monarchie nouvelle. Avant un mois le public commencera à connaître ces brochures; elles seront d'autant plus lues, demandées, recherchées, que la presse périodique est moins indépendante.

Lorsqu'un écrit a la faculté de paraître sous le régime de la loi, que l'auteur de cet écrit ne peut pas être arrêté, jugé et fusillé dans vingt-quatre heures, une petite violence administrative à la publicité est une bouderie à laquelle ne se laissera jamais aller un véritable homme d'État. La censure,

[1] M. Royer-Collard, séance du 22 janvier 1823.

glaive tranchant de l'arbitraire, s'émousse aux mains de l'autorité légale : il ne coupe pas, il meurtrit; l'arme de la légitimité est la liberté de la presse.

La légitimité revint de l'exil nue et dépouillée : elle réclama la puissance en offrant la liberté; l'échange fut accepté avec transport. De mâle en mâle, par une succession non interrompue, on arrivait de Robert le Fort à Louis XVIII : les fils de ceux qui fondèrent la monarchie, et qui gardèrent le passé pendant mille ans, demandaient à garder l'avenir. Ce miracle d'antiquité était une grandeur qu'on ne pouvait méconnaître : les Français se soumirent à l'autorité de leur roi, comme à l'autorité de leur histoire.

Le souverain eut donc en partage le pouvoir, et le peuple, la liberté. Les deux parties, satisfaites l'une de l'autre, sont sincères et loyales; mais entre elles se sont glissées de petites gens qui cherchent à brouiller. Elles ont réussi jusqu'à un certain point; on s'en étonne, et l'on a tort.

La médiocrité individuelle n'est pas forte par ce qu'elle est en elle-même, mais par le corps nombreux des médiocrités qu'elle représente. Plus l'homme en pouvoir est petit, plus il convient à toutes les petitesses : il donne à la foule l'espérance de réussir; les courtisans le préfèrent, parce qu'ils peuvent dédaigner sa première condition; les rois le conservent comme une preuve de leur toute-puissance. Non-seulement la médiocrité parvenue a tous ces avantages, mais elle a encore un bien plus grand mérite; elle exclut du pouvoir la capacité. Ce député des infirmes aux affaires caresse deux passions du cœur humain : l'ambition du vulgaire, et l'envie de tous.

Mais enfin cela n'a qu'un temps, et un temps fort court dans la forme de nos institutions; elles ramèneront les vraies supériorités, ou bien il faudrait tenter des coups d'État, qui viendraient échouer contre le refus de l'impôt.

Si nous voulons remporter la victoire, agissons toujours de concert, et soyons attentifs aux manœuvres des ennemis de nos libertés. C'est principalement des élections prochaines que nous devons attendre notre salut. Les élections partielles qui ont eu lieu dernièrement n'ont laissé passer qu'un seul candidat de l'autorité. M. Delalot vient d'être nommé à Angoulême, à la haute satisfaction des royalistes constitutionnels et au mortel déplaisir de leurs adversaires; ce qui prouve, ce que l'on savait depuis longtemps, que la censure est un mauvais moyen d'obtenir aux élections des votes ministériels. Mais prenons garde à une chose.

La dernière loi sur le jury est excellente : faite de sorte à empêcher, dans l'avenir, les fraudes électorales, elle pourrait cependant avoir dans ce moment le plus grand danger, si la France était surprise par une dissolution subite de la Chambre des députés, après le 1er octobre prochain.

On commence à exécuter cette loi; les listes où les citoyens iront s'enregistrer seront closes le 1er octobre de cette année. Il est naturel que toutes les créatures, que tous les agents du ministère soient portés immédiatement sur ces listes.

Malheureusement l'institution du jury n'est pas encore bien entrée dans nos mœurs; il est probable que dans les départements on se montrera tiède à placer son nom sur le rôle des jurés; on croira qu'il sera toujours temps d'en venir là; on ne se souviendra pas qu'en négligeant de se faire inscrire on perd ses droits d'électeur. Souvenons-nous bien que les listes du jury sont les listes électorales. Personne ne viendra vous en avertir dans votre domicile; les autorités ne diront rien; les journaux, sous le joug de la censure, se tairont; le 1ᵉʳ octobre arrivera. Si la Chambre des députés est dissoute, alors que fera-t-on? on courra aux colléges électoraux : inutile empressement! on n'est point inscrit sur la liste du jury, on a perdu ses droits d'électeur! On réclamera : les réclamations seront accueillies *pour l'année* 1828. Tout sera parfaitement légal; il n'y aura pas lieu à la plus petite plainte; mais, comme les initiés le disent déjà trivialement en se frottant les mains, *on aura manqué le coche;* une Chambre des députés sera élue pour *sept ans*. Les ministres, riant des dupes et de la véritable opinion de la France, recueilleront le fruit de la censure.

Je recommande ceci à l'attention la plus sérieuse des citoyens : qu'ils se hâtent de se faire inscrire sur la liste du jury avant le 1ᵉʳ octobre; il y va de leurs droits électoraux, il y va de la prospérité et de la liberté de la France. Je répéterai plusieurs fois cet avertissement, et tous les écrivains amis de leur pays se feront un devoir de le rappeler.

Il est déplorable d'en être à ces craintes de surprise, d'avoir sans cesse à se défier, à se défendre du pouvoir administratif comme d'un ennemi, de ce pouvoir qui devrait être le premier à instruire les citoyens, à les inviter à l'exercice de leurs droits. Malheureusement les défiances ne sont que trop justifiées par les anciennes tromperies électorales, par tout ce que l'on a fait pour acheter d'abord l'opinion, et ensuite pour l'étouffer. Serrons nos rangs, oublions nos petites dissidences. Ne nous laissons pas décourager parce que le temps nous semble long. On a sans cesse à la bouche cette phrase banale : il y a bien loin d'ici à telle époque! Bien loin? Et la vie, combien dure-t-elle?

Charles X entendra nos plaintes : c'est de lui surtout que viendra notre salut. Si sa piété est vive, elle est éclairée; elle ne lui a point été donnée en diminution de ses vertus; il ne se met point humblement à genoux au pied des autels, pour marcher ensuite avec orgueil sur la tête de ses sujets; il n'est pas de ces princes qui se croient le droit de frapper leurs peuples, quand ils se sont frappés la poitrine. Il descend de ce Louis IX qui disait : « J'aimerois mieux que *le peuple de mon royaume fust gouverné bien et loyaument par un Écossoys venu d'Écosse, ou par quelque loingtaing estrangier, que par un roy de France qui ne fust pas aymé de son peuple et qui gouvernast mal à point et en reproches.* »

Vrais sentiments d'un roi, d'un saint et d'un grand homme!

POST-SCRIPTUM.

Des journaux nous donnent le traité conclu, disent-ils, entre la France, l'Angleterre et la Russie, pour la pacification de la Grèce. Ces négociations, commencées sous mon ministère, me paraîtraient dans ce cas avoir eu une triste fin. Il serait difficile de comprendre que les Ottomans, vainqueurs presque partout, abandonnassent les forteresses qu'on leur a laissé prendre, livrassent toutes les propriétés turques à des rayas rebelles, et que les Grecs de leur côté reconnussent le sultan comme leur *seigneur suzerain*, lui payassent un *tribut annuel*, et consentissent à laisser à la Porte une *voix déterminante dans la nomination des autorités qu'ils se choisiront*.

Je disais dans ma note sur la Grèce qu'il était déjà trop tard, il y a deux ans, de demander pour celle-ci une sorte d'existence semblable à celle de la Valachie et de la Moldavie, les Grecs paraissant être au moment de chasser les Turcs ou d'être exterminés par eux.

Je remarquais toutefois qu'il était encore possible de délivrer les Hellènes sans troubler le monde, sans se diviser, sans mettre même en danger l'existence de la Turquie, par une seule dépêche collective souscrite des grandes puissances de l'Europe : ce sont là, ajoutais-je, de ces pièces diplomatiques qu'on aimerait à signer de son sang.

On en est venu à cette résolution : mais quand? Quand des flots de sang ont été versés, lorsque les Turcs sont rentrés dans les ruines d'Athènes, et que la torche de Mahomet, plantée dans les débris des monuments de Phidias, semble éclairer les dernières funérailles de la Grèce.

La France, qui devait prendre l'initiative dans cette question ; la France, qui aurait pu avoir dans ce moment vingt-cinq mille volontaires en Morée, a été placée, par la faiblesse des ministres, à la suite des autres puissances. Les peuples ont traîné les gouvernements à la remorque dans une affaire où la religion, l'humanité et les intérêts matériels bien entendus réclamaient l'intervention de ces gouvernements.

On a déclamé contre les comités philhellènes ; mais en quêtant du pain, ils ont nourri des veuves, des orphelins, une poignée de héros, et laissé le temps à la chrétienté de rougir.

La Russie voulait agir : qui l'a arrêtée? S'il est juste de secourir aujourd'hui les Grecs, eût-il été injuste de les secourir il y a quatre ans? S'était-on flatté qu'ils seraient anéantis? Ils ont malencontreusement résisté au delà de l'espérance. Maintenant leur renommée embarrasse : qu'en faire? Ne pourrait-on pas les en punir, en les rejetant sous la suzeraineté des Turcs? On n'a pas pu leur ôter la vie; ôtons-leur la gloire : ce sera toujours se venger de la liberté. Si la Porte n'accepte pas une médiation proposée avec tant de ménagements et des paroles si modestes, combien de temps encore les massacres dureront-ils, puisque le traité ne porte pas une condition expresse d'armistice? Pendant les échanges de notes diplomatiques, les Turcs continueront-ils à égorger les Grecs sous les yeux des médiateurs?

Si vous regardez ces Grecs comme des sujets rebelles, pourquoi vous occupez-vous d'eux? Si vous les considérez comme un peuple qui mérite d'être libre, quel droit avez-vous de fixer les conditions de sa liberté ou plutôt de prolonger véritablement son esclavage? Laissez-le mourir : la postérité lui rendra les derniers honneurs; il n'a pas besoin que votre pitié de parade et votre admiration dérisoire viennent promener vos pavillons en deuil sur les mers qu'il illustra, et tirer des coups de canon à poudre sur sa tombe.

Si les Grecs, comme ils l'ont décrété, érigent une monarchie constitutionnelle et se choisissent un prince étranger, c'est donc le Grand-Turc qui, avec sa voix déterminante, nommera ce roi vassal?

Si les Grecs n'acceptent pas les chefs désignés par la Porte, qui décidera la question? Les puissances médiatrices, réunies en conseil de censure, prendront-elles à tout moment les armes?

Il fallait éviter des détails où l'on a tout réglé sans consulter les parties contendantes. On devait, selon moi, se contenter de dire : « La guerre cessera à « l'instant : nous l'exigeons dans l'intérêt de la religion et de l'humanité, dans « l'intérêt de nos sujets et du commerce. Nous reconnaissons l'indépendance « de la Grèce, et nous offrons notre médiation pour les arrangements qui se- « ront la suite de cette reconnaissance. »

L'Angleterre a reconnu l'indépendance des colonies espagnoles, la France, l'indépendance d'une république de noirs; et l'on en est à parler d'un *rapprochement éventuel* avec les Grecs! La France et l'Angleterre ne soutiendraient-elles des principes généreux que lorsqu'elles n'ont à craindre aucune résistance? Les Turcs sont-ils si formidables? Il suffit que nos gens d'État se mêlent de quelque chose pour que tout avorte : leur administration pauvrette n'amène rien à terme.

Si de tant de désastres on sauve quelques familles, on devra sans doute s'en réjouir; mais qu'on ne vienne pas réclamer, au nom d'une mesure incomplète et tardive, une popularité qu'on n'a pas méritée. Faut-il croire à un article secret devenu un article public? Dans tous les cas, cet article n'engagerait pas beaucoup les puissances; car il y est dit qu'on établirait avec les Grecs des relations commerciales, *aussi longtemps qu'il existera parmi eux des autorités en état de maintenir de telles relations.*

Or, n'est-il pas évident qu'on pourra toujours déclarer aux Grecs qu'on désirait établir avec eux des relations, mais *qu'ils ne sont pas en état de les maintenir?* Cette grande négociation finirait ainsi par une misérable moquerie. En tout, le ton du traité, si ce traité est authentique, est timide, vague, embrouillé, sans franchise, très-peu digne du langage de trois grandes puissances de l'Europe. On y sent l'amour des Turcs, les défiances de l'Autriche, la peur de la guerre, la mercantille de la Cité de Londres, et l'agiotage de la Bourse de Paris : on ne peut échapper au trois pour cent.

DERNIER AVIS AUX ÉLECTEURS [1].

Paris, le 5 septembre 1827.

Il n'y a qu'une chose qui doive fixer dans ce moment l'attention publique; qu'une chose dont nous puissions entretenir nos lecteurs : la formation des

[1] Mon tour de tenir la plume n'était pas revenu. Prévenu trop tard que j'aurais à remplacer momentanément un homme de talent et de mérite, il m'a fallu dicter, revoir et livrer

listes pour le jury Ces listes, on le sait, sont aussi les listes électorales; quiconque négligerait de s'y faire inscrire avant le 30 de ce mois, perdrait son droit d'électeur pendant une année. Si une élection générale avait lieu dans le cours de cette année, le mauvais citoyen, car il faut trancher le mot, qui se serait tenu à l'écart, deviendrait coupable de tout ce qu'une Chambre des députés, dévouée à l'administration du jour, pourrait faire de mal à la France.

Remarquez que vous avez contre vous deux chances de dissolution, à deux époques différentes Une fois close le 30 septembre, la liste du jury est valable pour un an; le ministère peut déterminer la couronne à dissoudre la Chambre des députés avant la session prochaine ou après cette session; que l'élection précède seulement de quelques jours le 1er octobre 1828, c'est la liste arrêtée le 30 septembre 1827 qui servira. De sorte que, s'il plaît au ministère de faire encore une campagne avec la Chambre actuelle des députés, il le peut, réservant sa *bonne* liste (si elle était bonne à ses fins) pour des élections qu'il placerait au mois d'août ou de septembre 1828; il gagnerait ainsi une année d'existence; il ajouterait l'année qui va s'écouler aux sept années qu'il se donnerait ensuite. Y a-t-il en France un seul homme, autre qu'un serviteur extrêmement humble, à qui l'arrangement puisse convenir? Encore huit années de la chose ministérielle! c'est un peu long. Voilà néanmoins ce qui arriverait si les électeurs non serviles renonçaient à se présenter à leur préfecture avant le 30 septembre. Et qu'ils se dépêchent, car nous sommes au cinquième jour de ce mois fatal.

Déjà dans les bureaux on se réjouit des retards d'inscription; on se vante que, ces retards continuant, les quatre cinquièmes, ou tout au moins les trois cinquièmes des voix seront acquis à l'autorité. On va jusqu'à marquer le nombre des membres dont l'opposition future serait composée : soixante députés de la minorité de gauche, huit députés de la minorité de droite, c'est tout ce que le ministère accorde *aux besoins de l'opposition*.

L'outrecuidance ministérielle est connue; elle a souvent annoncé des succès qu'elle n'a point obtenus. Elle se disait sûre de faire repousser M. Delalot à l'élection d'Angoulême, et M. Delalot a été nommé. (Il en a été ainsi de quelques autres élections partielles.) Elle se regardait comme certaine du vote de plusieurs lois, et ces lois ont été rejetées ou refaites. Nous croyons même, et nous avons nos raisons pour cela, que dans les voix que le ministère s'attribue déjà sur les listes du jury, il aura de grands mécomptes. Ne nous effrayons donc pas des vanteries, mais qu'elles nous servent d'admonition : souvenons-nous qu'un seul suffrage peut décider de la nomination d'un député, et la boule de ce député du sort d'une loi ou d'un ministère.

Mais si le ministère a l'intention de procéder à des élections, comment se fait-il qu'il soit le premier à solliciter l'inscription sur les listes? Voyez les avertissements des préfets, les articles de journaux : n'est-il pas évident que la censure ne laisserait pas passer ces articles, s'ils contrariaient les plans des

---

cette brochure à l'impression dans quelques heures. Au reste, il ne s'agit ici ni de l'écrit ni de l'écrivain : il s'agit de remplir un devoir : *Faites-vous inscrire sur les listes du jury;* voilà tout ce que j'avais à dire, et ce sera toujours bien dit.

hommes du pouvoir? Il est donc clair que ces hommes ne veulent pas renouveler la Chambre des députés, ou qu'ils désirent que l'élection soit sincère, que les opinions soient libres.

Nous aimerions à donner ces éloges au ministère; mais il a trop appris à la France à le juger autrement. Il dirait aujourd'hui la vérité qu'on ne le croirait pas : c'est peut-être ce qu'il y a de plus déplorable dans sa position, pour lui-même et pour le pays.

La défiance est poussée au point que nous avons vu des électeurs, au moment de commencer les démarches nécessaires, reculer devant l'invitation des autorités. « On nous presse, c'est pour nous prendre dans un piège que nous « ne voyons pas. Le ministère n'a pas envie que nous votions contre lui; « or, il nous appelle, donc il nous trahit » On ne pouvait les tirer de ce raisonnement.

Il est aisé d'expliquer la contradiction apparente entre ce qui peut être le vœu secret de l'administration et le langage public des autorités et des journaux censurés.

Les raisons de *principe* agissent peu sur les hommes : il n'y a que les raisons de *fait* qui frappent et qui soient entendues. Ainsi, quand vous crieriez du matin au soir : « Rien n'est si beau que la fonction de juré, rien de si admirable « que le pouvoir électoral! Si vous vous exposez à le perdre, vous vous mon-« trerez indigne du gouvernement représentatif et de la liberté constitution-« nelle : indépendant, vous renoncerez à votre indépendance; royaliste, « vous méconnaîtrez le bienfait de la Charte octroyée par le roi votre maître. « Sortez de votre apathie, et assurez votre double droit d'électeur-juré. »

Ce langage est fort convenable; mais déterminera-t-il à s'inscrire vingt électeurs de ceux qui ne s'inscrivent pas naturellement? nous ne le pensons pas Il n'y a donc aucun danger pour l'administration à laisser proclamer ces théories; elle sait très-bien que ce n'est pas avec de la métaphysique politique qu'on fait mouvoir les électeurs; elle se donne ainsi, à bon marché, un air de candeur; ses partisans viendront vous dire à la tribune, en apologie de la censure et après des réélections favorables pour eux: « Cette Chambre « nouvelle où le ministère a une majorité acquise, démontre que l'opinion « réelle de la France est tout en faveur du système que l'on suit. Soutien-« drez-vous que l'on a agi déloyalement, que l'on a écarté des colléges élec-« toraux nos adversaires? Loin de là, on les a appelés de toutes parts; les pré-« fets les ont instruits de ce qu'ils avaient à faire. Quelle opinion a été « enchaînée? Le journal royaliste n'a-t-il pas désigné le candidat royaliste; « le journal libéral, le candidat libéral? »

Et l'orateur, en prononçant ces paroles, aurait sous sa main une liasse de journaux censurés et d'arrêtés de préfets, et, comme dans les *Plaideurs*, *il en montrerait les pièces;* et Perrin Dandin, réélu, dirait avec attendrissement : *Vraiment il plaide bien !*

Voulez-vous savoir si tout cela est franchise? Sortez des théories, venez au fait; dites aux électeurs qu'ils doivent se faire inscrire pour mettre un terme au système ministériel; pour prévenir le retour de ces projets de lois qui désolent et irritent la France; pour empêcher la perpétuité de la censure et la détérioration de la pairie; pour renvoyer les receveurs généraux dans leurs départements, et dissoudre un syndicat dangereux; pour rendre la caisse d'amortissement à sa destination primitive; pour cesser d'être humiliés par des pirates dont nous bloquons inutilement les ports; pour que le commerce refleurisse; pour que des injustices soient réparées : voilà ce que tout le monde comprendra, voilà ce qui amènera la foule aux listes de jurés; mais voilà aussi ce que la censure ne vous permettra pas d'écrire dans les journaux; voilà ce dont les préfets n'auront garde de vous instruire; voilà ce qui prouve que la sincérité de l'appel ministériel aux électeurs est une déception de plus

Dans un pays où l'administration ne se séparerait pas du peuple, ne regarderait pas l'opinion publique comme une ennemie, tout se passerait dans l'ordre; au lieu de chercher à profiter des difficultés et des lacunes qui peuvent exister dans une loi, au lieu de s'en tenir rigoureusement à la lettre de cette loi, une autorité paternelle attendrait avec patience les citoyens et leur aplanirait les voies.

La loi actuelle sur le jury a oublié de commander aux autorités locales de délivrer un récépissé des pièces qu'on doit leur fournir. Comment prouvera-t-on que ces pièces ont été remises en temps utile, si par hasard elles s'égaraient dans les bureaux, ou s'il convenait à quelque séide ministériel de nier les avoir reçues?

Des électeurs arrivent de la campagne; ils ont fait plusieurs lieues afin de remplir le vœu de la loi. L'heure est trop avancée, les bureaux ne sont plus ouverts : ces électeurs pourront-ils revenir?

Les percepteurs des impositions des communes rurales ne manquent pas de prétextes pour retarder quelquefois la remise des extraits qu'on leur demande.

L'art. 3 de l'ordonnance de 1820 veut que tous les dix jours, pendant que les listes électorales restent affichées, les préfets fassent publier un relevé des noms ajoutés ou retranchés. Les électeurs jurés jouiront-ils du bénéfice de cette ordonnance?

Puis viennent les dégrèvements, les chicanes sur les pièces produites, les erreurs volontaires ou involontaires des percepteurs, maires, sous-préfets et préfets.

Il est dur d'énumérer les moyens que saurait bien trouver le pouvoir ministériel de fausser une excellente loi; mais ce pouvoir a été vu à l'œuvre : le personnel de ce pouvoir n'est pas changé, son esprit l'est encore moins; ce pouvoir a fait, sans rougir, des professions publiques de son despotisme. Les mêmes hommes qui dirigèrent les dernières élections seront chargés de travailler celles qui pourraient avoir lieu. Qu'attendre de leur justice?

Nos craintes paraîtront peut-être prématurées. L'administration, répliquera-t-on, n'est pas d'humeur à jouer le certain contre l'incertain : elle peut encore se traîner deux ou trois ans comme elle est : que chaque année elle emporte le budget et remette la censure, elle n'en demande pas davantage. Elle tient la considération publique pour niaiserie, les discours à la tribune pour néant. Vous lui direz que la censure a tout perdu, elle vous répondra que la censure a tout sauvé : sur ce, clôture, ordre du jour ; le compte des boules réglera l'affaire. A chaque jour suffit sa peine : dans trois ans il arrive tant de choses! Et puis quand on sera là, on verra. Pourquoi les ministres se troubleraient-ils le cerveau de toutes ces prévoyances? On leur dit, dans le *Moniteur*, qu'ils sont les premiers hommes du monde, qu'ils ont fait des choses magnifiques, étonnantes; on suppute, par le menu, toutes ces belles choses que la censure environne de son inviolabilité. Le patenté-politique est bien payé des deniers publics, et chacun s'endort. On n'est pas assez fou pour lâcher ce qu'on tient, pour risquer sur un coup de dés une fortune acquise. Il n'y aura pas le plus petit changement; les choses resteront comme elles sont : rien ne presse donc de se faire inscrire.

Nous en conviendrons : c'est là l'esprit de l'administration : pourvu qu'elle vive, elle est satisfaite. Devenue insensible à tout reproche, elle garderait certainement sa position, si elle suivait les habitudes de sa misère. Vous ne la toucheriez pas davantage en lui disant que dans deux ou trois ans les élections pourraient être dangereuses par l'exaspération toujours croissante des esprits. Qu'importe au ministère tout intérêt qui n'est pas le sien? Mais dans les circonstances où nous sommes, les agents de l'autorité suprême ne sont pas libres de s'abandonner au penchant de leur caractère; ils seront forcés d'agir.

Il est probable qu'après la session prochaine il y aura de nombreuses démissions : beaucoup de députés pensent que leurs pouvoirs légaux expirent au bout de cinq années. L'année 1828 peut donc amener des réélections partielles : voudrait-on laisser ces réélections au profit de qui de droit? De plus, tout ne fait-il pas présumer que ces démissions multipliées entraîneront une dissolution complète? Or, que des élections partielles ou des élections générales aient lieu avant le 1er octobre 1828, notre précédent raisonnement subsiste.

Enfin, si l'on est déterminé à s'inscrire dans un temps quelconque sur la liste des électeurs-jurés, pourquoi ne pas le faire à présent, pourquoi ne pas prévenir les chances défavorables? La Chambre des députés ne sera pas dissoute : eh bien! l'on sera en règle, et l'on attendra paisiblement l'avenir.

Quant à ceux qui pourraient craindre d'exercer les fonctions de juré, ils doivent maintenant être rassurés. Il est prouvé que leur tour ne peut guère revenir, dans les départements, qu'une fois tous les huit ans. Voudrait-on renoncer aux plus beaux des droits, aux droits électoraux, pour éviter une aussi petite peine? Mais alors même on n'y réussirait pas ; *on ne serait plus électeur, et on resterait juré;* le préfet peut toujours vous inscrire d'office, et les citoyens dont vous n'auriez pas voulu partager l'honorable labeur seraient les premiers à vous dénoncer comme étant apte à faire partie d'un jury.

Ne cherchons pas dans le pouvoir ministériel, dans son amour du repos, dans son imprévoyance accoutumée, dans sa difficulté à pousser ses calculs au delà des besoins du moment; ne cherchons pas un prétexte pour autoriser notre paresse et notre négligence. L'administration pourrait sortir inopinément de sa nature : il n'y a personne qui ne démente une fois dans sa vie ses propres défauts. On veut sans doute du silence et de l'immobilité au dehors; on sacrifierait la dignité de la France à une hausse de fonds de quelques centimes; jamais la prospérité de la patrie ne sera mise en balance avec la prospérité du trois pour cent. Mais s'agit-il de conserver une place de ministre, il n'y a pas de coup d'État qui coûte : garde nationale, libertés publiques, pairie, tout y passerait.

Audacieux avec légèreté, timides sans prudence, violents contre tout ce qu'ils sentent enchaîné par la loyauté, faibles contre tout ce qui oserait pousser au dernier terme la vengeance d'un outrage, ingrats comme des nécessiteux, se figurant que leur colère épouvante et que leur faveur est quelque chose, des hommes ont creusé un abîme sous nos pas : eux seuls méconnaissent les symptômes alarmants d'une crise que leurs fautes ont préparée. Au lieu d'arrêter le mal, la censure l'a prodigieusement augmenté. Qu'a-t-elle empêché, cette censure? Le ministère a-t-il vu se tempérer pour lui l'animadversion publique? Les journaux étaient accusés de donner des ordres, de dicter des lois, d'ameuter la foule autour des cercueils. Eh bien! les gazettes sont demeurées muettes : les cendres de M. Manuel ont-elles été moins accompagnées à leur dernier asile?

Qu'a-t-on entendu à ces funérailles où la censure devait joindre son silence à celui des tombeaux? N'y avait-il rien de plus qu'à l'inhumation du général Foy, accomplie sous les auspices de la liberté de la presse? Tout devient résistance quand tout blesse; tout est opposition aujourd'hui, les vivants et les morts.

La religion, nous l'avions prévu, souffre particulièrement de cet état de choses. On ne parle plus dans les journaux de missionnaires et de jésuites; mais écoutez ce que l'on répète autour de vous : c'est le clergé tout entier que l'on accuse. A dire de ses ennemis, c'est pour favoriser son ambition, c'est pour cacher ses fautes que l'on a mis la censure; il veut la ruine de nos institutions; la Charte est incompatible avec son existence. Telles sont les calomnies qu'a fait naître le système ministériel, calomnies indignes et absurdes sans doute, mais populaires; or, les mensonges ont produit plus de troubles sur la terre que les vérités. Il est malheureusement trop vrai que des ressentiments profonds fermentent dans les cœurs. Les petits Machiavels du temps s'imaginent que tout marche à merveille dans une société quand le peuple a du pain et qu'il paie l'impôt. Ils ignorent, ces prétendus hommes d'État, qu'il y a chez les nations des besoins moraux plus impérieux que les besoins physiques. Lorsque ces nations sont offensées dans leurs libertés, dans leurs opinions, dans leurs goûts, dans leur orgueil, en vain les champs se couvrent de moissons; un malaise général se fait sentir, et des désordres sont à craindre. Dans l'ordre politique, les maux physiques causent les soulèvements, et les souffrances morales font les révolutions. Une nation ne manque de rien; elle jouit de toutes les richesses de la terre, de tous les trésors du ciel, et voilà qu'elle tombe tout à coup dans le délire. Pourquoi cela? c'est qu'elle portait au sein une blessure secrète que son gouvernement n'a su guérir. Rome est patiente aux plus cruelles disettes, et s'émeut pour l'honneur de Virginie; Paris tout entier se laisse mourir de faim plutôt que d'ouvrir ses portes à Henri IV. C'est la liberté, c'est la gloire, c'est la religion, qui arment les hommes; les bras ne servent que les intelligences.

On a voulu nous donner la censure pour mille raisons personnelles, et peut-être pour favoriser des élections dans le sens du pouvoir administratif. Elle ne produira point ce qu'on désire qu'elle produise; mais elle aura d'autres effets,

effets funestes si l'on ne s'empresse d'en détruire la cause : on a pris pour des circonstances graves beaucoup de sottises faites : la médiocrité a eu peur de son ombre, et on lui a immolé la liberté.

Quand on verra réunies, à la prochaine session, toutes les rognures des journaux, toutes les méchancetés et toutes les absurdités de la censure, toutes les destructions causées par les intérêts personnels, par les petites passions politiques et littéraires, on restera stupéfait. Force sera d'écouter de la tribune l'histoire des *blancs*; des dénis même de censure, des permissions accordées à tel journal, refusées à tel autre. Comment a-t-on pu mettre en tutelle l'âge viril d'un grand peuple? Comment s'est-on figuré que ce peuple oublierait tout ce qu'il avait appris, qu'il se soumettrait sans indignation à ne parler de ses plus chers intérêts qu'avec licence et privilège, qu'il consentirait à encadrer son génie dans les bornes de l'esprit étroit qu'on lui a donné pour mesure, à rétrograder jusqu'à l'enfance, à balbutier, dans des lisières, l'imbécile langage de la Mère-l'Oie? Une nation qui, depuis quarante années, s'instruit au gouvernement représentatif; une nation qui a payé de son sang et de ses sueurs ce rude apprentissage ; une nation qui depuis cinq ans a joui de l'indépendance entière de sa pensée ; une nation dont le droit écrit se retrouve dans la Charte et les serments de deux rois : une telle nation souffrira-t-elle longtemps les flagellations d'une censure famélique, qu'on pourrait nourrir de toute autre chose que des libertés de la France?

> J'aime bien mieux ces honnêtes enfants
> Qui de Savoie arrivent tous les ans,
> Et dont la main légèrement essuie
> Ces longs canaux engorgés par la suie.

Voulez-vous faire cesser toutes les divisions, calmer toutes les inquiétudes, rendre la France prospère, calme au dedans, invulnérable au dehors, exécutez franchement la Charte; non parce qu'elle est *Charte, Constitution, Code, Principe*, mais parce qu'elle est l'expression des besoins du temps. Tout gouvernement qui méconnaît la vérité politique dans laquelle il doit vivre marche à sa perte. Dans l'ordre illégitime même, Buonaparte n'a péri que parce qu'il a été infidèle à sa mission : né de la république, il a tué sa mère. Il s'est hâté de jouir et d'abuser de sa gloire comme d'une jeunesse fugitive; il paraissait sur tous les rivages; il inscrivait précipitamment son nom dans les fastes de tous les peuples; il jetait en courant des diadèmes à sa famille et à ses soldats; il se dépêchait dans ses monuments, dans ses lois, dans ses victoires. Penché sur le monde, d'une main il terrassait les rois, de l'autre il abattait le géant révolutionnaire; mais en écrasant l'anarchie il étouffa la liberté, et finit par perdre la sienne sur son dernier champ de bataille.

Et nous, du milieu de notre infirmité, du fond de nos chères ténèbres; nous, vieux malades d'un autre âge, presque oubliés dans celui-ci, nous aurions la prétention de repousser ces principes, que Buonaparte, tout vivant, tout éclatant, tout enfant de son siècle qu'il était, n'attaqua pas impunément; principes qui laissèrent ce géant sans force lorsqu'il s'en fut séparé !

On ne peut se délivrer d'un système qui compromet les choses saintes, qui nuit à la couronne, qui tue les libertés, qui opprime les opinions, qui divise les esprits, qui punit les services, qui détruit l'industrie, qui paralyse le commerce, qui persécute les lettres, qui ne sympathise avec aucun des sentiments de la France; on ne peut se délivrer de cet ignoble système que par des élections indépendantes; il ne tient qu'à nous d'obtenir le triomphe : remplissons les formalités de la loi du 2 mai. Si nous négligeons de conserver nos droits électoraux, la politique à la fois mesquine et oppressive sous laquelle nous gémissons se perpétuera. Cette politique prolongée amènerait tôt ou tard une catastrophe. Nous faire inscrire sur la liste du jury, c'est sauver l'avenir, c'est défendre le trône, l'autel, nos libertés, nos propriétés, nos familles.

Tel est le sentiment des *Amis de la liberté de la presse;* telle est en particulier l'opinion de celui dont la devise sera toujours : *le Roi, la Charte et les honnêtes gens.*

DE LA RESTAURATION
ET DE LA MONARCHIE ÉLECTIVE,

OU RÉPONSE A L'INTERPELLATION DE QUELQUES JOURNAUX SUR MON REFUS DE SERVIR LE NOUVEAU GOUVERNEMENT.

Une question obligeante m'a été faite à diverses reprises dans les feuilles publiques. On a demandé pourquoi je refusais de servir une révolution qui consacre des principes que j'ai défendus et propagés.

Je n'avais pas oublié cette question; mais je m'étais déterminé à n'y pas répondre; je voulais sortir en paix du monde politique, comme je sors en paix du monde littéraire dans la Préface du grand ouvrage [1] qui termine mes *OEuvres complètes,* et qui paraîtra dans quelques jours. « A quoi bon, me disais-je, « armer de nouveau les passions contre moi? Ma vie n'a-t-elle pas été assez « agitée? Ne pourrais-je trouver quelques heures de repos au bord de ma « fosse? » Une proposition faite à la Chambre des députés est venue changer ma résolution. Je serai compris des gens de cœur. A peine délivré d'un long et rude travail, il m'en coûte de troubler le dernier moment qui me reste à passer dans ma patrie; mais c'est une affaire d'honneur; je ne puis l'éviter.

Depuis les journées de juillet, je n'ai point fatigué le pouvoir de mes doléances. J'ai parlé de la monarchie élective aux pairs de France, avant qu'elle fût formée; j'en parle maintenant aux Français, après huit mois d'existence de cette monarchie. Une grave occasion, la chute de trois souverains, m'avait obligé de m'expliquer : une occasion tout aussi grave, la proscription de ces rois, ne me permet pas de rester muet. Dans cet opuscule (réfutation indirecte de la proposition faite aux Chambres législatives, et développement de mes idées sur ce qui est), les partis se trouveront plus ou moins froissés : Je n'en caresse aucun; je dis à tous des vérités dures. Je n'ai rien à ménager : dépouillé du présent, n'ayant qu'un avenir incertain au delà de ma tombe, il

---

[1] *Études* ou *Discours historiques.*

m'importe que ma mémoire ne soit pas grevée de mon silence. Je ne dois pas me taire sur une restauration à laquelle j'ai pris tant de part, qu'on outrage tous les jours, et que l'on proscrit enfin sous mes yeux. Sans coterie, sans appui, je suis seul chargé et seul responsable de moi. Homme solitaire, mêlé par hasard aux choses de la vie, ne marchant avec personne, isolé dans la restauration, isolé après la restauration, je demeure, comme toujours, indépendant de tout, adoptant, des diverses opinions, ce qui me semble bon, rejetant ce qui me paraît mauvais, peu soucieux de plaire ou de déplaire à ceux qui les professent. Au moyen âge, dans les temps de calamités, on prenait un religieux, on l'enfermait dans une petite tour où il jeûnait au pain et à l'eau pour le salut du peuple. Je ne ressem' le pas mal à ce moine du douzième siècle : à travers la lucarne de ma geôle expiatoire, je vais prêcher mon dernier sermon aux passants, qui ne l'écouteront pas.

Les raisons qui m'ont empêché de prêter foi et hommage au gouvernement actuel sont de deux sortes : les unes générales, les autres particulières ou personnelles; parlons d'abord des premières.

Si la restauration avait eu lieu en 1796 ou en 1797, nous n'aurions pas eu la Charte, ou du moins elle eût été étouffée au milieu des passions émues. Buonaparte écrasa la liberté présente, mais il prépara la liberté future en domptant la révolution et en achevant de détruire ce qui restait de l'ancienne monarchie. Il laboura tout ce champ de mort et de débris : sa puissante charrue, traînée par la Gloire, creusa les sillons où devait être semée la liberté constitutionnelle.

Survenue après l'empire, la restauration aurait pu se maintenir à l'aide de la Charte, malgré la défiance dont elle était l'objet, malgré les succès étrangers dont elle n'était que l'accident, mais dont elle paraissait être le but.

La légitimité était le pouvoir incarné; en la saturant de libertés, on l'aurait fait vivre en même temps qu'elle nous eût appris à régler ces libertés. Loin de comprendre cette nécessité, elle voulut ajouter du pouvoir à du pouvoir ; elle a péri par l'excès de son principe.

Je la regrette, parce qu'elle était plus propre à achever notre éducation que toute autre forme gouvernementale. Encore vingt années de l'indépendance de la presse sans secousses, et les vieilles générations auraient disparu, et les mœurs de la France se seraient tellement modifiées, et la raison publique aurait fait de si grands progrès, que nous eussions pu supporter toute révolution sans péril.

Le chemin que l'on a suivi est plus court : est-il meilleur? est-il plus sûr?

Il existe deux sortes de révolutionnaires : les uns désirent la révolution avec la liberté, c'est le très-petit nombre ; les autres veulent la révolution avec le pouvoir, c'est l'immense majorité. Nous nous faisons illusion; nous croyons de bonne foi que la liberté est notre idole : erreur. L'égalité et la gloire sont les deux passions vitales de la patrie. Notre génie, c'est le génie militaire; la France est un soldat. On a voulu les libertés tant qu'elles ont été en opposition à un pouvoir qu'on n'aimait pas, et qui semblait prendre à tâche de contrarier les idées nationales : ce pouvoir abattu, ces libertés obtenues, qui se soucie d'elles, si ce n'est moi et une centaine de béats de mon espèce? A la plus petite émeute qui n'est pas dans le sens de son opinion, à la plus légère égratignure dans un journal, le plus fier partisan de la liberté de la presse invoque tout haut ou tout bas la censure. Croyez-vous que ces docteurs qui jadis nous démontraient l'excellence des lois d'exception, puis qui devinrent épris de la liberté de la presse quand ils furent tombés, qui se vantent aujourd'hui d'avoir toujours combattu en faveur des libertés, croyez-vous qu'ils ne soient pas enclins à revenir à leur première tendresse pour une *sage liberté*, ce qui, dans leur bouche, voulait dire la liberté à livrée ministérielle, chaîne et plaque au cou, transformée en huissier de la chambre? Ne les entend-on pas déjà répéter l'ancien adage de l'impuissance : *Qu'il est impossible de gouverner comme cela?*

Je l'ai prédit dans mon dernier discours à la tribune de la pairie : la monarchie du 29 juillet est dans une condition absolue de gloire ou de lois d'exception : elle vit par la presse, et la presse la tue; sans gloire elle sera dévorée par la liberté; si elle attaque cette liberté, elle périra. Il ferait beau nous voir, après avoir chassé trois rois avec des barricades pour la liberté de la presse, élever de nouvelles barricades contre cette liberté! Et pourtant que faire? L'action redoublée des tribunaux et des lois suffira-t-elle pour contenir les écrivains? Un gouvernement nouveau est un enfant qui ne peut marcher qu'avec des lisières. Remettrons-nous la nation au maillot? Ce terrible nourrisson qui a sucé le sang dans les bras de la victoire à tant de bivouacs, ne brisera-t-il pas ses langes? Il n'y avait qu'une vieille souche profondément enracinée dans le passé, qui pût être battue impunément des vents de la liberté de la presse. Il y eut liberté en France pendant les trois premières années de la révolution, parce qu'il y eut légitimité : depuis la mort de Louis XVI, que devint cette liberté jusqu'à la restauration? Elle tua tout sous la république, et fut tuée sous l'empire. Nous verrons ce qu'elle deviendra sous la monarchie élective.

Les embarras de cette monarchie se décèlent à tous moments : elle est en désaccord avec les monarchies continentales absolues qui l'environnent. Sa mission est d'avancer, et ceux qui la conduisent n'osent avancer : elle ne peut être ni stationnaire ni rétrograde; et dans la crainte de se précipiter, ses guides sont stationnaires et rétrogrades. Ses sympathies sont pour les peuples; si on lui fait renier ces peuples, il ne lui restera aucun allié. Elle marche entre trois menaces : le spectre révolutionnaire, un enfant qui joue au bout d'une longue file de tombeaux, un jeune homme à qui sa mère a donné le passé et son père l'avenir.

Aujourd'hui, c'est une chose convenue, que la restauration était un temps d'oppression; l'empire, une époque d'indépendance : deux flagrantes contre-vérités. Il serait bien étonné de sa couronne civique, s'il revenait à la vie, le libéral de la conscription, qui mitraillait le peuple au 13 vendémiaire sur les marches de Saint-Roch, et faisait sauter à Saint-Cloud la représentation nationale par les fenêtres. La liberté de la presse, la liberté de la tribune, et la royauté dans la rue, lui paraîtraient d'étranges éléments de son empire. On va jusqu'à immoler notre réputation nationale à celle de Napoléon; il semble que nous n'étions rien sans lui. En nous vantant de notre indépendance, ne tombons pas en extase devant le despotisme; sachons mettre l'honneur de la patrie au-dessus de la gloire d'un homme, quelque grande qu'elle soit.

Quant à la restauration, les quinze années de son existence avec leurs inconvénients, leurs fautes, leur stupidité, leurs tentatives de despotisme par les lois et par les actes, le mal-vouloir de l'esprit qui les dominait; ces quinze années sont, à tout prendre, les plus libres dont aient jamais joui les Français depuis le commencement de leurs annales.

Nous avons sous les yeux depuis six mois un miracle : tout pouvoir est brisé; obéit qui veut; la France se gouverne et vit d'elle-même par le seul progrès de sa raison. Sous quel régime a-t-elle fait ce progrès? Est-ce sous les lois de la Convention et du Directoire, ou sous l'absolutisme de l'empire? C'est sous le régime légal de la Charte; c'est pendant le règne de la liberté de la tribune et de la liberté de la presse. Ce que j'ose dire aujourd'hui blessera les passions du moment : tout le monde le redira quand l'effervescence réactionnaire sera calmée.

Ces quinze années de la restauration n'ont pas même été sans éclat; elles ont laissé pour monuments de beaux édifices, des statues, des canaux, de nouveaux quartiers dans Paris, des halles, des quais, des aqueducs, des embellissements sans nombre, une marine militaire recréée, la Grèce délivrée, une vaillante colonie dans le repaire des anciens pirates que l'Europe entière pendant trois siècles n'avait pu détruire, un crédit public immense, une propriété industrielle dont l'état florissant ne se peut mieux attester que par les banqueroutes générales, effroyable ruine de nos manufactures et de nos places de commerce, depuis l'établissement de la monarchie élective.

J'entends parler de l'abaissement où languissait la France, en Europe, pendant la restauration. Ceux qui s'expriment ainsi affrontaient apparemment les balles de la garde royale à la tête de la jeunesse, dans les trois mémorables journées : marchant sans doute aujourd'hui dans le sens de la révolution opérée, ils ont nargué les Cosaques et les Pandours, secouru les peuples qui répondaient à notre cri de liberté, et poussé jusqu'aux rives du Rhin nos générations belliqueuses. Ces fières insultes à la restauration m'ont fait croire un matin que Buonaparte avait secoué sa poussière, abîmé dans la mer l'île qui lui servait de tombe, et était revenu en trois pas par les Pyramides, Austerlitz et Marengo. J'ai regardé : qu'ai-je aperçu? De nobles champions sensibles au dernier point à notre déshonneur national, mais au fond les meilleures gens du monde. Ils ont obtenu la paix de l'Europe, en laissant assommer les peuples assez sots pour avoir pris au sérieux les déclarations de non-intervention. Cette pauvre légitimité s'avisait quelquefois d'avoir du sang dans les veines. Elle osa aller de la Bidassoa à Cadix, malgré l'Angleterre; elle arma, combattit et vainquit en faveur de la Grèce; elle s'empara d'Alger, sous le canon de Malte; elle déclara qu'elle ne rendrait cette conquête que quand et comment il lui plairait. Le gouvernement actuel brave une autre autorité : il refuse la Belgique malgré la nation; il laisse égorger les Polonais malgré la nation; il laisse ou va laisser l'Autriche occuper Parme, Plaisance, Modène, peut-être Bologne et le reste, malgré la nation. Qu'il continue à se conduire de la sorte, et les cabinets de l'Europe le préféreront à la monarchie passée; il gagnera sa légitimité auprès des gouvernements légitimes, comme un chevalier gagnait jadis ses éperons, non la lance au poing, mais le chapeau bas.

Si des personnes froissées par la restauration en parlent avec colère, je les comprends; si d'autres personnes ennemies du sang des Capets veulent le bannir, et pensent qu'on ne peut achever une révolution qu'en changeant la race royale, je ne m'explique pas leur haine, mais je fais la part à leur système; si les vrais triomphateurs de juillet s'expriment avec amertume sur ce qui leur semblait comprimer leur énergie, je m'associe à leur généreuse ardeur et à leurs vives espérances. Mais quand des hommes qui marchaient à la queue de la restauration, qui sollicitaient ses rubans et ses faveurs, qui brûlaient d'être ses ministres, qui conservent même aujourd'hui ses pensions et ses places; quand ces hommes viennent raconter à la face du monde le mépris qu'ils sentent pour la restauration, c'est trop fort; qu'ils le gardent pour eux; qu'ils sachent que les vrais amis de la restauration n'en ont jamais accepté que l'honneur et la liberté. J'ai entre les mains les lettres intimes, à moi adressées, de mon illustre ami M. Canning : elles prouveront à la postérité que la France sous la restauration, n'était ni si humiliée, ni si endurante, ni si bravée qu'on l'affecte de croire. L'empereur Alexandre me fournirait d'autres témoins irrécusables de ce fait. Je possède les marques de confiance dont il m'honorait; il me faisait écrire qu'il signerait les yeux fermés tous les traités que je lui présenterais au nom de la France; et la diplomatie n'ignore pas que je n'ai cessé de réclamer pour ma patrie un partage plus équitable de l'Europe que le partage des traités de Vienne. Dans un plan général que j'avais fait adopter, et où se trouvaient comprises les colonies espagnoles émancipées, nous aurions obtenu des limites qui n'auraient pas laissé Paris, deux fois occupé, à six marches de la cavalerie ennemie. Mais dans ce pays, de misérables jalousies ont-elles jamais accordé à un homme en place le temps d'achever quelque chose? Si l'enfant à qui j'ai donné mon vote au mois d'août eût passé au scrutin royal; si je fusse entré dans ses conseils; si les troubles du Nord eussent éclaté, j'aurais appelé la jeune France autour de Henri V; je lui aurais demandé d'effacer, avec le jeune monarque, la honte de Louis XV. Que les ministres de la monarchie élective osent convoquer un pareil ban. Quand le gouvernement actuel aura fait la guerre sous le drapeau tricolore comme la restauration sous le drapeau blanc, en présence de la liberté de la presse; quand il aura agrandi notre territoire, illustré nos armes, amélioré nos lois, rétabli l'ordre, relevé le crédit et le commerce, alors il pourra insulter à la restauration; jusque-là qu'il soit modeste : ce n'est pas la tête qu'il faut porter haut, c'est le cœur. Vous parlez de l'abaissement de la France, et vous êtes à genoux! Cela vous va mal. Les vaincus, qui ne le sont pas de votre main, peuvent encore, malgré leurs blessures, relever votre gant et vous renvoyer vos dédains.

Et pour dire un mot de ce système de *non-intervention*, dont on fait tant de bruit, je pense qu'un homme d'État ne doit jamais énoncer des principes rigoureux à la tribune, car l'événement du lendemain peut le forcer à déroger à ces principes. Aussi avons-nous vu l'étrange embarras des ministres, lorsque, s'écriant toujours qu'ils n'intervenaient pas, ils intervenaient sans cesse dans les transactions de la Belgique. Le département des relations extérieures avait, de son propre aveu, déclaré que la France ne consentirait pas à l'entrée des Autrichiens dans les pays insurgés de l'Italie, et les Autrichiens sont entrés dans ces pays, et la France a laissé faire, et de généreux citoyens qui n'avaient agi qu'en se confiant à notre déclaration, gémissent peut-être actuellement dans les cachots. On eût évité ces misérables contradictions en se renfermant dans les règles de la politique. Un gouvernement ne proclame pas de si haut des doctrines qu'il n'est pas sûr de pouvoir maintenir, ou qu'il ne se sent pas décidé à maintenir. Sans doute il professe des sentiments d'équité, de liberté et d'honneur; mais il ne se lie pas par de vaines paroles; il demeure libre d'intervenir ou de ne pas intervenir, selon les circonstances et dans les intérêts essentiels de l'État.

Le mot de cette énigme est facile à deviner : des hommes qui n'avaient pas bien compris la révolution de juillet, qui en avaient peur, qui lui prêtaient leur propre faiblesse, ont cru que la monarchie nouvelle ne pouvait exister de droit, si elle n'était vite sanctionnée de tous les cabinets de l'Europe. Au lieu de contraindre à cette reconnaissance par une attitude de force et de grandeur, on l'a sollicitée par des offices de chancellerie; on a mis en avant le principe de non-intervention pour se cacher derrière. La reconnaissance obtenue (bien moins par l'effet du principe de la non-intervention que par la frayeur que nous inspirions malgré l'humble posture du conseil), on s'est trouvé embarbouillé dans ce principe dont on n'avait pas senti la portée : on l'avait voulu pour vivoter en paix, non pour vivre en gloire.

Certainement nous ne sommes pas obligés de nous constituer les champions de tous les peuples qui s'agiteront sur la terre; mais il faut que nos discours et nos déclarations publiques ne leur soient pas un piége; il faut que ces déclarations ne servent pas à les jeter dans des entreprises au-dessus de leurs forces, car alors leur sang retomberait sur nous. La France pouvait rester tranquille; mais si elle s'est offerte pour témoin de la liberté, dans tout duel entre cette liberté et le pouvoir, elle doit être là pour arranger l'affaire avec ses bons offices ou son épée.

Résulte-t-il de ceci, que je conseillerais la guerre si j'avais le droit de donner un conseil? Il y a cinq ou six mois que j'aurais dit sans hésiter : « Profitez de « la nouvelle position de la France, de son énergie, de la bienveillance des « nations, de la frayeur des cabinets, pour lui faire obtenir par des traités ou « par les armes les limites qui manquent à sa sûreté et à son indépendance. » C'était une condition de vie pour un gouvernement qui aurait compris le mouvement de juillet. Maintenant l'heure n'est-elle point passée? L'Europe a été témoin de nos tergiversations; les rois sont revenus de leur stupeur; les peuples, de leurs espérances : ceux-ci même, trompés, sont devenus indifférents ou ennemis. Notre révolution n'a plus les caractères purs et distinctifs de son origine; elle n'est plus qu'une révolution vulgaire; des esprits communs l'ont engagée dans des routes communes. Ce qui se serait opéré par l'élan naturel des masses, ne pourrait peut-être s'accomplir actuellement que par des moyens devant lesquels tout homme de bien reculerait. Hélas! telle a été l'administration de la France depuis quelques mois, que je vois des citoyens éclairés, d'un jugement sain, d'une âme élevée, incliner à croire qu'il y aurait danger pour l'ordre intérieur dans une rupture avec l'étranger. Sommes-nous donc véritablement forcés à nous contenter des assurances des cabinets qui nous promettent de nous faire grâce de la guerre? Sommes-nous obligés d'avouer contradictoirement aujourd'hui que nous laisserons agir l'Europe comme bon lui semblera chez nos voisins, que nous ne défendrons que notre territoire, après nous être déclarés si chevaleresement, par la non-intervention, les paladins de la liberté des peuples? L'honneur de la France se réduit-il à la seule résistance que nous opposerions à une invasion? Faut-il compter pour rien notre renommée et notre parole? En vérité, si les fautes des précédentes administrations ont mis l'administration actuelle dans l'impérieuse nécessité d'adopter par raison un système qui fut suivi par faiblesse, il la faut plaindre. Nous armons pour faire désarmer, nous nous ruinons pour empêcher ce qu'on prévoyait être notre ruine : ce n'était pas à donner des preuves de cette courageuse résignation que la France s'était crue appelée après les journées de juillet.

A entendre les déclamations de cette heure, il semble que les exilés d'Édimbourg soient les plus petits compagnons du monde, et qu'ils ne fassent faute nulle part. Il ne manque aujourd'hui au présent que le passé; c'est peu de chose! comme si les siècles ne se servaient point de base les uns aux autres, et que le dernier arrivé se pût tenir en l'air! Comment se fait-il que, par le déplacement d'un seul homme à Saint-Cloud, il ait fallu prêter trente millions au commerce, vendre pour deux cents millions de bois de l'État, augmenter les perceptions de cinquante-cinq centimes sur le principal de la contribution foncière et de trente centimes sur la contribution des patentes? Jamais sacre royal a-t-il coûté aussi cher que notre inauguration républicaine? Notre vanité aura beau se choquer des souvenirs, gratter les fleurs de lis, proscrire les noms et les personnes, cette famille, héritière de mille années, a laissé par sa retraite un vide immense; on le sent partout. Ces individus, si chétifs à nos yeux, ont ébranlé l'Europe dans leur chute. Pour peu que les événements produisent leurs effets naturels, et qu'ils amènent leurs rigoureuses conséquences, Charles X en abdiquant aura fait abdiquer avec lui tous ces rois gothiques, grands vassaux du passé sous la suzeraineté des Capets.

Les hommes de théorie prétendent qu'on a gagné à la chute de la légitimité le principe de l'élection.

L'élection est un droit naturel, primitif, incontestable; mais l'élection est de l'enfance de la société, lorsqu'un peuple opprimé et sans garanties légales n'a d'autre moyen de délivrance que le choix libre d'un autre chef. Sous l'empire d'une civilisation avancée, quand il y a des lois écrites, quand le prince ne peut transgresser ces lois sans les armer contre lui, sans s'exposer à voir passer sa couronne à son héritier, l'élection perd son premier avantage; il ne lui reste que les dangers de sa mobilité et de son caprice. Dans un État politique incomplet, l'élection est la constitution tout entière ; dans un État politique perfectionné, la constitution est l'élection dépouillée de ce qu'elle a de passionné, d'ambitieux, d'anarchique et d'insurrectionnel. Que si, par l'élection, on arrive au changement de race, ce qui peut être quelquefois utile, on arrive aussi à la multiplication des dynasties royales, aux guerres civiles comme en Pologne, à la succession électorale des tyrans militaires comme dans l'empire romain.

Par l'élection, le principe de l'ordre n'étant pas perpétuel dans une famille perpétuellement gouvernante, ce principe est transitoire dans la personne royale transitoire; il manque de solidité, et, selon le caractère de l'individu appelé au trône, il se détend jusqu'à l'anarchie, ou se tend jusqu'au despotisme. Si, frappé de ces périls, vous ajoutez l'hérédité à l'élection, vous créez une forme politique amphibie à tête de roi, à queue de peuple, qui a le double inconvénient de l'élection et de la légitimité, sans avoir les avantages de l'une et de l'autre.

Nous marchons à une révolution générale : si la transformation qui s'opère suit sa pente et ne rencontre aucun obstacle; si la raison populaire continue son développement progressif; si l'éducation morale des classes intermédiaires ne souffre point d'interruption, les nations se nivelleront dans une égale liberté; si cette transformation est arrêtée, les nations se nivelleront dans un égal despotisme. Ce despotisme durera peu, à cause de l'âge avancé des lumières; mais il sera rude, et une longue dissolution sociale le suivra. Il ne peut résulter des journées de juillet, à une époque plus ou moins reculée, que des républiques permanentes ou des gouvernements militaires passagers, que remplacerait le chaos. Les rois pourraient encore sauver l'ordre et la monarchie en faisant les concessions nécessaires : les feront-ils? Point ne le pense.

Préoccupé que je suis de ces idées, on voit pourquoi j'ai dû demeurer fidèle, comme individu, à ce qui me semblait la meilleure sauvegarde des libertés publiques, la voie la moins périlleuse par laquelle on pourrait arriver au complément de ces libertés.

Ce n'est pas que j'aie la prétention d'être un larmoyant prédicant de politique sentimentale, un rabâcheur de panache blanc et de lieux communs à la Henri IV. En parcourant des yeux l'espace qui sépare la tour du Temple du château d'Édimbourg, je trouverais sans doute autant de calamités entassées qu'il y a de siècles accumulés sur une noble race. Une femme de douleur a surtout été chargée du fardeau le plus lourd, comme la plus forte : il n'y a cœur qui se brise à son souvenir ; ses souffrances sont montées si haut, qu'elles sont devenues une des grandeurs de la révolution. Mais enfin on n'est pas obligé d'être roi : la Providence envoie les afflictions particulières à qui elle veut, toujours brèves, parce que la vie est courte; et ces afflictions ne sont point comptées dans les destinées générales des peuples.

Je ne m'apitoie point sur une catastrophe provoquée; il y a eu parjure, et meurtre à l'appui du parjure : je l'ai proclamé le premier en refusant de prêter serment au vainqueur. La Charte était *octroyée?* Cela signifiait-il que toutes les conditions étaient d'un côté, aucune de l'autre? Pour cette Charte *octroyée*, la

France avait donné plus d'un milliard annuel; elle avait accordé le milliard des émigrés, les milliards des étrangers; voilà comme le contrat était devenu synallagmatique. N'en voulait-on plus de ce contrat? Dans ce cas il fallait rendre une vingtaine de milliards, supposer qu'il n'y avait rien de fait, reprendre ses premières positions hors du pays; alors on aurait négocié de nouveau, et l'on eût vu si la nation consentait à la légitimité sans la Charte.

Mais parce qu'on rencontrait une opposition constitutionnelle dans une Chambre qui depuis a prouvé assez qu'elle n'était ni factieuse ni républicaine; sous le prétexte de conspirations qui n'existaient pas ou qui n'ont existé que jusqu'à l'année 1823, priver toute une nation de ses droits! mettre la France en interdit! c'était une odieuse bêtise qui a reçu et mérité son châtiment. Si cette entreprise de l'imbécillité et de la folie eût réussi pendant quelques jours, le sang eût coulé. La faiblesse victorieuse est implacable; toutes les paroles des courtisans et des espions jubilaient de vengeance. Moi qui parle, j'aurais été le premier sacrifié, car rien ne m'aurait empêché d'écrire. Je me serais cru le droit de repousser la violence par la violence, de tuer quiconque serait venu m'arrêter, une ordonnance et une loi à la main. Eh bien! toutes ces concessions faites, notre recours à une vengeance sans prévision et sans limites n'en est pas moins un des plus funestes accidents qui aient pu arriver aux libertés comme à la paix du monde.

Que voulons-nous? que cherchons-nous? un niveau plus parfait encore que celui qui nous égalise? Mais l'inégalité renaît de la nature même des hommes et des choses. Combien de révolutionnaires, choqués de n'arriver à rien dans le cours de la révolution, tournèrent sur eux les mains désespérées qu'ils avaient portées sur la société! Le bonnet rouge ne parut plus à leur orgueil qu'une autre espèce de couronne, et le sans-culottisme qu'une sorte de noblesse dont les Marat et les Robespierre étaient grands seigneurs. Furieux de retrouver l'inégalité des rangs jusque dans le monde des douleurs et des larmes, condamnés à n'être encore que des vilains dans la féodalité des niveleurs et des bourreaux, ils s'empoisonnèrent ou se coupèrent la gorge avec rage, pour échapper aux supériorités du crime.

Nous remettrons-nous entre les mains de ces vétérans révolutionnaires, de ces invalides coupe-tête de 1793, qui ne trouvent rien de si beau que les batailles de la guillotine, que les victoires remportées par le bourreau sur les jeunes filles de Verdun et sur le vieillard Malesherbes? qui croient qu'on se laisserait trancher le cou aujourd'hui aussi bénignement qu'autrefois? qu'il serait possible de rétablir le meurtre légal et le superbe règne de la Terreur, le tout pour jeter ensuite la France échevelée et saignante sous le sabre d'un Buonaparte au petit pied, avec accompagnement de bâillons, menottes, autres menus fers, et parodie impériale?

D'un autre côté, que voudrait ce vieux parti royaliste, plein d'honneur et de probité, mais dont l'entendement est comme un cachot voûté et muré, sans porte, sans fenêtre, sans soupirail, sans aucune issue à travers laquelle se pût glisser le moindre rayon de lumière? Ce vieux et respectable parti retomberait demain dans les fautes qu'il a faites hier : toujours dupe des hypocrites, des intrigants, des escrocs et des espions, il passe sa vie dans de petites manigances, qu'il prend pour de grandes conspirations.

Entre les hommes qui livreraient toutes nos libertés pour une place de garçon de peine au service de la légitimité, et ceux qui les vendraient pour du sang à une usurpation de leur choix, et ceux qui n'étant ni de l'un ni de l'autre bord restent immobiles au milieu, on est bien embarrassé.

Les systèmes politiques ne m'ont jamais effrayé ; je les ai tous rêvés : il n'y a point d'idées de cette nature dont je n'aie cent et cent fois parcouru le cercle. J'en suis arrivé à ce point, que je ne crois ni aux peuples ni aux rois ; je crois à l'intelligence et aux faits qui composent toute la société. Personne n'est plus persuadé que moi de la perfectibilité de la nature humaine ; mais je ne veux pas, quand on me parle de l'avenir, qu'on me vienne donner pour du neuf les guenilles qui pendent depuis deux mille ans dans les écoles des philosophes grecs et dans les prêches des hérésiarques chrétiens. Je dois avertir la jeunesse que lorsqu'on l'entretient de la communauté des biens, des femmes, des enfants, du pêle-mêle des corps et des âmes, du panthéisme, du culte de la pure raison, etc.; je la dois avertir que quand on lui parle de toutes ces choses comme des découvertes de notre temps, on se moque d'elle : ces nouveautés sont les plus vieilles comme les plus déplorables chimères. Que cette admirable portion de la France n'abuse pas de sa force ! qu'elle se garde d'ébranler les colonnes du temple ! On peut abattre sur soi l'avenir ; et plus d'une fois les Français se sont ensevelis sous les ruines qu'ils ont faites.

Sans préjugés d'aucune sorte, c'est donc pour mon pays que je déplore une subversion trop rapide. J'aurais désiré qu'on se fût arrêté à l'innocence et au malheur. La barrière était belle ; l'étendard de la liberté y aurait flotté avec moins de chances de tempêtes, et tous les intérêts s'y seraient ralliés. La jeunesse aurait été appelée naturellement à prendre possession d'une ère qui lui appartenait. On franchissait deux degrés ; on se délivrait de vingt-cinq ou trente ans de caducité ; on avait un enfant qu'on eût élevé dans les idées du temps, façonné aux opinions et aux besoins de la patrie. On aurait fait tous les changements que l'on aurait voulu à la Charte et aux lois. Ajoutez de la gloire, ce qui était facile, à cette entrée de règne, au milieu de la plus abondante liberté, et vous auriez fait de ce règne une des grandes époques de nos fastes.

Lorsque je dis que la jeunesse aurait été appelée à son naturel héritage, je n'avance rien qui ne soit hors de doute. La restauration ne méconnaissait aucun talent, témoin les hommes qui sont aujourd'hui au pouvoir. M. le maréchal Soult, M. le baron Louis, ont été ministres de Louis XVIII. M. de Villèle, au moment de sa chute, voulait faire donner le portefeuille des finances à M. Laffitte. Quand M. de Villèle fut tombé, on me proposa de rentrer au ministère ; j'y consentis, mais à condition que MM. Casimir Périer, Sébastiani et Royer-Collard entreraient avec moi : cela ne se put arranger pour le moment. Il paraît que Charles X s'est souvenu à Saint-Cloud de ma proposition, puisqu'il avait nommé M. Casimir Périer, ministre des finances de Henri V. On offrit à M. de Rigny, en 1829, le portefeuille de la marine. MM. d'Argout et de Montalivet ont reçu la pairie de la légitimité : le second a même hérité, non-seulement de la pairie de son père, mais encore collatéralement de la pairie de son frère; faveur bien méritée sans doute, mais tout à fait particulière. En vérité, je crois que la restauration n'a jamais cordialement repoussé que moi.

Mais pouvait-on s'arrêter à Henri V? Oui, avec moins de poltronnerie d'un côté et plus de sang-froid de l'autre. On prétend que le monarque mineur n'aurait pu tenir auprès de la royauté abdiquée; que les intrigues de la vieille cour auraient tout miné; que deux pouvoirs, l'un de droit, l'autre de fait, se combattant dans l'État, l'auraient détruit; et qu'enfin la prétention du pouvoir primitif constituant, du droit divin, serait toujours restée.

Je ne suis pas de cette opinion : je crois qu'en appelant autour de Henri de Béarn les hommes forts qui n'ont pas même trouvé place dans la monarchie élective, tous les chefs énergiques du passé libéral et militaire, tous les talents, toute la jeunesse, on aurait facilement dompté les veneurs, les douairières, les inquisiteurs et les publicistes de Saint-Germain et de Fontainebleau. D'ailleurs, l'expérience a prouvé qu'un roi déchu a bien peu de puissance. Charles X et son fils, dans le cas où ils fussent demeurés en France, loin d'être entourés et recherchés, auraient été bientôt plongés dans une profonde solitude.

Supposez-vous le contraire? Alors il était toujours temps de faire ce qu'on a fait le 6 août; on aurait eu l'avantage de convaincre la France par l'expérience qu'on ne pouvait pas s'abriter sous la branche aînée des Bourbons, que force était d'élire un nouveau monarque. Enfin admettons qu'il fût utile de déposer, sans l'essayer et sans l'entendre, cet orphelin privé tour à tour sur le sol français de son père, de sa couronne et de sa tombe; admettons que ce règne présumé n'eût pas été heureux, êtes-vous mieux aujourd'hui, êtes-vous plus assurés de l'avenir?

Dans tous les cas, un congrès national réuni pour examiner ce qu'il y avait à faire, aurait été préférable, selon moi, à un gouvernement improvisé de ville en ville, pour trente-trois millions d'hommes, avec le passage d'une diligence surmontée d'un drapeau. Ceux même qui ont commencé le mouvement le voulaient-ils aussi complet? Chaque peuple a son défaut : celui du peuple français est d'aller trop vite, de renverser tout, de se trouver de l'autre côté du bien, au lieu de se fixer dans ce bien, lorsqu'il le rencontre. Au moral comme au physique, nous nous portons sans cesse au delà du but; nous foulons aux pieds les idées, comme nous passons sur le ventre des ennemis : nos conquêtes auraient dû s'arrêter au Rhin, et nous avons couru à Moscou, et nous voulions courir aux Indes.

Le gouvernement actuel me protège comme un étranger paisible; je dois à ses lois reconnaissance et soumission, tant que j'habite sur le sol où il me permet de respirer. Je lui souhaite des prospérités, parce qu'avant tout je désire celles de la France; ses ministres sont honorables; quelques-uns sont habiles. Le chef de l'État mérite des respects; il ne fait point le mal; il n'a pas versé une goutte de sang; il s'élève au-dessus des attaques; il comprend la foi jurée à un autre autel que le sien : cela est digne et royal; mais cela ne change pas la nature des faits. Je ne puis servir le gouvernement qui existe, parce que je crains qu'il ne puisse arriver à l'ordre que par l'oppression de la liberté, et qu'il me semble exposé, s'il veut maintenir la liberté, à tomber dans l'anarchie.

Au surplus, je serai heureux de me tromper. On remarque quelque chose d'usé dans ce pays parmi les hommes, qui peut mener au repos. L'incertitude de l'avenir est si grande; on connaît si peu le point de l'horizon d'où partira la lumière; on a depuis quarante ans une telle habitude de changer de gouvernement, une telle facilité à s'accommoder de rien et de tout, une telle épouvante du retour des crimes et des malheurs de la révolution, qu'on ira peut-être mieux que je ne le pense, et aussi bien que je le désire. Peut-être arrivera-t-il une Chambre qui constituera au-dessous de la royauté, trop peu puissante, une république d'occasion sachant faire marcher la liberté avec l'ordre : peut être surgira-t-il des génies capables de maîtriser le temps; peut-être quelque accident imprévu, quelque secret de Dieu viendra-t-il tout arranger. Les faits ne seront pas peut-être logiques; ils iront peut-être à l'encontre de toutes les prévisions, de tous les calculs; il y a peut-être dans la nation assez de modération et de lumières pour surmonter les obstacles au bien, pour amortir ou repousser les assauts de la presse périodique : Dieu le veuille! Que la France soit libre, glorieuse, florissante, n'importe par qui et comment, je bénirai le ciel.

Les raisons générales qui m'ont empêché de reconnaître la monarchie élective se déduisent des choses ci-dessus relatées. Quant aux motifs personnels de ma conduite, ils sont encore plus faciles à comprendre. Je n'ai pas voulu me mettre en contradiction avec moi-même, armer mon long passé contre mon court avenir, rougir à chaque mot qui sortira de ma bouche, ne pouvoir me retirer sans baisser la tête de honte. Les journées de juillet m'enlevaient tout, hors l'estime publique : je l'ai voulu garder.

Que la proposition qui bannit à jamais la famille déchue du territoire français soit un corollaire de la déchéance de cette famille, cette nécessité en fait naître une autre pour moi dans le sens opposé, celle de me séparer plus que jamais de ce qui existe, de prendre acte nouveau et public de cette séparation; je chercherais, d'ailleurs, en vain ma place dans les diverses catégories des personnes qui se sont rattachées à l'ordre de choses actuel.

Il y a des hommes qui, par le sentiment de leur talent et de leur vertu, ont dû servir leur patrie quand il ne leur a plus été possible de maintenir la forme de gouvernement qu'ils préféraient ; je les admire ; mais de si hautes raisons n'appartiennent ni à ma faiblesse ni à mon insuffisance.

Il y a des hommes qui ont prononcé la déchéance de Charles X et de ses descendants par devoir, et dans la ferme conviction que c'est ce qu'il y avait de mieux pour le salut de la France. Ils ont eu raison, puisqu'ils étaient persuadés : je ne l'étais pas ; je n'ai pu imiter leur exemple.

Il y a des hommes qui ne pouvaient ni interrompre leur carrière, ni compromettre des intérêts de famille, ni priver leur pays de leurs lumières, parce qu'il avait plu au gouvernement de faire des folies : ils ont agi très-bien, en s'attachant au pouvoir nouveau. Si toutes les fois qu'un monarque tombe, il fallait que tous les individus, grands et petits, tombassent avec lui, il n'y aurait pas de société possible. La couronne doit tenir sa parole; quand elle y manque, les sujets ou les citoyens sont dégagés de la leur. Mais les antécédents de ma vie ne me permettaient pas de suivre cette règle générale, et je me trouvais placé dans l'exception.

Il y a des hommes qui détestent la dynastie des Bourbons, et qui ont juré son exil : je crois qu'il est temps d'en finir avec les proscriptions et les exils. J'ai rendu, comme ministre et comme ambassadeur, tous les services que j'ai pu à la famille Buonaparte ; elle me peut désavouer si je ne dis pas ici la vérité; il n'a pas tenu à moi qu'elle n'ait été rappelée en France, et que même la statue de Napoléon n'ait été replacée au haut de sa colonne. C'est ainsi que je comprenais largement la monarchie légitime : il me semblait que la Liberté devait regarder la Gloire en face.

Il y a des hommes qui, croyant à la souveraineté du peuple, ont voulu faire triompher ce principe suranné de la vieille école politique : moi, je ne crois pas au droit divin, mais je ne crois pas davantage à la souveraineté du peuple. Je puis très-volontiers me passer d'un roi, mais je ne me reconnais pas le droit d'imposer à personne le roi que j'aurais choisi. Monarque pour monarque, Henri de Béarn me paraissait préférable pour l'ordre et la liberté de la France. J'ai donc donné ma voix à Henri V, comme mon voisin de droite a pu choisir Louis-Philippe Ier; mon voisin de gauche Napoléon II; mon voisin en face, la République.

Il y a des hommes qui, après avoir prêté serment à la République une et indivisible, au Directoire en cinq personnes, au Consulat en trois, à l'Empire en une seule, à la première Restauration, à l'Acte additionnel, aux Constitutions de l'Empire, à la seconde Restauration, ont encore quelque chose à prêter à Louis-Philippe : je ne suis pas si riche.

Il y a des hommes qui ont jeté leur parole sur la place de Grève, en juillet, comme ces chevriers romains qui jouent à *pair ou non* parmi des ruines. Ces hommes n'ont vu dans la dernière révolution qu'un coup de dé ; pourvu que cette révolution dure assez pour qu'ils puissent tricher la fortune, advienne que pourra. Ils traitent de niais et de sot quiconque ne réduit pas la politique à des intérêts privés : je suis un niais et un sot.

Il y a des peureux qui auraient bien voulu ne pas jurer, mais qui se voyaient égorgés eux, leurs grands-parents, leurs petits-enfants et tous les propriétaires, s'ils n'avaient trembloté leur serment : ceci est un effet physique que je n'ai pas encore éprouvé; j'attendrai l'infirmité, et, si elle m'arrive, j'aviserai.

Il y a des grands seigneurs de l'empire unis à leurs pensions par des liens sacrés et indissolubles, quelle que soit la main dont elles tombent : une pension est, à leurs yeux, un sacrement; elle imprime un caractère comme la prêtrise et le mariage; toute tête pensionnée ne peut cesser de l'être : les pensions étant demeurées à la charge du trésor, ils sont restés à la charge du même trésor. Moi j'ai l'habitude du divorce avec la fortune; trop vieux pour elle, je l'abandonne, de peur qu'elle ne me quitte.

Il y a de hauts barons du trône et de l'autel qui n'ont point trahi les ordonnances : non ! mais l'insuffisance des moyens employés pour mettre à exécution ces ordonnances a échauffé leur bile : indignés qu'on ait failli au despotisme, ils ont été chercher une autre antichambre. Il m'est impossible de partager leur indignation et leur demeure.

Il y a des gens de conscience qui ne sont parjures que pour être parjures; qui, cédant à la force, n'en sont pas moins pour le droit : ils pleurent sur ce pauvre Charles X, qu'ils ont d'abord entraîné à sa perte par leurs conseils, et mis ensuite à mort par leur serment; mais si jamais lui ou sa race ressuscite, ils seront des foudres de légitimité. Moi, j'ai toujours été dévot à la mort, et je suis le convoi de la vieille monarchie comme le chien du pauvre.

Enfin, il y a de loyaux chevaliers qui ont dans leur poche des dispenses d'honneur et des permissions d'infidélité : je n'en ai point.

J'étais l'homme de la restauration *possible*, de la restauration avec toutes les sortes de libertés. Cette restauration m'a pris pour un ennemi ; elle s'est perdue : je dois subir son sort. Irai-je attacher quelques années qui me restent à une fortune nouvelle, comme ces bas de robes que les femmes traînent de cours en cours, et sur lesquels tout le monde peut marcher? A la tête des jeunes générations, je serais suspect ; derrière elles, ce n'est pas ma place. Je sens très-bien qu'aucune de mes facultés n'a vieilli; mieux que jamais je comprends mon siècle; je pénètre plus hardiment dans l'avenir que personne; mais la nécessité a prononcé : finir sa vie à propos est une condition nécessaire de l'homme public.

Je dois en terminant, prévenir une méprise qui pourrait naître dans certains esprits, de ce que je viens d'exposer.

De prétendus royalistes n'aspirent, dit-on, qu'à voir l'Europe attaquer la France. Hé bien! le jour où la France serait envahie serait celui qui changerait mes devoirs. Je ne veux tromper personne? je ne trahirai pas plus ma patrie que mes serments. Royalistes, s'il en existe de tels, qui appelez de vos vœux les baïonnettes ennemies, ne vous abusez pas sur mes sentiments; reprenez contre moi votre haine et vos calomnies ; je reste un renégat pour vous ; un abîme sans fond nous sépare. Aujourd'hui je sacrifierais ma vie à l'enfant du malheur; demain, si mes paroles avaient quelque puissance, je les emploierais à rallier les Français contre l'étranger qui rapporterait Henri V dans ses bras.

Si j'avais l'honneur de faire encore partie de la Chambre des pairs, j'aurais dit à la tribune de cette Chambre ce que je dis dans cette brochure, sauf ce qui est relatif au serment, car sous ce rapport ma position n'eût plus été la même. Ma voix sera peut-être importune; mais que l'on se console; on l'entend pour la dernière fois dans les affaires politiques, toutes choses demeurant comme elles sont. Prêt à aller mourir sur une terre étrangère, je voudrais qu'il n'y eût plus d'autre Français exilé que moi; je voudrais que la proposition de bannissement ne fût pas adoptée : c'est en faveur de quelques têtes qu'on veut proscrire que je publie mon opinion. Au mois d'août, je demandais pour le duc de Bordeaux une couronne ; je ne sollicite aujourd'hui pour lui que l'espérance d'un tombeau dans sa patrie : est-ce trop?

NOTES.

Qu'il me soit permis de me citer, puisqu'on me met dans le cas de la défense personnelle. Qui a défendu la Charte plus que moi [1]? Qui a montré plus que moi d'opposition à la domination étrangère?

Je disais, dans mon *Rapport sur l'état de la France*, fait au roi dans son conseil, à Gand, le 12 mai 1815 :

« Sire, je sens trop combien tout ce que je viens de dire est déchirant pour
« votre cœur. Nous partageons dans ce moment votre royale tristesse. Il n'y a
« pas un de vos conseillers et de vos ministres qui ne donnât sa vie pour pré-
« venir l'invasion de la France. Sire, vous êtes Français, nous sommes Fran-
« çais ! Sensibles à l'honneur de notre patrie, fiers de la gloire de nos armes,
« admirateurs du courage de nos soldats, nous voudrions, au milieu de leurs
« bataillons, verser jusqu'à la dernière goutte de notre sang pour les ramener
« à leur devoir, ou pour partager avec eux des triomphes légitimes. Nous ne
« voyons qu'avec la plus profonde douleur les maux prêts à fondre sur notre
« pays, nous ne pouvons nous dissimuler que la France ne soit dans le plus
« imminent danger : Dieu ressaisit le fléau qu'avaient laissé tomber vos
« mains paternelles; et il est à craindre que la rigueur de sa justice ne passe
« la grandeur de votre miséricorde ! Ah ! sire ! à la voix de Votre Majesté, les
« étrangers respectant le descendant des rois, l'héritier de la bonne foi de saint
« Louis et de Louis XII, sortirent de la France ! Mais si les factieux qui op-
« priment vos sujets prolongeaient leur règne, si vos sujets trop abattus ne
« faisaient rien pour s'en délivrer, vous ne pourriez pas toujours suspendre
« les calamités qu'entraîne la présence des armées. Du moins, votre royale
« sollicitude s'est déjà assurée, par des traités, qu'on respectera l'intégrité du
« territoire français, qu'on ne fera la guerre qu'à un seul homme. »

Je disais, le 2 juin de la même année, à Gand, à propos de la déclaration du congrès :

« Il est impossible de conquérir la France. Les Espagnols, les Portugais, les
« Russes, les Prussiens, les Allemands ont prouvé, et les Français auraient
« prouvé à leur tour, qu'on ne subjugue point un peuple qui combat pour
« son nom et son indépendance. »

Si l'on remarque que ces passages étaient écrits et publiés au milieu même de l'armée confédérée, cette circonstance ajoutera peut-être quelque force aux sentiments qu'ils expriment.

J'écrivais au mois d'août 1816, dans *la Monarchie selon la Charte*, en traitant de la politique extérieure :

« Qui aurait jamais imaginé que des Français, pour conserver de misérables
« places, pour faire triompher les principes de la révolution, pour amener la
« destruction de la légitimité, iraient jusqu'à s'appuyer sur des autorités autres
« que celles de la patrie, jusqu'à menacer ceux qui ne pensent pas comme eux
« de forces qui, grâce au ciel, ne sont pas entre leurs mains?

« Mais vous qui nous assurez, les yeux brillants de joie, que les étrangers
« veulent nos systèmes (ce que je ne crois pas du tout), vous qui semblez mettre
« vos nobles opinions sous la protection des baïonnettes européennes, ne re-
« prochez-vous pas aux royalistes de revenir dans les bagages des alliés?.....
« Que sont donc devenus ces sentiments héroïques? Français si fiers, si sen-
« sibles à l'honneur, c'est vous-mêmes qui cherchez aujourd'hui à me persuader
« qu'on vous *permet* tels sentiments ou qu'on vous *commande* telle opinion.
« Vous ne mouriez pas de honte lorsque vous proclamiez pendant la session,

---

[1] Voyez les *Réflexions politiques*, la *Monarchie selon la Charte*. Dans le *Génie du Christianisme* même je parle avec admiration du gouvernement représentatif.

« qu'un ambassadeur voulait absolument que le projet du ministère passât,
« que la proposition des Chambres fût rejetée. Vous voulez que je vous croie
« quand vous venez me dire aujourd'hui (ce qui n'est sûrement qu'une odieuse
« calomnie) qu'un ministre français a passé trois heures avec un ministre étran-
« ger pour aviser un moyen de dissoudre la Chambre des députés? Vous ra-
« contez confidemment qu'on a communiqué une ordonnance à un agent di-
« plomatique, et qu'il l'a fort approuvée : et ce sont là des sujets d'exaltation
« et de triomphe pour vous ! Quel est le plus Français de nous deux, de vous
« qui m'entretenez des étrangers quand vous me parlez des lois de ma patrie,
« de moi qui ai dit à la Chambre des pairs les paroles que je répète ici : *Je dois
« sans doute au sang français qui coule dans mes veines cette impatience que
« j'éprouve, quand pour déterminer mon suffrage on me parle d'opinions pla-
« cées dehors ma patrie; et si l'Europe civilisée voulait m'imposer la Charte,
« j'irais vivre à Constantinople*. . . . . Et comment les mauvais
« Français qui soutiennent leurs sentiments par une si lâche ressource ne s'a-
« perçoivent-ils pas qu'ils vont directement contre leur but? Ils connaissent
« bien peu l'esprit de la nation. S'il était vrai qu'il y eût du danger dans les
« opinions royalistes, vous verriez par cette raison même toute la France s'y
« précipiter. Un Français passe toujours du côté du péril, parce qu'il est sûr
« d'y trouver la gloire. . . . .
« Ce n'est pas en se mettant sous les pieds d'un maître qu'on se fait respecter;
« une conduite noble est sans danger. Tenez fidèlement vos traités; payez ce
« que vous devez, donnez, s'il le faut, votre dernier écu, vendez votre dernier
« morceau de terre, la dernière dépouille de vos enfants, pour payer les dettes
« de l'État; le reste est à vous; vous êtes nus, mais vous êtes libres.

« Éloignons de vaines terreurs ; les princes de l'Europe sont trop magna-
« nimes pour intervenir dans les affaires particulières de la France. . . . . . .
« . . . . Les alliés ont eux-mêmes délivré leur
« propre pays du joug des Français; ils savent que les nations doivent jouir de
« cette indépendance qu'on peut leur arracher un moment, mais qu'elles finis-
« sent par reconquérir : *Spoliatis arma supersunt.* »

Je prononçais à la tribune de la Chambre des pairs, le 2 mars de cette année, ces paroles tirées de mon *Opinion sur le projet de loi relatif au recrutement de l'armée :*

« Sans doute, quiconque a une goutte de sang français dans les veines doit
« désirer de toute la force de son âme, doit être prêt à acheter, par tous les
« sacrifices, l'affranchissement de son pays : nos cœurs palpiteront de joie
« quand le drapeau blanc flottera seul sur toutes les cités de la France. Mais,
« rendus au premier des biens pour un peuple, *à un bien sans lequel il n'y en*
« *a point d'autres*, à la dignité de notre indépendance, nous n'en aurons pas
« moins à guérir les plaies qu'un faux système nous a faites. »

Il est impossible de tenir le lecteur au courant de toutes les prévarications comme de toutes les niaiseries de la censure. Un journal, dans une annonce des œuvres de M. Désaugiers, avait dit *qu'il était le plus gai et le plus spirituel de nos chansonniers;* la censure a biffé cette phrase, parce qu'un chansonnier est aujourd'hui censeur. Un autre journal avait cité un mauvais couplet de ce même censeur : aussitôt le couplet est retranché, et *sans blanc.*

Un ancien article d'un autre censeur, naguère opposant au ministère, avait été oublié dans un carton d'un journal indépendant; cet article oublié est présenté malicieusement à la censure : le père reconnaît son enfant et l'étouffe. La censure a aussi ses Brutus.

M. Charles Dupin avait adressé à un excellent journal littéraire un morceau qu'il a fait depuis imprimer à part, et qui s'intitule : *Hommage aux habitants de la France méridionale;* l'article entier a été retranché sans qu'on puisse deviner pourquoi, sinon que M. Dupin invite les habitans de la France méridionale à apprendre à lire, et qu'il cite malencontreusement deux pairs de France.

Voilà un échantillon des niaiseries de la censure : on peut en avoir beaucoup d'autres dans un écrit piquant intitulé : *Lettres de la Girafe au pacha d'Egypte.* Voici maintenant ce que nos voisins pensent de cette censure; les journaux ne nous le diront pas.

Il me semble inutile de répéter ici l'article du *Courrier anglais* cité dans ma brochure *sur le rétablissement de la censure,* et l'article du *Times,* cité par l'auteur de la *Lettre de la Girafe au pacha d'Egypte.*

Je reçois à l'instant d'un de mes nobles collègues les pièces suivantes, que je m'empresse de mettre sous les yeux du public :

A Monsieur le rédacteur de

Monsieur,

« Permettez-moi de me servir de votre journal pour exprimer ma profonde
« et sensible reconnaissance des nombreux témoignages d'estime et d'amitié
« que j'ai reçus de mes honorables frères d'armes de l'ancienne garde natio-
« nale parisienne. Etant dans l'impossibilité de répondre aux lettres multipliées
« et aux marques de bienveillance dont chaque jour ils daignent m'honorer,
« depuis l'opinion que j'ai prononcée le 19 juin à la tribune de la Chambre
« des pairs, souffrez, monsieur, que je leur adresse ici les remercîments et
« l'hommage des sentimens que leur approbation m'inspire, et que je les sup-
« plie de croire que mon dévouement et ma reconnaissance égalent mon res-
« pectueux attachement et mon admiration pour cet illustre corps, dont la pa-
« trie garde le souvenir avec gloire et douleur.

« Agréez, monsieur, l'assurance de mes sentimens et de ma considération
« très-distinguée,   « Le duc De Choiseul. »

Paris, le 7 juillet 1827.

M. Armand Bertin, par une lettre en date du 8 juillet, apprend à M. le duc de Choiseul que la lettre ci-dessus a été rayée à la censure dans le *Journal des Débats.*

Lettre de M. le duc de Choiseul à M. le vicomte de Bonald.

« Monsieur le Vicomte,

« *Pair de France,* vous avez accepté des fonctions dans le comité supérieur
« de la censure; permettez-moi, comme votre collègue *à la Chambre des pairs,*
« d'avoir l'honneur de vous consulter sur un fait qui m'est personnel.

« Je dois d'abord avoir celui de vous informer que, depuis le licenciement
« de la garde nationale parisienne, j'ai reçu, après mon discours du 19 juin à
« la Chambre haute, une multitude de lettres et de témoignages de reconnais-
« sance de la part des personnes que j'ai eu l'honneur longtemps de commander.

« Ne pouvant répondre à chacune d'elles en particulier, j'ai adressé avant-
« hier la lettre dont copie est ci-jointe, à MM. les rédacteurs des *Débats,* du
« *Courrier* et du *Constitutionnel.* J'apprends à l'instant que ma lettre a été
« *biffée* et son insertion *refusée à la censure.*

« Sans entrer ici dans la discussion des droits d'un pair et des supériorités de
« la censure, discussion qui pourra trouver sa place ailleurs, j'ai cru devoir
« d'abord m'adresser à vous, monsieur le vicomte, pour vous prier de faire
« cesser ce scandale, bien persuadé que le sentiment de votre dignité et celui
« des convenances vous engageront à donner les ordres nécessaires, ordres
« que je réclame comme pair de France et comme citoyen français.

« Agréez, monsieur le vicomte, l'assurance de ma haute considération.

« Le duc De Choiseul. »

Paris, le 9 juillet 1827.

Réponse de M. le vicomte de Bonald à M. le duc de Choiseul.

« Monsieur le Duc,

« Je mettrai sous les yeux du conseil la lettre que vous m'avez fait l'honneur de m'écrire, et la réclamation qu'elle contient, et j'aurai celui de vous faire part de sa décision.

« Agréez, monsieur le duc, l'assurance de ma haute considération,

« Le vicomte DE BONALD. »

Paris, 9 juillet 1827.

Le lendemain ou surlendemain de la réponse ci-dessus de M. de Bonald à M. le duc de Choiseul, la censure effaça l'article ci-après qui avait été inséré dans le *Constitutionnel* :

« M. le duc de Choiseul a écrit, comme pair de France, à M. de Bonald, son collègue et président de la commission de censure, pour se plaindre du refus fait par la censure de laisser insérer une lettre qu'il a adressée au *Constitutionnel*, relativement à la garde nationale parisienne. M. de Choiseul insiste sur tout ce qu'a d'étrange l'interdiction faite à un pair de France de la presse périodique pour manifester des sentiments qui n'ont rien que d'honorable et de patriotique. »

Enfin, le 15 juillet, M. le duc de Choiseul reçut la lettre suivante de M. le vicomte de Bonald :

Paris, le 14 juillet 1827.

« Monsieur le Duc,

« Le conseil de surveillance de la censure, vu la lettre que vous avez fait à son
« président l'honneur de lui écrire, et dans laquelle Votre Seigneurie réclame
« contre la radiation faite par le bureau de censure de sa lettre à messieurs
« de la ci-devant garde nationale parisienne, envoyée aux journaux des *Débats*,
« du *Courrier* et du *Constitutionnel*,
« Arrête à l'unanimité que le jugement du bureau de censure, est maintenu,
« et charge son président de le communiquer à Votre Seigneurie.

« Agréez, monsieur le duc, l'assurance de ma haute considération,

« *Le président du conseil de surveillance de la censure,*

« Le vicomte DE BONALD, *pair de France*, »

« *A M. le duc de Choiseul, pair de France.* »

Réponse de M. le duc de Choiseul à M. le vicomte de Bonald.

Paris, 15 juillet 1827.

« Monsieur le Vicomte,

« Je reçois la lettre que vous m'avez fait l'honneur de m'écrire, comme
« président du conseil de surveillance de la censure.

« Vous m'y annoncez la confirmation *à l'unanimité du jugement du bureau
« de censure*, sans m'en faire connaître un seul motif.

« L'inconvenance de cette forme est la suite naturelle de celle du premier
« procédé.

« Ne pouvant, comme *pair de France*, reconnaître un tribunal dans un
« bureau de censure; ne pouvant me soumettre à *d'autres jugements* que ceux
« de la cour des pairs dans les cas extraordinaires, et dans les cas ordinaires
« que ceux des tribunaux, il est de mon devoir de ne point laisser avilir notre
« haute dignité et de protester contre cette coupable violation de nos droits.

« Agréez, monsieur le vicomte, l'assurance de ma haute considération,

« Le duc DE CHOISEUL, *pair de France.* »

Il faut espérer que tant de scandale finira avec la censure, et qu'on ne s'obstinera pas à prolonger un état de choses si révoltant.

FIN DES MÉLANGES POLITIQUES.

TABLE DES MATIÈRES

CONTENUES DANS CE VOLUME.

	Pages.
Rapport fait au roi dans son conseil, sur le décret de Napoléon Buonaparte.	1
Préface de la première édition de la Monarchie selon la Charte.	4
Préface de l'édition de 1827.	6
DE LA MONARCHIE SELON LA CHARTE. — Ire Partie. — Chapitre Ier. Exposé.	7
Chapitre II. Suite de l'exposé.	7
— III. Eléments de la monarchie représentative.	8
— IV. De la prérogative royale. — Principe fondamental.	8
— V. Application du principe.	9
— VI. Suite de la prérogative royale. — Initiative. — Ordonnance du roi.	9
— VII. Objections.	10
— VIII. Contre la proposition secrète de la loi.	11
— IX. Ce qui résulte de l'initiative laissée aux Chambres.	12
— X. Où ce qui précède est fortifié.	13
— XI. Continuation du même sujet.	13
— XII. Question.	13
— XIII. De la Chambre des pairs. — Priviléges nécessaires.	14
— XIV. Substitutions : qu'elles sont de l'essence de la pairie.	15
— XV. De la Chambre des députés. — Ses rapports avec les ministres.	16
— XVI. Que la Chambre des députés doit se faire respecter au dehors par les journaux.	17
— XVII. De la liberté de la presse.	17
— XVIII. Que la presse entre les mains de la police rompt la balance constitutionnelle.	18
— XIX. Continuation du même sujet.	18
— XX. Dangers de la liberté de la presse — Journaux. — Lois fiscales.	19
— XXI. Liberté de la presse par rapport aux ministres.	20
— XXII. La Chambre des députés ne doit pas faire le budget.	21
— XXIII. Du ministère sous la monarchie représentative. — Ce qu'il produit d'avantageux. — Ses changements forcés.	22
— XXIV. Le ministère doit sortir de l'opinion publique et de la majorité des Chambres.	22
— XXV. Formation du ministère : qu'il doit être un. — Ce que signifie l'unité ministérielle.	23
— XXVI. Que le ministère doit être nombreux.	23
— XXVII. Qualités nécessaires d'un ministre sous la monarchie constitutionnelle.	23
— XXVIII. Qui découle du précédent.	24
— XXIX. Quel homme ne peut jamais être ministre sous la monarchie constitutionnelle.	25
— XXX. Du ministère de la police. — Qu'il est incompatible avec une constitution libre.	25
— XXXI. Qu'un ministre de la police générale dans une Chambre des députés n'est pas à sa place.	25
— XXXII. Impôts levés par la police.	26
— XXXIII. Autres actes inconstitutionnels de la police.	26
— XXXIV. Que la police générale n'est d'aucune utilité.	27
— XXXV. Que la police générale, inconstitutionnelle et inutile, est de plus très-dangereuse.	27

TABLE DES MATIÈRES.

		Pages.
Chapitre	XXVI. Moyen de diminuer le danger de la police générale, si elle est conservée.	29
—	XXXVII. Principes que tout ministre constitutionnel doit adopter	29
—	XXXVIII. Continuation du même sujet	29
—	XXXIX. Que le ministère doit conduire ou suivre la majorité.	30
—	LX. Que les ministres doivent toujours aller aux Chambres	31
IIe Partie. — Chapitre Ier. Que depuis la restauration une même erreur a été suivie par les trois ministères.		32
Chapitre II. Du premier ministère. — Son esprit.		32
—	III. Actes du premier ministère.	34
—	IV. Du second ministère. — Sa formation.	34
—	V. Suite du précédent	35
—	VI. Premier projet du second ministère.	36
—	VII. Suite du premier plan du second ministère.	36
—	VIII. Renversement du premier plan ou second ministère.	37
—	IX. Division du second ministère	38
—	X. Actes du second ministère, et sa chute.	38
—	XI. Du troisième ministère. — Ses actes. — Projets de loi.	39
—	XII. Quels hommes ont embrassé les systèmes que l'on va combattre, et s'il importe de les distinguer.	40
—	XIII. Système capital, fondement de tous les autres systèmes suivis par l'administration.	41
—	XIV. Qu'avec ce système on explique toute la marche de l'administration.	41
—	XV. Erreur de ceux qui soutiennent le système des intérêts révolutionnaires.	42
—	XVI. Ce qu'il faut faire en admettant la distinction notée au précédent chapitre.	42
—	XVII. Exemple à l'appui de ce qu'on vient de dire.	43
—	XVIII. Continuation du même sujet	43
—	XIX. Que le système des intérêts révolutionnaires, pris à la fois dans le sens physique et moral, mène à cet autre système, savoir : qu'il n'y a point de royalistes en France	44
—	XX. Que les royalistes sont en majorité en France.	45
—	XXI. Ce qui a pu tromper les ministres sur la véritable opinion de la France	46
—	XXII. Objection réfutée.	46
—	XXIII. Que s'il n'y a pas de royalistes en France, il faut en faire.	47
—	XXIV. Système sur la Chambre actuelle des députés.	48
—	XXV. Réfutation.	48
—	XXVI. Conseils des départements.	50
—	XXVII. Que l'opinion même de la minorité de la Chambre des députés n'est point en faveur du système des intérêts révolutionnaires.	51
—	XXVIII. Dernier fait qui prouve que les intérêts ne sont pas révolutionnaires en France.	52
—	XXIX. Qu'on ne fait pas des royalistes par le système des intérêts révolutionnaires.	52
—	XXX. Des épurations en général.	53
—	XXXI. Que les épurations partielles sont une injustice.	54
—	XXXII. Sur l'incapacité présumée des royalistes, et la prétendue habileté de leurs adversaires.	55
—	XXXIII. Danger et fausseté de l'opinion qui n'accorde d'habileté qu'aux hommes de la révolution.	56
—	XXXIV. Que le système des intérêts révolutionnaires, amenant indirectement le renversement de la Charte, menace de destruction la monarchie légitime.	57
—	XXXV. Qu'il y a conspiration contre la monarchie légitime.	58
—	XXXVI. Doctrine secrète cachée derrière le système des intérêts révolutionnaires.	59

TABLE DES MATIÈRES.

Pages.

Chapitre XXXVII. But et marche de la conspiration. — Elle dirige ses premiers efforts contre la famille royale. 59
— XXXVIII. La conspiration se sert des intérêts révolutionnaires pour mettre ses agents dans toutes les places. 61
— XXXIX. Continuation du même sujet. ... 62
— XL. La guerre. 63
— XLI. La faction poursuit les royalistes 63
— XLII. Suite du précédent. 64
— XLIII. Ce que l'on se propose en persécutant les royalistes. 65
— XLIV. La faction poursuit la religion. 66
— XLV. Haine du parti contre la Chambre des députés. ... 68
— XLVI. Politique extérieure du système des intérêts révolutionnaires. 70
— XLVII. Est-il un moyen de rendre le repos à la France. ... 73
— XLVIII. Principes généraux dont on s'est écarté. 73
— XLIX. Système d'administration à substituer à celui des intérêts révolutionnaires. 74
— L. Développement du système : comment le clergé doit être employé dans la restauration. 75
— LI. Comment la noblesse doit entrer dans les éléments de la restauration. 78
— LII. Continuation du précédent. — Qu'il faut attacher les hommes d'autrefois à la monarchie nouvelle. — Éloge de cette monarchie. — Conclusion. 79
Le vingt et un janvier mil huit cent quinze. 87
De l'excommunication des comédiens. 92
De la guerre d'Espagne. 97
Du système politique suivi par le ministère. 101
Remarques sur les affaires du moment. 120
Première lettre à un pair de France. 130
Seconde lettre à un pair de France. 140
De la liberté de la presse. 164
De la censure que l'on vient d'établir en vertu de l'article 4 de la loi du 17 mars 1822. 166
De l'abolition de la censure. 179
Lettre à M. le rédacteur du *Journal des Débats*. 183
Du rétablissement de la censure au 24 juin 1827. 189
Épigraphes. 189
Opinion sur le projet de loi relatif à la police de la presse. 210
Les Amis de la liberté de la presse. 252
Marche et effets de la censure. 253
Dernier avis aux électeurs. 269
De la restauration et de la monarchie élective. 276
Notes. 290

FIN DE LA TABLE.

LAGNY. — IMPRIMERIE DE VIALAT ET Cⁱᵉ.

En vente chez les mêmes éditeurs.

Louis XIV et son siècle, par A. Dumas, 60 gravures, 240 vignettes, 2 vol. grand in-8°.
Monte-Cristo, par A. Dumas, 2 vol. grand in-8°, 30 gravures sur acier.
Les Mousquetaires, par A. Dumas, 1 vol. grand in-8°, 33 gravures.
Vingt ans après, par le même, 1 vol., 37 gravures.
La Régence et Louis XV, par A. Dumas, 45 gravures et 60 vignettes.
Œuvres littéraires de M. A. de Lamartine, 6 vol. grand in-8°, 34 gravures.
Histoire de France, 6 beaux vol., 34 gravures.
Histoire de la Révolution, du Consulat et de l'Empire, par Dulaure, 4 vol. grand in-8°, 8 gravures.
Histoire de la Restauration, du règne de Louis-Philippe et de la Révolution de 1848 jusqu'à la nomination du Président de la République, par Paul Lacroix (Bibliophile Jacob), 4 vol. grand in-8°, 8 gravures.
La Collection de l'Écho des Feuilletons, 12 vol., 144 gravures sur acier, et 350 gravures sur bois.
Le Vicomte de Bragelonne, par A. Dumas, 2 très-beaux vol. grand in-8°, 60 gravures.
Histoire maritime de France, par M. Léon Guérin, historien titulaire de la marine, 6 vol. grand in-8°, 40 gravures sur acier ou plans.
  Les deux derniers volumes, qui comprennent les événements maritimes depuis 1789 jusqu'en 1850, se vendent à part.
Histoire de Louis XVI et de la Révolution, par A. Dumas, 3 vol., 40 gravures.
Histoire de la vie de Louis-Philippe, par M. A. Dumas, 2 vol. grand in-8°, avec 20 gravures sur acier.

EN VENTE

Histoire de S. M. Napoléon III et de la Dynastie napoléonienne, par Paul Lacroix (Bibliophile Jacob), 4 vol. illustrés de 40 gravures inédites sur acier. 100 livraisons à 50 c.; 12 fr. 50 c. le volume. Les 10,000 premiers souscripteurs recevront en prime les bustes argentés et poinçonnés de LL. MM. l'Empereur et l'Impératrice.

LAGNY. — Typographie de VIALAT et Cie.

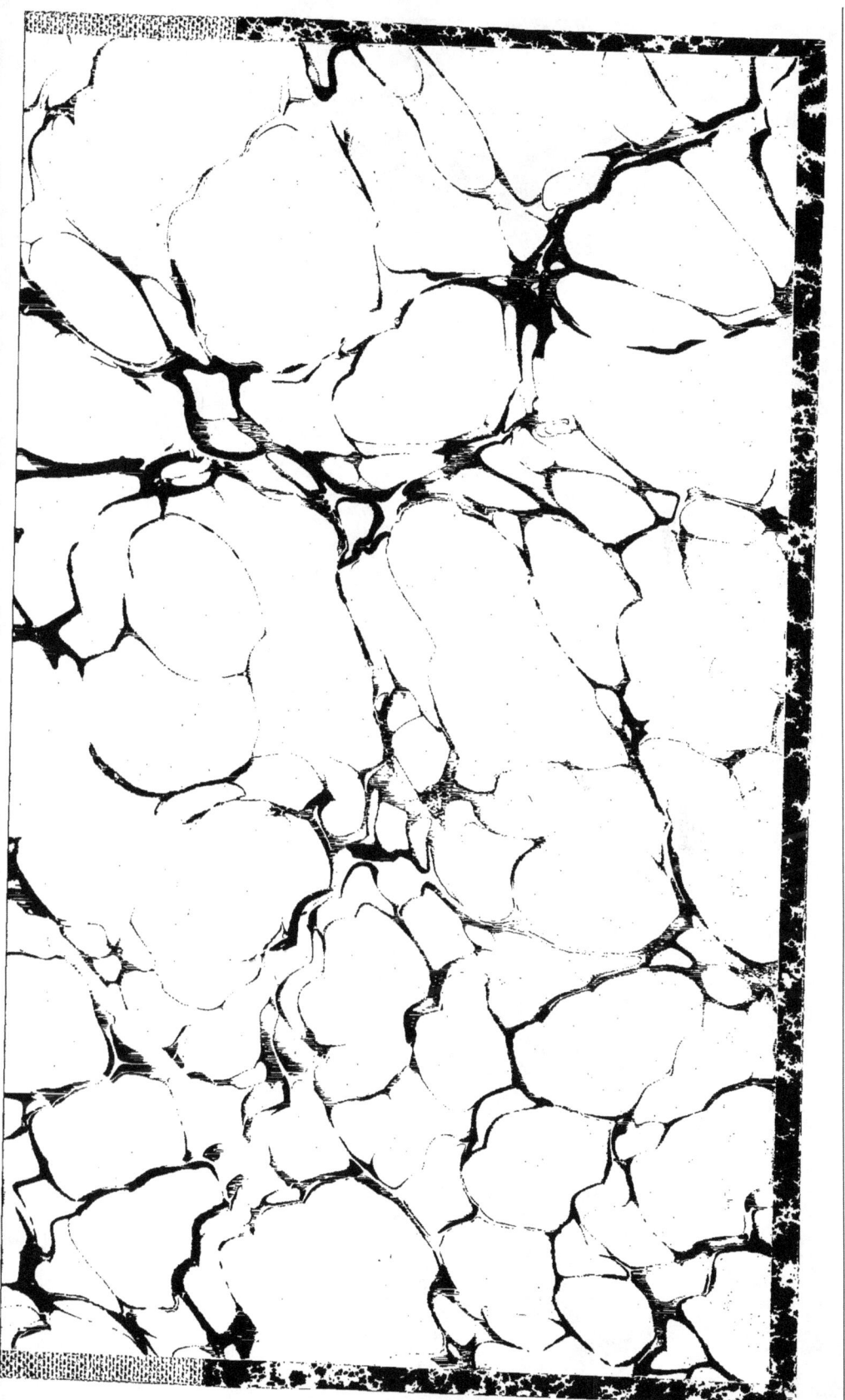

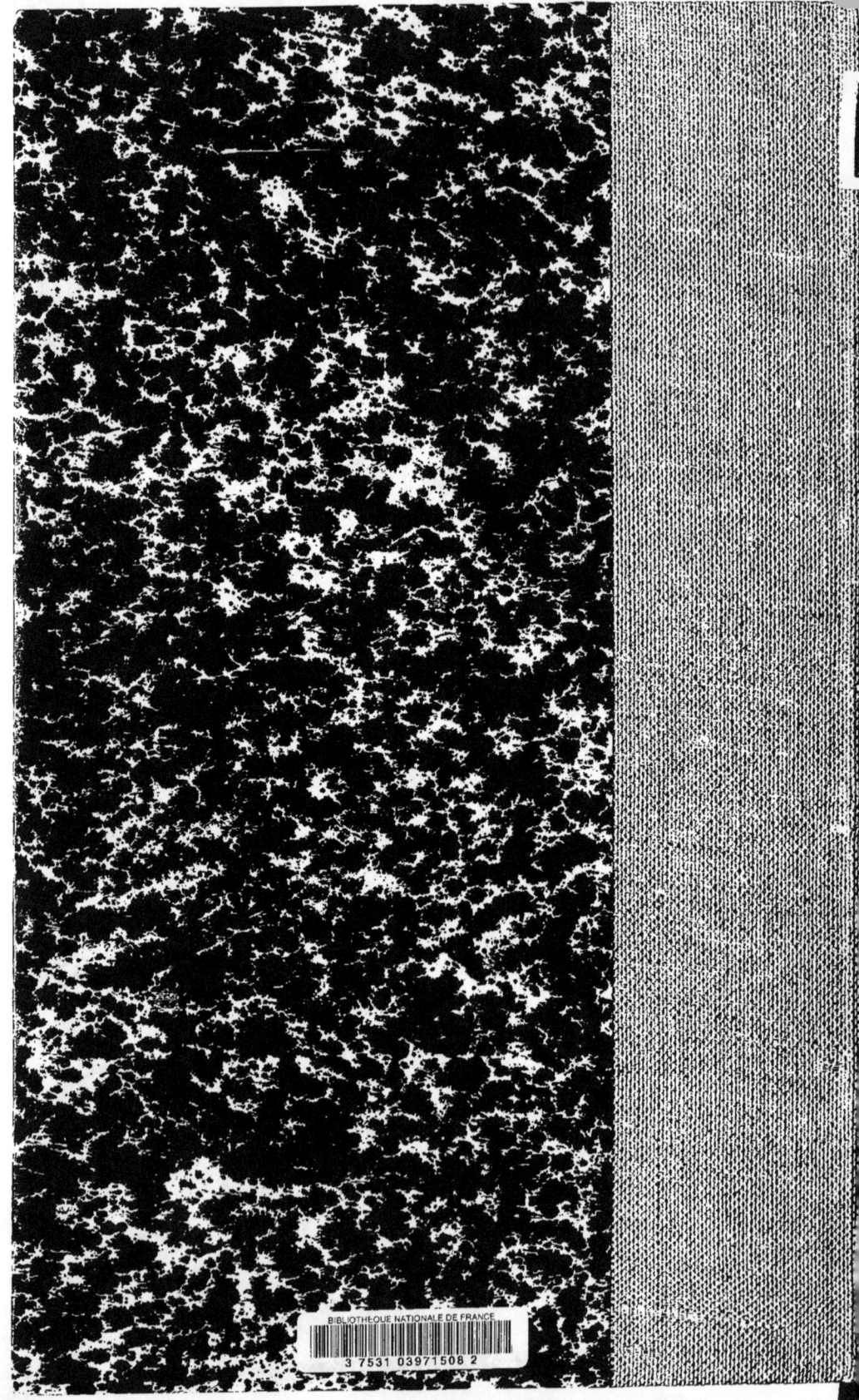

www.ingramcontent.com/pod-product-compliance
Lightning Source LLC
Chambersburg PA
CBHW060404170426
43199CB00013B/1995